KB142383

한중국경사 연구

지은이 **이화자**(李花子, LI HUAZI)

北京大學 역사학과 세계사 전공 졸업(1990)
延邊大學 역사학과 교수(1992)
延邊大學 中朝日三國關係史연구소 석사(1996)
서울대학교 인문대학 대학원 박사(2003)
현재 中國社會科學院 역사연구소 부연구원

주요 논저

「17·18世紀中朝圍繞朝鮮人越境問題的交涉」(北京大學韓國學研究中心 편, 『韓國學論文集』 제13집, 2004),「康熙年間中朝查界交涉與長白山定界」(『歐亞學刊』 제5집, 中華書局, 2005),「淸朝與朝鮮關係史研究-以越境交涉爲中心」(延邊大學出版社, 2006, 중국어판),「조청국경문제연구」(집문당, 2008),「고려·明 간의 철령위 설치를 둘러싼 논쟁의 진실」(한민족대외관계사연구소 편,『대외관계사연구』제3집, 2009).

민족문화학술총서 56

한중국경사 연구

이 화 자 지음

2011년 1월 28일 초판 1쇄 발행

펴낸이 · 오일주
펴낸곳 · 도서출판 혜안

등록번호 · 제22-471호
등록일자 · 1993년 7월 30일

㉾ 121-836 서울시 마포구 서교동 326-26번지 102호
전화 · 3141-3711~2 / 팩시밀리 · 3141-3710
E-Mail hyeanpub@hanmail.net

ISBN 978 · 89 · 8494 · 417 · 6 93910

값 26,000 원

한중국경사 연구

이 화 자 지음

혜안

책머리에

한중국경사를 공부하면서 가장 절실히 느낀 것이 국경인식과 실제 강역 사이의 차이다. 한중 양국은 명대 초기로부터 청대에 이르기까지 압록강·두만강이라는 천연 하천을 경계로 삼고 있었으며, 변화가 있다고 한다면 1712년 백두산 정계를 통하여 압록강·두만강 사이 경계를 정한 것이다. 그 이전에는 이 일대 강역이 명확하지 않았다. 그럼에도 불구하고 조선시대 강역관은 다양한 형태로 나타났다. 예를 들어 고려 때 윤관이 개척한 공험진과 비를 세운 선춘령이 두만강 이북 700리에 위치해 있다고 보는가 하면 토문·두만 2강설 즉 두만강 이북에 토문강이 존재한다고 인식하였으며, 토문강을 송화강 상류로 보는 인식 등등이다. 이러한 영토인식이 생겨난 이유를 따지는 과정에서 1712년 백두산 정계 시 지정한 두만강 수원과 그 이후의 설책과 밀접한 관련이 있음을 발견하였다. 또 이러한 영토인식의 사상적 근원으로서 조선의 고유의 북방영토인식과 전통 민족주의 그리고 근대 영토 확장정책과 불가분의 관계가 있음을 확인하였다.

조선의 실제 강역이 어떠했는가를 알아보는 것도 본 연구의 또 다른 목적이다. 이를 위해서는 1712년 백두산 정계와 1885(을유)·1887년 (정해) 두 차례 감계에 대한 객관적인 평가를 요한다. 1712년 백두산에 정계비를 세운 것이 지금까지 300년이 되며, 그 사이에 양국은 비록 두 차례의 공동 감계를 실시하였지만 1712년 정계의 내막은 아직도 오리무중에 있는 듯하다. 당시 비를 세운 위치, 지정한 수원 특히 두만강 수원, 조선의 설책(設柵) 위치 등에 대한 주장이 서로 엇갈리고 있다. 이와 관련하여 저자는 정계 이후 그려진 조선의 고지도를 보는 과정에서 두만강 상류에 목책이 연결된 점을 발견하고 정계 시 조선의 관련 기록으로 되돌아가 설책 경위를 자세히 따져보고, 또 이로부터 170년 이후에 진행된 두 차례 감계담판의 보고서를 참조하여 1712년 백두산 정계와 설책의 내막을 알 수 있게 되었다. 즉 조선은 목극등이 송화강 상류를 두만강 수원으로 잘못 지정한 사실을 발견한 후 두만강 상류 홍토산수에 목책을 설치해놓았던 것이다. 이것이 실마리가 되어 1885·1887년 두 차례 감계단판 시 조선의 주장이 토문·두만 2강설로부터 정계비-퇴책-홍토산수(두만강 상류)선을 주장하게 된 이유를 알게 되었으며, 양측 주장의 차이와 그 원인, 감계 담판이 실패로 끝나게 된 이유를 알게 되어 진실에 한발 더 다가섰다.

기존 연구에서는 강역관을 실제 강역과 혼동하는 경우가 많다. 그러나 지리서에 나타나거나 지도에 표기된 강역이라고 하더라도 이는 그 시대에 살았던 사람들의 강역에 대한 인식에 불과하며 실제 강역과는 거리가 존재한다. 그런 이유로 조선시대 강역관에는 잘못 인식되었거나 과대 인식한 부분이 적지 않다. 가장 뚜렷한 것이 토문·두만 2강 인식이다. 많은 학자들은 토문·두만 2강설이 잘못된 지리인식에 근거한 것임을 알고 있지만 2강설이 1712년 정계 이후 설책한 것, 그리고 퇴책의 일부가 부식된 것과 관련이 있다는 점을 간과하였다. 또한 토문강·분계강 인식이 주로 1880년 이후 조선인들이 대규모로 두만강 이북에 넘어가 땅을 개간하면서 나타난 것으로 알고 있지만 실은 1712년 정계 직후에 나타났으며 이는 조선시대 일부 학자들의 동류하는 두만강 수원에 대한 잘못된 지리인식에서 기인한 것임을 간과하지 못하였다.

1880년 이전과 그 이후의 토문강·분계강 인식에는 차이가 났으며, 그 이전에는 두만강 수계를 벗어나지 않았지만 그 이후에는 두만강 수계를 벗어나 송화강 상류를 지칭하게 되었음이 간과되었다. 이는 조선의 간도 영유권 주장과도 서로 맞물리는 것이었다.

1880년 이후 청조의 두만강 이북 지역에 대한 봉금정책이 느슨해지고 또 조선에 전례 없던 자연재해가 발생하면서 조선의 북도민들이 대규모로 두만강 이북 지역에 넘어가 땅을 개간하고 정착하게 되었다. 따라서 조선의 강역관에 변화가 생겼으며 조청 양국이 두만강을 경계로 하는 사실을 부인하고 토문·두만 2강설을 주장하게 되었다. 즉 토문·두만이 서로 다른 강이며, 1712년 정계 시 비문에 이른바 '동위토문(東爲土門)'이란 두만강을 가리키지 않으며, 조청 양국은 두만강을 경계로 하지 않고 토문강을 경계로 한다고 보았다. 이에 양국은 1885(을유)·1887(정해)년 두 차례에 걸쳐 공동 감계를 실시하였으며, 조선은 토문·두만이 동일한 강이라는 사실을 인정하고 땅을 빌려 두만강 이북 유민들을 안치할 것을 요구하였다. 그러나 얼마 후 이를 번복하고 압록강·두만강 이북 지역이 '공광지(空曠地)'이고 '무주지(無主地)'임을 주장하였다. 이윽고 1902~1904년에 이르러 이범윤을 '북간도관리사'로 파견하여 두만강 이북 지역에 대한 관리를 행사하고자 하였다. 대한제국기에 실시된 간도정책은 영토관으로 해석하기 어려운 부분이 존재하며 근대 민족의식의 흥기를 기초로 하는 영토 확장정책의 결과라고 생각된다.

백두산은 조청 양국에 있어서 모두 발상지로 간주되었다. 청조는 강희연간에 백두산에 대한 첨례(瞻禮)를 실시하였으며, '장백산지신(長白山之神)'으로 봉하여 봄과 가을에 망사를 지냈다. 조선은 국초로부터 백두산 종산의식이 존재하였으며 '백두대간'의 인식으로 발전하였다. 그 이후 영조대에 이르러 조선왕조의 발상지와 연결시켜 북악으로 정하고 봄과 가을에 망사를 지냈다. 청조측의 백두산 답사 활동은 여러 차례 이루어졌으며, 강희연간의 답사는 주로 청조 발상지에 대한 중시 및 『성경통지』·『일통지』·『황여전람도』 편찬과 관련이 있으며, 청말 광서연간의 답사는 조청간에 두만강 경계를 둘러싼 영토분쟁 및 중일간의 '간도교섭안'과 관련이 있다. 이밖에 조선의 문인과 관원들의 백두산 답사 활동이 이루어졌으며, 특히 1712년 백두산 정계를 통하여 그 남쪽 지역을 강역으로 확보하면서 백두산을 유람하는 열조가 일게 되었고 백두산이 명실상부하게 조선의 명산으로 되었다.

본서는 저자의 첫 저서인 『조청국경문제연구』(집문당, 2008)에 이어 관련 논제에 대한 좀 더 심도 있는 탐구의 결실이다. 이 중 일부 논문은 한중 양국 학술지에 발표되었으나 발표되지 않은 새 논문도 있다. 국경문제에 관한 내용 외에도 명청시기 한중관계사에 대한 3편의 글을 모아 놓았다. 즉 철령위 설치에 대한 재론, 청초 조선국왕 입조설(入朝說), 청대 조선의 영칙(迎勅) 활동 등이다. 이를 통하여 청초 한중관계의 기본 틀이 형성되는 과정에 대한 탐구를 시도해 보았다.

본서는 한중일 삼국 학계의 기존 연구 성과를 참고하였고 또 한중 양측 사료를 종합적으로 검토하였다. 특히 양측의 지도·지리지와 답사기를 이용하였으며, 서울대 규장각에 소장된 고지도·고문서 등을 이용하였다. 본서의 연구 시기는 주로 청대이며 한 편의 글이 원말명초를 다루었다. 연구의 하한을 광서연간으로 잡았으며, 내용은 1908년까지이다. 그 이후의 국경사에 대한 연구는 앞으로의 연구 과제로 넘긴다.

본서가 나오기까지 많은 분들이 도움을 주셨다. 한국에서의 자료 수집 과정에서 지도 자료를 선뜻 지원해주신 성신여자대학교 양보경 교수님, 서울대학교 규장각에서의 자료 수집을 도와주신 이상찬 교수님, 박숙희 선생님, 김창섭 선생님, 그리고 직접 한국에서 찾아야 할 자료를

현지에서 보내주신 부산대학교 장동표 교수님, 건국대학교 한상도 교수님, 또한 본서가 민족문화학술총서의 하나로 출간될 수 있는 기회를 주신 부산대학교 한국민족문화연구소 김동철 소장님, 본서가 독자들과 만날 수 있도록 글을 깔끔하게 다듬어주신 도서출판 혜안의 모든 분들께 진심으로 감사드린다.

끝으로 본서에서 잘못 다뤘거나 누락된 부분에 대해서는 전문가 여러분의 아낌없는 질정을 바라며, 앞으로의 연구에서 더 큰 성원을 부탁드린다.

2010년 6월

이 화 자

차 례

그림 차례

제1장

백두산 정계와 설책의 내막

1. 목극등이 잘못 정한 두만강 수원과
조선의 퇴책 이설 위치

1) 머리말

1712년(강희 51, 숙종 38) 오라총관(烏喇總管) 목극등(穆克登)이 황지를 받들고 사계(査界)를 진행하여 백두산 천지에 올랐다. 그는 천지에서 내려와 압록강·두만강 수원을 찾기 시작하였으며 천지 동남쪽 10여 리의 분수령에 비를 세웠다. 비문에는 "서쪽으로 흘러 압록이고(西爲鴨綠), 동쪽으로 흘러 토문이며(東爲土門), 분수령 상에 돌을 새겨 이를 기재한다"라는 내용을 적어 넣었다. 목극등이 귀국한 후 조선에서는 두만강 단류처(斷流處, 물이 끊긴 곳)를 따라 푯말을 세울 때 수원이 잘못 정해진 사실을 발견하였다. 그럼에도 불구하고 이를 청에 통고하지 않고 사사로이 수원을 변경하여 두만강 제2파 수원에 퇴책을 연결시켜 놓았다. 이에 따른 두 가지 문제가 발생한다. 목극등이 잘못 정한 두만강 수원이 어느 것이며, 조선에서 퇴책을 이설한 두만강 수원이 어떤 것인가? 양국 경계에 관계되는 이 두 문제의 중요성은 재론할 여지가 없지만 백두산 일대의 수계가 워낙 복잡하고 또 두만강 상류 수계에 정확한 명칭이 없기 때문에 그 해답이 쉽지 않다. 여하튼 이 두 문제로 인하여 토문·두만 2강설이 나오게 되었고 광서연간 두 차례의 공동 감계가 진행되었으며, 1909년에 체결된 '간도협약'에도 영향을 미치게 되었다.

이 글에서는 강희연간 정계와 설표(設標, 푯말을 세움)에 참여하였던 조선 차사원의 공술과 지방관의 보고서, 정계 후 그려진 조선의 고지도, 광서연간 을유(1885)·정해(1887) 감계 시 양측 조사보고서 등을 통하

여 이 두 문제에 대한 해답을 시도해보며 아울러 그 이후의 강역관에
미친 영향을 살펴보고자 한다.

2) 두만강 수원의 오류와 퇴책 이설(移設)

중국측 사료에는 목극등이 두만강 수원을 잘못 정했다는 기록이
없다. 다수의 중국학자들도 이 점을 인정하지 않는다. 중국학자들에
의하면, 목극등이 최초로 비를 세운 곳은 압록강·두만강의 진정한 분수
령인 소백산(천지 남쪽에 위치함) 정상이었는데 조선인에 의해 천지
근처로 이동되었으며, 이는 전적으로 땅을 더 차지하기 위한 데 있다고
단언한다.[1]

이보다 앞서 일본 학자 시노다(篠田治策)는 『백두산정계비』에서 목극
등이 최초로 정한 수원은 을유·정해 감계 때 발견된 정계비·퇴책과
연결된 송화강 상류이며, 그는 이를 '토문강원(土門江源)'이라고 불러
두만강 수원과 구별하였다. 또한 설표 시 조선에서는 목극등이 지정한
토문강원을 따라 토퇴·석퇴를 쌓아 경계로 삼았으며, 이로 인하여 그
이후의 간도 대분쟁이 일게 되었다고 주장한다.[2] 즉 시노다는 목극등이
두만강 수원을 잘못 정한 것도 조선에서 퇴책을 두만강 수원에다 이설
(移設)해놓은 것도 인정하지 않는다.

강석화는 『조선후기 함경도와 북방영토의식』에서 이 문제를 다루고
있는데, 시노다의 관점과 다르다. 강석화는 목극등이 정하고자 하였던

---

1) 徐德源, 「長白山東南地區石堆土堆築設的眞相」, 『中國邊疆史地研究』 1996년
   2기 ; 徐德源, 「穆克登碑的性質及其鑿立地點與位移述考 – 近世中朝邊界爭議
   的焦點」, 『中國邊疆史地研究』 1997년 1기 ; 刁書仁, 「康熙年間穆克登查邊定界
   考辨」, 『中國邊疆史地研究』 2003년 3기.
2) 篠田治策, 『白頭山定界碑』, 樂浪書院, 1938년, 114~121쪽.

[그림 1] 『백산도』(서울대학교 규장각 소장)

수원은 두만강 근원이었음에도 불구하고 송화강에 흘러들어 가는 지류
를 잘못 정했으며, 조선 차사원들은 수원이 잘못 정해진 사실을 발견하고
목극등이 정한 수원보다 남쪽에 있는 물까지 목책과 토축을 연결시켜
세웠다. 그러나 이들이 목책과 토축을 연결시켜 놓은 수원도 두만강으로
이어지는 물은 아니었으며, 그들이 두만강 수원이라고 생각한 물줄기도
결국은 송화강으로 흘러드는 것이었다고 주장하였다.[3] 즉 강석화는
사료에 근거하여 목극등이 두만강 수원을 잘못 정한 사실과 조선에서
퇴책의 위치를 이동시킨 사실을 인정하고 있다. 다만 조선에서 퇴책을
이설하여 이어 놓은 수원이 과연 송화강에 흘러드는 지류인지에 대한
의문이 제기된다.

---

3) 강석화, 『조선후기 함경도와 북방영토의식』, 경세원, 2000년, 59~73쪽.

　조선측 사료에 근거해 보면, 1712년 목극등이 백두산에서 압록강·두만강 수원을 찾는 과정은 다음과 같다. 우선 정계의 출발점은 조청 양국이 압록강·두만강을 경계로 하는 사실과 이 두 강이 백두산 천지에서 발원한다는 지리인식에 근거하여 종전에 분명하지 않던 백두산 일대의 경계를 정하는 것이었다. 이를 위해 목극등은 압록강을 거슬러 백두산 정상인 천지에 오르고 이어 천지에서 남쪽으로 내려와 압록강·두만강 수원을 찾기 시작하였다. 그는 압록강 수원이 산허리 남쪽에서 흘러나오는 것을 발견하고 곧바로 수원으로 정하였다.

　두만강 수원은 조선 토인들의 동쪽으로 흐르던 물이 끊겨 100여 리를 복류(伏流)하다가 다시 땅 위로 솟아나온다는 말에 근거하여 백두산 천지 동쪽 백여 리 지점에서 강원을 찾았으며 동류하는 한 갈래의 물줄기를 두만강 수원으로 정하고 이어 압록·두만 양강 사이 분수령에 비를 세웠다. 그러나 목극등이 정한 두만강 수원과 비를 세운 곳까지는 일정한 거리 즉 땅 속에서 복류하는 부분이 존재하였기에 그는 조선으로 하여금 농한기를 이용하여 단류처(斷流處)에 푯말을 세울 것을 요구하고 같은 해 6월 귀국하였다.[4]

　같은 해 8월 북평사 홍치중(洪致中)이 차사원과 일꾼들을 거느리고 단류처에 푯말을 세우려고 할 때 두만강 수원이 잘못 정해진 사실을 발견하였다. 동쪽으로 흐르던 물이 30여 리를 흐르다가 점차 북쪽으로 향하여 두만강에 흘러들지 않았다. 아래 두 단락의 인용문 중 하나가 북평사 홍치중이 두만강 수원이 잘못 정해짐과 차사원들이 푯말을 이설한 상황을 보고한 소(疏)이고 다른 하나가 정계와 설표 공사에 참여했던 차사원 허량(許樑) 등의 공술이다.

---

4)『숙종실록』권51, 숙종 38년 5월 을사, 6월 을묘·임술 ; 권52, 숙종 38년 12월 병진.

12월 북평사 홍치중의 소의 내용은 다음과 같다.

　신(臣)이 여러 차사원을 데리고 청차(淸差)가 이른바 강의 수원이 도로 들어간다는 곳에 도착하자, 감역(監役)과 차원(差員) 모두가 하는 말이 "이 물이 비록 총관(摠管)이 정한 수원이지만, 그때는 일이 급박하여 미처 그 하류를 두루 찾아보지 못했습니다. 이번에 푯말을 세우게 되었으니 한 번 가보지 않을 수 없습니다."라고 하였습니다. 그리하여 신이 허와 박(居山察訪 許樑, 羅暖萬戶 朴道常) 두 차원을 시켜 함께 가서 살펴보게 했더니, 돌아와서 고하기를, "흐름을 따라 거의 30리를 가니 이 물의 하류는 또 북쪽에서 내려오는 다른 물과 합쳐 점차 동북을 향해 갔고, 두만강에는 속하지 않았습니다. 기필코 끝까지 찾아보려고 한다면 사세로 보아 장차 오랑캐들 지역으로 깊이 들어가야 하며, 만약 혹시라도 피인(彼人)들을 만난다면 일이 불편하게 되겠기에 돌아오지 않을 수 없었습니다"라고 하였습니다. 대개 청차는 단지 물이 나오는 곳과 제1파(派)·2파가 합쳐져 흐르는 곳만 보았을 뿐이고, 물을 따라 내려가 끝까지 흘러가는 곳을 보지 않았습니다. 이 때문에 그가 본 물이 다른 곳을 향해 흘러가고 중간에 따로 이른바 제1파가 2파에 흘러드는 것을 알지 못하여, 그가 본 것이 두만강으로 흘러 들어가는 것인 줄 잘못 알고 있었으니, 이는 진실로 경솔한 소치에서 나온 것입니다. 강의 수원이 과연 잘못된 것을 알면서도 청차가 정한 것임을 핑계로 이 물에다 푯말을 세운다면, 하류는 이미 저들의 땅으로 들어가 향해간 곳을 알 수 없으니, 국경의 한계는 의거할 데가 없게 되어 뒷날 난처한 염려가 없지 않습니다. 신이 여러 차원들과 상의하기를, "이미 잘못된 강의 수원을 비록 마음대로 변경할 수는 없지만, 하류가 어떠한지는 논할 것 없이 단류처(斷流處) 이상은 마땅히 푯말을 세워야 하니, 먼저 비(碑)를 세운 곳에서부터 역사를 시작하여 위에서 아래로 내려가되, 나무가 없고 돌만 있으면 돌로 쌓아 돈대를 만들고 나무만 있고 돌이 없으면 나무를 베어 목책을 세우기로 한다. 오늘날 조정의 뜻은 한 차례의 역사로 일을 마치려는 것이 아니므로 빨리 마치려고 하지 말고

오직 견고하게 하기를 힘쓰되 물이 나오는 곳까지 이르지 아니하여
우선 역사를 정지하고 돌아간다. 강의 수원을 변통하는 것은 서서히
조정의 의논이 정해지기를 기다렸다가 내년 역사를 계속할 때 다시
행해도 늦지 않다."고 했더니, 차원들이 모두 옳다고 하였습니다. 그런데
신이 뒤에 들으니, 허량 등이 미봉하는 데만 급급하여 조정의 명령을
기다리지 않고 목책을 제2파 수원에다 연결시켜 놓았다고 합니다.
대저 목책이 머무는 곳은 바로 땅의 경계가 나누어지는 곳입니다. 두
나라의 경계를 정하는 일이 얼마나 중대한 일입니까. 그런데 한 두
차원의 뜻으로 조정에서 알지도 못하는 물에다 강역을 제멋대로 정했으
니, 이는 마땅히 징치하여 강토에 대한 일을 중히 여김을 보여야 합니다.
그리고 강의 수원에 관한 일은 묘당으로 하여금 오랜 타산으로써 선처하
게 하소서.[5]

북평사의 위 보고에 근거하여 일부 조정 신하들은 차사원 허량·박도상
등을 잡아들여 사사로이 퇴책을 이설한 죄를 벌할 것을 요구하였지만,

---

5) 『숙종실록』 권52, 숙종 38년 12월 병진.
"臣率諸差使員到淸差所謂江源還入之處 監役差員皆以爲此水雖摠管所定江源
而伊時事急 不及遍尋其下流 今當立標 不可不一見云 臣使許朴(居山察訪許樑
羅暖萬戶朴道常)兩差員同往審見 還告曰 順流而行 幾至三十里 此水下流又與北
來他水合 漸向東北而去 不屬於豆滿江 必欲窮尋 則勢將深入胡地 如或逢着彼人
事涉不便 未免徑還云 蓋淸差只見水出處 及第一派二派合流處而已 未嘗逐水而
下 窮探去處 故不知渠所見之水 則流向別處去 中間別有所謂第一派來合於二派
而誤認以渠所見者流入於豆江 此固出於輕率之致 旣知江源果誤 而諉以淸差所
定 直爲設標於此水 則下流旣入彼地 不知去向 而疆界之限 更無依據 不無日後難
處之憂 故臣與諸差員相議以爲 旣誤之江源 雖不可擅自變通 而勿論下流之如何
斷流處以上 則固當在設標之中 先自立碑處始役 自上而下 無木而有石 則築石作
墩 有木而無石 則斫木設柵 而今日朝令 初非一擧卒役之意 毋求速完 惟務堅牢
未及所謂水出處 姑爲停役而歸 則江源變通 徐待朝家定議 以爲明年繼役時進退
之地未晩云 則差員輩皆以爲可矣 臣追聞樑等急以彌縫 不待朝令 直以木柵屬之
第二派水源 夫木柵所止之處 卽地界之所由分也 兩國定界何等重大 而乃以一二
差員之意 擅定疆域於朝廷所不知之水 此則宜加懲治 以重疆事 而江源一款 亦令
廟堂從長善處."

이들이 서울에 도착하자 곧 사면되었으며 단지 비국(備局)에서 초문(招問)하여 공술을 얻어냈다. 차사원 허량 등이 두만강 수원이 잘못 정해진 것을 발견하고 퇴책을 이설한 과정을 공술한 내용은 다음과 같다.

북평사와 함께 역군을 거느리고 역소로 향하였는데 장교(將校) 손우제(孫佑齊), 박도상(朴道常), 그리고 무산 사람 한치익(韓致益) 등이 함께 갔습니다. 30여 리를 가며 찾아보았더니, 수세(水勢)가 점점 커지며 북쪽을 향해 흘러갔고 두만강에 흘러들지 않았습니다. 30리를 오가는 동안 피인들의 자취가 있었으므로 손우제는 혹시 피인들과 만나게 될까 염려하여 나아가려 하지 않았고 번번이 뒤쳐졌습니다. 또한 한치익이 이르기를, 그는 변방에서 자란 사람이기에 피차의 지형을 잘 알고 있으며, 이 물은 분명히 북쪽으로 흘러가고 두만강에 흘러들지 않으며, 혹시 두만강에 흘러들어 갈 경우 뒷날에 터무니없이 속인 죄를 지게 될 것이라고 하였습니다. 또한 목차가 말한 작은 물줄기가 와서 합쳐진다는 곳을 보았더니, 산골짜기 몇 리쯤에서 옆으로 나오는 물이었으므로 그 사실을 북평사에게 보고하였습니다. 이에 북평사가 이르기를, "이 물은 이미 잘못되었으니, 비를 세운 곳으로부터 역사를 시작하되 물이 솟아나오는 곳에 이르러서는 잠시 역사를 멈추며, 조정의 품정을 기다려 다시 처리하는 것이 마땅하다."고 하였습니다. 당초 저들과 우리나라 사람들이 물의 흐름을 따라 내려올 때 지금 푯말을 세운 곳으로부터 대홍단(大紅丹)까지 내려오는데 이틀 반이 걸렸습니다. 목차(穆差)가 말하는 초파(初派)로부터 지금 푯말을 세운 곳까지는 미미한 언덕을 이루어 진장산(眞長山)을 형성하고 계속 이어져 무산에 이릅니다. 그 사이에는 와서 합쳐지는 물이 없습니다. 목차가 말하는 초파로부터 지금 푯말을 세운 곳까지는 약 10여 리가 됩니다. 북평사가 말하는 제1파란 목차가 말하는 작은 물줄기가 합쳐지는 곳이며, 지금 푯말을 세운 곳까지 몇 리에 지나지 않습니다. 목차가 지적한 수원이 이미 잘못되었고 박도상과 갑산 사람이 지적한 제2파의 원류가 분명하여 전혀 의심의 여지가 없으므로 이곳에 푯말을 세우는 것 외에 다른 방법이 없습니다.……그리하여 여러 차원들과 의논한 뒤, 비를 세운 곳에서 아래로 25리는 목책을 세우거나 돌을 쌓았으며, 그 아래 물이 나오는 곳 5리와 건천(乾川) 20여 리는 산이 높고 골짝이 깊어 내의 흔적이 분명하기에 푯말을 세우지 않았습니다. 그 아래에서 물이 솟아나오는 곳까지 40여 리는 모두 목책을 세우되, 그 중간의 5·6리는 나무나 돌이 없고 토질이 강하기 때문에 단지 흙으로 돈대를 세웠습니다. 전후의 실상이 이와 같습니다.6)

위 두 단락의 인용문을 연결시켜 분석할 경우 다음과 같은 다섯 가지를 얻어낼 수 있다.

첫째, 설표 공사를 진행할 때 목극등이 정한 두만강 수원을 다시 찾아 볼 것을 제기한 것은 정계 시 수행원으로 나갔던 차사원 허량·박도상 등이었다. 기실 이들은 공사를 진행하기 전에 벌써 수원이 잘못되었다는 사실을 알고 있었다. 이는 무산 사람에게서 들었을 가능성이 크다.

6)『숙종실록』권52, 숙종 38년 12월 병진.
"與北評事率役軍往赴役所 其帶行將校孫佑齊及朴道常 茂山人韓致益等同往 尋到三十餘里 則水勢漸大 向北而去 不入於豆滿江 往來三十里之間 有彼人行迹 故佑齊慮其或與彼人相遇 不欲進去 每每落後 致益則亦以爲 渠以邊上生長之人 詳知彼此地形 此水明是北流 不入於豆滿江 如或入於豆滿江 則日後渠當被虛罔之罪云 且穆差所謂小流來合處又爲看審 則乃是山谷間數里許橫出者 故以此回告評事 則評事以爲 此水旣誤 則自立碑處始役 而至於湧出處姑爲停役 以待稟定後處之宜當 當初彼我人沿流而下 自卽今設標處下至大紅丹 各二日半程 則自穆差所初派處 與卽今設標處之間 微有起岸 仍作眞長山 逶迤而下至茂山 而其間元無他水之來合者 且自穆差所指初派 至卽今設標處 相距大約十里許矣 評事所謂第一派 卽穆差所指小流來合處 而與卽今設標處 相距不過數里 穆差所指之水旣爲錯誤 朴道常及甲山人等所指第二派源流分明 少無可疑之誤 則此處立標之外 更無他道……故與諸差員等相議後 自立碑下二十五里 則或木柵或累石 其下水出處五里及乾川二十餘里 則山高谷深 川痕分明之故 不爲設標 又於其下至湧出處四十餘里 皆爲設柵 而其間五六里 則旣無木石 土品且强 故只設土墩 前後實狀 不過如斯."

둘째, 목극등이 수원을 잘못 정한 이유는 단지 물이 솟아나오는 곳과 그 아래에서 제1파가 2파에 합치는 곳을 보았을 뿐, 그가 정한 수원을 따라 끝까지 흐름을 추적하지 않았기 때문이다.

셋째, 8월 북평사 홍치중은 두만강 수원이 잘못 정해진 사실을 발견했음에도 불구하고 공사를 진행할 것을 명령하였다. 즉 비를 세운 곳으로부터 목극등이 지정한 두만강 단류처(斷流處) 이상에서 역사를 계속 진행할 것을 지시하였다. 그러나 12월 홍치중이 조정에 보고할 때 차사원들은 위 부분뿐만 아니라 스스로 정확하다고 여겼던 두만강 제2파 수원에까지 목책을 설치해 놓았다.

넷째, 차사원 허량·박도상 등이 북평사의 명령을 어기고 제2파 수원에 목책을 설치한 이유는 원류가 분명하고 또 목극등이 지정한 제1파와도 거리가 가까웠기 때문이었다. 물론 이들이 정계에 참여하였기에 수원을 잘못 정한 책임이 가장 두려웠다.

다섯째, 차사원 허량 등이 토돈(土墩)·석퇴(石堆)·목책을 설치한 상황은 다음과 같았다. 비를 세운 곳으로부터 25리는 목책과 석퇴를 설치하고, 그 아래 물이 흐르는 5리와 건천 20여 리는 아무 표식도 하지 않았으며, 또 "그 아래에서 물이 솟아나오는 곳(湧出處)까지 40여 리는 모두 목책을 세우되", 중간의 5·6리는 토돈을 쌓았다. 여기서 물이 솟아나오는 곳(湧出處)이란 제2파 수원을 가리킨다. 이 맨 끝의 40여 리의 목책이 바로 북평사가 말하는 이른바 "조정의 명령을 기다리지 않고 목책을 제2파 수원에다 연결시켜 놓았다"는 부분이며, 허량 등이 푯말을 이설한 부분이다. 이 부분 목책은 18·19세기 조선의 고지도([그림 2·3])를 참조할 수 있다.

이상으로 보아, 설표할 때 차사원들은 비를 세운 곳으로부터 시작하여 목극등이 지정한 동쪽 골짜기와 건천을 따라 석퇴·목책을 설치하였을

뿐만 아니라, 물이 끊긴다는 곳(단류처)으로부터 두만강 제2파 수원에
까지 목책을 설치하였다. 후자의 길이가 40여 리이며 이것이 바로
조선에서 푯말을 이설한 부분이다.

조선 조정은 북평사의 위 보고를 통해 목극등이 두만강 수원을 잘못
정한 사실과 차사원들이 사사로이 목책을 제2파 수원에 연결시켜 놓은
사실을 알게 되었다. 그러나 일부 신하들의 건의대로 수원이 잘못 정해진
사실을 청에 통고하여 정계를 다시 진행할 것을 요구하지 않았으며,
목책을 사사로이 이설한 차사원들도 처벌하지 않았다. 오히려 이들의
설치 결과를 인정하고 이를 정당화시켰다.

그 이유에 대해 생각해보면 다음과 같다. 첫째, 조선은 정계를 통해
땅을 얻었다고 믿었다. 특히 천지 남쪽 공한지를 얻은 것을 다행으로
여겼다. 당시 조선의 파수처는 천지에서 5·6일정이 되는 곳에 있었지만
비를 세운 곳은 천지 바로 근처(동남쪽 10여 리)였다. 만약 청에서
사신이 나와 정계를 다시 행할 경우 이미 얻은 땅이 감축될지도 모른다는
우려가 제기되어 사실을 덮어 감추기로 하였다.

둘째, 조청 양국의 경계의 표식물이 되는 퇴책을 목극등이 지정한
동쪽 골짜기와 건천에 연결해 놓았을 뿐만 아니라 진정한 두만강 수원
즉 제2파 수원에 연결시켜 놓았기 때문에 청에서 문책하더라도 책임을
회피할 수 있다고 생각하였다.

셋째, 목극등이 지정한 수원과 조선에서 설책한 제2파 수원과의
거리가 매우 가까워 10여 리밖에 안 되었으며, 목책을 설치할 때 오히려
조선쪽으로 들어왔기 때문에 영토 손해가 있더라도 조선에서 손해를
보는 것이며 손해가 크지 않다고 생각하였다.[7]

---

7) 『숙종실록』 권52, 숙종 38년 12월 병진.

[그림 2] 『조선지도』(서울대학교 규장각 소장). 1770년 신경준이 왕명에 의해 제작

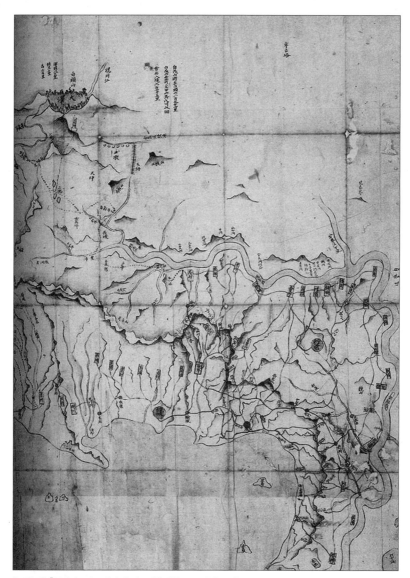

[그림 3]『북계지도』(19세기 후기, 서울대학교 규장각 소장)

3) 조선에서 목책을 이설한 두만강 수원

그렇다면 차사원 허량 등이 정확하다고 여기고 목책을 이설한 두만강 수원(제2파)은 어느 지류인가? 이 문제에 대한 해답이 쉽지 않은 것은 두만강 상류 수계가 극히 복잡하고 또 정계 시 홍단수 이상 각 지류에 명칭이 없었기 때문이다. 위 두 인용문을 보더라도 청사 목극등은 물론 북평사 홍치중, 차사원 허량·박도상 등이 두만강 상류 물줄기를 가리켜 제1파·2파·3파·4파 또는 초(初)파·차(次)파로 불렀다. 1712년 정계 및 1885·1887년 감계 과정을 깊이 연구했던 대만학자 장존무(張存武)도 "문헌을 통해 장백산(백두산) 산속에서 초파·차파를 가려내는 것은 헛수고일 것이다"라고 단언하였다.[8]

단지 정계 당시 남겨 놓은 자료를 통해 목책을 이설한 두만강 수원이 어느 지류인가를 가려내기란 쉽지 않다. 그러나 광서연간의 감계 보고서 그리고 정계 이후 조선의 지도 등을 연결시켜 분석할 경우 실마리가 잡힌다.

우선 정계 과정을 놓고 볼 때, 목극등은 주로 홍단수 합류처 이상에서 두만강 수원을 찾았다. 그는 백두산 천지에서 남쪽 비탈로 내려온 후 "압록강 수원이 산허리에서 나오는 것을 발견하고 경계로 삼았다." 두만강 수원은 토인들이 한동안 땅속에서 복류하다 다시 땅 위로 솟아나온다는 말에 근거하여 천지 동쪽 백여 리 지점에서 수원을 찾았으며 동류하는 한 갈래의 물줄기를 두만강 수원으로 정하였다. 이 동류하는 물줄기와 비를 세운 곳까지는 물이 흐르지 않는 이른바 두만강 단류처 (斷流處)가 존재하였으며, 목극등은 압록강원과 이 두만강 단류처 사이 분수령에 비를 세웠다. 후대의 조사에 의하면, 입비처가 천지 동남쪽

---

8) 張存武, 「淸代中韓邊務問題探源」, 『近代史硏究所集刊』 제2기, 1971년, 487쪽.

10여 리 지점에 있었다.[9] 비를 세운 후 목극등은 계속 두만강 물 흐름을 따라 홍단수에 이르렀고 다시 어윤강(서두수)·박하천(서북천) 을 거쳐 무산에 도착하였다. 무산에서 목극등은 농한기에 조선에서 두만강 단류처에 표를 세우고 설책하는 일에 대해 말하고 계속 두만강을 따라 하류에 이르러 사계를 마쳤다.[10] 주지하다시피 지형상의 원인으로 백두산 일대에는 복류하다가 땅 위로 솟아나오는 물줄기가 많다. 지금까지 민간에서 두만강을 '도망(逃亡)강'이라고 전하는 까닭이 이 때문이다. 당지 토인들의 이 같은 지리인식이 목극등이 두만강 수원을 찾는데 영향을 주었다.

아래에서는 광서연간에 발견된 비 동쪽의 퇴책 상황에 대해 알아보기로 하자. 을유(1885)년 감계 때 조청 양측 인원들은 정계비 동쪽 황화송 구자에 토퇴·석퇴가 90리 설치되어 있으며,[11] 여기에 연결된 물줄기가 송화강으로 흘러들어가는 것을 발견하였다. 조선은 이 물줄기를 가리켜 '토문강'이라고 칭하여 두만강과 구별하였다. 즉 토문·두만 2강설이 여기서 연유되었다. 이와는 대조적으로 청측은 비문에 이른바 "서쪽으로 흘러 압록이고, 동쪽으로 흘러 토문이며, 분수령 상에 돌을 새겨 이를 기재한다"라는 내용에 근거하여 입비처의 형세가 비문의 내용과 부합되지 않음을 문제 삼았다. 즉 비의 서쪽이 압록강원과 연결되어 있지만 비의 동쪽이 송화강 상류에 연결되어 있었으므로, 청측은 비의

---

9) 광서 감계 때 조사한 바에 의하면, 입비처가 천지 동남쪽 약 13리 되는 곳에 있었으며, 비의 동·서 양쪽에 각각 골짜기가 있었다. 이중하,『을유장계』(규장 각 소장『토문감계』, 규21036에 수록됨),『감계사교섭보고서』(정해) 5월 11일 (규장각 소장, 규11514-2).

10) 김지남,『북정록』, 조선총독부 조선사편수회 1945년 초(抄)본, 5월 15~22일조, 129~156쪽 ;『숙종실록』권51, 숙종 38년 6월 을묘·임술.

11) 이중하,『을유장계』.

30

위치가 조선인에 의해 천지 근처로 이동되었다고 보았다. 그러나 을유감계가 끝날 무렵에 조선 감계사 이중하가 홍토산수 부근에 목책이 연결된 흔적을 발견하고 토문·두만이 실은 동일한 강이라는 사실을 알게 되었다. 그는 『추후별단(追後別單)』을 통해 이를 조선 조정에 다음과 같이 보고하였다.

목극등이 나와 정계할 때의 사적(事蹟)이 모두 '북영강희임진정계등록(北營康熙壬辰定界謄錄)'에 기재되어 있습니다. 그 때 오고 간 길과 논쟁한 말을 보면 두만강을 계한으로 삼고 있음을 알 수 있습니다. 또 비변사 관문(關文)에 이르기를 "토문강은 화음으로서 곧 두만강이다"라고 하였는데 이로써 알 수 있습니다. 이 한마디를 보더라도 두만강을 경계로 함이 분명합니다. 정계비 형편을 놓고 볼 때, 지금 밖으로 보면 동쪽의 토퇴·석퇴는 송화강 상류 수원에 이어져 있으니, 당초 정계한 사실에 대해 의문이 생기지 않을 수 없습니다. 그러나 고사를 상고해볼 경우 전혀 의심스럽지 않습니다. 우리나라에서 토문강이라고 한 것은 그 연유가 있는 것입니다. 목극등이 비 동쪽 골짜기를 두만강 상류 수원이라고 말하고 비를 세워 '동위토문'이라는 글을 새겨 넣었습니다. 그리하여 우리나라는 목극등이 돌아간 후 몇 년 동안 역사를 벌여 비 동쪽으로부터 토퇴를 설치하여 동쪽으로 두만강 수원에 닿았습니다. 그러나 두만강 수원은 이 골짜기에 접하지 않았으므로 완만한 비탈에 목책을 설치하여 비의 동쪽 골짜기에 연결시켜 놓고 이를 '토문강원'이라고 불렀습니다. 수백 년이 지난 오늘에 이르러 목책이 다 썩어버리고 초목만 울울하여 옛날의 표식을 저들이나 우리나 다 알아볼 수 없게 되었으니, 오늘의 분쟁이 일게 된 것입니다. 이번에 입산할 때 그 형태와 위치에 대해 몰래 찾아보았더니 수풀 속에 간간이 보였는데 저들 눈에 들키지 않아 다행입니다. 일이 매우 위태롭고 당황스러우므로 그 실상에 대해 감히 상세히 보고하지 않을 수 없습니다.[12]

12) 이중하, 『추후별단』(을유), 규장각 소장 『토문감계』에 수록됨.

즉 이중하는 북병영 등록과 비변사 관문을 통하여 토문강이란 실은 조선에서 말하는 두만강이며, 목극등이 정하고자 했던 물이 토문강 즉 두만강이라는 것을 알게 되었다. 또한 목극등은 비 동쪽 골짜기가 두만강원이라고 생각하고 조선으로 하여금 이 골짜기를 따라 퇴책을 설치하도록 요구하였다. 그러나 두만강 수원은 이 골짜기에 연결되어 있지 않기에 목극등이 귀국한 후 조선은 비 동쪽 골짜기를 따라 토석퇴를 설치해 놓았을 뿐만 아니라, 이 골짜기와 진정한 두만강 수원 사이에 목책을 연결시켜 놓았다. 그러나 오랜 시간을 경유하면서 두만강 수원에 연결된 목책이 다 썩어 없어져 흔적조차 찾기 어려웠다. 이로 인하여 양국 간에 두만강 경계를 둘러싼 논쟁이 일게 되었음을 간파한 것이다.

그렇다면 이중하가 홍토산수에 연결된 목책의 흔적을 발견한 후 무엇 때문에 청측 인원들에게 발견되지 않은 것을 다행으로 생각하면서 또 다른 한편으로 두려워한 것일까? 그 이유를 생각해보면 을유감계가 실은 조선 유민들이 두만강 이북에 넘어가 땅을 개간하여 발생한 것으로서, 조선 유민들은 본국에 쇄환되는 것을 막고 지방관들은 처벌을 면하기 위하여 두만강 이북이 조선에 속한다는 주장을 내놓게 되었다. 특히 이들이 사람을 파견하여 백두산 입비처를 조사한 결과 비 동쪽의 퇴책이

"穆克登出來定界 而伊時事蹟 俱在北營康熙壬辰定界謄錄中 其時往來之路 論難之語 專以豆滿江爲限 備邊司關文有曰 土門江華音卽豆滿江 以此知悉次 推此一句 豆江爲界又分明 定界碑形便 今以外面見之 則東邊土石堆乃接於松花江上源 當初定界之事實若可疑 然詳考古事 則實非可疑 我國以爲土門江源者 本有其故 穆克登但以碑東溝道是豆滿上源 而立碑而刻之曰 東爲土門 故我國於穆克登入去之後 數年爲役 自碑東設土石堆 而東至豆江源 而豆江之源 本不接於此溝 故平坡則設木柵 以接於碑東之溝 而遂稱之以土門江源矣 今則數百年間 木柵盡朽 雜木鬱密 舊日標限 彼我之人皆不能詳知 故致有今日之爭卞 而今番入山之行 默察刑址 則果有舊日標識 尙隱隱於叢林之間 幸不綻露於彼眼 而事甚危悚 其實狀裏許不敢不詳告."

두만강과 연결되지 않고 다른 곳을 향하고 있음을 발견하였다. 이에 토문·두만이 각기 다른 강임을 주장하고 양국이 공동으로 백두산 입비처를 조사할 것을 요구하였다.[13] 이런 때에 만약 토문·두만이 동일한 강이라는 사실을 말할 경우 조선은 반드시 두만강 이북 유민들을 쇄환해야 하였다. 이는 이중하가 바라는 바가 아니었다. 이에 그는 홍토산수에 연결된 목책의 흔적이 청측 인원들에게 발견되지 않은 것을 다행으로 생각하면서도 두려워하였다.

이중하가 목격한 두만강 수원에 연결된 목책의 흔적을 다시 살펴볼 필요가 있다. 『추후별단』에서 이중하는 "완만한 비탈에 목책을 설치하였다"고 기술하고 있는데 지형이 평탄함을 말해준다. 또 『을유장계』에서 그는 "두만강 상류 여러 수원 중에서 봉퇴(封堆)와 가장 가까운 것이 홍토산 수원이며, 완만한 비탈을 사이 두고 40·50리 된다"고 기술하였다. 즉 정계비 동쪽 퇴책을 세운 곳으로부터 홍토산수까지 지형이 평탄하며 약 40·50리 떨어졌다는 것이다. 이상의 『추후별단』과 장계 내용을 앞서 허량의 공술 중의 "물이 솟아나오는 곳까지 40여 리는 모두 목책을 세웠다"는 내용과 비교할 경우 일치함이 발견된다. 이로써 40여 리를 설책한 두만강 수원이 홍토산수임이 확인된다. 즉 다시 말하여 설표시 차사원 허량 등이 사사로이 목책을 이어놓은 두만강 제2파 수원이 홍토산수이다. [그림 4]의 『정해감계도』(1887년)를 통해 이를 살펴보면, 홍토산수가 두만강 상류 지류 중에서 송화강 상류 오도백하(五道白河, 토석퇴와 연결됨)와 가장 가까운 물줄기이고 황화송구자의 토석퇴와도 가장 가깝다.

이처럼 을유감계를 통하여 이중하는 토문·두만이 동일한 강이라는

---

13) 中央研究院 近代史研究所 편, 『淸季中日韓關係史料』 제4권, '鐘城府使照會敦化縣', 1972년, 1910~1913쪽.

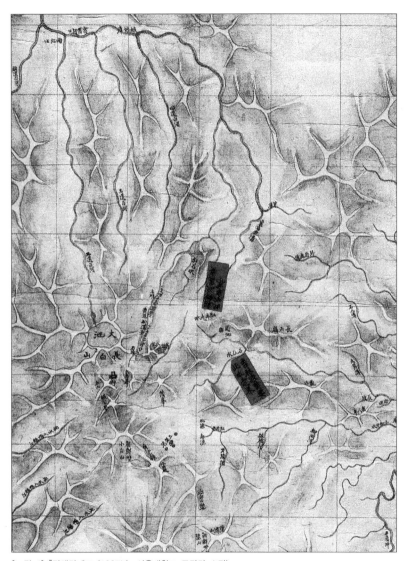

[그림 4] 『정해감계도』(1887년, 서울대학교 규장각 소장)

사실을 알게 되었기에 정해감계(1887년)에 이르러서는 토문·두만이 2강임을 주장하지 않았다. 정해감계 시 양측의 논쟁의 초점은 두만강 상류 어떤 지류를 정원(正源)으로 삼을 것인가에 집중되었다. 청측은 소백산에서 발원하는 홍단수로 경계를 삼을 것을 주장하였으나 조선측은 정계비·퇴책과 연결된 홍토산수를 경계로 삼을 것을 주장하였다. 옛 경계라는 이유에서였다. 장파(長坡) 제3차 회담에서 이중하는 "이 일은 옛 경계를 밝히는 데 있는데 귀관(청측 대표)은 따로 새 경계를 구하려 합니다. 큰 나라와 작은 나라는 300년을 지나면서 옛 경계가 있는데 오늘 어찌 새 경계를 정하려 합니까?"라고 말하였다. 이에 대해 청측 대표는 "옛 경계를 누가 알고 있습니까? 귀관(이중하를 가리킴)이 알고 있습니까?"라고 되물었다. 이중하가 답하기를 "홍토수가 옛 경계입니다"고 하였다.[14] 이밖에도 이중하는 조정에 올리는 보고서에서 홍토수에 연결된 목책이 다 썩어 없어져 청측에서 믿어주지 않는 고충을 다음과 같이 토로하였다.

> 이 일은 본디 세월이 지나고 목책이 다 썩어버려 퇴책의 맨 끝으로부터 홍토수 수원까지의 표식이 없어져 지금에 이르러서는 실로 계한이 분명하지 않습니다. 그러나 대도문(大圖們, 두만강을 가리킴)강 수원의 시두는 홍토수가 확실합니다. 반드시 홍토수를 (계한)으로 삼아야 비퇴(碑堆, 정계비·석퇴)와 서로 비출 수 있으므로 신(臣)은 처음부터 마지막까지 홍토수를 견지하였으며 달이 넘도록 서로 버티고 있었으나 결정을 보지 못하였습니다.……신이 화원(華員, 청측 대표를 가리킴)들

---

14) 『감계사교섭보고서』, 윤4월 16일.
　　이중하 : 此事本在申明舊界 而貴官却欲別求新界 大小國三百年來自有舊界 今日豈可令定新界.
　　청측대표 : 舊界誰人知之 貴官知之乎.
　　이중하 : 紅土水卽是舊界也.

과 다시 의논하기를 무산부로부터 장파까지 120리, 장파로부터 홍토수·
석을수 합류처(合流處)까지 80리는 피차간에 의심의 여지가 없으니,
일일이 감정(勘定)할 필요가 없으며, 합류처 이상의 두 갈래에 대해서는
조정의 결정을 기다려 경계를 세운다는 뜻으로 조회하고 성명을 발표한
후 각자 지도를 가지고 돌아가며, 미처 정하지 못한 두 갈래의 수원을
경계로 삼는 일은 반드시 중국 총서(總署, 총리아문을 가리킴)에서
결정하기로 하였습니다. 그 이전의 총서의 주의(奏議)를 살펴볼 때
지도와 서적에 근거하여 매우 명확하며, 홍토수가 대 도문강 수원의
시두라는 것에는 이의가 없습니다. 다만 퇴책에 관해서는 쉽게 밝힐
수 있는 사안이 아닙니다. 강희 임진년 정계 시의 옛 사적을 상고해
보면, 그 때 목극등은 단지 비를 세우고 돌아갔을 뿐, 퇴책은 목극등의
의논에 따라 우리나라에서 세웠습니다. 그리하여 중국에는 퇴책에 관한
기록이 없습니다. 그리고 지금의 형태와 위치를 놓고 볼 때, 퇴책은
송화강 수원에 연결되어 있으며 홍토수와는 거리가 매우 멉니다. 목책
또한 그 형태가 없으니 내가 아무리 가리켜 증명하려고 해도 저들이
비웃을 뿐, 번마다 의심스럽다고 하니 이것이 밝히기 어려운 사안입니
다.15)

위 인용문에서 알 수 있듯이 조청 양국 대표는 무산으로부터 장파까지

---

15) 이중하, 『정해별단초』, 규장각 소장 『토문감계』에 수록됨.
　　"此事只緣年久柵朽 自堆尾至紅土水源 橫距四十里之間也 無所標識 則在今日所
　　見界限 誠不分明 然至於大圖們之源頭 則紅土水一派的確無疑 必以紅土水爲口
　　然後碑堆自可照應 故臣始終以紅土水堅執 積月相持 終無決定之期…… 臣與華
　　員更商 自茂山府至長坡一百二十里 自長坡至紅土水石乙水合流處八十里 則彼
　　此無疑 旣盡勘定 惟合流處以上二派 則以俟朝廷酌奪立界之意 照會聲明後 各持
　　圖回程 未定之源頭二派中 立界之限 必自中國總署有所裁奪 而向見總署奏議
　　則援据圖典 已極眩明 紅土水之爲大圖們江頭源 庶無異議 惟堆柵一節 是爲難明
　　之案 詳考康熙壬辰定界舊蹟 則當時穆克登 但立碑而去 堆柵則依穆克登所議
　　自我國築設而已 故堆柵一節 本無中國文字之可憑 而現在形址 則堆在於松花江
　　源 而距紅土水甚遠 木柵則並無形址 故我雖苦口指證 而彼則冷笑不信 每歸之可
　　疑 是爲難明之案."

다시 장파로부터 석을수 · 홍토산수 합류처까지 두만강 원류를 따라 경계를 삼는데 합의를 보았다. 단지 합류처 이상에서 청측은 소백산—석을수(石乙水)를 따라 경계를 삼을 것을 주장하였고 조선측은 정계비 · 퇴책—홍토산수를 따라 경계를 삼을 것을 주장하였다.

담판 중에서 조선측은 목극등이 두만강 수원을 잘못 정한 사실과 그 이후 조선에서 홍토산수에 퇴책을 이설한 내막을 끝까지 밝히지 않았다. 그리하여 조선측은 청조의 『일통여도(一統輿圖)』 · 『회전도(會典圖)』를 근거로 홍토산수가 대도문강이고 옛 경계임을 주장하였다. 이에 대해 청측 대표는 홍토산수가 황화송구자의 물줄기와도 접해 있지 않고 또 골짜기 안의 퇴책과도 접해 있지 않는데, 어찌 옛 경계라고 할 수 있냐고 반문하였다.16) 그리하여 청측은 비의 위치가 조선인에 의해 소백산 · 삼지연 일대의 분수령으로부터 천지 근처로 옮겨졌다고 주장하였다.17) 정해감계가 끝날 때까지 청측 대표는 비의 이동에 대하여 반드시 철저히 따져봐야 한다고 거듭 강조하였다. 이에 대해 이중하는 "하늘이 위에 있고 귀신이 옆에 있으며 양계의 만민이 아래에 있는데 어찌 언어나 문자로서 이것을 논변한단 말입니까?"라고 분개해하고 억울해 할 따름이었다.18)

4) 두만강 수원에 대한 잘못된 인식이 조선의 영토관념에 미친 영향

18 · 19세기 대부분 시기에 있어서 목극등이 두만강 수원을 잘못

---

16) 『감계사교섭보고서』, 윤4월 16일.

17) 『吉朝分界案』, '照錄吉林將軍等來文 광서 12년 정월 초7일 到', 全國圖書館文獻縮微複製中心 편, 『國家圖書館藏淸代孤本外交檔案續編』 제5책, 2005년, 1810~1814쪽.

18) 『감계사교섭보고서』, '5월 13일 華員答幅', '5월 13일 答華員'.

정한 것이 조선의 강역관에 미친 영향이 그다지 크지 않다고 생각된다. 조선은 목극등이 송화강 상류에 흘러 들어가는 물을 두만강 수원으로 정했다고 하여 양국이 송화강을 경계로 하며 두만강을 경계로 하지 않는다고 여기지 않았다. 왜냐하면 조선은 설책 시 목극등이 잘못 지정한 수원을 시정하여 두만강 상류 홍토산수에 퇴책을 이설해놓았다. 뿐만 아니라 조선은 송화강이 흘러 지나가는 영고탑·흑룡강 등지가 여진인의 고향으로서 조선의 강역 범위가 아무리 해도 그곳까지 미치지 못한다는 사실을 잘 알고 있었기 때문이다.

그러나 정계 이후에 만들어진 조선 지도의 두만강 표기에는 여전히 이해하기 어려운 부분이 발견된다. 예를 들어 정상기(鄭尙驥)의『동국지도』([그림 5])의 경우 백두산에서 동쪽으로 흐르는 지류에 '토문강원(土門江源)'을 표기하고 중간 부분을 생략한 후 종성·온성 사이에서 두만강에 흘러드는 부분에 '분계강(分界江)'을 표기하였다.

이 밖에『서북피아양계만리지도(西北彼我兩界萬里之圖)』([그림 6])의 경우 정계비·목책과 연결된 물줄기에 '분계강원(分界江源)'을 표기하고 종성·온성 사이에서 두만강에 흘러드는 부분에 또 '분계강(分界江)'을 표기하였다. 이 경우 강의 흐름이 중간에서 끊어지지 않고 이어져 있었다. 즉 이 두 지도의 두만강 이북에는 '토문강' 또는 '분계강'이라는 지류가 존재하였다. 그러나 실제로는 이 같은 명칭의 지류가 존재하지 않았으며 이는 잘못된 지리인식에 불과하였다. 이와 가까운 물줄기가 두만강에 흘러드는 해란강이었으므로 일부에서는 해란강을 '분계강'이라고 칭하기도 하였다. 그러나 해란강은 백두산 천지에서 발원하지 않았다.

그 이후 1880년대에 이르기까지 조선은 두만강을 경계로 하는 사실을 부인하지 않았으며, 두만강에 대한 엄격한 금강(禁江) 조치를 실시하였

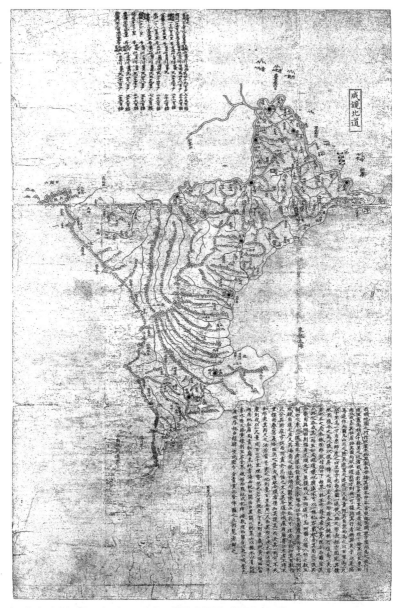

[그림 5] 정상기, 『동국지도』(1740년대, 서울역사박물관 제공[서13216])

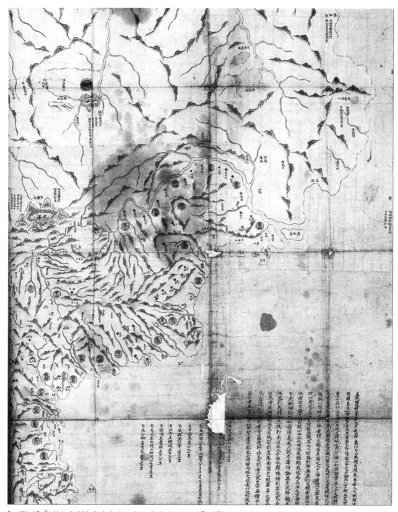

[그림 6] 『서북피아양계만리지도』(18세기 중기, 서울대학교 규장각 소장)

다. 조선 변민들의 월경 행위를 엄금하였으며, 위반자를 강변에 효시하고 지방관을 변지에 유배하였다. 그러나 1880년 이후 조선 유민들이 대규모로 두만강 이북 지역에 넘어가 땅을 개간하고 정착하면서 조선의 강역관에 변화가 생겼고 두만강을 경계로 하는 사실을 부인하기 시작하였다.

　조선인들의 두만강 이북 지역으로의 월경 개간 경로를 살펴보면, 두만강 상류 무산 및 중류의 회령·종성·온성 대안으로부터 그 이북지역으로 퍼져나갔다. 통계에 따르면, 1886~1887년 사이에 무산 대안에 조선인이 130여 호, 회령 대안에 수백 호, 종성 대안에 약 1,000호, 온성 대안에 100여 호, 경원 대안 고이도(古珥島)에 10여 호가 살았다.[19] 이와는 대조적으로 경원 대안인 훈춘에는 조선인이 별로 없었다. 이곳이 러시아와 접해 있었기에 청은 러시아의 남하를 막기 위하여 1881년에 훈춘협령을 부도통으로 승격하였고 영고탑·삼성(三姓)·훈춘에 정변군(靖邊軍)을 설치하였으며, 마보(馬步)병 7,000명을 주둔시켰다. 이밖에 청조의 이민실변(移民實邊) 정책의 중심도 훈춘이었으며, 1881년 훈춘에 초간(招墾)총국을 세우고 관내 지역에서 한인을 초모하여 개간을 실시하였다.[20] 여하튼 초기에 두만강 이북 지역에 넘어가 땅을 개간한 조선인들은 주로 온성 이서 무산 이동의 두만강 중상류의 좁은 지역에 분포되었으며, 이 지역을 이들은 '간도(間島·墾島)'라고 부르게 되었다.[21] 그 위치가 해란강이 흘러 지나가는 곳에 해당하였기

---

19) 이중하,『六鎭沿岸對岸情形目錄』, 高永一 편,『中國朝鮮族歷史硏究參考資料匯編』제1집, 延邊大學出版社, 1989년, 195~197쪽 ; 高永一,『朝鮮族歷史硏究』, 遼寧人民出版社, 1982년, 72~74쪽.

20) 吳祿貞,『延吉邊務報告』, 李澍田 주편,『長白叢書』初集, 吉林文史出版社, 1986년, 28~29쪽.

21) 간도 명칭의 유래에 대하여 이중하는『을유별단』에서 다음과 같이 기록하였다. "종성·온성 사이에서 두만강이 나누어져 흐르는데 수궁지지(數弓之地)에 불과하였다. 본디 전토가 극히 귀하기에 정축년(1877)부터 여러 차례 호소하여

에 조선인들은 고지도에 '분계강'을 표기한 부분을 근거로 해란강 안쪽의 간도가 조선에 속한다고 주장하였다.

두만강 이북 월간(越墾) 조선인에 대하여 청은 처음에는 쇄환을 요구하였지만 인수가 점점 많아지고 또 러시아 방어를 위한 관내 지역에서의 한인의 이주가 난관에 부딪치게 되자 1882년부터 운남(雲南) 묘(苗)민의 예에 따라 월간 조선인에 대하여 조세를 납부하고 귀화 입적(入籍)시키는 정책을 실시하였다. 이는 조선 조정의 반대를 불러일으켜 청에 월간민을 쇄환할 것을 요구하였다. 바로 이때(1883) 종성·회령 부사로부터 토문과 두만이 서로 다른 강이며, 비문에 '동위토문'이란 두만강이 아니며, 양국이 공동으로 백두산정계비와 토문강 발원처를 조사할 것을 요구하였다.[22] 예컨대 종성 부사가 돈화현 지사에게 보낸 조회문에서 4읍(온·종·회·무) 변민들이 개간한 땅이 "토문·두만 양강 사이에 있으며", 목극등이 경계를 정할 때 "토문으로 경계를 하여 서쪽으로 압록이고 동쪽으로 토문이며 돌을 새겨 백두산 분수령에 이를 기재하였으며", "백두산 입비처 동쪽에 토퇴·석퇴·목책을 세워 계한을 나누었으며, 그 아래에 토문이 있는데 양쪽으로 서로 마주하고 있는 것이 마치 문과 같다"고 하고 또 "종성 맞은 편 감토산(甘土山) 아래에 분계강이 있으며", "토문이 분수령 정계처를 조사하는 곳에 있으며, 두만이 본국 경내에서 발원한다."고 하고 또 "중외 계한은 토문을 경계로 하며 본국은 두만 외에 토문 별파가 있다는 것을 알고 있으며, 이는 고지도를 근거로

경식(耕食)하게 되었으며 간도(間島)라고 불리었다. 이것이 시두가 되어 그 이후 종성·회령·무산·온성 4읍의 민들이 점차 간도 밖의 땅을 경작하기 시작하여 연강에 이르는 곳마다 개간하지 않은 곳이 없게 되었다. 이처럼 간도라고 통칭하게 된 것은 당초에 개간을 시작할 때 붙여진 이름이었으며, 실은 물 가운데 있는 섬이 아니었다."

22) 『淸季中日韓關係史料』 제4권, 1911~1915쪽.

42

한다"고 하였다. 이밖에 회령 부사의 조회문에는 "종성 · 온성 · 회령 · 무산 민인의 소장에 의하면, 토문이남 두만이북 이들이 개간한 땅이 강희연간 목 총관이 비를 세운 곳의 안쪽"이라고 강조하였다.[23]

이처럼 토문 · 두만을 구분하고 있는 것은 종성 부사의 조회문에서와 같이 고지도를 근거로 할 뿐만 아니라 실지 답사를 통하여 백두산 입비처의 동쪽에 있는 토석퇴(황화송구자)가 두만강에 연결되지 않고 다른 물줄기 즉 송화강 상류에 연결되어 있다는 사실을 알았기 때문이었다. 이 같은 현상이 나타나게 된 것은 앞에서 보았듯이, 설책 시 조선은 목극등이 지정한 비 동쪽 골짜기 즉 두만강 단류처에 퇴책을 연결시켜 놓았을 뿐만 아니라 정확한 두만강 수원 즉 홍토산수에 목책을 이어놓았으나 오랜 시간을 경유하면서 홍토산수에 이어놓은 목책이 다 썩어 없어져 송화강 상류에만 퇴책이 남게 되었기 때문이었다. 또한 조선인들은 황화송구자의 토석퇴가 마주하고 있는 것을 가리켜 '토문'이라고 칭하고 이와 연결된 송화강 상류를 '토문강'이라고 칭하였다. 즉 토문 · 두만 2강설의 발단이다.

조선의 요구대로 조청 양국은 을유(1885) · 정해(1887) 두 차례 감계를 실시하였으며, 토문 · 두만이 1강 2칭이라는 문제에 일치를 보았다. 동시에 국경 담판을 두만강 상류 석을수 또는 홍토산수를 경계로 하는 단계까지 추진하였다. 1887년 12월 광서제(光緖帝)는 석을수를 두만강 수원으로 삼으며 이로써 경계를 획정할 것을 결정하였다.[24] 그러나 조선은 청측에서 제기한 소백산 경계선을 받아들이지 않았으며, 백두산 동쪽 기슭을 따라 홍토산수에 이르는 선으로 경계를 나눌 것을 주장하였다. 결국 감계 담판은 실패로 끝나고 말았다.

23) 『淸季中日韓關係史料』 제4권, 1911~1915쪽.
24) 『吉朝分界案』, '照錄吉林將軍來文 광서 13년 12월 초10일', 1846~1847쪽.

5) 맺는말

1712년 오라총관 목극등이 황지를 받들고 사계를 진행하였다. 그는 백두산 천지 동쪽 백여 리 지점에서 두만강 수원을 찾았으며 동류하는 한 갈래의 물줄기를 두만강 수원으로 정하였다. 그러나 물줄기를 따라 끝까지 찾아보지 않은 까닭으로 송화강 상류를 두만강 수원으로 잘못 지정하는 오류를 범하였다. 목극등이 귀국한 후 조선은 두만강 단류처(斷流處)를 따라 푯말을 세울 때 수원이 잘못 지정된 사실을 발견하였다. 비록 일부 신하들이 청에 통고하여 경계를 다시 정할 것을 건의하였지만 많은 신하들은 목극등이 견책 받고 다른 사신이 나올 경우 목극등처럼 수월하지 아니하여 조선에서 얻은 천지 남쪽 공지를 잃을까 우려하여 사실을 덮어 감추기로 하였다. 조선은 목극등이 지정한 비 동쪽 황화송구자에 토석퇴와 목책을 설치하였을 뿐만 아니라, 두만강 제2파 수원에 목책을 설치해 놓았다. 이것이 바로 을유감계 때 이중하에 의해 발견된 홍토산수에 연결된 목책이다. 조선 조정은 이중하의 보고를 통하여 토문·두만이 동일한 강이라는 사실과 1712년에 정계한 물이 토문강 즉 두만강이라는 사실을 알게 되었다.

18·19세기 대부분 시기에 있어서 조선은 목극등이 송화강에 흘러들어가는 물을 두만강 수원으로 잘못 지정했다고 하여 양쪽이 송화강을 경계로 하며 두만강을 경계로 하지 않는다고 생각하지 않았다. 그러나 1880년 이후 조선 유민들이 대규모로 두만강 이북에 넘어가 땅을 개간하면서 조선의 강역관에 변화가 생겼다. 이때로부터 조선은 정계비와 퇴책이 송화강 상류에 연결되고 두만강에 연결되지 않았다는 이유를 들어 양국이 두만강을 경계로 하는 사실을 부인하기 시작하였다. 여기에는 조선 변민들에 의해 개간된 두만강 이북 땅을 차지하려는 의도가

강하게 작용하였다.

광서연간 두 차례 감계 시 정계비 동쪽 황화송구자에 설치된 퇴책은 여전하였다. 즉 송화강 상류에 연결된 토석퇴이다. 그러나 홍토산수에 연결된 목책은 다 썩어 없어져, 비록 이중하가 누누이 홍토산수가 두만강 옛 경계이며, 정계비·퇴책과 홍토산수로서 경계를 나눌 것을 주장하였 지만 청측 대표는 이를 받아들이지 않았다. 오히려 청측 대표는 비가 조선인에 의해 소백산·삼지연 일대 분수령으로부터 백두산 천지 근처로 옮겨진 것이라고 보았고 소백산과 그 동쪽 기슭에서 발원하는 홍단수로 서 경계를 나눌 것을 주장하였다. 그 이후 한 발 물러나 소백산과 그 동쪽 기슭에서 발원하는 석을수를 경계로 할 것을 주장하였다.

광서연간의 두 차례 감계를 통하여 조청 양국은 토문·두만이 동일한 강이라는 사실을 확인함과 동시에 감계 담판을 두만강 상류 석을수로서 경계를 나눌 것인가 아니면 홍토산수로서 경계를 나눌 것인가의 단계까 지 추진하였다. 그러나 양측은 소백산을 따라 경계를 나눌 것인가 아니면 백두산 동쪽 기슭을 따라 경계를 나눌 것인가의 문제에서 타협을 보지 못하고 결국 담판은 실패로 끝났다.

그 이후 일본의 침략으로 조선은 국가 주권을 상실하고 말았다. 일본은 조청 양국의 국경분쟁을 이용하여 두만강 이북 지역에 대한 침략을 강화하였으며, '간도귀속문제'가 일본의 '동삼성육안(東三省六 案)'에 포함되었다. 1909년 중일 양국은 '간도협약'을 체결하였으며, 일본은 간도에 대한 이권과 남만주 탄광 채굴권 및 철도 부설권을 얻는 대가로 간도가 청에 귀속되며 조청 양국이 두만강을 경계로 하며, 두만강 발원지는 정계비로부터 석을수를 따라 경계를 나누는데 동의하 였다. 이로써 간도문제가 일단락되었다.

2. 조선의 백두산 답사기와 『백산도』

1) 머리말

1712년(강희 51, 숙종 38) 청에서 목극등을 파견하여 백두산정계를 행한 뒤 지금까지 약 300년이 지났다. 비록 그 사이에 1885·1887년 두 차례의 공동 감계를 실시하였지만, 1712년 정계의 진실은 아직도 오리무중에 있는 듯하다. 예컨대 목극등이 비를 세운 위치, 지정한 수원, 조선의 설책 위치 등에 대한 학계의 주장이 서로 엇갈린다. 비의 위치에 대하여, 일부 학자들은 비가 처음부터 천지 동남쪽 10여 리에 세워졌다고 보고 일부 학자들은 처음에 소백산 꼭대기에 세워졌던 것을 조선인에 의해 천지 근처로 옮겨졌다고 본다. 즉 이른바 '계비암이설(界碑暗移說)'이다.[1] 목극등이 지정한 수원에 대해서도 일부 학자들은 송화강 상류를 정했다고 보고 일부 학자들은 두만강 수원을 정하려 했으나 송화강 상류로 잘못 정했다고 본다. 또한 두만강 수원에 대하여, 일부에서는 소백산 동쪽에서 발원하는 홍단수가 정원이라고 보고 일부에서는 백두산 동쪽에서 발원하는 홍토산수가 정원이라고 본다.[2] 목극

---

[1] 비가 처음부터 천지 동남쪽에 세워졌다고 주장하는 학자는 張存武, 「淸代中韓邊務問題探源」, 『近代史硏究所集刊』 제2기, 1971년 ; 楊昭全·孫玉梅, 『中朝邊界史』, 吉林文史出版社, 1993년 ; 李花子, 『조청국경문제연구』, 집문당, 2008년 등이 있다. 비가 조선인에 의해 소백산 꼭대기로부터 천지 근처로 옮겨졌다고 주장하는 학자는 徐德源, 「穆克登碑的性質及其鑿立地點與位移述考－近世中朝邊界爭議的焦點」, 『中國邊疆史地硏究』 1997-1 ; 刁書仁, 「康熙年間穆克登査邊定界考辨」, 『中國邊疆史地硏究』 2003-3 ; 陳慧, 「後世所見穆克登碑」, 中國朝鮮史硏究會·延邊大學朝鮮·韓國歷史硏究所 편, 『朝鮮·韓國歷史硏究』 제10집, 2009년 등이 있다.

[2] 일본 학자 시노다(篠田治策, 『白頭山定界碑』, 樂浪書院, 1938년)는 목극등이

등의 사계의 성격에 대해서도 청조 자체 내의 국경 조사로 보는 견해와 조청 양국의 정계로 보는 견해가 서로 맞서고 있다.[3]

이 글은 1712년 백두산 정계에 다녀왔던 세 명의 조선인의 답사기와 당시 모사하였던 『백산도(白山圖)』및 후대의 답사기를 통하여 목극등이 비를 세운 위치, 지정한 압록강·두만강 수원, 정계의 결과 및 두만강 수원을 잘못 지정한 이유 등에 대해 좀 더 깊이 탐구해 보고자 한다.

2) 조선인의 답사기를 통해본 1712년 백두산정계

1712년 청조에서 오라총관 목극등을 파견하여 압록강·두만강 수원을 조사하고 분수령에 비를 세워 정계를 행하였다. 이때 함께 다녀갔던 조선 접반사 박권(朴權)과 역관 김지남(金指南)이 답사기를 썼다. 박권이 『북정일기(北征日記)』를 지었고 김지남이 『북정록(北征錄)』을 지었다. 김지남의 아들 김경문(金慶門)은 수행 역관으로서 목극등과 함께 백두산 정상에 올라 수원을 조사하고 정계를 행하는 전 과정을 목격하였다. 그의 부친인 김지남이 이미 답사기를 지었기에 그는 친구였던 홍세태(洪世泰)에게 부탁하여 백두산을 등산하고 비를 세운 과정을 기록한

정한 물이 송화강 상류라고 보고, 이를 '토문강'이라고 칭하여 두만강과 구별하였다. 한국학자 강석화(『조선후기 함경도와 북방영토의식』, 경세원, 2000년)는 목극등이 두만강 수원을 정하려고 했으나 송화강 상류로 잘못 정했다고 보았다. 광서연간 감계 때 청측 대표는 소백산 동쪽에서 발원하는 홍단수가 정원이라고 보았다가 다시 그 북쪽에 있는 석을수를 정원이라고 보았으며, 조선측 대표는 홍토산수가 정원이라고 보았다.

3) 광서연간 감계 때 청측 대표는 목극등이 백두산을 답사한 것이 청조 자체 내의 국경조사라고 보았으며, 조선측 대표는 양국의 공동 정계라고 보았다. 오늘날 중국학자 徐德源은 청조 자체 내 査界라고 보고, 張存武·楊昭全·刁書仁·李花子 등은 양국의 정계라고 본다. 한국학자들도 정계라고 보며 천지 근처에 세워진 비를 '정계비'라고 부른다.

『백두산기(白頭山記)』를 쓰도록 하였다. 이 세 답사기와 당시 그렸던 『백산도』는 1712년 백두산 정계 과정을 파악할 수 있는 중요한 자료이다. 특히 청조의 당안(檔案)자료가 내각대고(內閣大庫)의 실화로 인하여 전부 소실된 상황에서 이들 답사기와 지도의 중요성이 더욱 돋보인다.

세 답사기 중에서 김지남의 『북정록』의 내용이 가장 풍부하다. 그는 일기체 형식으로 서울에서 출발하여 압록강변 후주(厚州)에 이르고 다시 압록강을 거슬러 백두산에 이르러 수원을 조사하고 정계를 행하였으며, 그 이후 두만강을 따라 하류 입해구(入海口)까지 이른 과정을 상세히 기록하였다.

박권의 『북정일기』도 일기체 형식으로 사계 과정을 기록하였지만 내용면에서 김지남의 『북정록』에 미치지 못한다. 답사 과정에서 접반사 박권과 역관 김지남 등은 연로한 관계로 백두산 정상에 오르지 못하였으며, 수원을 조사하고 정계하는 과정에서 제외되었다. 그리하여 이 둘의 답사기의 부분 내용은 직접 답사한 결과가 아니다. 그러나 김지남의 답사기에는 정계의 전 과정에 참여한 조선의 군관·역관·차사원(差使員) 등의 보고서를 인용함으로써 사료의 가치를 높여주었다. 이 밖에 김경문이 홍세태에게 부탁하여 지은 『백두산기』가 이 부분 내용을 보충하고 있다.

『북정록』과 『북정일기』의 기록에 의하면, 목극등 일행은 성경(盛京)에서 출발하여 압록강변 두도구(頭道溝)에 이르고, 이어 수륙으로 나누어 강을 거슬러 백두산으로 향하였다. 목극등이 많은 사람을 거느리고 육로를 통해 갔으며, 시위(侍衛) 포소륜(布蘇倫)이 마상선을 타고 강을 거슬러 올라갔다. 이들은 매일 밤에 하나의 도구(道溝, 골짜기)에서 만났는데 이를 통해 압록강 상류 13도구를 조사하려 하였다. '도구'란 산과 산 사이의 골짜기에 물이 흘러내려 형성된 것으로서,[4] 압록강 상류에 많은 지류가 흘러내려 형성된 독특한 지형·지세를 말한다. 이처럼 수륙으로 나누어 답사를 진행한 결과 그 후에 만들어진『황여전람도(皇輿全覽圖)』와 청조『여도(輿圖)』에 두도구(頭道溝)로부터 이도구·삼도구, 십여 도구에 이르는 압록강 상류 지류 명칭이 나타나게 되었다.

4월 26일 포소륜이 10척의 마상선을 이끌고 폐사군 지역인 후주(팔도구 일대)에 이르렀다. 29일 목극등이 이곳에 도착하여 그와 만났다. 한편 접반사 박권과 역관·군관 등이 여기서 그들을 기다렸다. 이어 포소륜 일행이 마상선을 타고 계속 앞으로 나갔고 목극등은 접반사 박권 등과 함께 압록강 남쪽 조선 경내를 경유하여 갔다. 5월 4일 일행은 혜산에 이르렀고 계속하여 백두산으로 향하였다. 압록강 상류 세 지류 오시천(吾時川)·신대신천(申大新川)·검천(劍川)을 지난 후 일행은 육로를 통해 두 길로 나뉘어 갔다. 목극등이 젊은 역관·군관·길잡이·도끼수 등을 데리고 압록강 본류를 따라 강을 거슬러 백두산에 올랐고, 접반사 박권과 함경감사 이선부(李善溥), 청조 시위 및 역관 김지남 등 연로한 자들이 보다회산(甫多會山) 북로를 통해 임연수(臨淵水, 오늘날 북한에서 鯉明水라고 칭함)·허항령(虛項嶺)·삼지연(三池淵)·장파(長坡)·노은동산(魯隱東山)·홍단수(紅丹水)·어윤강(魚潤江)·박하천(朴下川)을 거쳐 무산에 가서 기다렸다.[5] 이로 인하여 접반과 정계의 임무를 맡았던 조선측 사신 박권과 이선부가 정계 과정에서 제외되었으며, 두 사람은 그 후에 비문에 자신들의 이름을 새겨넣는 것을 거부하였다.[6]

---

4) 박권,『북정일기』, 동북아역사재단 편,『백두산정계비자료집』, 2006년, 118쪽.
5) 김지남,『북정록』, 조선총독부 조선사편수회 1945년 초(抄)본, 59~95쪽 ; 박권, 앞의 책, 114~119쪽 참조.
6) 김지남, 위의 책, 129쪽.

한편 정계에 참여하지 못한 책임을 덜기 위하여 조선의 두 사신은 혜산에서 목극등에게 정상에 오르지 말고 "날파람이 있고 똑똑한 자를 골라 역관과 길잡이와 함께 가 보도록 할 것"을 청하였다. 그러나 목극등이 이를 들어주지 않았다. 또한 목극등이 기어이 등산하려 할 경우 두 사람 중에서 한 사람을 데리고 가며, 그들로 하여금 흠차대신을 마중하는 사명을 어기지 말도록 할 것을 청하였다. 그러나 목극등은 자신은 황지를 받들고 조사하는 것이기에 반드시 가야 하며, 두 사신은 나이가 많기에 따라갈 수 없다고 딱 잡아뗐다.[7] 일행이 압록강 상류 자포수(自浦水)에 이르렀을 때 역관 김지남은 목극등에게 화사(畵師)로 하여금 '산도(山圖)'를 그려줄 것을 요구하여 목극등의 동의를 얻어냈다.[8] 이 역시 그 자신과 두 사신이 산에 올라갈 수 없는 책임을 덜기 위해서였다. 이로써 오늘날 서울대학교 규장각에 소장된 『백산도』([그림 1])가 있게 되었다.

『북정록』·『북정일기』 및 『조선왕조실록』에 기록된 박권·이선부의 장계 내용을 통해 볼 때, 목극등이 수원을 찾고 경계를 정하는 과정에서 조선 역관 김지남·김경문 부자와 토인들의 역할이 컸다고 하겠다. 역관 김지남·김경문 부자는 백두산 천지 남쪽이 조선 경이라는 조선측 정계 원칙을 목극등에게 전달하였고,[9] 조선 토인들은 두만강이 백두산 천지에서 발원하여 동쪽으로 흐르다가 중간에 백여 리를 끊긴 후 다시 땅 위로 솟아나온다는 것을 전하였다. 이는 목극등이 두만강 수원을 찾고 비를 세우는 데 영향을 주었으며, 아울러 정계 결과에도 영향을

---

7) 김지남, 위의 책, 108~114쪽.

8) 김지남, 위의 책, 117쪽.

9) 1712년 2·3월간 청조 예부의 사계 자문을 받은 후 조선은 조정 논의를 거쳐 백두산 남쪽이 조선 경이라는 정계 원칙을 세우게 되었다. 이 부분 내용은 이화자, 앞의 책, 제4장 참조.

미쳤다.

목극등과 김경문 사이의 조청 국경에 관한 대화 내용을 살펴보면 다음과 같다.

> 총관(목극등)이 묻기를 "네가 양국 경계를 잘 알고 있는가?"고 하였다. (김경문이) 답하기를 "직접 눈으로 보지 못하였지만 백두산 꼭대기에 대지(大池)가 있는데 서쪽으로 흘러 압록강이고 동쪽으로 흘러 두만강이며, 대지의 남쪽이 우리나라 경내입니다. 작년에 황제께서 초문할 때도 그렇게 답했습니다"고 하였다. 또 (총관이) 묻기를 "근거할만한 문서가 있느냐?"고 하였다. (김경문이) 답하기를 "나라를 세운 후로부터 지금까지 전해 내려 왔는데, 어찌 문서가 필요하겠습니까?"고 하였다. 또 (총관이) 묻기를 "백두산 남쪽에 파수가 이어져 있느냐?"고 하였다. (김경문이) 답하기를 "이곳은 절험하여 인적이 닿지 못하며, 황폐하여 파수가 없으며, 대국(청조)의 책문 외 땅과 같습니다"고 하였다.[10]

홍세태의『백두산기』에도 목극등과 김경문 사이 대화를 기록하고 있다. 그 상세한 내용은 다음과 같다.

> 전에 목극등이 연경에 있을 때 우리 사신에게 말하기를 "산 남쪽 길을 아는 자를 얻어 기다리도록 하라"고 하였다. 이때에 이르러 목극등이 이에 대해 묻자 경문이 답하기를 "혜산에 있습니다. 공(公)은 이번에 강계를 조사하여 정하려 합니다. 백두산 정상에 대지가 있는데, 동쪽으로 흘러 토문이고 서쪽으로 흘러 압록이며, 이것이 북과 남의 경계입니

---

10)『숙종실록』권51, 숙종 38년 5월 정해.
"總管日 爾能明知兩國界耶 答以 雖未目見 而長白山巓有大池 西流爲鴨綠江 東流爲豆滿江 大池之南卽我國界 上年皇帝招問時亦以此仰對矣 又問 有可據文書耶 答以 立國以來至今流傳 何待文書耶 又問 白山之南連有把守耶 答以 此地絶險 人跡不至 故荒廢無把守 有同大國柵門外之地耳."

다. 혜산에서 물길을 따라 수원에 이르고자 하여도 산과 물에 막혀 옛날부터 통하지 않습니다. 간혹 사냥꾼들이 나무를 잡고 기어오르려고 해도 꼭대기에 이를 수 없는데, 공이 어찌 올라 갈 수 있겠습니까?"고 하였다. 이에 목극등이 답하기를 "내가 황명을 받들고 왔으니 어찌 무서워하겠는가? 너희 나라 국계가 여기에 있다고 하는데, 이를 어찌 황제에게 주문하여 정하겠는가?"고 하였다. 이에 (경문이) 답하기를 "소방은 옛날로부터 이로써 경계를 나누며, 이는 부녀자와 아이들마저 다 아는 일입니다. 이를 어찌 위에 청해 정할 것이며 또한 어찌 문자로서 증명하겠습니까? 작년에 황제가 창춘원(暢春苑)에서 초문하여 서북 경계를 물을 때도 그렇게 답했으니 공은 반드시 전해 들었을 것입니다. 대개 두 강은 이 못에서 발원하며 천하의 큰물입니다. 이는 하늘이 남과 북을 가르는 것이며 공이 오늘 보면 바로 정할 수 있을 것입니다."[11]

이밖에 김지남의 『북정록』에도 혜산을 지난 후 5월 5일 목극등이 김지남에게 양국 경계에 대해 묻는 말이 들어 있다. 그 상세한 내용은 다음과 같다.

　총관(목극등)이 나(김지남)에게 말하기를 "우리는 이번에 변계를 조사하러 나왔으며, 하늘에 오르고 땅속에 들어가더라도 너희들의 가리키는 대로 가야 한다. 너희 나라 변계가 어떠한지를 똑똑히 말하라"고 하였다. 내가 답하기를 "장백산 꼭대기 대지 남쪽이 우리 변계라고

---

11) 홍세태, 『백두산기』, 동북아역사재단 편, 『백두산정계비자료집』, 2006년, 133~138쪽. "先是 克登在燕京 語我使曰 得一知山南路者待我 及是 克登問之 慶門對曰 是在惠山 公之此行 必欲審定疆界 然白頭山頂有大池 東流爲土門 西流 爲鴨綠 此卽北南界也 而自惠山沿流至源 其間山水險阻 從古不通 間有獵夫攀木 猱陞 而亦未有至山頂者 公何得窮之哉 克登曰 吾奉皇命而來 安所憚險 爾言爾國 界在此 此豈奏聞皇上而定之歟 曰 小邦自古以此爲界 婦孺皆知之 此豈可上請 而亦何用文字爲證也 昨年皇上暢春苑招我使 問西北之界 實以此對 公必與聞之 矣 蓋二江發源此池 爲天下大水 此天所以限南北也 公今一見決矣."

말하였는데, 어찌 달리 말하겠습니까?"고 하였다. 이에 총관이 이르기를 "그렇다면 등산해보자"고 하였다.[12]

이상 목극등과 김경문 · 김지남 사이 대화를 살펴보면, 이들 부자는 압록강 · 두만강이 백두산 천지에서 발원하며 천지 남쪽이 조선 경이며, 천지가 북과 남을 가르는 경계라는 뜻을 충분히 전달하였다. 특히 김경문은 백두산 남쪽 지역을 청조의 유조변 외 땅에 비유하여, 비록 황폐하고 파수가 없지만 조선에 속한다고 교묘하게 답하였다. 이에 목극등은 백두산 정상에 올라가 보고 수원을 찾기로 하였다.

이밖에 조선 토인들의 이른바 두만강이 백두산 천지에서 발원하여 동쪽으로 흐르다가 중간에 백여 리 단류(斷流)한 후 다시 땅 위로 솟아나온다는 말이 두만강 수원을 찾는데 큰 영향을 주었다. 목극등은 백두산 천지에 오른 후 천지에서 남쪽으로 내려와 양강 수원을 찾기 시작하였다. 홍세태의『백두산기』에 의하면, 목극등이 천지에서 내려온 후 "여러 사람들을 이끌고 동쪽으로 행하였으며", "산비탈로부터 천천히 내려와 약 3 · 4리를 가서 압록강 수원을 찾았다"고 한다.[13] 그 위치가 천지 동남쪽 10여 리 지점이며, 이곳이 바로 압록강 동원(東源, 동쪽 수원)이 시작되는 곳이었다([그림 1]『백산도』참조). 여기서 동쪽으로 백여 리 더 가서 조선인들이 말하는 이른바 두만강이 땅 위로 솟아나온다는 곳(湧出處)에 이르게 되었다. 목극등은 물이 솟아나온다는 곳에 이르기 전 10여 리 지점에서 동류하는 한 갈래의 물줄기를 발견하고 이 물을 두만강 수원으로 정하였다. 그는 동행하는 조선인들에게 그가 찾은

---

12) 김지남, 앞의 책, 101쪽. "總管招余謂曰 我們此行 專爲看審邊界而已 雖上天入地 當依你們所指示而往 你今明說你國邊界 果何如耶 余答曰 長白山巓大池之南 是吾邊界之意 當初有訴 今何改說 總管曰 然則勢將登山以去."

13) 홍세태, 앞의 책, 37쪽.

물이 조선인들이 말하는 이른바 땅 위로 솟아나온다는 물보다 10여리 떨어져 있어 조선에서 땅을 더 얻은 것을 다행으로 여긴다고 말하였다.[14]

　오늘날 우리가 알고 있는 지리지식에 근거해 보면, 백두산에서 발원하는 3대 수계 중에서 송화강만이 천지에서 떨어져 폭포를 이루고 수원을 형성하며 나머지 두 수계는 천지물이 떨어져 직접 수원을 형성하는 것이 아니었다. 압록강 수원은 백두산 천지 동남쪽 약 40리 지점에서 발원하며,[15] 두만강 발원지는 천지에서 더 멀리 떨어져 있었다. 첫 지류인 홍토산(적봉)수는 물론이고 그 아래의 홍단수도 천지에서 백여 리 떨어진 곳에서 발원하였다.[16] 기실 두만강 수원은 땅 속에서 복류(伏流)하고 말고가 없었다. 토인들이 말하는 이른바 동류하는 물이 백여리 복류하다가 다시 땅 위로 솟아나온다는 것은 지리지식이 부족한 시대에 전해진 허언에 불과하였지만 목극등이 두만강 수원을 찾는데 영향을 주었다. 그렇다고 해서 목극등이 수원을 찾고 경계를 정할 때 조선의 역관이나 토인들에 의해 좌지우지 되었다고는 할 수 없다. 그가 천지 동쪽에서 동류하는 물을 찾은 것은 중국 지리지의 기록에 근거한

---

14) 『숙종실록』 권52, 숙종 38년 12월 병진.

15) 장봉대(張鳳臺) · 유건봉(劉建封)의 기록에 의하면, 백두산 천지 삼기봉(三奇峰) 남쪽 기슭에 대한하(大旱河)가 있는데, "골짜기에 물이 없고 모래와 돌이 많으며" 여기에서 남쪽으로 약 30리를 가야 물이 있으며, 이것이 압록강원이라고 하였다. 張鳳臺, 『長白彙征錄』, 李澍田 주편, 『長白叢書』初集, 吉林文史出版社, 1987년, 55쪽 ; 劉建封, 『長白山江崗志略』, 『長白叢書』初集, 360 · 365쪽 및 삽도 '天池附近形勢一覽圖' 참조(『장백총서』본에는 이 그림이 없고 중국국가도서관본에 이 그림이 있다).

16) 광서연간의 감계에 의하면, 홍단수가 천지에서 남북으로 130리 되고, 홍토산수가 천지에서 동서로 120리 되었다. 이중하, 『문답기』 · 『조회등초』, 『백산학보』, 1968년 제4호, 272~278쪽 ; 김노규, 『북여요선』, 358쪽 참조(양태진, 『한국국경사연구』 부록, 법경출판사, 1992년에 수록됨).

것이기도 하였다. 『원일통지(元一統志)』・『명일통지』 그리고 청대 『성경통지』(강희 23년)를 보면, 두만강이 백두산 천지에서 발원하여 동류하다가 다시 동남쪽으로 흐른다고 기록하고 있다. 이밖에 1711년 강희제가 목극등에게 사계를 명한 황지에서도 "토문강이 장백산 동쪽에서 흘러나와 동남쪽으로 바다에 흘러들어간다"고 하였다.[17] 이러한 지리 지식이 목극등이 두만강 수원을 찾고 경계를 정하는데 근거가 되었다고 생각된다.

한편 조선은 정계를 통하여 백두산 남쪽 지역을 강역으로 확보하게 되었다. 그리하여 예정된 목표를 달성하였다. 박권은 『북정일기』에서 이에 대해 다음과 같이 기록하였다.

오시천(吾時川)으로부터 어윤강에 이르고 또 장백산 이북 백두산 이남 천여 리 땅이 본디 우리나라 땅입니다. 그러나 『여지승람』과 『북관지』에 '피지(彼地)'라고 기록하였습니다. 그리하여 우리나라 채렵자들이 금령을 어길까 두려워 마음대로 다니지 못하였습니다. 오늘 계한이 이미 정해졌으므로 연변 사람들이 이러한 곳이 우리나라 경이라는 것을 알게 되었습니다. 그 사이에 있는 서수라덕・허항령・완항령(緩項嶺), 그리고 보다회산 주위가 모두 삼전(蔘田)이며, 곳곳에서 초서(貂鼠)가 산출됩니다. 백두산 아래 이른바 천평・장파 등지에는 자작나무가 줄지어 있어 끝이 보이지 않습니다. 또 삼갑(三甲)・무산 사람들이 이러한 곳에서 채취하는 것을 허락하게 되면 의식(衣食)을 충족히 할 수 있습니다.[18]

---

17) 『淸聖祖實錄』 권246, 강희 50년 5월 계사, 中華書局, 1986년 영인본.

18) 박권, 앞의 책, 131~132쪽. "自吾時川至魚潤江 長白山以北 白頭山以南 周圍千餘里之地 本是我國之土 而以興地勝覽及北關志中 皆以彼地懸錄之 故我國人之採獵者恐犯潛越之禁 不敢任意往來是白如乎 今則界限旣定 沿邊之人皆知此地明爲我境 其間西水羅德 虛項嶺緩項嶺等地 及甫多會山左右前後 皆是蔘田是白遣 貂鼠則在在産出是白乎ㅁ 白頭山下所謂天坪長坡等地 樺木簇立 一望無際 三

즉 조선 초기에 편찬된 『여지승람』이나 『북관지』에는 압록강 상류 오시천으로부터 두만강 상류 어윤강에 이르기까지, 또 장백산(경성) 이북 백두산 이남이 모두 여진 땅이라고 기록하였지만, 정계를 통하여 모두 조선에 귀속되었다는 것이다. 이밖에 백두산 동남쪽에 있는 서수라덕 · 허항령 · 완항령 · 보다회산 등지에서 산출되는 인삼과 초서 등도 마음대로 채취할 수 있으며, 두만강 상류 천평 · 장파 등지의 자작나무도 마음대로 채취할 수 있다는 것이다.

박권의 말대로 그 이후부터는 무산과 주변 지역의 조선 유민들이 박하천 · 어윤강 · 홍단수를 넘어서 그 서 · 북쪽에 들어가 땅을 개간하고 정착하였다. 광서연간에 이르러 조선은 홍단수 북쪽 장파에 사창을 설치하였으며, 이곳에 있는 조선 부락이 백여 년 역사를 갖게 되었다.[19] 그리하여 감계담판 때 청측 대표는 홍단수를 경계로 할 것을 주장하던 데로부터 한 발 물러나 그 북쪽에 있는 석을수를 경계로 할 것을 주장하였다.

3) 1712년의 정계 결과 『백산도』

『백산도』는 '산도(山圖)'라고도 불린다. 이 지도는 서울대학교 규장각에 소장된 『여지도』(고4709-1)에 수록되어 있다. [그림 1]과 같이 지도의 오른쪽 상단에 다음과 같은 제기(題記)가 적혀 있다. "康熙五十一年我肅宗三十八年壬辰 穆胡克登定界時所模 朴權定界使". 즉 이 지도가 1712년 목극등이 백두산 정계를 행할 때 모사한 것임을 알 수 있다. 내용상으로 볼 때 제기는 정계 이후 조선에 의해 첨가된 것으로 생각된다. 이른바 '목호(穆胡)'란 목극등을 가리키며, 이는 청인을 오랑캐로 보는

甲茂山三邑之民若許採於此中 則衣食自可饒足是白在果."

19) 『吉朝分界案』, '照錄吉林將軍來文 광서 13년 7월 2일 到', 1853쪽.

화이관의 표현이다.

이 지도는 채색도이며, 왼쪽 상단에 백두산 천지가 그려져 있고 '백두산'이라고 표기하였다. 천지에서 세 갈래 물이 흘러내리는데 북류하는 송화강, 남류하는 압록강, 동남류하는 두만강이다. 이 중 송화강은 생략되고 압록강·두만강 상류가 상세히 그려져 있다. 압록강은 주로 혜산 위쪽 물줄기를 나타냈고, 두만강은 주로 무산 위쪽 물줄기를 나타냈다. 즉 이 지도는 백두산 천지 남쪽 압록강·두만강 상류 물줄기를 나타내고 있다. 또한 천지 동남쪽에 '강원비(江源碑)'가 세워져 있다. 강원비 오른쪽에 '토문(土門)'이라는 글자가 표기되어 있고 왼쪽에 '압록강원(鴨綠江源)'이 표기되어 있다. 이는 비문에 이른바 '서위압록(西爲鴨綠), 동위토문(東爲土門)'의 내용과 일치한다. 이밖에 압록강 수원이 동·서 두 갈래로 나뉘어져 있는데, 강원비를 마주하고 있는 것이 압록강 동원(東源)이다. 그 서쪽에 서원이 있는데 천지 물과 연결되어 있다. 두만강 수원은 천지에서 흘러나온 후 중간이 끊긴 곳이 있어 '입지암류(入地暗流)'라고 표기되어 있다. 즉 땅 밑에서 흐른다는 뜻이다. 다시 감토봉 오른쪽에 세 갈래 물줄기가 있는데 두만강 상류와 연결되어 있다. 이것이 바로 조선인들이 말하는 물이 솟아나오는 곳(湧出處)인 듯하다. 그 아래에 홍단수가 있고 또 그 아래에 어윤강·박하천이 있고 더 아래에 무산이 있다. 한편 이 지도에는 압록강 상류 혜산으로부터 두만강 상류 무산에 이르기까지 두 갈래 길이 표기되어 있는데, 한 갈래가 목극등 등의 등산로이고 다른 한 갈래가 박권·김지남 등이 무산으로 간 길이다. 이 두 길에는 작은 삼각형과 동그라미로 일행의 머문 곳을 표기해놓았다.

『북정록』·『북정일기』 및 『조선왕조실록』에 수록된 박권·이선부의 장계에도 『백산도』에 관한 기록이 있다. 앞에서 말했듯이, 이 지도는 역관 김지남이 목극등에게 요구하여 얻어낸 것이다. 5월 8일 압록강 상류 자포수변에서 갈라질 때 김지남이 목극등에게 『백산도』를 증여할 것을 요구하였다. 이때 두 사람의 대화 내용은 다음과 같다.

　내(김지남)가 자리에서 일어나면서 말하기를 "소관은 조선 사람이고 백산은 조선 땅입니다. 이 세상의 명산으로 알려져 있기에 한번 올라가 보는 것이 평생소원이었으나 길이 멀어 올라갈 수 없었습니다. 또한 대인께서 소관이 늙고 병이 있다고 가엾게 여겨 동행하는 것을 허락하지 않으니, 백산의 진면모를 보려던 소망이 헛되고 말았습니다. 대인께서는 반드시 유화사(劉畵師)로 하여금 이 산의 형태를 그리도록 하며, 그림 한 폭을 하사할 경우 소관의 평생소원을 다소나마 이룰 수 있게 되며, 대인의 은덕을 어찌 다 말할 수 있겠습니까?"고 하였다. 이에 총관이 이르기를 "대국 산천은 그릴 수 없으나 백산이 너희 나라 땅이라고 한 이상, 그려 주는 것이 그리 어렵겠는가?"고 하였다. 내가 또 묻기를 "이것이 만약 대국(청조)의 산일 경우 어찌 그런 뜻으로 우러러 청할 수 있겠습니까?"고 하였다. (총관이) 답하기를 "그렇다"고 하였다. 내가 너무 기뻐 숙소에 돌아와 두 사신에게 "오늘에야 좋은 소식을 듣게 되었습니다"라고 알렸다.[20]

　즉 김지남은 자신은 조선 사람이고 백두산은 조선 땅이므로 산도를 그려 주어 백두산을 보려던 평생소원을 풀어줄 것을 요구하였다. 이에 대해 목극등은 청조의 산천은 그려줄 수 없으나 백두산이 조선땅이라고

---

20) 김지남, 앞의 책, 119쪽. "余起而言曰 小官是朝鮮之人 白山亦是朝鮮之地 而傳稱 宇內之名山 故願一登覽 平生素志 而道里絶遠無由遂願 今行又因大人憐憫小官 之老病 不許同行 白山眞面一見之願 未免墮空想 大人必令劉畵師圖出山形 倘以 一件畵本見惠 則猶可以贖小官平生之願 大人恩德何可量哉 總管曰 大國山川雖 不得圖畵以給 白山旣是你國之地 則畵給一本有何難哉 余又曰 如其大國之山 則何敢生意仰請乎 曰 唯 余不勝喜幸 而退及抵宿舍 告於兩使前曰 今日始聞喜報 矣."

한 이상 그려주는 것이 그리 어렵겠냐고 답하였다. 그다지 시원한 대답이 아니었기에 김지남이 다시 조심스레 "이것이 만약 대국의 산일 경우 어찌 그런 뜻으로 우러러 청할 수 있겠습니까?"라고 하자 목극등이 그렇다고 답하였다.

비슷한 내용이 5월 13일 박권과 이선부의 장계에서도 나타났다. 그러나 뜻이 약간 달라졌다. 그 내용은 "역관이 『백산도』를 얻고자 하자 총관이 이르기를 '대국산천은 그려줄 수 없으나 백산은 너희 나라인데 그려주는 것이 어렵겠는가?'고 하였습니다", "이로 보아 백산 남쪽 땅을 다툴 염려가 없을 듯합니다"라는 것이다.21) 여기서 목극등의 말투가 변했음이 발견된다. 즉 "백산이 너희 나라 땅이라고 한 이상"으로부터 "백산은 너희 나라 땅이다"라는 긍정어구로 바뀌었다. 그러나 목극등이 아무리 무지막지하다고 해도 청의 조상 발상지로 간주되는 백두산을 조선 땅이라고 할리 만무하였다. 이는 박권과 이선부가 앞서 김지남이 말한, 자신은 조선 사람이고 백두산은 조선 땅이라는 말을 생략하였기에 긍정어구로 변한 것이다. 이밖에도 이 두 사람이 접반과 정계 임무를 맡은 조정 중신으로서 목극등과 함께 산에 올라갈 수 없었기에 『백산도』를 얻어 바침과 동시에 백두산 남쪽이 조선에 속하는 것은 문제가 안 된다는 장계를 올려 조정을 안심시키고자 한 의도가 강하다고 하겠다.

그 이후 5월 23일 박권과 목극등이 두만강 단류처에 설책할 것을 논의할 때 『백산도』를 놓고 말하였다. 목극등은 "두 사신으로 하여금 상 가까이에 오게 하고 일일이 가리키면서 그간의 도리의 멀고 가까움, 단류하는지 여부를 누누이 설명하였다. 그 뜻은 자기가 본 것이 매우

---

21) 『숙종실록』 권51, 숙종 38년 5월 정유.

정확하며 조금도 의심할 바 없으며, 차원(差員)·군관·역관들과 함께 처음부터 마지막까지 다 보았으니 절대로 착오가 있을 리 없다"는 것이었다. 박권과 이선부가 나간 뒤 목극등이 또 산도를 가리키면서 김지남에게 "이는 백산 남쪽 조선 지방 그림이다. 두 부를 만들어 한 부는 황제에게 올리고 다른 한 부는 국왕에게 보내고자 하나 아직 다 베끼지 못하였으며, 다 끝나면 내줄 것이라고 중신(重臣)에게 말하여 국왕에게 올리도록 하라"고 하였다.22)

5월 24일 일행이 무산을 떠나 풍산진(豊山鎭)에 이르렀을 때 목극등이 정식으로『백산도』를 조선측에 넘겨주었다. 박권이 지도를 자세히 보고나서 빠진 곳이 있음을 발견하였다. 즉 압록강 수원 중에 동원에만 '압록강원'이라고 표기하고 천지와 연결된 서원에는 '압록강원'을 표기하지 않았다. 이에 박권이 김지남에게 압록강 서원에도 '압록강원'이라는 네 글자를 반드시 적어 오라고 명하였다.『북정록』은 이에 대해 다음과 같이 기록하였다.

반상(박권)이 자세히 보고나서 압록강 수원이 두 파가 있는데 하나가 백산 꼭대기에서 남쪽으로 흘러내려오고 다른 하나가 서북쪽에서 흘러 내려와 하나로 합친다. 남쪽 물줄기가 두만강 수원과 멀지 않으며 서로 마주하고 있기에 '압록강원'이라고 표기해 놓았지만, 서북쪽 물줄기에는 표기하지 않았다. 이에 반상이 나(김지남)에게 "이 물줄기(서북)에도 강원을 표기하는 것이 매우 요긴하며, 군(君, 김지남)이 잘 말하고 선유(善諭)하여 반드시 써 가지고 오도록 하오. 그렇지 않을 경우 군의 앞의 공로를 모두 없던 것으로 할 것이오"라고 하였다. 이에 내가 답하기를 "이는 처음에 정계하고 비를 세울 때 선전관 이의복(李義復)과 김응헌(金應瀗)·김경문 등이 총관에게 이것도 압록강 수원이므로 비를 세워

22) 김지남, 앞의 책, 156~161쪽.

경계를 똑똑히 해야 한다고 다투었지만 끝까지 들어주지 않았습니다. 오늘 나의 어긋남으로 어찌 반드시 이룰 수 있겠습니까?"고 하였다. (반상이) 이르기를 "가서 말해보도록 하오"라고 하기에 지도를 가지고 관소에 들어갔다.23)

위 인용문과 같이 박권이 『백산도』의 압록강 서원에 '압록강원'을 표기할 것을 요구한 것은 [그림 1]과 같이 서원이 천지와 연결되어 있어, 이곳에 '압록강원'을 표기하는지 여부는 백두산 남쪽이 전부 조선에 속하는지 여부가 달려 있기 때문이었다. 그리하여 김지남더러 반드시 써 가지고 오며 그렇지 않을 경우 전의 공로를 없던 것으로 한다고 강하게 밀어붙였다. 이밖에 목극등이 산에 있을 때 그를 수행하였던 조선 군관 이의복과 역관 김경문 · 김응헌 등이 압록강 서원에 비를 세울 것을 요구한 것도 같은 이유에서였을 것이다. 그러나 그때도 목극등은 들어주지 않았다. 하나의 강에 두 개의 정원을 지정할 수 없으며, 그가 지정한 압록강 정원(正源)이 동원이기 때문이었다. 동시에 압록강 동원의 맞은편인즉 두만강 수원이 시작되는 곳이기도 하였다. 다시 말하여 압록강 동원과 두만강 수원 사이가 이른바 분수령이기 때문에 목극등은 압록강 서원에 비를 세우는 것에 동의하지 않았다.

김지남은 박권의 뜻을 좇아 『백산도』를 가지고 목극등이 머문 관소에 들어갔다. 김지남은 압록강 수원이 두 개인데 하나만 강원을 표기하고 다른 하나는 강원을 표기하지 않는 것은 도리에 어긋나며, 국왕에게

---

23) 김지남, 앞의 책, 162~163쪽. "伴相細觀 則鴨江之源有兩派 一自白山巓南邊流下 一自白山之西北流下 會合爲一 而南邊之派與豆江之源不遠而相對 故書鴨綠江源之名 西北之派則不書其名 伴相謂余曰 此派亦書江源極其要緊 君可措辭善諭 必受書名而來 否則君之前侍盡削於此矣 余覆曰 此是當初定界立碑時 李宣傳義復與金應瀗金慶門等 爭之總管曰 此亦鴨江之源 一體之碑 以明境界云 而終不能得者也 今以小人之齟齬 何可必得乎 曰 第往言之 余袖其圖而進館所."

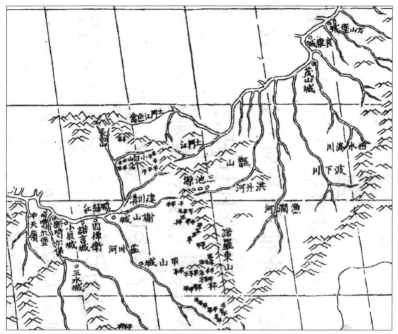

[그림 7] 강희『황여전람도』조선도의 부분도

고할 길이 없다고 하였다. 그리하여 압록강 서원도 동원과 마찬가지로 '압록강원'이라는 네 글자를 표기해줄 것을 요구하였다. 목극등이 들어주지 않자 김지남이 재삼 간청하였다. 이에 목극등은 조선에 주는『백산도』에만 '압록강원'을 표기하고 황제에게 올리는『백산도』에는 표기하지 않기로 하여, 이로써 조선 관원들이 문책 받는 것을 면해주기로 하였다. 서원에 '압록강원'이라는 네 글자를 써준 후 목극등은 석연치 않아 하며, "이 산에 무슨 보배가 있는 것인가?"고 물었다. 즉 그는 조선인의 진실한 의도가 백두산에 있다는 것을 잘 알고 있었다. 하나의 강에는 두 개의 정원이 있을 수 없다. 특히 그 정원으로써 경계를 나눌 때 더욱 그러하다. 목극등이 이처럼 천신만고 끝에 수원을 찾는 것도 강의 정원을 가려내어 양국의 경계를 정하기 위해서였다. 그럼에도 불구하고 그가 이처럼 두 개의 수원을 적어 준 것은 지금까지의 노력을 스스로 무너뜨린 격이 된다. 이때 옆에 있던 청조 시위가 김지남에게 "내일 오면 내가 산 하나를 줄 것이오. 모레 오면 주사(主事, 鄂世를 가리킴)가 산 하나를 더 줄 것이니, 모두 세 개의 산을 공짜로 가진 셈이오"라고 비꼬았다. 이처럼 청조 관원들이 김지남을 비웃고 있을 때 김지남은 주어진 사명을 완수하고 박권이 있는 곳으로 돌아왔다.24)

재미있는 것은 목극등이 김지남의 간청에 못 이겨 서원에 '압록강원'이라는 네 글자를 써준 후 곧 바로 후회했다는 점이다. 하나의 강에 두 개의 수원을 표기한 것을 후회한 것이 아니라, 조선에 준 지도에만 '압록강원'을 표기하고 황제에게 올리는 지도에는 이를 표기하지 않았기 때문이다. 즉 성실함에 어긋나고 황제를 기만하는 혐의가 있다고 생각하였다. 그리하여 그는 혼잣말로 "이곳에 남기는 것에만 쓰고 주문하는 것에는 쓰지 않은 것은 황제를 기만하는 것이 된다. 이미 다 써 준 후에 다시 돌려받아 지운다는 것도 체면이 서지 않으니, 백번 생각해보아도 다 써 넣는 것이 낫다"고 하였다. 그리하여 그는 황제에게 올리는 지도를 꺼내어 '압록강원'이라는 네 글자를 써 넣었다.25) 그 이후에 완성된 『황여전람도(皇輿全覽圖)』를 보면, 백두산과 연결된 압록강 수원이 동·서 두 갈래로 나뉘어져 있는 것이 확인된다([그림 7] 참조). 이는 목극등이 압록강 수원을 조사한 결과를 반영하고 있음이 틀림없다.

이밖에 『백산도』를 통하여 한 가지 주의할 점이 발견된다. 즉 천지 동남쪽(10여 리)에 세워진 '강원비(江源碑)'가 그것이다. 이곳이 바로 목극등이 지정한 압록강·두만강 발원지이다. 곧 강원비의 동·서 양쪽에

---

24) 김지남, 앞의 책, 163~165쪽.
25) 김지남, 위의 책, 166쪽.

있는 압록·두만 양강 수원을 계한으로 양국의 경계를 나눈 것이다. 그러므로 후대에 이를 '정계비'라고 부르는 것도 일리가 없지 않다.

그렇다면 정계비가 이 자리에 세워진 이유를 생각해볼 필요가 있다. 홍세태의 『백두산기』에 의하면, 목극등이 백두산 천지에 오른 후 산비탈로부터 천천히 내려와 약 3·4리를 걸어 압록강 수원에 이르렀다고 한다. 이는 곧 압록강 동원이 시작되는 곳이다. 기실 압록강 동원에는 곧바로 물이 흐르기 시작한 것은 아니었다. 1908년 백두산을 답사하였던 유건봉(劉建封)의 답사기에 의하면, 비의 서쪽 골짜기를 따라 약 30리를 걸어야 물이 보이기 시작하며, 그는 이 골짜기를 '대한하(大旱河)' 즉 마른 하천이라고 명명하였다. 즉 평소에는 물이 없는 마른 골짜기이고 장마철에야 물이 흐르는 계절천이었다.[26] 이 대한하와 마주한 동쪽에도 골짜기 하나가 있는데, 광서연간 감계 때 청측은 이를 '황화송구자(黃花松溝子)'라고 불렀고 조선측은 '이깔이개'라고 불렀다. 유건봉은 이를 '흑석구(黑石溝)'라고 명명하였다. 정계 당시 목극등은 이 골짜기를 따라 동쪽으로 백여 리를 지나서야 조선인들이 말하는 이른바 물이 솟아나온다는 곳(감토봉 밑)에 이르렀다. 그리고 그곳에 도착하기 전에 10여 리 지점에서 동류하는 한 갈래의 물줄기를 발견하고 이를 두만강 수원으로 정하였다. 이 황화송구자가 바로 물이 흐르다가 끊긴다는 곳이다. 『백산도』에는 그 끝 부분에 '입지암류(入地暗流)'라고 표기하였다. 즉 물이 땅속에서 흐른다는 뜻이다. 이어 목극등은 동·서 두 골짜기 사이 분수령에 비를 세우고 비문에 "서쪽으로 흘러 압록이고, 동쪽으로 흘러 토문이며, 분수령 상에 돌을 새겨 이를 기재한다"라고 적어 넣었다. 이것이 바로 천지 동남쪽 10여 리 지점에 세워진 강원비의

---

26) 張鳳臺, 『長白彙征錄』, 55쪽 ; 劉建封, 『長白山江崗志略』, 360·365쪽.

유래이다. 이처럼 강원비의 위치가 두만강이 솟아나오는 곳과 거리가 멀기 때문에 목극등은 조선으로 하여금 단류처에 설책하여 경계를 표시할 것을 요구하였다.

여기서 목극등의 정계 과정을 다시 더듬어 보면, 그는 천지에서 내려와 먼저 압록강 수원을 확정하였다. 이를 기초로 뚜렷한 지형적 특징이 있는 맞은 편 동쪽 골짜기를 지목하고, 그 골짜기와 가장 가까운 물줄기를 두만강 수원으로 정하였다. 산골짜기가 정계의 징표로서 선명하고 기억하기 쉽기 때문이었을 것으로 추정된다.

끝으로『백산도』에는 한 가지 이해하기 어려운 점이 발견된다. 목극등은 실지 답사를 통하여 압록강·두만강 수원이 천지와 연결되지 않는다는 것을 발견하였다. 앞에서 말했듯이 압록강 수원은 천지에서 남쪽으로 40리 떨어져 있으며, 두만강 수원은 동쪽으로 백여 리 떨어져 있다. 그럼에도 불구하고『백산도』에는 압록·두만강이 여전히 백두산 천지와 연결되어 있다. 우선 이는 목극등이 그 이전 시대 지리지의 한계를 극복하지 못했음을 말해준다.『원일통지』·『명일통지』, 그리고『성경통지』(강희 23년)에는 압록강·두만강·송화강이 모두 백두산 천지에서 발원한다고 기록하였다. 이밖에 조선인들이 압록·두만강이 백두산 천지에서 발원하며 천지 남쪽이 조선 경이라고 주장함으로써 부득이 압록·두만 양강을 백두산 천지에 연결시켜 놓았을 가능성이 크다.

4) 두만강 수원을 잘못 지정한 원인 분석

김지남 등의 답사기와『조선왕조실록』의 관련 기록을 통하여 1712년에 두만강 수원을 잘못 지정한 이유를 따져보면 다음과 같다. 첫째, 정계를 주도하였던 청조 관원 목극등은 압록·두만 양강 수원이 복잡하다

제1장 백두산 정계와 설책의 내막　65

는 것, 특히 두만강 수계가 복잡하다는 것에 대해 알지 못하였다. 그는
두만강이 백두산 동쪽에서 발원하여 동류한다는 지리지식과 조선 토인
들이 이른바 동류하는 물이 백여 리 단류하다가 다시 땅 위로 솟아나온다
는 말에 근거하여, 백두산 천지 동쪽 백여 리 지점에서 두만강 수원을
찾았으며, 동류하는 한 갈래의 물줄기를 두만강 수원으로 정하였다.
그러나 이곳은 송화강 상류 발원지이기도 하였기에 결국 그는 오도백하
로 흘러들어가는 물줄기를 두만강 수원으로 잘못 지정하고 말았다.

　이 밖에 목극등이 두만강 수원을 조사하는 방법에 문제가 있었다.
그는 강을 거슬러 올라가면서 수원을 찾은 것이 아니라 강을 따라
내려오면서 수원을 찾다가 오류를 범하였다. 그 과정을 살펴보면, 목극
등이 먼저 조선의 차사원들을 백두산 동쪽 백여 리에 있는 물이 솟아나온
다는 곳(B, 제2파 수원)에 가 있게 하였다. 그가 곧바로 뒤 따라갔으며,
물이 솟아나오는 곳에 도착하기 전 10여 리 지점에서 동류하는 한
갈래의 물(A, 초파 수원, 오도백하에 흘러들어감)을 발견하였다. 그는
이 물이 반드시 두만강에 흘러들어간다고 여겨 이 물(A)을 두만강
수원으로 정하였다.[27] 그는 대통관과 조선의 군관 · 역관 등을 파견하여
물길을 따라 가 보도록 하여 이들이 60여 리나 들어갔다고 한다. 이들이
돌아와 말하기를 "분명히 물길이 있으며 의심스럽지 않은 것 같습니다."
라고 보고하였다.[28] 그 이후 목극등은 조선인의 이른바 물이 솟아나온
다는 곳의 물(B, 제2파 수원)을 따라 계속 내려가다가 한 갈래의 물이
북쪽에서 흘러내려오는 것(C)을 보았다. 그는 이 물이 바로 자기가
정한 초파 수원과 합치는 줄로 알았다.[29] 여기서 목극등이 또 하나의

---

27) 『숙종실록』 권52, 숙종 38년 12월 병진.
28) 김지남, 앞의 책, 129˜130쪽.
29) 『숙종실록』 권52, 숙종 38년 12월 병진.

치명적인 오류를 범하였다. 즉 그는 이 북쪽에서 흘러내려오는 물줄기(C)를 따라 끝까지 가보지 않았다. 그렇게 했을 경우 북쪽에서 흘러내려오는 물줄기(C)가 그가 지정한 초파 수원(A)이 아님을 발견할 수 있었을 것이다. 왜냐하면 두만강에 흘러드는 물(C)은 송화강 상류(A)와 합칠 리가 없기 때문이다.

둘째, 정계의 상대국으로서 조선 역시 사전에 준비를 충분히 하지 못하였다. 목극등이 나오기 전에 비록 함경북도 병사와 함경남도 병사로 하여금 수원을 조사하도록 하였지만, 그들은 "길이 막히거나 눈이 많이 내린 까닭으로 높은 곳에 올라가 바라보았을 뿐", 수원을 확실하게 조사하지 못하였다. 그 후에 함경감사가 또 어산(魚山) 첨사와 인차외(仁遮外) 만호를 시켜 수원을 다시 조사하게 하였지만, 이들이 조사한 결과가 압록강 수원이 남·북병사와 일치하였지만 두만강 수원이 서로 달랐다.[57]

그리고 목극등이 귀국한 후 조선은 두만강 수원의 착오를 발견했음에도 불구하고 이 사실을 청에 통고하지 않고 덮어 감추었다. 두만강 단류처에 설책할 때 조선은 목극등이 지정한 물줄기가 한 동안 동류하다가 다시 동북쪽으로 송화강 상류에 흘러들어가고 두만강에 흘러들지 않는다는 것을 발견하였다. 그럼에도 불구하고 당시 설책 공사를 맡았던 북평사 홍치중(洪致中)은 여전히 강원비로부터 단류처 이상에서 설책할 것을 명하였다. 그 다음에 어느 물줄기에 퇴책을 이어놓을 것인가는 조정에 보고한 후 다시 정하기로 하였다. 그러나 차사원 박도상(朴道常) 등이 홍치중의 명을 어기고 사사로이 두만강 제2파 수원(B)에다 목책을 이어놓았다. 조선인들이 처음부터 지목한 이른바 물이 땅 위로 솟아나온

---

57) 『숙종실록』 권51, 숙종 38년 3월 기축·4월 을미.

다는 곳이기 때문이었다.[58] 같은 해 12월 조정 논의 과정에서 비록 일부 신하들이 청에 알려 수원을 다시 조사할 것을 제기하였지만, 영의정 이유(李濡)를 위시하여 이번 정계 시 조선에서 얻은 천지 남쪽 공지를 잃을까 두려워 청에 알리는 것을 반대하였다. 결국 조선은 박도상 등이 제2파 수원에 설책한 사실을 묵인하고 말았다.[59]

이에 앞서 같은 해 11월 북경에 간 동지사는 조선에서 두만강 수원을 변경하고 퇴책을 이설한 사실을 알지 못하였다. 이들은 다만 조선에서 단류처에 설책하고 있다는 사실을 그 이전에 목극등과 박권이 약속한대로 청조 통관(通官)을 통해 목극등에게 알렸고 목극등이 다시 황제에게 주문하였다. 그 이후 목극등이 다음과 같은 황지를 전하였다. "백두산 일은 오늘 다 끝났으며, 다시 가서 조사하는 일이 없을 것이므로 염려할 필요가 없다. 표를 세우는 일도 농한기를 이용하여 천천히 행하되 백성을 피해주는 일이 없도록 하라."는 것이었다.[60]

이듬해 목극등이 부사(副使)로서 강희제의 60돌 생신을 축하하는 조서(詔書)를 전하러 조선에 왔다. 이번 행차에 목극등에게 중요한 사명이 주어졌는데 조선 왕궁에 소장된 '조선전도'를 얻는 것이었다. 이는 『황여전람도』를 편찬하기 위해서였다. 비록 그 전해에 목극등이 백두산을 답사하여 압·두 양강 수원을 조사하고 『백산도』를 그렸지만, 백두산 남쪽 지형이 반도 내로 뻗어내려가는 상황을 알지 못하였다. 그리하여 이번 기회에 '조선전도'를 얻고자 하였다. 그러나 조선은 자국의 지리정보가 청에 알려지는 것을 달가워하지 않았기에 목극등의

---

58) 『숙종실록』 권52, 숙종 38년 12월 병진.

59) 『숙종실록』 권52, 숙종 38년 12월 병진.

60) 『숙종실록』 권52, 숙종 38년 10월 경신·11월 임오 ; 권53, 39년 3월 임진 ; 『승정원일기』 467책, 숙종 39년 3월 15일.

요구를 거절하였다. 목극등이 재삼 간청하자 부득불 전도를 내주었는데 너무 상세하지도 않고 소략하지도 않았다. 이 지도의 백두산 수계의 착오가 많았으므로 조선은 부득불 정계 시 모사하였던『백산도』를 꺼내어 설명해주었다.[61] 이 두 폭의 지도가『황여전람도』조선도의 저본일 가능성이 크다. 이때에 이르러서도 조선은 사사로이 두만강 수원을 변경하고 퇴책을 이설한 사실을 밝히지 않았다.

5) 맺는말

목극등의 정계 시 그를 수행하였던 세 조선인의 답사기와 당시 그렸던 『백산도』는 1712년 정계 과정을 이해하는 중요한 자료이다. 특히 청조의 내각대고의 화재로 인하여 관련 자료가 소실된 상황에서 이들 사료의 중요함과 귀중함이 더욱 돋보인다.

세 편의 답사기와『백산도』및『조선왕조실록』관련 기록을 통하여 1712년 백두산정계를 살펴볼 경우, 청사 목극등은 조청 양국이 압록 강·두만강을 경계로 하는 사실과 이 두 강이 백두산 천지에서 발원한다 는 지리인식에 근거하여 양강 사이 육지가 이어지는 곳의 경계를 정했음 을 알 수 있다. 이와 동시에 그는 조선인의 국경에 대한 생각을 알아보는 것도 소홀히 하지 않았다. 이를 기초로 백두산 천지 남쪽에서 압록·두만 양강 수원을 찾았으며, 천지 동남쪽 10여 리의 분수령에 비를 세웠다. 한편 양측은 양강 수원에 대해 잘 알지 못하였기에 이 일대에 살고 있던 조선 토인들의 생각이 중요한 변수로 작용하였다. 예컨대 조선 토인들이 이른바 두만강이 동류하다가 중간에 백여 리 단류한 후 다시

---

61)『숙종실록』권53, 숙종 39년 5월 임진 ; 권54, 숙종 39년 윤 5월 갑자·계유, 6월 정축·기묘.

땅 위로 솟아나온다는 말이 두만강 수원을 찾는데 영향을 주었다. 『백산
도』를 통해 보면, 두만강 수원이 백두산 천지에서 흘러나와 동류하다가
중간에 끊기는 곳이 있는데, '입지암류'라고 표기하였다. 다시 감토봉(甘
土峰) 밑에서 3파의 물줄기를 형성하는데 그러한 지리인식의 반영이다.

목극등은 실지 답사를 통하여 압록강·두만강 수원이 천지에서 흘러
나지 않는다는 것을 발견하였다. 즉 압록강 수원은 천지에서 동남쪽으로
약 40리를 가서 흐르기 시작하고, 두만강 수원은 천지에서 동쪽으로
백여 리 가서 흘렀다. 그럼에도 불구하고 『백산도』에는 압록·두만
양강이 여전히 백두산 천지와 연결되어 있었다. 이는 목극등이 이전
시대 지리지의 착오를 그대로 답습하고 있음을 말해주며, 동시에 이는
조선인들이 백두산 천지 남쪽을 강역으로 보유하려는 욕구 때문이기도
하였다. 여하튼 정계를 통하여 조선은 백두산 천지 남쪽 지역을 강역으로
확보하는 데 성공하였다.

한편 백두산 천지 동남쪽에 세워진 비는 강원비이자 정계비이다.
그 위치를 놓고 양국 경계를 따져보면, 강원비를 중심으로 서쪽의 압록강
원, 동쪽의 두만강원을 경계로 그 남쪽이 조선 경이고 북쪽이 청나라
경이다. 그럴 경우 백두산 천지는 청에 귀속된다. 그러나 『백산도』를
놓고 보면, 압록·두만강이 백두산 천지에서 발원하므로 백두산 천지를
경계로 그 남쪽이 조선에 속하고 그 북쪽이 청에 속한다. 그럴 경우
백두산이 양국의 경계를 나누는 산 즉 계산(界山)이 된다. 이것이 바로
정계의 모순이자 분명하지 못한 점이다. 이 문제는 후대에까지 줄곧
양국 간의 논쟁거리가 되었다.

이보다 더 큰 문제점은 두만강 수원을 잘못 정한 것이다. 목극등은
한동안 동류하다가 다시 동북쪽으로 송화강으로 흘러들어가는 물을
두만강 수원으로 지정하였다. 그 책임은 당연히 정계를 주도한 목극등에

게 있다. 두만강 수원을 찾는 방법에 문제가 있었으며, 그는 강을 거슬러 올라가면서 수원을 찾은 것이 아니라 강을 따라 내려오면서 수원을 찾다가 오류를 범하고 말았다.

조선의 책임도 결코 작지 않다. 목극등이 귀국한 후 조선은 두만강 수원이 잘못 정해진 사실을 발견했음에도 불구하고 청에 알리지 않고 사실을 덮어 감추었다. 그리고 사사로이 수원을 변경하고 퇴책을 이설해 놓았다. 특히 이설한 부분이 주로 목책으로 되어 있고 오랜 시간을 경유하면서 다 썩어 없어져 송화강 상류에만 퇴책이 남아 있어 후대 조선인의 강역관에 지대한 영향을 미쳤다. 1880년 이후 조선인이 대규모로 두만강 이북에 넘어가 땅을 개간하면서 이른바 토문·두만 2강설을 주장하게 되었고, 비문에 이른바 '동위토문'이란 두만강을 가리키지 않으며, 조청 양국이 두만강을 경계로 한다는 사실을 부인하였다.

제2장

조선의 토문강·분계강 인식과
영토 득실론

1. 토문강·분계강 인식

1) 머리말

오늘날 중국에서 도문강(圖們江)이라고 부르는 하천을 청초에는 토문강(土門江)이라고 불렀다. 토문·도문은 모두 만주어 발음으로서 숫자 '만(萬)' 또는 '만호(萬戶)'를 가리킨다. 조선은 이 강을 줄곧 두만강(豆滿江)이라고 불렀으며 발음이 토문·도문과 비슷하며 역시 만주어에서 유래하였다. '토문강'이라는 명칭이 조선에 전해지게 된 것은 청초 강희 연간이다. 특히 1712년 백두산정계 이후 조선 지도에 두만강 말고도 토문강·분계강(分界江)이라는 강이 나타나기 시작하였다.

중국 학계에서는 1880년 이후 조선인들이 토문·두만을 각기 다른 강으로 보는 것이 잘못되었으며, 해란강을 분계강이라고 칭하는 것은 더욱 근거가 없으며, 이는 조선인들이 두만강 이북 땅을 차지하기 위해 만들어낸 것이라고 본다. 그러나 토문강·분계강 명칭이 1712년 백두산정계 이후 곧 나타났으며, 정계와 밀접한 관련이 있다는 것이 간과되었다.

이 글에서는 18·19세기 조선의 지도와 지리지에 나타난 토문강·분계강 인식을 살펴보고 일부 조선학자들에 의해 토문·두만 2강 인식이 극복되는 과정과 1880년 이후 2강 인식이 되살아나는 등 조선의 강역관의 변화 양상에 대해 살펴보고자 한다.

2) 조선의 지도·지리지에 나타난 토문강과 분계강

조선 초기 지도에는 북부 강역이 소략하게 나타났고 압록강·두만강

흐름도 정확하지 못하였다. 그러나 압록강·두만강을 경계로 함은 명확
하게 나타났다. 토문강 명칭이 조선에 전해진 것은 청 강희연간이다.
1712년 조선은 사계에 관한 청 예부(禮部) 자문(咨文)을 통하여 청에서
말하는 토문강이란 두만강을 가리키며 장백산이란 백두산을 가리킴을
알게 되었다. 그리하여 청사를 접대하기 위한 만든 '차관접대사의별단
(差官接待事宜別單)'에 이를 주의 항목으로 기입하였다.[1]

  1712년 백두산정계 이후 조선의 지리지·지도에 토문강·분계강이
나타나기 시작하였다. 현존하는 지도 자료를 놓고 볼 때, 1740년대
정상기(1678~1752)가 만든 『동국지도』에 가장 먼저 토문강을 표기하
였고 분계강이라는 새로운 명칭이 등장하였다. [그림 5]와 같이 정계비
와 연결된 동쪽에 '토문강원(土門江源)'이 있는데 중간이 끊기며, 그
동쪽에 일정한 거리를 사이에 두고 '분계강(分界江)'이 있어 두만강에
흘러들어갔다.

  학자들의 연구에 의하면 정상기의 『동국지도』는 조선후기 지도 제작
사에서 획기적이며, 이 지도에 묘사된 한반도의 모양이 현대지도와
가장 가깝고 압록강·두만강을 포함한 북부 강역의 윤곽이 처음으로
현대 지도에 접근하였으며 처음으로 백리척(百里尺)이라는 대축척을
고안해내어 많은 지리정보를 담게 되었다고 한다.[2]

  그렇다면 이 지도의 '토문강원'과 '분계강'은 무엇을 뜻하는 것일까?
정상기는 문자 기록을 별로 남기지 않아 그의 글을 통해 이에 대한
해답을 찾을 수 없다. 다만 이 지도가 1712년 정계 이후 머지않은

---

  1) 『비변사등록』 64책, 숙종 38년 3월 5일.
  2) 오상학, 「정상기의 '동국지도'에 관한 연구－제작과정과 사본들의 계보를 중심
    으로」, 서울대학교 석사논문, 1994 ; 이기봉, 「정상기의 동국지도 해설」,
    서울대학교 규장각 한국학연구원 편, 『정상기의 '동국지도'－원본계통의 필사
    본－』, 2006.

시기에 제작되었고 처음으로 '분계강'이라는 명칭을 사용한 것으로 보아 정계와 관련이 있다고 생각된다. 한편 그와 동시기에 살았던 다른 지리학자들의 저술을 통해 그 해답을 찾아보기로 하자.

신경준(申景濬, 1712~1781)은 영조대 저명한 지리학자로서 많은 지리방면의 저술을 남겼다. 예컨대『강계고(疆界考)』·『사연고(四沿考)』·『도로고(道路考)』·『산수고(山水考)』·『군현지제(郡縣之制)』·『가람고(伽藍考)』·『차제책(車制策)』등이 있다. 그는 또 국가의 대형 유서(類書)인『동국문헌비고』편찬에 참여하여『여지고(輿地考)』부분을 편찬하였으며, 왕명에 의하여 전국지도인『동국여지도』제작에 참여하였다.3) 신경준은 전라도 순창 사람으로서 1754년 증광문과에 급제한 후 승문원 기주관, 성균관 전적, 사간원 정언, 사헌부 장령 등 청요직에 나갔다. 그는 정상기와는 교류 관계가 없지만 정상기의 아들 정항령(鄭恒齡, 1700~?)과 친분이 두터웠다. 정항령은 1743년 문과에 급제한 후 사헌부 지평·집의, 사간원 사간 등을 맡았는데 역시 청요직이다. 1770년 신경준이 왕명으로『동국여지도』를 만들 때 정항령의 집에 소장되어 있던 지도 즉 그의 부친 정상기가 만든『동국지도』를 채용하였다. 이처럼 뛰어난 민간 지도가 있었기에 이에 대한 교보와 수정을 거쳐 두 달 남짓한 기간에 열읍도 8권, 팔도도 1권과 전국도 족자(簇子) 1축을 완성할 수 있었다.4) 이로 보아 신경준은 정상기의『동국지도』와 밀접한 관련이 있으며 정상기 지리사상의 영향을 받았을 가능성이 크다.

『강계고』는 신경준의 이른 시기 작품으로서 1756년에 완성되었다.

---

3) 신경준에 관한 연구는 양보경, 「신경준의 산수고와 산경표-국토의 산천에 대한 체계적 이해」,『토지연구』3권3호, 1992년 ; 양보경, 「여암신경준의 지리사상」,『월간국토』, 1999년 5월호 참조.

4) 신경준,『여암유고』권5, 동국여지도발, 민족문화추진위원회 편,『한국문집총간』(v.231), 2000년.

『강계고』 백두산조를 보면, 토문강이 백두산 천지에서 동류하는 두만강 정파(正派)임을 고증해낸 내용이 있어 주목된다. 그 상세한 내용은 다음과 같다.

　　토문과 두만은 음이 비슷하여 혹자는 토문은 즉 두만이며 각기 다른 강이 아니라고 말한다. 그러나 『용비어천가』의 주에 "토문이 두만강 북쪽에 있으며 남쪽으로 경원부까지 60리이고 서쪽으로 상가하(常家下)까지 1일정이다"고 하였으며 또 "회령부에서 북쪽으로 하루를 가면 아적낭귀(阿赤郞貴)에 이르고 또 하루를 가면 상가하에 이른다"고 하였다. 그럴 경우 토문강 역시 백산 동쪽에서 발원하여 회령 바깥쪽 멀리에서 흐르다가 하류에 이르러 두만강에 합류하는 것이다. 두 나라 경계를 정하려면 마땅히 백산 꼭대기 못에서 흘러나오는 곳을 계한으로 삼아야 하며 이것이야말로 하늘이 남과 북을 가르는 것이다. 그러나 백산 동쪽에서 발원하여 동쪽으로 두만강에 흘러드는 물이 매우 많아 오늘날 어느 것이 못에서 나오는 정파(正派)인지 알 수 없다. 『명일통지』에 이르기를 백산 꼭대기 물이 남쪽으로 흘러 압록강이고 동쪽으로 흘러 아야고강이라고 하였다. 아야고라는 명칭이 없으며 고금의 칭호가 다른 것이다. 동방 지지(地誌)에 이르기를 백산 꼭대기 물이 남쪽으로 흘러 압록강이고 동쪽으로 흘러 두만강이라고 하였다. 그럴 경우 아야고가 두만강임이 틀림없다. 동쪽으로 흘러 두만이라고 하지만 오늘날 목극등이 정계한 물을 보면 백산에서 남쪽으로 흐르는 데의 가장 멀리에서 솟아나와 동쪽으로 흐르고 있으니 못에서 나온 정파라고 할 수 없는 듯하다. 혹자가 이르기를 수원이 비록 남쪽으로 흐르지만 결국은 동쪽으로 흐르게 되며 지지(명지와 승람을 가리킴)에서 말하는 동쪽으로 흐른다는 것이 바로 이것이다. 압록강을 놓고 보더라도 결과적으로 서쪽으로 흐르지만 지지에서 남쪽으로 흐른다고 한 것은 원류를 상세히 기록한 것이다. 이로 보아 두만 원류도 남쪽으로 흐르는 것이 아니라 동쪽으로 흐르는 것이다. 지리를 잘 아는 사람들은 토문이 천지에서 흘러나오는

정파일지도 모른다고 한다. 강계를 정하는 일은 국가의 대사이며, 목극
등이 박(朴權을 가리킴)·이(李善溥를 가리킴)로 하여금 가지 못하게
하였어도 두 사람은 물러나 군관과 역관배에게 맡기지 말았어야 한다.
김응헌·조태상이 물길을 찾아볼 때 날이 저물었다는 이유로 끝까지
가보지 않고 돌아와 물이 과연 동쪽으로 흐른다고 한 것은 얼마나
소홀한 처사인가? 황량한 곳이기에 얻으나 잃으나 상관이 없다고 한데
대해 식자들은 크게 비난하고 있다.[5]

위 인용문을 분석해보면, 첫째, 『용비어천가』를 근거로 두만강 이북에
토문이 존재하며 백두산 동쪽에서 동류한다고 하였다. 둘째, 『명일통지』
와 『동국여지승람』에 근거하여 백두산에서 동쪽으로 흐르는 아야고강
이 두만강이라고 하였다. 즉 다시 말하여 두만강원이 동류한다고 보았
다. 셋째, 목극등이 지정한 백두산에서 남쪽으로 흐르는 물이 천지에서
흘러나오는 정파가 아닌듯하다고 하였다. 넷째, 지리에 밝은 자의 말을
인용하여 토문이 천지에서 흘러나오는 정파일지도 모른다고 추정하였
다. 즉 다시 말하여 두만강 이북에 토문강이 존재하며 토문강은 천지

---

5) 신경준, 『여암전서』 권7, 『강계고』, 경인문화사 1976년 영인본, 268~269쪽.
   "土門與豆滿音相似 故或謂之土門卽豆滿而非二水也 然而龍飛御天歌註云 土門
   在豆滿江之北 南距慶源府六十里 西距常家下一日程 又云 自會寧府北行一日
   至阿赤郎貴 又行一日 至常家下 然則土門江亦出於白山東 由會寧邊外頗遠 而其
   下流合於豆滿江者也 若欲定兩國之界 則當以白山巓潭水所流處爲限 此天所以
   分南北也 然而水之出於白山東入於豆滿者甚多 今不能知何者爲山潭正派 而明
   一統志幷云 白山巓水 南流爲鴨綠江 東流爲阿也苦江 而幷無阿也苦之名 古今稱
   號之異也 東方地志云 白山巓水 南流爲鴨綠江 東流爲豆滿江 然則阿也苦之爲豆
   滿江無疑矣 皆曰東流爲豆滿 而今以穆克登定界之水觀之 出於白山南流最遠而
   始東流 似非山潭正派也 或曰其源雖南流 而其終乃東流 志之稱東流以此云云而
   然 而鴨綠之流 其終卽西流 而志必曰南流 則蓋記其源流之甚詳也 以此觀之 豆滿
   之源非南流 而乃東流者也 明於地理者皆曰 土門是山潭正派而亦未可知也 定疆
   界國之大事 穆克登雖不許朴李兩人之行 而兩人不宜退坐 委之於軍官舌人輩矣
   金應瀗趙台相之往審水道 以日暮未及究竟而還 只云水果東流 何其漫忽也 一片
   荒翳之地 得失非關 而識者之譏深矣."

물이 흘러나와 동류하는 정파이고 진정한 두만강원일지도 모른다는
것이었다. 다섯째, 목극등이 정계할 때 조선의 두 사신이 물러나 있고
군관·역관배들에게 위임하여 정계한 결과 수원을 잘못 정했음을 비난하
였다. 여기서 신경준은 한 가지 중요한 정계 사실을 착각하고 있다.
즉 그는 목극등이 정계 시 백두산 천지에서 남쪽으로 흐르는 물을
두만강 수원으로 잘못 지정했다고 하지만 실은 동류하는 물을 지정하였
다. 이 점에 대하여는 『조선왕조실록』과 김지남의 『북정록』, 홍세태의
『백두산기』를 통해 확인할 수 있다.

　신경준의 또 다른 지리서 『사연고』는 『강계고』보다 좀 늦은 시기
작품으로서 조선의 동서남북 네 면의 도로와 각 읍의 노정을 기록하였다.
북쪽으로 먼저 압록강을 기록하고 이어 두만강을 기록하였으며, 팔도의
연해, 중국과의 해로, 일본과의 해로, 섬·조석들을 기록하였다. 『사연고』
두만강조의 내용은 다음과 같다.

　　두만강은 사전(祀典)에서 북독(北瀆)에 속한다. 백두산에서 발원하여
　남류(南流) 즉 복류(伏流)하며 복류처에 토돈·목책을 설치하여 두 나라
　경계를 나눈다. 땅속에서 흘러나와 천평에서 삼산사(무산부 서쪽 120
　리)에 이르며 허항령 동쪽 물과 합친다. 동쪽으로 흘러 무계사(무산부
　북쪽 70리)에 이르며 굴곡을 이루는 것이 마치 고리 모양과 같다.
　풍산진(무산부 북쪽 85리)·볼하진(회령부 서쪽 60리)을 경유하여 회
　령부성에 이르며 북쪽으로 꺾어 북류한다. 종성계의 북쪽을 경유하여
　분계강(분계강은 피지에 있다. 백두산에서 발원하여 대각봉 북쪽에서
　동류하여 토문강이 된다. 토문이라는 것은 백여 리를 복류하다가 다시
　흙속에서 솟아나오기 때문이다. 동쪽으로 흘러 해란하가 되고 또 동쪽으
　로 흘러 분계강이 되며 미전진 서남쪽에서 두만강과 합친다. 토문강은
　백두산 꼭대기 큰 못의 정파(正派)이며 하늘이 두 나라 경계를 계한한
　것이다. 목극등이 천평수(天坪水)로써 정계한 것은 잘못이다. 『강계고』

에 나옴)과 합친다. 유원진(온성부 서쪽 18리)에 이르러 서쪽으로
꺾어 동류한다. 온성부성 북쪽을 경유하여 미전진(온성부 동쪽 26리)에
서 남쪽으로 흐르며 황척파보(온성부 동쪽 27리)를 지나 훈융진(경원
부 북쪽 20리) 서계(황척파로부터 8리)에 이르러 동류한다. 고이도
북쪽(훈융진 동쪽)에 이르러 남쪽으로 흐른다. 아산보(경원부 동쪽
70리)를 지나 동남쪽으로 흐르며 무이보(경흥부 북쪽 20리)에 이르러
동쪽으로 꺾어 남류한다. 경흥부성 동쪽을 지나 동남쪽으로 50리를
흐르다가 녹둔도를 지나 5리가량 나뉘어 흐르다가 동해로 흘러들어간
다.[6)

즉 두만강이 백두산에서 발원하여 남쪽으로 복류(伏流)하며 복류처
에 토돈·목책을 설치하여 두 나라 경계를 나누며, 물이 땅위로 솟아나온
후 천평으로부터 삼산사 사이에서 허항령 동쪽 물과 합치며, 무산·회령·
종성·온성·경원·경흥 등 육진지역을 경유하여 녹둔도에서 바다로 흘러
들어간다는 것이다. 그 사이 종성 북쪽에서 분계강이 흘러들어오는데,
분계강은 피지(彼地, 청경내)에 있으며, 백두산에서 발원하여 동쪽으로
흐르며, 땅속에서 백여 리 복류하다가 땅위로 솟아나오기에 토문이라고

6) 신경준, 『여암전서』 권8, 『사연고』, 281~282쪽. "豆滿江 祀典係北瀆 源出白頭山
南流卽伏流 伏流處設土墩木柵 以定兩國之界 復流 由天坪中至三山社(在茂山府
西一百二十里) 與虛項嶺以東之水合 東流至茂溪社(在茂山府北七十里) 彎曲如
環 歷豊山鎭(在茂山府北八十五里) 虀下鎭(在會寧府西六十里) 至會寧府城 北
折而北流 歷盡鐘城界北 與分界江(分界江在彼地 源出白頭山 由大角峰北東流爲
土門江 土門者以其伏流百餘里 復流出於土中故名 又東爲海蘭河 又東爲分界江
至美錢鎭西南合豆滿江 土門江卽白頭山頂大潭正派 而此天所以限兩國之界者
穆克登以天坪中來之水爲定界誤矣 詳見疆界考)合 至柔遠鎭(在穩城府西十八
里) 西折而東流 經穩城府城北 至美錢鎭(在穩城府東二十六里) 折以南流 歷黃拓
坡堡(在穩城府東二十七里) 至訓戎鎭(在慶源府北二十里)西界(自黃拓坡至此
八里) 折以東流 至古珥島北(在訓戎鎭東) 折以南流 歷阿山堡(在慶源府東七十
里) 轉而東南流 至撫夷堡(在慶興府北二十里) 東折而南流 歷慶興府城東 東南流
五十里 至鹿屯島 分流五里許 入於東海."

칭하며, 동쪽으로 흘러 해란하가 되고 또 동쪽으로 흘러 분계강이 된다는
것이다. 이처럼 이 강을 분계강이라고 칭한 것은 백두산 꼭대기 못에서
흘러나오는 정파로서 이는 하늘이 양국 경계를 나누는 것이기 때문이라
고 하였다. 이보다 앞서 『강계고』에서 신경준은 토문강이 천지에서
흘러나오는 정파일지도 모른다고 조심스럽게 고증하였지만, 『사연고』
에서는 이를 단언하였다. 한편 백두산 천지에서 동류하는 토문강·분계
강을 해란강에 접목시킨 것은 해란강의 물 흐름이 서에서 동으로 흐르기
때문이라고 생각된다. 그러나 해란강은 백두산 천지에서 발원하지 않으
며 이는 그릇된 지리인식에 속한다. 이로 인하여 후대에까지 해란강이
백두산에서 발원하며 두 나라가 이로써 경계를 나눈다는 잘못된 지리인
식을 심어주게 되었다.

　『동국문헌비고』(1770년 완성)는 관찬 유서(類書)로서 신경준이 『여
지고』 부분을 편찬하였다. 『여지고』 두만강조의 내용은 다음과 같다.

　　두만강은 백두산 남쪽 갑산 천평(天坪)에서 발원하여 동쪽으로 흘러
　어윤강이 되며, 오른쪽에서 보다회천이 흘러들어오고 장판석교를 지나
　오른쪽에서 서북천(길주 원산 가이봉에서 발원한다)이 흘러들어오고
　임강대 고성을 지나 오른쪽에서 박하천(경성 장백산에서 발원한다)이
　흘러들어온다. 무산 서쪽을 지나 오른쪽에서 성천(장백산에서 발원한
　다)이 흘러들어온다. 양영·풍산·운두의 보(堡)를 지나 오른쪽에서 볼하
　천이 흘러들어온다. 회령 북쪽에 이르러 오른쪽에서 알목하(속칭 성천
　이다)가 흘러들어오며 하류에 진입한다. 북쪽으로 꺾어 흘러 고령진·방
　원보·종성부를 경유하여 동관진에서 압강탄을 이루며 왼쪽에서 토문강
　(오늘은 피지에 속한다)이 흘러들어온다. 동쪽으로 흘러 온성부 북쪽을
　경유하며 가하리하(피지)가 흘러들어온다. 또 동쪽으로 꺾어 흘러 구암·
　유전·어정탄을 이루며 미전보를 지나 왼쪽에서 삼한천(피지)이 흘러들
　어온다. 남쪽으로 꺾어 흘러 황척파에 이르러 입석탄을 이루며 훈융진을

지나 고이도 · 경원부 동쪽에 이른다. 안원보에 이르러 왼쪽에서 후춘강
(피지)이 흘러들어온다. 용당 고성을 지나 건원보에 이르러 오른쪽에서
오룡 · 농경천이 흘러들어온다. 무이진을 감돌아 왼쪽에서 팔지수(피지)
가 흘러들어온다. 경흥부 동쪽에 이르며 적지(赤地)를 지나 수빈강을
이룬다. 또 동쪽으로 조산을 지나 녹둔도에 이르러 바다에 흘러들어간
다.[7]

즉 두만강이 백두산 남쪽 천평에서 발원하여 동쪽으로 흘러 어윤강이
되고 육진지역을 경유한 후 녹둔도에서 바다에 흘러들어간다는 것이다.
그 사이에 많은 지류가 양국 경내에서 흘러들어오는데, 온성 전과 후에
두 갈래의 지류 즉 토문강과 가하리하(가야하)가 피지(彼地)에서 흘러
들어온다. 이러한 상황을 현대 지도와 비교할 경우, 온성 근처에서
서쪽에서 흘러들어오는 것이 해란강이고 북쪽에서 흘러들어오는 것이
가야하이며, 이 두 강이 합친 후 두만강에 흘러들어간다. 신경준이
말하는 이른바 토문강이란 해란강에 가깝다. 이밖에 위 인용문에서는
두만강 서쪽과 북쪽의 모든 지류 예컨대 토문강 · 가하리하 · 후춘하 · 팔지
(八池) 등을 '피지'라고 칭하여 청에 속함을 밝혔고 양국이 두만강을
경계로 함을 나타냈다.

『산수고』는 신경준의 좀 늦은 시기 작품으로서[8] 두만강조의 내용이

---

7) 『증보문헌비고』권20, 『여지고』8, 동국문화사 1959년 영인본, 317쪽. "豆滿江
源出白頭山之陽甲山天坪 東流爲魚潤江 右過寶多會川 經長板石橋 右過西北川
(源出吉州圓山之加伊峰) 經臨江臺古城 右過朴下川(源出鏡城長白山) 經茂山之
西 右過城川(源出長白山) 經梁永 豊山 雲頭之堡 右過甫乙下川 至會寧之北 右過
斡木河(俗稱城川) 入下川 折而北流 經高嶺之鎭 防垣之堡 鍾城之府 潼關之鎭爲
壓江灘 左過土門江(今屬彼地) 東流經穩城府北 左過噶哈里河(彼地) 又折而東
流爲龜巖 柳田 漁汀之灘 經美錢堡 左過三漢川(彼地) 折而南流 至黃拓坡爲立石
灘 經訓戎之鎭 至古耳之島 慶源之府東 至安原堡 左過後春江(彼地) 經龍堂古城
至乾元堡 右過五龍 農耕之川 環撫夷之鎭 左過八池水(彼地) 至慶興府東 經赤地
爲愁濱江 又東流 經造山 至鹿屯島 入於海."

『동국문헌비고』의 '여지고'와 비슷하다. 즉 두만강이 백두산 남쪽 천평에서 발원하여 동쪽으로 흘러 어윤강이 되며, 압강탄 근처에서 왼쪽으로부터 토문강이 흘러들어오는데 피지에 속한다는 것이었다. 또 토문강이 "백두산 대택(大澤, 천지를 가리킴)에서 발원하여 300리를 복류하여 동쪽으로 분계강이 되고 압강탄(壓江灘)에서 두만강에 흘러들어간다"고 기록하였다.9) 이 부분 내용을 정상기의『동국지도』에 나타난 '토문강원-분계강'과 비교할 경우 매우 비슷하다. 이로써 신경준이 정상기의「동국지도」를 참고했음을 알 수 있다. 동시에 이는 홍세태의『백두산기』에 이른바 "토문원류가 중간이 끊겨 땅속에서 복류한다"는 내용과도 일치한다.10) 정상기와 신경준의 토문강에 대한 표기나 서술이 홍세태의『백두산기』를 참고했을 가능성이 예상된다.11)

토문강·분계강 인식에 있어서 정상기가 원조이고 신경준이 정상기의 영향을 받았거나 또 그의 지도의 해독(解讀)자일 수 있다. 정상기는 1752년에 세상을 떴고 신경준의 모든 저술은 그 이후에 완성되었다. 특히 신경준은 정상기의 아들 정항령을 통하여『동국지도』를 접하였다. 앞에서 보았듯이, 신경준의『산수고』의 '토문강'·'분계강' 서술은 정상기의『동국지도』의 '토문강원·분계강' 표기와 매우 흡사하다. 즉 정상기의 지도에 천지에서 흘러나와 동류하는 물을 '토문강원'이라고 표기한

8) 양보경,「신경준의 산수고와 산경표-국토의 산천에 대한 체계적 이해」, 주 2) 참조.

9) 신경준,『여암전서』권13,『산수고』, 386~387쪽.

10) 홍세태,『백두산기』, "土門源流間斷 伏行地中."

11)『백두산기』는 홍세태의 문집『유하집』에 수록되었으며, 이 문집은 그가 세상을 뜬 후 1731년에 간행되었다. 그러므로『백두산기』의 제작 연대가 이보다 앞섰을 것으로 짐작된다.『백두산기』는 목극등을 수행하여 정계에 참여하였던 조선 역관 김경문에게서 들은 말을 기록한 것으로서, 관·사찬 지리지에 의해 인용되거나 전재되었다.

것은 이 물이 두만강 수원임을 나타낸 것이며, 이 물의 중간이 끊긴 후 다시 '분계강'으로 흐르는 것은 땅속에서 복류한다는 뜻을 나타냄과 동시에 이로써 경계를 나눈다는 뜻이 포함되었다.

3) 일부 조선 학자들의 토문 · 두만 2강 인식의 극복

신경준과 같은 시기에 살았던 다른 학자들은 토문 · 두만을 다른 강으로 보지 않고 같은 강으로 보았다. 조선후기 실학자 이익(李瀷, 1681~1763)은 『성호사설』에서 "토문이 두만이다. 옛날에 윤관이 속평강까지 강역을 넓혀 비를 세운 것이 여전하다. 그러나 김종서에 이르러 두만강으로 경계를 삼았으니 나라 사람들은 윤관 비로써 쟁집하지 못한 것을 아쉬워하였다. 명을 받은 자의 잘못이다. 그러나 이보다 더 옛날에는 북로가 모두 말갈의 땅이었으며 지금은 경계가 정해진 지 오래다. 쓸모없는 땅을 두고 쟁단을 일으킬 필요가 있겠는가?"고 하여 토문 · 두만에 대한 논쟁의 불필요함을 일깨웠다.[12]

홍양호(洪良浩, 1724~1802)는 영 · 정조대 저명한 지리학자로서 그의 활동 시기가 신경준과 비슷하다. 그는 이조판서, 사간원 대사간, 홍문관 · 예문관 양관 대제학을 맡았으며, 동지겸사은사로 연경(燕京)에 다녀왔다. 홍양호의 저서 『북새기략(北塞記略)』(1794)은 북방 풍토기로서, 「공주(孔州)풍토기」 · 「북관고적기(北關古蹟記)」 · 「강외기문(江外記聞)」 · 「백두산고」 · 「해로고(海路考)」 · 「영로고(嶺路考)」 등이 포함되었다.

---

12) 이익, 『성호사설』 권2, 천지문, 백두산, 민족문화추진회 1982년 영인본, 59쪽.
　　"土門者豆滿也 昔尹瓘拓境至速平江 遺碑尚在 至金宗瑞以豆滿爲境 國人猶恨不能以尹碑爭執 爲奉命者之失 然最古則北路皆是靺鞨之地 以今則疆定久矣 何必更賭無用之地惹動爭端乎."

홍양호는 「백두산고」에서 많은 역사서와 지리지를 참고하여 백두산
의 고금 명칭, 주위의 산세와 수계 등을 묘사하였으며, 특히 천지 남쪽
입비처와 동·서 양쪽 골짜기, 토석퇴 등을 상세히 묘사하였다. 이
같은 내용은 백두산 답사를 기초로 하는 것으로서, 토문강·두만강을
다음과 같이 기술했다.

> 백두산 꼭대기 중간이 패여 못을 이루었다. 둘레가 40~50리이고
> 깊이가 백여 길이다.……북쪽이 터져있는데 서쪽으로 흘러 압록강이고
> 북쪽으로 흘러 혼동강이다. 동쪽 일파가 겹겹 봉우리와 바위 사이를
> 은류(隱流, 숨어 흐름)하여 토문강이 되는데 즉 두만강 상류이다.[13]

위 인용문은 두만강 상류의 은류(隱流) 부분 즉 땅속에서 흐르는
부분을 '토문강'이라고 칭하고 땅 위로 솟아나온 후에 정식으로 두만강이
라고 칭하였다. 즉 토문·두만이 동일한 강을 가리킨다. 이밖에 비
동쪽의 건구(乾溝) 즉 마른 골짜기와 그 안에 설치된 토석퇴를 묘사한
내용은 다음과 같다.

> 산에 건구(乾溝, 마른 골짜기)가 있는데 남안에 돌이 쌓여 있다. 혹은
> 10무(武, 한 발짝의 거리, 三尺임)가 한 무더기가 되고 혹은 20여 무(武)가
> 한 무더기가 되는데 정계의 표석이다. 골짜기를 따라 서쪽으로 몇 십
> 무를 가고 또 평지에서 북쪽으로 꺾어 50~60무를 가면 골짜기 끝에
> 닿는데 비가 있다.……동서로 각각 건구(乾溝)가 있으며 서쪽을 도난(逃
> 難)이라고 불러 압록강에 흘러들어가고 동쪽을 토문이라고 불러 두만강

---

13) 홍양호, 『이계외집(耳溪外集)』 권12, 북새기략, 백두산고, 경인문화사 1999년
   영인본, 583~584쪽. "白頭山頂中陷爲澤 周四五十里 深百餘丈……坼其北 西流
   爲鴨綠江 北流爲混同江 東一派隱流於層峰巖石之間 始爲土門江 卽豆滿江上流
   也."

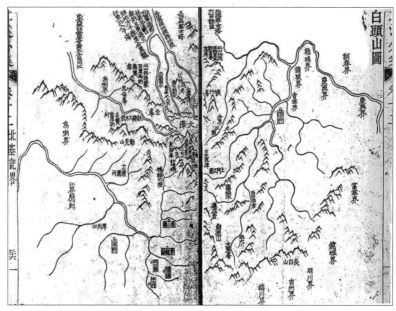

[그림 8] 홍양호, 「백두산도」(「백두산고」, 『이계외집』)

과 합류한다.[14)

이처럼 비 동쪽에 있는 마른 골짜기를 '토문'이라고 칭하고 두만강과
연결되어 있다고 서술하였다. 아래에서도 백두산 천지에서 동류하는
물을 '토문강' 또는 '토문강원'이라고 칭하였는데, 그 상세한 내용은
다음과 같다.

대택(大澤)의 물이 동쪽으로 흘러 토문강이다.……토문강원은 백두산

---

14) 홍양호, 『이계외집』 권12, 북새기략, 백두산고, 588쪽. "山有乾溝 溝南岸累累石
塊 或十武一堆 或二十武一堆 此爲定界標石 循溝而西數十武 從平地折而北上五
六十武 溝盡而碑在焉……東西各有乾溝 西曰逃難 而入於鴨江 東曰土門 而與豆
江會."

동쪽에서 나와 서남쪽으로 흘러 북증산(北甑山) 앞에서 두만강으로 흐르며 동남쪽으로 바다에 흘러들어간다.15)

이상과 같이 토문·두만이 동일한 강을 가리키며, 단지 물이 땅속에서 흐르는 은류 부분 즉 건천을 토문이라고 칭하고 정식으로 흐르기 시작한 부분을 두만강이라고 칭하였다. 여기서 토문(土門)이란 단어가 한자의 본뜻을 띠게 되어 흙속에서 솟아난다거나 땅속에서 흐른다는 뜻 즉 흙(土)과 관련지어 해석되었다. 이처럼 만주어의 음차 단어로서의 '토문'이 한자 뜻으로 연역된 것은 재미있는 현상이었다. 앞에서 본 신경준의 「사연고」에서도 이와 비슷한 기록이 있었다.

이밖에 「백두산고」에는 백두산에서 동북쪽으로 흐르다가 온성 근처에서 두만강에 흘러들어가는 '분계강'을 상정하였는데([그림 8] 참조), 정상기나 신경준의 영향을 받았을 것으로 생각된다.

위에서 본 이익·홍양호 외에도 정상기 후인들이 『동국지도』를 교보(校補)하는 과정에서 토문·두만이 동일한 강임을 밝혀놓았다. 1790년 정상기의 후손으로 생각되는 황윤석(黃胤錫, 1729~1791, 字 永叟, 號 頤齋)이 『동국지도』를 교보하여 『팔도지도』([그림 9])를 만들었는데, 지도 위에 "토문강원은 즉 두만강이다(土門江源即豆滿江)"라고 적어 넣었다. 이와 관련하여 이 지도의 지문에는 저자가 중국의 지리지·지도를 참고했음을 밝히고 있다. 지문의 내용은 다음과 같다.

이 지도는 하동 정씨 고 사간 항령(恒齡) 어른이 만든 것으로서 범례를 단 것이 우리나라에서 처음이다. 근래에 좌랑 해주 정후조(鄭厚祚)는

---

15) 홍양호, 『이계외집』 권12, 북새기략, 백두산고, 600쪽. "大澤之水東流爲土門江……土門江源出白頭山卯方 流至坤方北甑山前 流爲豆滿江 東南流入海."

[그림 9] 황윤석, 『팔도지도』(1790년, 서울대학교 규장각 소장)

고 판서 운유(運維)의 아들이며 그의 형 문관 철조(哲祚)로부터 역법과 서화 및 연(硯)에 밝았다. 후조는 특히 중국·서역·청해·몽고·성경지도를 널리 상고하였으며 본국에 이르기까지 일관하였다. 그가 하동본에 근거하여 증수한 것이 이를 능가하였다. 영수(永叟, 황윤석) 역시 『청일통지』를 읽어봄으로써 그 대략을 알게 되었으나 해주 신본은 아직 보지 못하였다. 하동본에 근거하여 교보함을 기록한다. 숭정 3 경술 3월 대진(大盡) 이재(頤齋, 황윤석)16)

즉 정상기의 아들 정항령이 만든 하동본에 근거하여『팔도지도』를 교보하였으며, 또 하동본에 근거하여 해주신본이 나왔는데 원도를 능가하며, 해주 정후조가 중국 지도를 보았을 뿐만 아니라 황씨 자신도 『청일통지』를 보았다는 것이다.

이로써 18세기 후반 중국의 지리지와 지도가 조선에서 상당히 유행하였음을 알 수 있다. 조선은 청을 방어하기 위한 군사적 목적에서 1697년 (강희 36)에『성경통지』(강희 23년, 1684)를 수입한데 이어,[17] 1743년 (건륭 8)에『청일통지』(강희 일통지, 건륭 8년에 완성)가 완성되자 연행사 편에 이를 구입하였다. 이 같은 청대 지리지가 조선 민간 특히 관환가 사이에서 널리 읽혀졌으며,[18] 이를 통해 민간 지리학자들은 양국 접경지대의 지리를 알게 되었고 토문·두만이 동일한 강이라는 것을 알게 되었던 것이다.

이밖에 [그림 9]의『팔도지도』를 보면, 종성·온성 사이에서 두만강에 흘러들어오는 '분계강'이 있는데 짧은 지류에 불과하였으며 단지 황윤석 자신이 이 강이 해란강이나 부르하퉁하라는 것을 몰랐을 따름이었다.

이상에서 본 사찬 지리서나 지도 외에 조선후기 관찬 지리지로서 『여지도서』의 토문강·분계강 인식에 대해 알아보기로 하자.『여지도서』 는 영조대 관찬 읍지로서 1757년 홍양한의 주청에 의해 편찬되었다. 이를 위해 팔도감사로 하여금 각도 읍지를 올리도록 명하여 1765년에

---

16) 황윤석,『팔도지도』지문. "此圖本僉樞河東鄭故司諫恒齡大人所作 而附以凡例者 在我國前無此 比近佐郎海州鄭厚祚故判書運維之子也 自其兄文官哲祚已精於曆西書畵及硯 而厚祚尤博考中國西域靑海蒙古盛京地圖 以至本國一以貫之 因河東本增修 遂出其上 永叟亦嘗閱淸一統志 得其涯略 而海州新本未及傳覽 爰據河東本頃所校補者識之以俟 崇禎三庚戌三月大盡 頤齋."

17)『숙종실록』권31, 숙종 23년 5월 정유.

18)『승정원일기』1093책, 영조 29년 4월 4일 ; 1195책, 영조 37년 7월 25일.

완성하였다.19) 이는 국초에 편찬된『동국여지승람』에 대한 속편으로서
이때까지 축적된 지리정보를 담아내어 내용면에서 훨씬 풍부해졌다.
체제상으로는 방리·도로·부세 등을 증가하였고 또 각 읍지의 맨 앞에
채색지도를 첨부하여 도와 서가 결합함으로써『여지도서』라고 부르게
되었다. 이는 후대의 지리지 편찬의 모범이 되었다.20)

『여지도서』의『관북읍지』에는 함경남·북도 읍지가 포함된다. 그
중에 두만강에 관한 내용을 살펴보면, 첫째로 두만강이 함경도의 북계이
고 조청 양국의 경계라고 기록하였다. 즉 "함경도는 동쪽으로 바다에
이르고 북쪽으로 두만강에 이르며 서쪽으로 평안도 영원(寧遠)계에
이르며 남쪽으로 강원도 회양계에 이른다"이다. 또한 "두만강이 부(종
성)의 서쪽 1리에 있다. 백두산에서 발원하여 동북쪽으로 흘러 바다에
들어가며 피아의 경계이다."는 것이다.

둘째로 두만강 수원이 백두산 아래 천평에서 시작된다고 기록하였다.
즉 "두만강은 백두산 아래 천평에서 발원하여 육진을 감돌아 흐르며
경흥 녹둔도에서 바다로 흘러들어간다"는 것이다.21) 이 같은 서술은
신경준의『여지고』의 내용과도 비슷하다. 다시『여지도서』의「북병영지
도」([그림 10])를 살펴보면, 천평에서 시작되는 물줄기에 '두만강원'이
라고 표기하였는데, 이 물줄기를 따라 계속 위로 올라갈 경우 '목책'·'정
계비'가 나타났다. 즉 정계비·목책과 연결된 물줄기를 두만강 수원으로

19)『영조실록』권90, 영조 33년 8월 무진 ;『승정원일기』1250책, 영조 41년
    12월 8일.
20) 양보경,「전통시대의 지리학」, 제29차 세계지리학대회 조직위원회 편,『한국의
    지리학과 지리학자』, 한울아카데미, 2002년, 30~31쪽 ; 양보경,「조선후기의
    지도」, 국토지리정보원 편,『한국지도학 발달사』, 국립지리원, 2009년, 115쪽.
21)『여지도서』,『관북읍지』감영·무산·회령·종성, 국사편찬위원회, 1973년
    영인본.

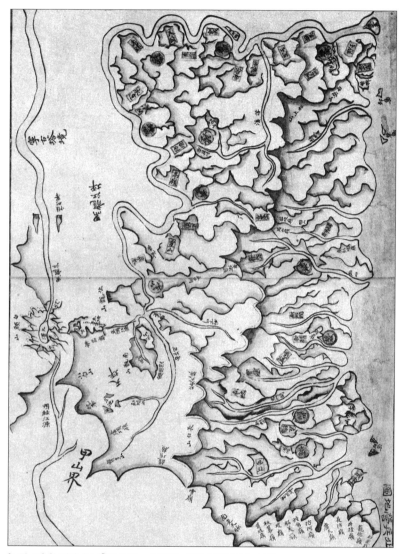

[그림 10] 「북병영지도」(『여지도서』, 1765년, 한국교회사연구소 소장)

보고 있다.

셋째로『여지도서』에는 두만강과 구별되는 토문강조를 설치하지 않았을 뿐더러 분계강 명칭도 없다(「북병영지도」참조). 두만강 이동·이남의 지류(조선경내)를 상세하게 기술한 반면, 이서·이북의 지류(청 경내)를 생략함으로써 양국이 두만강을 경계로 함을 나타냈다.

끝으로 조선후기 지리학의 집대성자인 김정호(金正浩)의 토문강·분 계강 인식에 대해 알아보기로 하자. 김정호는 호(號)가 고산자(古山子) 이며, 생몰년이 확실하지 않으나, 그의 활동연대는 19세기 초·중기로 여겨진다. 1830년대에 그는『청구도(靑邱圖)』·『동여도지(東輿圖志)』 를 완성하였고, 1850년대에『동여도』·『여도비지(輿圖備志)』를 완성하 였으며, 1850년대 말과 1860년대에『대동여지도(大東輿地圖)』를 만들 었다.

그러나 김정호는『대동지지(大東地志)』를 완성하지 못한 채 세상을 떴다.[22] 그의 작품 중에서『대동여지도』와『대동지지』가 가장 대표적이 고 사람들에게 많이 알려져 있다. 이 두 지도·지리지를 이용하고 또『동여도』를 참고로 하여 그의 토문강·분계강 인식을 알아보고자 한다.

『대동지지』의 무산조에 다음과 같은 기록이 있다. "보다회산천(寶多 會山川)이 상류에서 대홍단수라고 하고, 하류에서 소홍단수라고 하며, 동쪽으로 흘러 어윤강이며 즉 토문상류이다."[23] 즉 김정호는 보다회산 에서 발원하는 대·소 홍단수, 어윤강을 토문상류로 보고 있다. 다시

22) 양보경, 「전통시대의 지리학」, 66~67쪽 ; 이상태, 「조선후기의 지도」, 국토지리 정보원 편, 『한국지도학 발달사』, 221~229쪽 참조.
23) 김정호, 『대동지지』권20, 무산, 충남대학교 백제연구소, 1982년 활자본, 726쪽.

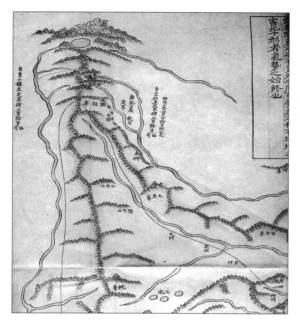

[그림 11] 김정호, 『동여도』 함경도1(1850년대, 서울대학교 규장각 소장)

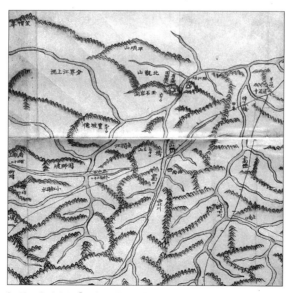

[그림 12] 김정호, 『동여도』 함경도2(1850년대, 서울대학교 규장각 소장)

말하여 토문상류가 두만상류이다. 다만 김정호의 위 기술에 착오가 있음이 발견된다. 오늘날 우리가 알고 있는 두만강 수계를 보면, 대·소 홍단수와 어윤강은 각기 다른 지류로서 서로 평행되는 물줄기에 속한다.

이 두 물줄기는 앞뒤로 각각 두만강에 흘러들어온다. 그러나 위의 서술 및 「동여도」([그림 12])와 같이 김정호는 대·소홍단수를 어윤강의 지류로 처리하였다. 이와 동시에 [그림 12]에서 알 수 있듯이, 그는 어윤강과 서북천을 각기 다른 강으로 표시하고 있는데 이 역시 잘못된 것이다. 이 두 강의 명칭은 실은 동일한 강을 지칭하는 것으로서 오늘날 서두수를 가리킨다. 따라서 [그림 12]에 표기된 '어윤강(魚潤江)'이 실은 홍단수이다.

이밖에 『대동지지』의 분계강조에는 다음과 같은 기록이 있다. "물이 분수령에서 발원하며 복류하여 흔적이 없다. 강희 임진년 분계 시 이로써 분계강상류라고 칭하였다."[24] 즉 발원지의 물이 땅속에서 복류하는 부분을 분계강상류라고 칭하고 있다. 이를 더 잘 이해하기 위하여 [그림 11·12]의 『동여도』를 참고로 보면, '분계강상류'를 따라 계속 위로 올라갈 경우 천지 남쪽에 있는 퇴책, 분수령 상의 '정계비' 및 '건천'에 다다랐다. 그리고 이 '분계강상류'를 따라 아래로 내려올 경우 풍파덕 근처에서 홍단수와 합류하였다. 이로써 이 분계강상류란 정계비·퇴책과 연결된 두만강 수원을 가리키며, 즉 다시 말하여 1712년 정계시 설책한 물줄기를 가리킴을 알 수 있다.

여하튼 김정호에게는 토문강이든 분계강이든 모두 두만강 상류를 가리키며, 단지 물줄기가 다를 뿐이었다. 그는 토문상류로 홍단수를 가리켰고, 분계강상류로 정계비·퇴책과 연결된 두만강 수원을 가리켰

---

24) 김정호, 『대동지지』 권20, 무산, 726쪽.

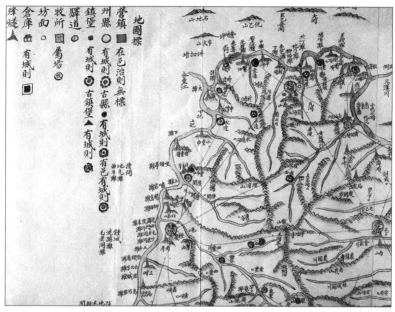

[그림 13] 김정호, 『동여도』 함경도3(1850년대, 서울대학교 규장각 소장)

다. 재미있는 것은 『대동지지』와 『동여도』에 '분동강(分東江)'이라는
두만강 지류가 있다. 『대동지지』에는 "분동강이 유원진 서쪽 30리에
있으며 두만강에 흘러들어간다"고 기록하였다.[25]

　　[그림 13]의 『동여도』를 통해 이를 살펴보면, 대탄(大灘) 근처(종성·
온성 사이)에 북쪽으로부터 두만강에 흘러들어오는 짧은 지류가 있는
데, '분동강'이라고 표기하였다. 이 분동강을 자칫하면 분계강의 오류로
볼 수 있겠지만, 두만강 상류에 이미 정계비·퇴책과 연결된 분계강상류
가 존재하므로 분계강의 오류가 아니었다. 이는 오히려 저자 김정호가
유원진 서쪽에 있는 분동강과 발원지에 있는 분계강을 잘 구분하고
있음을 말해준다. 즉 다시 말하여 분동강은 온성 근처에서 두만강에

---

　25) 김정호, 『대동지지』 권20, 온성, 720쪽.

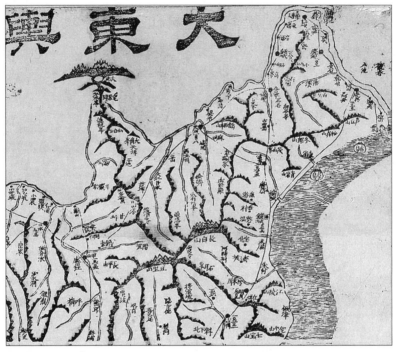

[그림 14] 김정호, 『대동여지전도』(1850·1860년대, 서울역사박물관 제공 [서13157])

흘러들어오는 짧은 지류에 불과하며, 다만 이 지류의 명칭이 해란강
또는 가야하라는 것을 몰랐을 따름이다.26)

그 이후 김정호가 만든 『대동여지도』([그림 14])를 보면, 서북·동북
양계에 압록강·두만강을 표기하고 그 사이에 백두산 천지를 그렸으며,
천지 남쪽 분수령에 정계비를 표기하고 그와 연결된 두만강 수원이
동남쪽으로 흘렀다. 그리고 압록강·두만강 남쪽 조선 경내의 지류를
상세히 표기하였는데, 특히 두만강 상류 수계의 표기가 매우 정확하다.

---

26) 해란강이 서쪽에서 동쪽으로 흘러 부르하통하와 합친 후 동북쪽에서 오는
  가야하와 합친다. 이 세 갈래 물이 합친 후 여전히 가야하라고 불리는데
  물의 흐름이 매우 짧으며 곧 바로 두만강에 흘러들어간다.

이는 그가 전에 그렸던『동여도』등의 지도를 훨씬 능가하는 것이었다. 그리고 압록강·두만강 북쪽 청 경내의 지류는 약식으로 처리하여 아무런 표기도 하지 않음으로써 압록강·두만강을 경계로 함을 나타냈다.

[그림 14]의 두만강 상류 수계를 자세히 살펴볼 경우, 그 모양이 강희『황여전람도』와 비슷함이 발견된다. 당시 조선에서는 청조의 내부여도(內府輿圖)를 얻을 수 없었으나 청조 여도의 민간본이 일찍이 조선에 유입되었다. 뒤 부분 서술에서 알 수 있듯이 도광연간에 동우성(董祐誠)이 내부여도를 휴대하기 편한 책자본으로 만든 이후 곧바로 조선에 전해졌으며, 김정호가 이러한 민간본을 참고했을 가능성이 크다. 이를 통하여 두만강 상류 수계를 포함한 국경일대 지리의 정확도를 높였을 것으로 생각된다. 김정호가『대동여지도』와 같은 전통시대 최고수준에 달한 작품을 어떻게 만들어냈는지의 문제는 앞으로의 연구 과제임이 틀림없다.

4) 1880년대 이후 토문강·분계강 인식의 변화

1869·1870년 조선에는 보기 드문 자연재해 즉 '기경대재'가 발생하였다. 조선의 서북 변민들은 청측 경비가 상대적으로 허술한 압록강 상류 지역에 넘어가 생활을 영위하는가 하면, 1880년 '경진개척'을 계기로 대규모로 두만강 이북에 넘어가 땅을 개간하고 입주하였다. 두만강 이북 월경 개간민에 대하여 청은 운남·귀주 묘(苗)민의 예에 따라 토지집조를 발급하여 납세하며 귀화입적(歸化入籍)하는 정책을 실시하기로 하였다. 그러나 조선에서 월경 개간민을 쇄환할 것을 요구하자 청은 1년을 기한으로 쇄환하도록 하였다.[27] 청 돈화현지사는 종성·

---

27) 楊昭全·孫玉梅, 앞 책, 234~241, 248~249쪽 참조.

회령 부사에게 보낸 조회문에서 토문강(두만강을 가리킴) 이북 동쪽 온성으로부터 서쪽 무산에 이르기까지 월간 유민을 추수 후에 일률로 쇄환할 것을 요구하였다.[28] 바로 이때 월경 개간민들은 토문과 두만이 별개의 강이며 두만강 이북에 토문이 있으며 조청 양국은 두만강을 경계로 하지 않고 토문강을 경계로 한다는 주장을 내놓았다. 그 상세한 내용은 다음과 같다.

종성·온성·회령·무산민 첩장에 이르기를 "민 등은 비록 경작을 업으로 하고 있지만 어찌 나라 법에 전연 어두울 수 있겠습니까? 민 등이 개간한 땅은 토문 이남입니다. 동방에서 입국한 지 가장 오래된 것이 우리나라입니다. 우리나라 땅은 본디 토문강을 경계로 하지만 물러나 두만강을 지키고 있습니다. 그리고 토문·두만 양강 사이는 황지로 두어 민이 들어가 입주하는 것을 금한 것은 변경의 우환을 걱정한 것입니다. 상국이 일어난 후로부터 우리나라 동북이 무사하여 강희 임진에 이르러서는 오라총관 목극등 어른이 황지를 받들고 변계를 조사하여 토문강을 경계로 하였으며, 서쪽으로 압록, 동쪽으로 토문을 경계로 하여 백두산 분수령에 돌을 새겨 놓았습니다.……백두산 입비(立 碑)처에 사람을 보내 살펴보았더니 비의 동쪽에 토퇴·석퇴·목책이 설치되어 경계를 나누었으며 그 아래에 토문이 있었는데 양안(兩岸)이 마주하고 있는 것이 마치 문의 모양과 같았고 돌이 아닌 흙이었으며 그 아래에 물이 나왔는데 다른 파를 이루었습니다(두만강에 흘러들어가 지 않는다는 뜻임 : 저자). 이 물의 합류처까지는 강안이 길이 막히고 배로 갈 수 없었습니다. 또한 종성 맞은 편 90리 감토산 아래에 분계강이 있는데 이로써 경계를 나눈다는 뜻입니다. 카포(卡鋪, 경비처)가 분계강 북안에 있으므로 상국의 경계가 이곳에서 머문다는 것을 알 수 있습니 다.……토문은 분수령 정계처에 있으며 두만은 우리나라 경내에서 발원

28) 『淸季中日韓關係史料』 제4권, 1913쪽.

하므로 상국에서 알바 아닙니다.……이로써 돈화현에 알려 사계를 행함
으로써 민이 경작에 안심하도록 하기 바랍니다"라는 문구입니다. 중외
계한을 살펴보건대 토문으로써 경계를 나누었으며 본국은 두만 외에
토문 별파가 있다는 것을 알고 있으며 옛 지도가 근거가 됩니다. 실제로
원류에 올라가지 못하였으며, 열읍의 민인들이 사사로이 원류에 갔다
와서 고하더라도 이들의 사사로운 말로서 근거를 삼을 수 없었으므로
관원을 파견하여 백두산 분수령에 올라가 강희연간 목총관의 비문을
탁본하고 토문 원류를 답사하도록 하였더니 민인이 고한 것과 같았습니
다. 강안이 모두 가파른 절벽이었으며 황구령까지 갔다 되돌아왔습니다.
새로 지도를 그려왔는데 옛 지도와 비교해보면 토문과 분계강을 경계로
함이 의심의 여지가 없습니다.[29]

즉 토문이란 정계비 동쪽 토퇴 모양이 문과 같다하여 붙여진 것이며,
그 아래에 연결된 물이 토문강이며, 비문에 '동위토문'이란 이를 가리키
며, 이 물은 두만강에 흘러들어가지 않고 다른 곳으로 흘러간다는 것이었

---

29) 『淸季中日韓關係史料』 제4권, '照錄朝鮮鐘城府使照會敦化縣', 1910~1913쪽.
   "據鍾城穩城會寧茂山民人等牒狀內 民等雖耕鑿爲生 豈全昧國家經法 民等所墾
   之土卽土門以南也 粤在東方 立國最久者惟本國耳 本國之地本以土門江爲界 而
   乃退守豆滿江 土門豆滿兩江之間作爲荒地禁民入居者 慮有邊患故也 一自上國
   龍興 東土東北無事 而至康熙壬辰 烏喇總管穆克登大人奉旨査邊 亦以土門江爲
   界 西爲鴨綠 東爲土門 勒石爲記於白頭山分水嶺矣……乃派人往審白頭山立碑
   處 碑東連置土堆石堆木柵爲限 下有土門 兩岸對立如門 而非石而土 其下有水發
   源 另作別派 此水合流處 則江岸路絶 不能船浮 又於鍾城越邊九十里甘土山下有
   分界江 江之以分界爲名者 可知其以此江分界者也 有卡鋪亦在分界江北岸 則上
   國邊界之止於此亦審矣……土門則在分水嶺査審定界處 豆滿則源出本國界內
   非上國之所知也……請以此意會於敦化縣 俾卽查界 使民安於耕作之地爲辭 查
   中外界限向以土門爲界 本國只知豆滿之外更有土門之別派 按有故地圖爲據 實
   未嘗往遡源流 今此列邑民人私往窮源歸以爲告 不可遽以民人私言爲憑 乃派弁
   往審白頭山分水嶺 拓得康熙時穆總管碑記 踏審土門源流 果與民人所告相符 濱
   江皆懸崖陡壁 乃至黃口嶺而還 繪有新圖 與舊圖較閱 則土門與分界江之爲界分
   之處無疑."

다. 또 분계강은 종성 맞은 편 90리에 있는데 양국이 이로써 경계를 나눈다는 것이었다. 요컨대 양국이 두만강을 경계로 하는 사실을 부정하고 두만강 이북에 있는 토문강·분계강으로써 경계를 나눈다고 주장하였다. 한편 위 인용문에서 말하는 '고지도'란 18·19세기 조선 지도 중에 토문강·분계강을 표기한 부분을 가리킴을 알 수 있다.

조선의 요구대로 1885(을유)·1887(정해)년 양국은 두 차례에 걸쳐 공동으로 대표를 파견하여 백두산 일대에 대한 감계(勘界)를 실시하였다. 특히 정계비·퇴책과 두만강 상류 여러 물줄기를 집중적으로 조사하였다. 앞에서 서술했듯이 을유감계 때 조선측은 토문·두만이 각기 다른 강이며 비문에 이른바 '동위토문'이란 두만강을 가리키지 않는다고 주장하였다. 그러나 감계 담판이 끝날 무렵에 조선 감계사 이중하가 두만강 상류 홍토산수 일대에서 목책이 연결된 흔적을 발견하였다. 그는 비변사 관문(關文)을 결합하여 비문에 이른바 '동위토문'이란 두만강을 가리키며, 토문·두만이 동일한 강이며 단지 양국의 발음이 다를 뿐이며, 목극등이 정계한 물이 토문강 즉 두만강이라는 것을 알게 되었다. 그리하여 정해감계에 이르러서 조선측은 토문·두만이 각기 다른 강이라는 문제를 제기하지 않고 정계비-퇴책-홍토산수를 경계로 할 것을 주장하였다. 청측은 소백산과 그 동록에서 발원하는 홍단수를 경계로 할 것을 주장하다가 한 발 물러나 소백산과 그 동록에서 발원하는 석을수를 경계로 할 것을 주장하였다. 양측은 비록 홍토산수·석을수 합류처 이하 두만강 경계에 있어서는 합의를 보았지만 합류처 이상에서는 끝내 타협을 보지 못하고 감계 담판이 실패로 끝났다.

그 이후 조선은 재해민들이 강북으로 도망가는 것을 막을 길이 없었고 또 이들을 쇄환하여 안치시킬 방도도 찾지 못하였다. 1902년에 이르러 고종은 새로운 개척지에 관원을 파견하고자 하여 이범윤(李範允)을 북간도시찰사(北墾島視察使)로 임명하였다. 그가 부임한 후 두만강 이북에서 민호 27,400여 호, 10만여 구를 조사해냈으며, 사포대를 건립하여 개간민들의 이익을 보호하고자 하였다.[30] 기실 조선은 을유·정해 두 차례의 공동 감계를 통하여 토문·두만이 동일한 강이며 양국이 토문강 즉 두만강을 경계로 한다는 사실을 인정하고 아울러 땅을 빌려 두만강 이북 유민들을 안치시킬 것을 요구하였다. 그러나 이때에 이르러 이를 번복하고 두만강 이북 지역을 관리하고자 한 것은 단순히 영토관의 문제가 아니라 조선인에 의해 개간된 두만강 이북 지역을 조선의 영토로 편입시키려는 영토확장 정책의 구현이라고 하겠다.

한편 이범윤의 지지 하, 1902년 경원 유사(儒士) 김노규(金魯奎)가 두만강 이북 지역이 조선의 고유 영토임을 주장하는 『북여요선(北輿要選)』을 만들어냈다.[31] 『북여요선』은 상편과 하편으로 나뉘어 있으며, 상편에는 백두고적고(白頭古迹考)·백두구강고(白頭舊疆考)·백두도본고(白頭圖本考)·백두비기고(白頭碑記考)가 포함되고 하편에는 탐계공문고(探界公文考)·감계공문고(勘界公文考)·찰계공문고(察界公文考)·사계공문고(査界公文考)가 포함된다.[32] 그 내용을 요약해보면 다음과 같다. 첫째, 두만강 이북 알동(斡東) 등지가 조선왕조의 발상지이다. 둘째, 두만강 이북은 고구려·발해의 구강으로서 고려장군 윤관이 선춘

---

30) 이범윤이 '북간도시찰사'로 임명되는 과정은 김노규, 『북여요선』 서문 참조. 이범윤의 사포대 건립 및 활동 양상은 楊昭全·孫玉梅, 앞의 책, 429~437쪽 및 류병호, 『재만한인의 국적문제 연구(1881-1911)』, 중앙대학교 박사학위논문, 2001년, 98~101쪽 참조.

31) 김노규, 『북여요선』 서문.

32) '탐계공문고'는 서북경략사 어윤중이 종성 사람 김우식(金禹植)을 파견하여 탐계한 사실, '감계공문고'는 이중하의 두 차례의 감계, '찰계공문고'는 함경북도 관찰사 조존우의 담판 5조, '사계공문고'는 함북관찰사 이종관이 경원군수 이일헌을 파견하여 사계한 사실 등을 기록한 내용이다.

령에 비를 세워 경계를 삼았으며 선춘령은 소하강변 즉 송화강변에 있다. 셋째, 토문이란 분수령 정계비 동쪽 양안의 흙벽이 문과 같다하여 붙여진 것이며 그 아래에 이어진 물이 토문강이다. 토문강은 500~600 여 리를 흐르다가 송화강에 흘러들어가며 동쪽으로 흑룡강에 이른다. 그러므로 토문강 상류로부터 하류 바다에 이르기까지 동쪽은 당연히 계한(界限) 내의 땅이다. 넷째, 두만강은 본국 경내에서 발원하므로 상국에서 알바가 아니다. 다섯째, 분계강은 하반령(下畔嶺)에서 발원하는데 부르하퉁하라고도 칭한다. 분계강이라는 명칭을 잘못 얻은 것이며 토문강 하류가 아니다. 여기서 말하는 부르하퉁하란 해란강 지류이다. 다시 말하여 해란강을 분계강 또는 토문강 하류라고 칭한 것이 잘못되었으며, 송화강 상류가 토문강이고 양국이 이로써 경계를 나눈다는 것이었다.

그럼에도 불구하고 조선은 송화강으로 흘러들어가는 토문강에 대해 잘 알지 못하였으며, 그 이후에 편찬된 지리지에도 이에 관한 내용이 별로 없었다. 1907년 이원긍(李源兢)이 편찬한 『대한신지지』의 경우 두만강이 "동관진에 이르러 압강탄(壓江灘)을 이루는데, 왼쪽에서 토문강이 흘러들어온다. 우리나라 북간도(北間島)에 있다"라고 기록하였다.[33] 즉 토문강이 두만강의 한 갈래 지류로서 조선의 북간도를 흘러지나간다는 것이다. 토문강의 물 흐름이나 방향으로 보아 오늘날 해란강과 비슷하며 신경준의 『여지고』의 영향을 받았음을 알 수 있다. 다만 여기서 토문강이 신경준 서술의 '피지(彼地, 청경내임)'에서 조선의 북간도로 변한 것은 두만강 이북에 대한 점유 의식을 나타낸 것이다.

이밖에 1907년 장지연(張志淵)이 편찬한 『대한신지지』의 북간도(北

---

[33] 이원긍, 『대한신지지』 권下, 회동서관, 1907년, 66쪽.

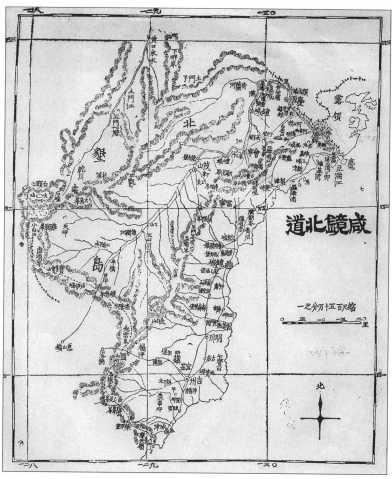

[그림 15] 장지연, 『대한신지지』, 함경북도도(1907년, 서울대학교 규장각 소장)

墾島)조를 보면, "간도(間島)라고도 한다. 백두산 동쪽에 있으며 남쪽으로 육진과 두만강에 접하고 북쪽으로 토문강을 계한으로 청국 길림성 돈화현 등과 경계를 나눈다. 동북쪽으로 러시아령 오소리포염사덕(烏蘇里鋪鹽斯德) 등지와 경계를 나눈다"고 기록하였다.[34] 즉 간도가 백두산 동쪽에 위치해 있으며 남쪽으로 두만강을 계한으로 하고 북쪽으로

토문강을 계한으로 한다는 것이다. 여기서 토문강이 어떤 강을 가리키는
지 알기 위해 『대한신지지』의 함경북도도([그림 15])를 참고로 보면,
백두산 천지 동쪽 토퇴·석퇴·건천과 이어져 북쪽으로 흐르는 물에 '토문
강'을 표기하였다.

　이 토문강이 두만강과는 별개의 강임이 확실하며, 백두산 천지에서
북쪽으로 흐르는 물이 송화강 수계밖에 없음으로 송화강으로 흘러들어
가는 물줄기를 가리킴을 알 수 있다. 앞의 제1장에서 서술했듯이, 백두산
동록으로부터 동북쪽으로 향한 골짜기에 설치한 토석퇴나 건천이 바로
1712년 정계시 목극등이 지정한 두만강 단류처로서, 이때에 이르러
이 골짜기에 연결된 송화강 상류를 '토문강'이라고 칭하여 두만강과는
별개의 강으로 인식하였던 것이다. 한편 지도상에 '북간도'를 표기해
놓았는데 그 범위가 토문강 이동 해란하 이남과 두만강 이북이었다.
이는 실은 그 때까지 조선 유민들의 월경 개간 범위로서, 온성 서쪽
해란강 남쪽 지역에 해당되었다.

5) 맺는말

　조선의 지도·지리지에 토문강을 표기하고 또 분계강이라는 새로운
명칭이 나타나게 된 것은 1712년 백두산 정계 이후이다. 현존하는
지도 자료를 놓고 볼 때 정상기가 1740년대에 제작한 『동국지도』에
가장 먼저 '토문강원'과 '분계강'을 표기하였다. 이 지도에는 정계비와
연결되어 동류하는 물에 '토문강원'을 표기하였는데 이 물이 한동안

---

34) 장지연, 『대한신지지』 권2, 한양서관, 1907년, 139쪽. "北墾島 一曰間島 在白頭
　　山東 南接六鎭和豆滿江 北限土門江 與淸國吉林省敦化等縣分界 東北與俄領烏
　　蘇里浦鹽斯德等地爲界."

동류하다가 중간이 끊긴 것으로 나타났으며, 온성 근처에서 두만강에 흘러들어가는 지류에 '분계강'을 표기하였다. 이처럼 정계비와 연결된 동류하는 물을 '토문강원'·'분계강'이라고 표기한 것은 이것이 두만강 수원이고 이로써 경계를 나눈다는 뜻을 나타낸 것이다. 또 동류하는 물이 중간이 끊긴 것은 두만강 수원이 땅속에서 복류한다는 뜻을 나타냈다.

그러나 실제로 백두산 천지에서 발원한 후 동쪽으로 흐르다가 온성 근처에서 두만강에 흘러 들어가는 물줄기는 존재하지 않았다. 이는 1712년 정계한 물에 대한 착각이며 그릇된 지리인식에 불과하다.

신경준의 토문강·분계강 인식은 정상기의 영향을 받았을 것으로 생각된다. 신경준도 정상기와 마찬가지로 백두산에서 동류하는 물줄기를 토문강이라고 칭하고 온성 근처에서 두만강에 흘러 들어간다고 보았다. 그는 여기서 한발 더 나아가 토문강·분계강을 해란강에 접속시켜 놓았다. 결국 토문강이 동쪽으로 흘러 분계강이 되고 또 동쪽으로 흘러 해란강이 된다는 결론에 이르렀다. 그러나 실제로는 해란강이 백두산 천지에서 발원하지 않았으며 땅속에서 복류하지도 않았다. 이로 인하여 후대 조선에 해란강을 '분계강'으로 보고 양국이 이로써 경계를 나눈다는 잘못된 지리인식을 심어주게 되었다.

신경준과 같은 시대에 살았던 다른 학자들은 중국의 지도나 지리지를 통하여 토문·두만이 같은 강이라는 것을 알게 되어 두만강 이북에서 동류하는 토문강의 오류를 시정하였다. 특히 정상기의 후인인 황윤석은 『동국지도』를 교보하여 만든 『팔도지도』에 "토문강원인즉 두만강이다"라고 적어 넣었다. 이밖에 홍양호와 김정호가 서술한 '토문강'·'분계강'도 두만강 상류를 가리키는 용어로 사용되었으며 단지 발원지에 물이 흐르지 않는 부분을 지칭하였을 따름이었다.

영조대 관찬 읍지로서『여지도서』에는 두만강이 국토의 북쪽 경계이며 양국이 이로써 경계를 나눈다고 기록하고 또 두만강 수원이 백두산 아래 천평에서 발원하여 육진을 감돌아 녹둔도에서 바다로 흘러들어간다고 기록하였다.『여지도서』의 '북병영지도'를 통해 볼 경우 천평에서 발원하는 두만강 수원에 목책이 설치되어 있고 정계비와 연결되어 있었다. 이로써 이 천평수가 조선에서 퇴책을 이설한 두만강 수원일 것으로 예상된다.

조선후기 지리학의 집대성자인 김정호가 제작한『대동여지도』(1850~1860년대)에는 양국 경계가 더 명확하게 표시되었다. 서쪽으로 압록강 동쪽으로 두만강을 경계로 하며, 양강 사이에 백두산 천지가 있고 그 남쪽 분수령에 정계비가 세워져 있다. 특히 이 지도의 두만강 상류 수계가 지금까지 발견된 조선 지도 중에서 가장 정확하게 나타났으며, 강희『황여전람도』의 모습이 뚜렷하다. 이는 저자 김정호가 청조 여도의 민간본을 참조하여 양국 접경지 부분의 정확도를 높였을 것으로 짐작된다.

1880년대에 이르러 점점 많은 조선인들이 두만강 이북에 넘어가 땅을 개간하고 정착하면서 조선 고유의 강역관에 동요가 생기고 조청 양국이 두만강을 경계로 하는 사실을 부인하기 시작하였다. 월경 개간민과 북도 관원들은 1712년의 정계 사실을 떠나 목극등이 지정한 두만강 발원지 즉 정계비 동쪽 골짜기를 가리켜 '토문'이라고 칭하고 이 골짜기와 연결된 송화강 상류를 '토문강'이라고 하여 이로써 경계를 나누며 두만강을 경계로 하지 않는다고 주장하였다. 그 이후 1885 · 1887년 두 차례의 공동 감계를 통하여 조선은 토문 · 두만이 동일한 강이라는 사실을 인정하고 두만강 이북 조선 유민들을 안치할 것을 요구하였다. 그러나 얼마 후 이를 번복하였으며, 1902년에는 러시아가 중국 동북

지역을 점령한 기회를 타서 이범윤을 '북간도관리사'로 파견하여 두만강 이북 지역을 관리하고자 하였다. 이는 영토관이나 강역관의 문제를 떠나 조선인에 의해 개간된 두만강 이북 지역을 자국 영토로 편입하려는 영토확장 정책의 구현이라고 하겠다.

2. 백두산정계에 대한 평가 및 영토 득실론

1) 머리말

1712년 백두산정계 이후 조선은 정계 결과에 대해 만족하였다. 즉 정계를 통하여 영토를 넓혔으며, 백두산 천지 남쪽 공지를 얻었다고 생각하였다. 그러나 얼마 후 땅을 잃었다는 얘기들이 나왔으며, 접반 임무를 맡았던 두 사신의 불찰로 인하여 두만강 이북 700리 땅을 잃었다고 하였다.

이 절에서는 1712년 정계 이후 조선 조야의 영토 득실 논의를 통하여 그 속에 내재된 국경인식을 알아보고 사상적 근원을 밝히며 아울러 정계와 관련된 두만강 수원에 대한 각기 다른 주장을 살펴보고자 한다.

2) 백두산정계에 대한 긍정적인 평가

1712년 정계 결과 압록·두만 양강 수원을 계한으로 백두산 천지 남쪽이 조선에 귀속되었다. 조선은 예정된 정계 목표를 달성하였으며 정계 결과에 대해 만족하였다.

조선 초기만 해도 백두산 이남 지역이 여진인에 속하였으며, 조선은 이곳에 사는 여진인을 가리켜 '노토(老土) 부락' 또는 '번호(藩胡) 부락'이라고 하였다. 이들이 조선의 북방 안전에 큰 위협을 주었으며 여진인의 습격으로 조선은 부득불 방어선을 내지로 철수하였다. 압록강 상류 지역의 '폐사군'은 여진 부락의 침입으로 이미 설치된 군(郡)을 폐지하여 형성된 것이었다.

17세기 초 누르하치가 흥기하고 후금을 세우면서 백두산 이남과 압록강·두만강 상류 지역의 여진인을 흥경(興京) 지방으로 철수시켜 갔다. 이윽고 청의 중원 입관과 더불어 여진인들은 만주의 옛 땅을 떠났다. 이는 조선에서 압록강·두만강 경계를 공고히 하는데 유리하였다. 그 이후 조선인들이 점차 여진 부락이 떠나간 지역에 들어가 땅을 개간하고 정착하였으며, 그 곳에 읍진을 설치하였다. 예컨대 두만강 상류에 있는 무산은 노토 부락의 영역이었는데, 여진인이 철거한 후 조선 유민들이 들어가 개간하였으며 1684년에 이곳에 무산부를 설치하였다.[1] 그 이후 무산은 점차 조선의 북방 중진으로 발전하였으며 육진 중의 하나로 성장하였다.[2]

1712년 정계 때는 여진인이 철거한 지 약 100년이 되었다. 비록 조선의 변방 압력이 크게 완화되었지만 청을 경계하는 마음은 가시지 않았다. 일단 청조가 중원에서 발을 붙이지 못하고 옛 소굴인 영고탑(寧古塔)으로 철거할 경우 조선에 길을 빌릴 것이며 조선의 안전에 위협을 줄 것이라고 믿었다. 이것이 바로 '영고탑회귀설'이다.[3] 강희연간 특히 청조가 '삼번의 난'을 겪는 동안과 몽고 준갈부가 반란을 일으킬 때 '영고탑회귀설'이 크게 떠돌았다. 난이 평정된 후에도 조선은 그 영향에서 벗어나지 못하였다. 이로 말미암아 1692년(강희 31, 숙종 18) 조선은 청조의 '임신사계'를 거절하였으며, 1711년 목극등이 제1차 사계에 나왔을 때 이를 저지하여 중도에서 사계를 멈추도록 하였다.

1) 『숙종실록』 권15, 숙종 10년 3월 신묘.
2) 무산부의 성장에 관해서는 강석화, 『조선후기 함경도와 북방영토의식』, 130~137쪽 참조.
3) '영고탑회귀설'에 관해서는 배우성, 『조선후기 국토관과 천하관의 변화』, 일지사, 1998년, 204~246쪽 ; 이화자, 『조청국경문제연구』, 집문당, 2008년, 253~269쪽 참조.

그 이듬해 목극등이 재차 사계에 나오자 조선은 부득불 사계에 임하고 접반사를 파견하였지만, 청에 대한 위기의식과 사계에 대한 의혹은 가셔지지 않았다. 조선의 정계 목표는 백두산 남쪽지역을 확보함으로써 백두산을 이용하여 청의 세력을 차단하고자 하였다.

한편 정계 결과 목극등이 백두산 천지 동남쪽 10여 리 지점에 비를 세움으로서 양강 수원을 경계로 천지 남쪽 대부분 지역이 조선에 귀속되었다. 정계 이후 조선은 결과에 만족하였다. 1712년 6월 조선 군신 상하가 이에 대해 논의할 때 영의정 서종태(徐宗泰)는 "정계 이후 강역이 증척(增拓)된 것은 실로 다행스런 일입니다"라고 하였다. 그러자 국왕이 "처음에는 백두산 남쪽지역의 땅을 다투어야 하는 우려가 없지 않았으나 순조롭게 정계를 마치고 돌아왔도다"라고 긍정적인 태도를 보였다. 서종태가 또 그 해 동지사행으로 하여금 사은사를 겸하게 하여 청조에서 사신을 파견하여 정계를 행한 데 감사를 표할 것을 청하자 국왕은 이에 동의하였다.4) 같은 해 연말 조선은 김창집(金昌集)을 정사(正使)로 하는 동지겸사은사를 파견하였다. 조선의 표문에는 "황화(皇華, 청사를 가리킴)가 경계를 조사하고 외국(조선을 가리킴)에 공억(供億)을 지게 하지 않았으며, 변강의 계한을 바로 잡고", "간민(奸民)들의 범금의 우려를 없앤데" 대해 감사를 표한다는 내용이 들어 있었다.5)

이와 동시에 정계 시 접반의 임무를 맡았던 사신 박권과 통역을 맡았던 수역(首譯) 김지남이 관직과 품계가 올려지는 상을 받았다.

---

4) 『승정원일기』 469책, 숙종 38년 6월 20일.
　　서종태 : "定界後疆域增拓 誠爲幸矣."
　　국　왕 : "初則不無白頭以南爭地之慮 終至順便定界而歸矣."
5) 『동문휘고』一, 원편 권48, 강계, 국사편찬위원회 1978년 영인본, 907~908쪽.
　　조선의 표문 내용 : "皇華審界之行 不煩外國之供億 克正邊疆之界限……庶絶奸民犯禁之患."

박권이 종2품 한성부 우윤으로부터 정2품 형조판서에 올랐으며, 김지남
도 청사와 교섭한 공로로 품계가 올려졌다. 비록 일부 언관들이 접반사
박권과 함경감사 이선부가 목극등과 함께 산에 올라가지 않고 무산에
머물러 있은 것을 문제 삼아 두 사람의 직을 파할 것을 간하였지만
국왕은 이를 들어주지 않았다.[6]

　뿐만 아니라 목극등이 귀국한 후 조선은 두만강 수원이 잘못 정해진
사실을 발견했음에도 불구하고 정계에서 얻은 백두산 천지 남쪽 땅을
잃을까 우려하여 이를 덮어 감추고 청에 통고하지 않았다.[7] 조선은
미봉책을 쓰게 되었으며 수원을 변경하고 퇴책을 이설하였다. 즉 목극등
이 잘못 지정한 초파(初派) 수원의 남쪽에 있는 제2파 수원에 목책을
연결시켜 놓았다.[8] 이 제2파 수원이 바로 홍토산수이다. 한편 퇴책을
이설한 제2파 수원이 초파(初派) 수원보다 안쪽에 놓여 있었기에,[9]
그 결과 조선의 영토가 부분적으로 감축되었지만 조선은 이를 감수하였
으며, 백두산 천지 남쪽 지역을 강역으로 확보한데 만족하였다.

　또한 정계를 계기로 조선의 백두산에 대한 인식에 변화가 생겼다.
그 이전에는 비록 백두산이 동방에서 가장 높은 산이고 조선의 조종(祖

---

6) 『숙종실록』 권51, 숙종 38년 6월 신유·9월 갑진 ;『승정원일기』 481책, 숙종
　39년 10월 16일조.

7) 『숙종실록』 권52, 숙종 38년 12월 병진.

8) 목극등이 동쪽으로 흐르는 물 가운데 북쪽에 있는 물을 두만강 수원으로
　정했다는 근거는 다음과 같다. 첫째, 북평사 홍치중의 소문에 "진장산 안에서
　두만강에 합쳐지는 물은" 남에서 북으로 4파가 있는데, "가장 북쪽에 있는
　제1파가 수원이 약간 짧고 제2파와의 거리가 가장 가까우며, 하류에서 제2파에
　합쳐져 두만강의 최초 원류가 된다. 청차가 말하는 강의 수원이 땅 밑에서
　복류하다가 솟아나온다는 물은 제1파의 북쪽 10여 리 밖의 사봉(沙峰) 아래에
　있다." 즉 홍치중은 목극등이 정한 물이 제1파의 더 북쪽에 있다고 계하고
　있다(『숙종실록』 권51, 숙종 38년 5월 을사, 6월 을묘).

9) 『숙종실록』 권52, 숙종 38년 12월 병진.

宗)산이라고 인식하였지만, 많은 사람들에게 있어서 백두산은 여전히 '역외(域外)산'이고 '오랑캐산(胡山)'으로 간주되었다. 그러나 정계 이후에 이르러서는 백두산이 중국 산이기도 하고 조선 산이기도 하다고 인식하였다. 즉 "절반이 비록 저들 땅이지만 절반이 우리나라에 속한다"고 보았다.10) 이후 영조대에 이르러 백두산을 조선왕조의 발상지와 연결시켜 국가 사전(祀典)에 올렸으며, 북악으로 정하여 봄과 가을에 망사(望祀)를 지냈다.

이처럼 백두산 남쪽지역이 조선 영토로 획정됨에 따라 점점 많은 사람들이 삼수·갑산·혜산·무산·경성을 출발하여 백두산을 유람하였다. 북방의 관원들은 물론이고 이곳에 유배된 서울의 관원들까지 기회를 타서 백두산을 유람하였다. 이들 답사자들이 많은 유람기를 남겼는데, 예컨대 1751년 갑산 부사 이의철(李宜哲)이 『백두산기』를 지었으며, 1764년 경성 유사 박종(朴琮)과 경성 부사 신상권(申尙權)이 함께 백두산을 유람하고 『백두산유록』을 지었으며, 1764년 홍문관 부제학이었던 서명응(徐命膺)이 삭직되어 갑산에 유배된 후 그와 동시에 삼수에 유배된 조엄(趙曮)과 함께 백두산을 유람하고 『유백두산기』를 지었다.11) 이들의 서술을 통하여 이들 전에 많은 사람들이 백두산을 유람했음을 알 수 있다. 예를 들어 1742년 북도 감진(監賑)어사 홍계희(洪啓禧)가 백두산을 유람하고 노정기를 썼는데, 갑산으로부터 무산을 거쳐 백두산으로 들어가는 노정을 적은 것이 매우 정확하고 상세하여 그 이후의 등산자들에게 편의를 제공했다고 한다.12) 그리고 북도를 순찰

---

10) 『승정원일기』 1270책, 영조 43년 7월 9일. "一半雖爲彼地 一半屬於我朝."

11) 이의철·박종의 유람기는 이상태 외 역, 『조선시대 선비들의 백두산 답사기』, 혜안, 1998년에 수록됨. 서명응의 유람기는 『백산학보』 제19호, 1975년, 254~262쪽 및 『보만재문집』, 경인문화사, 『한국역대문집총서』 2738, 1999년 영인본에 수록됨.

하러 온 관원들도 기회를 타서 백두산을 유람하곤 하였는데, 무산의
향리와 백성들이 큰 부담으로 느껴 이들의 등산을 달가워하지 않았다고
한다.[13] 이로써 백두산 유람 열조의 흥기를 엿볼 수 있으며, 백두산이
명실상부하게 조선의 명산이 되었음을 알 수 있다.

백두산정계 이후 마지막으로 입비처에 관심을 둔 국왕은 영조이다.
1745년 영조는 심리사(審理使) 윤용(尹容)을 파견하여 북도 민정을
살핌과 동시에 백두산 입비처에 가 보도록 하였다. 윤용이 돌아와 복명할
때 국왕은 "백두산정계에 부족한 것이 없었는가"고 물었다. 이에 윤용은
"토문강에 목극등의 비가 있었는데, 입비처에서 바라보니 넓은 공지이
고 쓸모없는 땅이었으며 잃어도 무방했습니다"라고 답하였다.[14] 윤용
의 이 같은 대답은 그의 관심사가 농경에 유리한 토지에 있는 것과
무관하지 않다. 이는 동시에 숙종대에 이 쓸모없는 땅을 다투었던 것이
주로 관방과 안전을 위한 것이라면 30년이 지난 영조대에 이르러서는
그러한 관심도가 떨어졌으며, 청에 대한 위기의식이 많이 퇴색되었음을
말해준다.

3) 조선의 실지(失地)인식

영조대로부터 백두산정계에 대한 비판이 끊이지 않았다. 이를테면
접반사 박권과 함경감사 이선부가 소홀히 다룬 탓으로 특히 이들이
등산을 꺼려하여 무산에 머물러 있는 까닭으로 두만강 이북 700리
땅을 잃었다는 것이었다. 이른바 두만강 이북 700리 땅을 잃었다는

---

12) 박종, 『백두산유록』, 이상태 등 역의 앞 책, 258쪽.

13) 박종, 『백두산유록』, 위의 책, 249쪽.

14) 『승정원일기』 989책, 영조 21년 8월 14일.

것은 고려 장군 윤관이 여진인을 물리치고 공험진 등 9성을 쌓았으며 선춘령에 비를 세워 경계를 정했는데, 이 선춘령이 두만강 이북 700리에 있다는 데 근거를 두었다.[15] 즉 다시 말하여 1712년 정계 시 선춘령을 경계로 하도록 다투지 않고 두만강을 경계로 한 결과 그 이북 700리 땅을 잃었다는 것이다.

선춘령이 두만강 이북 700리에 있다는 관점에 대하여 많은 학자들이 회의를 표하고 있다. 공험진과 선춘령의 위치에 대하여 주로 세 가지 주장이 있는데, 즉 길주이남설, 함흥평야설, 경원설이다.[16] 그 범위가 두만강을 벗어나지 않고 있음을 알 수 있다. 하물며 여진의 반격으로 고려는 부득불 9성을 여진에게 돌려주었다. 그럼에도 불구하고 고려 장군 윤관이 여진을 격퇴하고 9성을 쌓은 역사는 조선시대 사람들이 자국의 자랑스러운 역사에 대한 영원한 기억으로 남게 되었고 민족의식의 부흥과 함께 되살아났다.

학자들의 연구에 의하면, 18·19세기는 조선의 민족의식의 부흥기라고 한다. 이는 한족이 아닌 만주족이 중원을 차지한 것과 관련이 있으며, 조선은 만주족이 건립한 청조를 오랑캐로 보고 자신을 중화문화의 유일한 계승자로 간주하여 민족문화에 대한 자신감과 우월감이 생겨났다. 학자들은 이를 '조선중화주의' 또는 '조선중화사상'이라고 일컬었다.[17] 민족의식의 부흥과 함께 북방영토에 대해 확대 인식하는 경향이 나타났으며, 그 속에는 윤관이 여진인을 격퇴하고 9성을 쌓은 역사도 포함되었다.

---

15) 『신증동국여지승람』 권50, 회령.

16) 방동인, 『한국의 국경획정연구』, 일조각, 1997년, 113~114쪽.

17) 정옥자, 『조선후기 조선중화사상연구』, 일지사, 1998년 ; 우경섭, 「송시열의 화이론과 조선중화주의의 성립」, 『진단학보』 제101호, 2006년.

두만강 이북 700리 땅을 잃었다는 주장은 각기 다른 판본이 존재한다. 첫째로 송화강을 경계로 해야 하는데 두만강을 경계로 한 결과 두만강 이북 700리 땅을 잃었다고 보았다. 예를 들어 1741년(건륭 6, 영조 17) 북부 관방에 대해 논의할 때, 좌의정 송인명(宋寅明)은 "임진년(1712)에 정계할 때 우리나라에서 땅을 많이 잃었습니다", "경계는 반드시 송화강으로 해야 하는데 송화강은 그들 안으로 흘러들어가므로 두만강으로 계한을 한 결과 잃은 것이 700리이니 어찌 아깝지 않겠습니까?"라고 계하였다.18) 여기서 송인명은 선춘령의 위치를 송화강변에 두고 있음을 알 수 있다. 이는 『동국여지승람』에 이른바 공험진과 선춘령이 소하강(蘇下江)·속평강(速平江)변에 있다는 기록에 근거를 둔 것이다.19) 즉 소하강·속평강을 송화강으로 보고 있기에, 송화강으로 경계를 해야 하는데 두만강으로 경계를 한 결과 700리 땅을 잃었다고 주장하였다.

둘째로 두만강을 경계로 해야 하는데 목극등이 비를 세운 토문강을 경계로 하여 두만강 안쪽 700리 땅을 잃었다는 것이다. 이는 1764년 경성 유사 박종(朴琮)이 쓴 『백두산유록』에서 나타났다. 기록에 따르면, 그가 목극등이 비를 세운 분수령에 이르러 여기가 바로 토문강 발원지라고 하고, 이어 정계 시 두만강을 경계로 해야 하는데 중신(重臣, 박권을 가리킴)·도백(道伯, 함경감사 이선부를 가리킴)이 험한 산을 오르기 싫어하여 삼수에 물러 앉아 있고 몇 명의 군관을 보내 목극등과 함께 등산한 결과 토문강으로 경계를 잘못 정하여 두만강 안쪽 700리 땅을

---

18) 『승정원일기』 933책, 영조 17년 7월 1일. "壬辰年定界之時 我國多失地矣……境界當以松花江爲限 而松花江則入於彼中 以豆滿江爲限 故所失者至於七百里 豈不惜哉."

19) 『신증동국여지승람』 권50, 愁濱江.

잃게 되었으며, 당지 사람들이 지금까지 이를 말하면서 두 사람을 비난한다고 하였다.[20] 위 기록에는 두 가지 착오가 발견된다. 하나는 박권과 이선부가 삼수에 물러앉아 있은 것이 아니라 무산에서 기다렸으며, 다른 하나는 정계 시 두만강으로 경계를 정해야 하는데 토문강으로 경계를 잘못 정했다고 한 것은 자칫 보면 목극등이 수원을 잘못 정한 사실을 말하는 듯하다. 그러나 두만강 안쪽 700리 땅을 잃었다고 보는 것은 사실과 거리가 먼 것으로서 정계 결과 조선은 두만강 안쪽 어떤 땅도 잃지 않았다.

셋째로 토문강 또는 분계강(分界江)으로 경계를 나누어야 하는데 두만강으로 경계를 나눈 결과 두만강 이북 700리 땅을 잃었다는 것이다. 여기서 토문강이란 목극등이 잘못 지정한 수원을 가리키며 송화강으로 흘러들어갔다. 분계강이란 온성 근처에서 두만강으로 흘러들어가는 지류를 말하는데 해란강을 가리켰다. 이러한 관점은 1766년 서명응이 쓴 『유백두산기』에서 나타났다. 그의 유람기는 그가 홍문관 부제학을 맡고 있을 때 견책을 받아 갑산에 유배되고 그와 동시에 삼수에 유배된 조엄과 함께 백두산을 유람하고 쓴 것이다. 이 유람기에서 그는 일행이 목극등이 비를 세운 곳에 도착하여 본 주위의 경관을 다음과 같이 묘사하였다.

　　동남쪽 산비탈 아래에 목책을 줄지어 세워놓은 것이 십여 보(步) 되었다. 넘어지고 뽑혀 있어 남은 것이 얼마 안 되었다. 작은 비 하나가 수척(數尺)에 달하며, 문지르지도 않고 꾸미지도 않은 채 위쪽에 '대청(大淸)'이라고 쓰고 아래쪽에 "오라총관 목극등이 황지를 받들고 변경을 조사하여 이곳에 이르니, 서쪽으로 압록이고 동쪽으로 토문이며 분수령

---

20) 박종, 『백두산유록』, 259쪽.

상에 돌을 새겨 이를 기재한다. 강희 51년 5월 15일 필첩식(筆帖式)
소이창(蘇爾昌)" 운운이라고 하였다.[21]

이밖에 서명응은 당지 토인들에게서 전해들은 목극등이 정계를 진행
한 과정을 서술하였고 또 조엄이 어사로 무산에 왔을 때 토인들에게서
전해들은 정계에 관한 말을 기록하였다. 토인들의 말에 의하면, 토문강
이 백두산 동남쪽 30리 밖의 천평(天坪) 두평처(頭平處)에서 발원하여
북쪽으로 송화강으로 흘러들어가고 두만강으로는 흘러들어가지 않는
다는 것이었다. 이에 대해 조엄이 평하기를 "온성 서남쪽 백리에 분계강
이 있고 선춘령 아래에 고려 시중 윤관이 세운 '정계비'가 있습니다.
이 강의 명칭과 비를 통해 볼 때 이곳이 우리나라 경계임이 틀림없습니다.
하물며 분계강이 어윤이후(於尹伊厚)의 건가토(件加土)강과 합류하여
두만강에 흘러들어가며 두만강은 백두산 동쪽에서 솟아나오므로 그
원류를 따라 찾아가면 바로 알 수 있는데 하루아침에 700리 땅을 잃었으
니 어찌 아깝지 않겠습니까?"라는 것이었다.[22] 여기서 하루아침에
700리 땅을 잃었다는 것은 선춘령이 두만강 이북 700리에 있다는
근거 외에 온성 서남쪽 백리에 이른바 분계강이 있다는 데 근거를
두기도 하였다. 이에 대해 저자 서명응은 목극등을 따라 정계에 나선
박권과 이선부를 비판하고 이 두 사람이 "두려워하고 나약하며 뒤로

21) 서명응, 『유백두산기』, 『백산학보』 제19호, 1975년, 258~260쪽. "東南崗下
列植木柵 延十數步 顚倒剝缺 存者無幾 小碑數尺 不磨不彫 上刻曰 大淸 下刻曰
烏喇總管 穆克登 奉旨査邊 至此審視 西爲鴨綠 東爲土門 故於分水嶺上勒石爲記
康熙五十一年五月十五日 筆帖式 蘇爾昌……云云."
22) 위와 같음.
조엄의 평론: "穩城西南百里有分界江 在先春嶺下 高麗侍中尹瓘之定界碑在焉
以江名與碑推之 此爲我國界無疑 而況分界江與於尹伊後之件加土江 合流於豆
滿 豆滿又湧出於白頭山東 尋其源流 一按可決 乃使七百里之地 一朝拱手而失之
嗚呼惜哉."

물러서 있었기에 강역이 크게 줄었으며 백년간 땔나무를 하고 인삼을 채취하다가 경계를 범하여 죽은 자가 얼마나 되는지 헤아릴 수 없다"고 탄식하였다. 이어 또 "일을 맡은 자가 근엄하지 못하여 해가 여기까지 이르렀으니 신하된 자로서 경계하지 않을 수 없다"고 하였다.[23] 즉 조선의 경계가 분명히 두만강 이북에 있는데 두만강으로 정하여 많은 땅을 잃게 되었음을 아쉬워하였다.

이상에서 본 실지인식을 다음과 같은 세 가지로 요약할 수 있다. 첫째, 실지 인식이 생기게 된 것은 목극등이 두만강 수원을 잘못 정한 것과 밀접한 관련이 있었다. 당지 사람들은 벌써 목극등이 잘못 정한 물줄기 또는 정계비와 연결된 물줄기를 토문강이라고 칭하였으며, 이 물이 두만강에 흘러들어가지 않고 송화강에 흘러들어간다는 것을 알고 있었다. 둘째, 앞에서 본 신경준과 같이 백두산에서 동류하는 물을 '분계강'이라고 칭하고 이 물이 두만강 이북에 있다고 보았다. 셋째, 『동국여지승람』에 이른바 선춘령이 두만강 이북 700리에 위치했다는 기록을 근거로 두만강 이북 700리 땅을 잃었다는 결론을 내렸다.

이 같은 실지인식은 1712년 정계 시 입비처의 위치, 퇴책 설치 위치 및 두만강 수원을 잘못 정한 것과 관련이 있는가 하면, 분계강 또는 선춘령 위치에 대한 잘못된 인식에서 기인한 것이기도 하였다. 이와 동시에 18세기 민족의식의 부흥과 함께 나타난 영토관의 확대 인식과도 연관되었다. 조선은 3면이 바다에 둘러싸여 있고 북쪽만이 대륙과 연결되어 있으므로 국가 발전의 공간이 제한되어 있었다. 국토를 넓히려고 해도 북쪽으로밖에 갈 수 없었다. 이로 인하여 북방영토에 대한

---

23) 위와 같음.
    서명응의 비판:"畏儒退縮 終使地維大蹙 百年之間 薪樵蔘採之民 以犯界死者
    指不勝屈 嗚呼 任事一不謹 而其害乃至於此 爲人臣者 可不戒之哉."

관심도가 높았으며, 영토 확장의 꿈을 이룰 수 있는 장(場)으로 인식하였다. 그리하여 고려 장군 윤관이 여진을 격퇴하고 9성을 쌓은 역사가 자랑스러운 역사일뿐더러 그 상대가 여진인일 경우 더욱 그러하였다. 이로 인하여 1712년 백두산정계를 평가할 때 700리 땅을 잃었다는 주장이 자주 나오게 되었다.

4) 두만강 수원에 대한 각기 다른 주장

1712년 백두산정계와 관련하여 두만강 수원에 대한 주장이 각양각색으로 나타났다. 예컨대 백두산에서 동류하는 물을 천지에서 흘러나오는 정파(正派)라고 보고 이 물이 온성 근처에서 두만강으로 흘러들어간다고 보았으며, 이를 '토문강' 또는 '분계강'이라고 불렀다. 또한 백두산에서 남쪽으로 흐르는 물을 두만강 수원으로 보고 그 위쪽에 물이 흐르지 않는 건천(乾川) 부분을 '토문상류' 또는 '분계강상류'라고 불렀다.

두만강에 대한 호칭은 조선의 지도나 지리지에서 단 하나뿐으로 즉 '豆滿江'이다. 이밖에 1712년 백두산정계 이후 '토문강(土門江)' 또는 '분계강(分界江)' 명칭이 등장하기 시작하였다. 토문강(土門江)은 청초에 두만강에 대한 호칭으로서 조선에 알려진 것이 강희연간이다. 조선은 사계를 요청한 청측 자문(咨文)을 통하여 청에서 말하는 토문강이란 두만강을 가리키며, 단지 양국의 발음이 다를 뿐이라는 것을 알게 되었다.

'분계강' 명칭이 조선의 지도·지리지에 나타난 것은 1712년 백두산정계 이후이다. 현존하는 지도 자료를 놓고 볼 때, 1740년대 정상기가 만든 『동국지도』에 가장 먼저 '토문강'·'분계강' 명칭이 나타났다.

1712년 정계 이후 조선의 지리지·지도에 나타난 두만강 수원 표기를 다음과 같은 두 가지 형태로 귀납할 수 있다. 첫째, 백두산 천지에서 동류하는 물을 토문강·분계강으로 표기하고 이 물이 천지에서 흘러나온 후 계속 동쪽으로 흘러 온성 근처에서 두만강에 흘러들어간다고 표기하였다. 이처럼 동류하는 물을 토문강이라고 칭한 것은 1712년 목극등이 동류하는 물을 지정하였고 또 비문에 "서쪽으로 흘러 압록이고 동쪽으로 흘러 토문이다"라고 기재하였기 때문이었다. 이를 분계강이라고 칭한 것은 이 물이 백두산 천지에서 흘러나오는 두만강 정파이기에 양국이 이로써 경계를 나눈다는 뜻을 표하였다.24) 그러나 실제에 있어서는 천지에서 흘러나온 후 계속 동쪽으로 흘러 온성 근처에서 두만강에 흘러들어가는 물이 존재하지 않았다. 이는 상상 속의 물줄기에 불과하였으며, 1712년 백두산정계에 대한 잘못된 인식이었다.

실제로 백두산에서 발원하지 않지만 서에서 동으로 흘러 온성 근처에서 두만강에 흘러들어가는 지류가 존재하였는데 해란강이다. 해란강 발원지는 백두산 천지에서 동북쪽으로 150리에 있는 증봉산(甑峰山)이다.25) 신경준의 경우 이 상상 속에 존재하는 동류하는 물을 해란강에 접목시켜 이를 '분계강'이라고 불렀다. 이같이 그릇된 지리인식은 조선 후대의 영토관에 큰 영향을 미쳤으며, 특히 1880년 이후 조선 유민들이 대규모로 두만강 이북 땅을 개간하면서 이를 근거로 조청 양국이 분계강(해란강)을 경계로 하며, 분계강(해란강) 안쪽 두만강 이북 땅이 조선에 속한다고 주장하기에 이르렀다.

이 상상 속에 있는 동류하는 물이 일부 지도·지리지에서는 중간이 끊긴 형태로 나타나는가 하면, 다른 지도·지리지에서는 이어진 형태로 나타났다. 중간이 끊길 경우 동류하는 물이 땅속에서 복류하다가 다시

---

24) 신경준, 『여암전서』 권8, 『사연고』, 281~282쪽.
25) 康學耕, 「甑峰山苔蘚植物的地理分布」, 『吉林農業大學學報』, 1986년 제3기.

땅 위로 솟아나온다는 뜻을 나타냈다. 18세기 중엽 조선의 대표적 관방지도인 『서북피아양계만리지도(西北彼我兩界萬里之圖)』, 그리고 홍양호(洪良浩)가 제작한 『백두산도』의 경우 백두산에서 동류하는 물줄기 중간이 이어진 상태로 있었다.[26] 여하튼 중간이 끊기거나 이어짐을 막론하고 이 동류하는 물이야말로 천지에서 흘러나오는 두만강 정파라는 뜻을 나타내고자 하였다.

둘째, 토문강 또는 분계강으로서 발원지 가장 위쪽의 물이 흐르지 않는 건천 부분을 지칭하고, 물이 흐르기 시작한 부분을 두만강이라고 칭하였다. 이 경우 '토문(土門)'이 한자의 본 뜻을 띠게 되어 물이 땅(흙) 속에서 복류한다는 뜻을 나타냈다. 홍양호는 『북새기략』에서 이에 대해 기술하기를 "동쪽 일파가 겹겹 산봉우리와 바위 사이에서 은류(隱流)하여 토문강을 이루며 즉 두만강 상류이다"고 하였다.[27] 또 김정호(金正浩)는 『대동지지(大東地志)』에서 "물이 분수령에서 나와 복류(伏流)하며 흔적이 보이지 않는다. 강희 임진년에 경계를 정할 때 이로써 분계강 상류라고 칭하였다"고 기술하였다.[28] 이 같은 내용은 앞에서 본 첫 번째의 경우와 가장 큰 차이점이 상상 속에 존재하는 동류하는 물을 만들어내지 않았다는 것이다. 다만 발원지의 물이 흐르지 않는 부분(정계비·퇴책이 설치됨)을 토문강 또는 분계강이라고 칭하고 물이 흐르기 시작하면서부터를 정식으로 두만강이라고 불렀다. 즉 토문·두만이 같은 강을 가리킨다.

이상에서 본 두 종류의 토문강·분계강 표기는 비록 지칭하는 물줄기가 서로 다르지만 모두 두만강 수원을 가리키는 용어로 사용하고 있으며,

---

26) 홍양호, 『이계외집』 권12, 『북새기략』, 「백두산고」, 581~582쪽.
27) 홍양호, 위의 책, 583~584쪽.
28) 김정호, 『대동지지』 권20, 무산, 726쪽.

두만강 수계를 벗어나지 않고 있다. 이 점에 있어서는 1880년 이후의 상황과 다르다. 1880년 이후 조선의 지도나 지리지에 표기된 토문강은 두만강 수계를 벗어나 송화강 상류를 지칭하는 용어로 사용되었다.

5) 맺는말

1712년 정계 이후 나타난 조선의 영토 득실론을 다음과 같은 두 가지로 요약할 수 있다. 첫째, 정계 후 조선은 정계 결과에 대해 만족하였다. 즉 정계를 통하여 백두산 천지 남쪽지역을 강역으로 확보하였으며, 백두산으로써 청의 세력을 차단할 수 있게 되어 관방에 유리할뿐더러 국가 안전도를 높이는 데도 유리하다고 생각하였다. 그런 이유로 조선은 비록 두만강 수원이 잘못 정해진 사실을 발견했음에도 불구하고 사실을 덮어 감추고 청에 알리지 않았으며, 일부 영토 손해를 감수하면서 두만강 제2파 수원에 목책을 이설해놓았다.

한편 1712년 정계는 조선이 백두산을 재인식하는 계기가 되었다. 그 이전에 백두산을 역외 산 또는 오랑캐 산으로 보던 데로부터 조청 양국의 계산(界山) 즉 "절반이 비록 저들 땅에 속하지만 절반이 우리나라에 속한다"고 인식이 바뀌었다. 아울러 백두산 남쪽지역을 강역으로 확보함에 따라 그 이후 조선인들이 백두산 남쪽 또는 동남쪽으로부터 천지를 유람하는 열조가 일어났고 영조대에 이르러 백두산을 조선왕조의 발상지와 연결시켜 국가 사전에 올리고 봄과 가을에 망사를 지냈다. 이로써 백두산이 명실상부하게 조선의 명산으로 되었다.

둘째, 1712년 정계 후 이를 비판하는 주장과 더불어 실지 인식이 생겨났다. 즉 조선의 두 사신이 산에 오르는 것을 두려워하여 무산에 머물러 있은 까닭으로 두만강 이북 700리 땅을 잃었다고 보았다. 이 같은 실지인식은 고려 때 윤관이 9성을 개척하고 비를 세운 선춘령이 두만강 이북 700리에 있다는 지리인식, 토문강 · 분계강이 두만강 이북에 위치했다는 지리인식, 그리고 목극등이 송화강 상류를 두만강 수원으로 잘못 지정한 것 및 정계비 동쪽 퇴책이 송화강 상류에 연결되어 있는 것 등과 관련되어 있다. 즉 그릇된 지리인식이나 수원을 잘못 지정한 것 및 과장된 영토관에 기초하고 있다. 동시에 이는 18세기 조선의 민족의식의 부흥을 사상적 근원으로 하고 있으며, 북방영토에 대한 관심과 맞물려 있는 것이었다.

한편 이 시기 두만강 수원에 대한 인식을 두 가지 형태로 귀납할 수 있다. 하나는 백두산 천지에서 흘러나와 동류하다가 온성 근처에서 두만강으로 흘러들어가는 물을 상상해내어 이를 두만강 수원으로 보고 '토문강' 또는 '분계강'이라고 칭하였다. 이 동류하는 물이 중간이 끊길 경우 두만강 수원이 복류(伏流)하다가 다시 땅 위로 솟아나온다는 뜻을 나타냈다. 다른 하나는 발원지 가장 위쪽에 정계비와 퇴책이 설치되어 있는 건천 부분을 '토문상류' 또는 '분계강상류'라고 칭하고 물이 흐르기 시작한 부분을 '두만강'이라고 칭하였다. 이럴 경우 토문 · 두만이 실은 동일한 강을 가리켰다.

이처럼 두만강 수원에 대한 인식이 서로 다르지만 1880년 이전 시기에서 '토문강' · '분계강'은 두만강 수원을 가리키는 용어로 사용되었으며, 두만강 수계를 벗어나지 않았다. 즉 조청 양국이 두만강을 경계로 하는 사실을 부정하지 않았음을 말해준다.

제3장

광서연간 양국의 공동 감계 및
대한제국의 간도정책

1. 광서연간 을유·정해감계에 대한 재평가

1) 머리말

광서연간 을유·정해감계의 경과 및 담판 내용에 관한 선행 연구는 적지 않게 진행되었다. 일본학자 시노다(篠田治策)는『백두산정계비(白頭山定界碑)』에서 두 장절로써 이 문제를 다뤘는데 사용한 자료가 풍부하고 내용이 상세하다.[1] 중국학자 양소전(楊昭全)·손옥매(孫玉梅)는『중조변계사(中朝邊界史)』에서 시노다의 기초 위에서 중국측 자료를 더 보충하여 논술을 폈다. 대만학자 장존무(張存武)는「청대중한변무문제탐원(淸代中韓邊務問題探源)」에서 조청 양국의 감계 주장에 대해 논술하였다.[2]

그러나 선행 연구들에는 아직도 미진한 부분이 발견된다. 예컨대 청측에서 정계비가 위조되었다고 보고 또 정계비의 위치가 인위적으로 이동되었다고 본 이유, 조선측에서 정계비-퇴책-홍토산수로 경계를 할 것을 주장한 이유, 양측에서 의거한 문헌자료, 논쟁의 실질과 감계 담판이 실패로 끝난 이유 등에 대한 해답이 부족하다.

이 절에서는 지금까지의 선행 연구를 기초로 하고 또 양측의 감계 보고서, 양측 대표의 담판 내용, 청조 여도 및 민간 번각본, 청『회전도』

---

1) 篠田治策은『白頭山定界碑』(樂浪書院, 1938년, 227~228쪽)에서 을유감계 (1885년) 때 조선 대표 이중하가 토문·두만이 동일한 두만강이라는 사실을 발견한 것을 인정하지 않을 뿐더러, 정해감계(1887년) 때 조선측에서 토문·두만 2강설을 포기한 것은 제1차 감계 때 이중하의 발견과 관련이 있다는 점을 인정하지 않았다. 그는 이중하가 두만강 상류 홍토산수로써 경계를 나눌 것을 요구한 것은 조선측에서 크게 양보한 것이라고 보았다.

2) 中央研究院 近代史研究所 편,『近代史研究所集刊』제2기, 1971년.

등을 이용하여 위 문제에 대한 좀 더 깊은 탐구를 시도해보고자 한다.

2) 을유감계

a. 정계비는 위조된 것인가 정계비의 위치가 이동되었는가

1885년 을유감계 때 조청 양국은 토문·두만이 동일한 강인가 아니면 각기 다른 강인가를 둘러싸고 논쟁하였다. 동시에 이는 수원을 먼저 조사할 것인가 아니면 정계비를 먼저 조사할 것인가에 집중되었다. 청측 대표는 토문·두만이 동일한 강으로 두 나라 발음이 다를 뿐이며, 먼저 수원을 조사하여 어떤 물이 두만강 정원(正源)인가를 가려내어 경계를 정할 것을 주장하였다. 조선측 대표는 토문(송화강 상류로 봄)· 두만이 각기 다른 강이며, 먼저 정계비-퇴책을 조사하여 두만강과 연결되지 않는다는 사실을 확인함으로써 양국이 두만강을 경계로 하지 않고 토문강을 경계로 하며, 조선 유민들에 의해 개간된 두만강 이북 땅이 조선에 속한다는 것을 증명하고자 하였다.

한편 청측은 정계비 진위를 의심하였는데 이는 전혀 근거가 없지는 않았다. 백두산 천지 근처 입비처의 형세로 볼 때, 서쪽이 압록강원과 이어져 있지만 동쪽이 송화강 상류와 이어져 있었으므로 비문에 이른바 "서쪽으로 흘러 압록이고 동쪽으로 흘러 토문"이라는 내용과 일치하지 않았다. 회령 회담에서 청측 대표는 이에 대해 다음과 같이 말하였다.

　　그 때 과연 비가 있었다면 마땅히 압록강원 동쪽과 도문강(圖們江, 두만강임)원 서쪽 중간에 물이 없는 곳에 있어야 하며, 비의 진위를 조사하려면 반드시 도문강 물길을 따라 수원으로 거슬러 올라가야 하며, 비가 과연 도문강원 서쪽에 있을 경우 이른바 '동위토문 서위압록'이란 근거할만한 말이 됩니다.[3]

이처럼 청측에서 정계비의 진위를 의심한 것은 1712년 정계에 관한 공문서가 소실된 것과도 무관하지 않았다. 이 감계를 위하여 청측에서 1712년의 내각·예부·길림장군·영고탑 부도통·훈춘 부도통의 문서를 다 조사해보았지만, 내각 문서는 서고가 불타 1822년(도광 2) 이전의 것이 전부 소실되었고 예부에는 1712년 정계에 관한 문서가 없었다. 길림 당안(檔案, 공문서)은 오랜 시간을 거치면서 훼손되었고 훈춘 관아는 1714년(강희 53)에 세워졌기에 1712년의 당안이 있을 리 만무하였다. 영고탑 부도통 당안은 적의 침입을 당해 역시 훼손되었다. 이로 인하여 청측에는 1712년 정계 자료가 거의 없었고 의거할만한 문헌은 건륭 이후에 편찬된 3통(通典·通志·文獻通考)과 『회전도(會典圖)』, 강희·건륭연간의 『내부여도(內府輿圖)』, 그리고 1711년(강희 50) 목극등을 파견하여 사계를 진행한다는 두 부의 유지(諭旨)가 전부였다.4)

이와는 대조적으로 조선측에는 1712년 정계 자료가 충분하였기에 청에서 정계비의 진위를 의심하는데 대해 억울해하고 분개해하였다. 그리하여 강희연간에 비를 세운 것은 황지를 받들어 사계를 진행하였음을 근거로 청측을 반박하였다. 회령 회담에서 조선측 대표는 이에 대해 다음과 같이 말하였다.

스스로 생각하건대, 분수령 비는 우리나라에 있어서 천조(天朝, 청을

---

3) 『문답기』(을유), 서울대학교 규장각 소장, 규21041. 이 『문답기』에는 을유감계 때 조청 감계 대표의 회담과 필담 내용이 들어 있다. 회령·무산·삼하강구(三下江口) 회담과 세 길로 나누어 두만강 수원과 정계비·퇴책을 조사한 내용이 들어 있다. "當年果有此碑 自應在鴨綠江源之東 圖們江源之西 其中間之無江處 是願詳査此碑之眞僞 必先由圖們江尋流而遡其源 如其碑在圖們江源之西 則 其所謂東爲圖們 西爲鴨綠者 乃爲可据."
4) 『淸季中日韓關係史料』 제5권, 1961~1962쪽, 2041~2042쪽.

가리킴)의 관화(關和, 관문임)와 같아 하나의 돌 하나의 흙무더기도 감히 훼손하지 않았던 것은 성조(聖祖, 강희제)가 정한 것이며 관계되는 바가 크기 때문입니다. 귀측에서 그 때 과연 이 비를 세웠겠는가 하고 또 비의 진위를 가려내기 어렵다고 하는 것은 놀라운 일이고 당황스럽기 그지없습니다. 비기(碑記)에 이르기를 "황지를 받들고 변계를 조사한다"고 하였으니 얼마나 중대한 일입니까? 우리나라에서 감히 위증(僞證)을 하여 천벌을 자초한단 말입니까? 과연 의심할만한 확실한 증거가 있으면 가르쳐주기 바라며, 우리 조정에 알려 즉시 처리하고 공손히 죄벌을 기다리겠습니다.[5)

청측은 비단 정계비의 진위를 의심하였을 뿐만 아니라, 정계비의 위치가 인위적으로 이동되었으며, 정계비 옆에 있는 석퇴·목책도 후세 사람들에 의해 설치된 것이라고 보았다. 삼강구(三江口) 회담에서 청측 대표는 이에 대해 다음과 같이 주장하였다.

조선국왕 자문에 길림·조선은 천연 계한인 토문강을 경계로 한다고 하였으며, 강은 천고불변한 것입니다. 들건대 이 비는 백여 근(斤)에 지나지 않으므로 인위적으로 옮겨지지 않는다고 말할 수 없습니다. 하물며 비문에 '분수령상(分水嶺上)'이라고 기록하고 또 '동위토문 서위 압록'이라고 기록하였으므로 토문강원 서쪽과 압록강원 동쪽 두 강원 사이 분수령에 있어야 합니다. 이 두 강원을 찾지 않고서야 어찌 이 비가 과연 처음에 세운 곳에 있는지 알 수 있겠습니까? 비 옆에 석퇴·목책이 있다고 하지만 이는 모두 사람의 힘으로 이루어질 수 있는 것입니다. 비가 세워진지 지금까지 200년이 되고 있는데 목책이 어찌 썩지 않겠습

---

5)『문답기』(을유). "第念分水嶺一碑 敝邦奉以爲天朝關和 一石一堆不敢或毁 以其
聖祖所定關係至重也 每承貴局處所論 有曰 設有人當年果立此碑 又曰 碑之眞僞
難卜 敝邦相顧愕貽 不勝驚惑之至 碑記有曰 奉旨查邊 是何等重大事件 而敝邦乃
敢僞證 而干天誅乎 此果有可疑之的據 則幸明以敎我 謹當走告敝朝廷 先卽究辦
然後恭俟罪罰矣."

니까? 후에 설치한 것이라고 할지라도 이는 두 나라 국경을 표시하는 것이므로 양국 지방관이 공문서를 통해 공동으로 행해야 하며, 어찌 길림·훈춘에 그러한 당안이 없겠습니까? 그러므로 산과 물을 두루 조사하지 않을 수 없습니다. 우리가 이 일을 처리함에 있어서는 마땅히 마음을 가라앉히고 진실을 찾아내야 하며 급급하게 해서는 안 됩니다.[6]

조선측은 비의 위치가 움직여졌다는 지적에 대해 분개해 하며 다음과 같이 반박하였다.

오늘은 모두 명을 받들고 나왔으므로 사리를 따라야 하며, 눈으로 본 것에 근거하여 그림을 그리고 문서를 작성해 품주해야 합니다. 그러나 비를 이동했다는 생각 밖 도리 밖의 말을 만들어 내는 것은 우리나라로 하여금 헤아릴 수 없는 경지에 몰리게 하는 것입니다. 천지 신령이 위에 있고 진실이 옆에 있으며, 실로 마음이 떨려 대답할 수 없습니다. 비를 세워 후세에 전한 흔적을 이처럼 의심한다면, 상고 삼대 이후 믿을 만한 것이 있겠습니까?[7]

이처럼 청측에서 비가 위조되었다거나 비의 위치가 이동되었다고 하는데 대해 조선측은 분개할 만 하였다. 1712년 청에서 목극등을

---

6) 『문답기』(을유). "朝鮮國王原咨 吉林朝鮮有天限土門江爲界 江則千古不變者也 聞此碑不過百餘斤 安知無人爲而遷移之 況此碑載明分水嶺上 又云東爲土門西 爲鴨綠 是此碑原設在土門江源之西 鴨綠江源之東 兩江源中間之分水嶺也 不査 明兩江之源 安知此碑果在原設之地否 卽云碑傍有石堆木椿 是皆可以人力爲之 且此碑之設至今將二百年 木椿豈能不朽 卽云後來添置 此係兩國之界椿 應兩國 地方官行公文共爲之 何吉林琿春幷無此檔案 此所以不能不遍勘山水也 吾輩旣 辦此事 當平心靜氣 以求其實在 勿汲汲也."

7) 『문답기』(을유). "今此俱是奉命而來 一從事理 據所見以圖以文 詳細稟奏爲可 乃以移碑一案 創出夢外理外之說 是直驅敵邦人於不測之科也 天地鬼神臨之在 上 質之在傍 誠心顚不能奉答也 立碑傳後之跡 若皆致疑於後人 則上古三代以後 豈復有征信之跡耶."

파견하여 백두산에 이르러 압록·두만 양강 수원을 조사하고 천지 동남쪽 10여 리의 분수령에 비를 세운 후 170여 년이 지나는 동안 정계비 위치가 이동된 적이 없었다. 그리고 정계비 동쪽에 있는 퇴책도 목극등의 사전 분부에 따라 설치하였으며 후세 사람들에 의해 의도적으로 세워진 것이 아니었다.[8] 다만 청에서 알지 못한 것이 있었다면 조선에서 수원의 잘못을 발견한 후 퇴책을 이설한 것이다. 즉 조선은 목극등이 지정한 두만강 발원지(비 동쪽 골짜기. 황화송구자임)를 따라 토석퇴와 목책을 설치하였을 뿐만 아니라, 이 골짜기로부터 두만강 제2파 수원까지 목책을 설치해놓았다. 이 이설한 부분이 주로 목책으로 구성되어 오랜 시간을 경유하면서 다 썩어 없어져, 퇴책이 황화송구자(송화강 상류와 연결됨)에만 연결되고 두만강 수원에는 연결되지 않는 현상이 나타나게 되었다.

b. 이중하는 홍토산수가 정계비-퇴책과 연결된 두만강 구계임을 발견함

삼강구 회담 이후 양측 대표들은 세 갈래로 나누어 두만강 수원과 정계비·퇴책을 조사하였다. 한 갈래가 청측 진영(秦煐)·가원계(賈元桂), 조선측 이중하·최두형(崔斗衡)의 인솔 하에 홍토산수를 따라 백두산을 향하여 정계비·퇴책을 조사하였고, 다른 한 갈래가 청측 염영(廉榮), 조선측 오원정(吳元貞)의 인솔 하에 서두수를 조사하였고, 다른 한 갈래가 청측 덕옥(德玉), 조선측 조창식(趙昌植)의 인솔 하에 홍단수를 조사하였다.[9] 홍토산수 일대에서 수원을 조사하던 조선 감계사

---

8) 조선측의 1712년 정계에 관한 자료로는 『조선왕조실록』·『비변사등록』·『승정원일기』·『동문휘고』·『통문관지』 등이 있다. 이 같은 자료에서는 조선이 정계비의 위치를 움직여놓았다는 기록을 찾아볼 수 없으며, 단지 조선에서 수원의 잘못을 발견한 후 퇴책을 이설하여 두만강 제2파 수원에 연결시켜 놓았다는 기록이 있을 뿐이다.

이중하가 이곳에 목책이 설치된 흔적을 발견하고 조선 조정에 이를 보고하였다.[10] 즉 황화송구자로부터 홍토산수에 이르는 목책의 흔적을 발견한 것이다([그림 2] 참조).

『비변사등록』이나 『숙종실록』 관련 기록을 참고할 경우 이 목책의 길이가 40여 리이고 중간에 약 5리가 토돈(土墩, 흙무지)임을 확인할 수 있다. 이처럼 주로 목책으로 구성되었기에 170년이 지나는 동안 대부분 썩어 없어져 흔적조차 가려내기 어려웠다.

이중하가 두만강 수원에 연결된 물증을 발견함으로써 토문·두만이 같은 강이며, 비문에 이른바 '동위토문'이란 두만강을 가리키며, 조청 양국이 토문강 즉 두만강을 경계로 한다는 것을 알게 되었다.

그러나 이 같은 사실은 이중하를 오히려 두렵게 만들었으며 두만강 이북 조선 유민의 거취가 달려 있기 때문이었다. 이에 그는 아무런 내색도 하지 않고 조선 조정에 보고할 뿐이었다.

그 이후 조선측 대표의 태도에 미묘한 변화가 생겼다. 우선 청측과의 필담과 면담에서 토문·두만이 각기 다른 강이라는 말을 꺼내지 않는 반면, 강북에 있는 조선 유민들을 잘 안착시킬 것을 요구하였다. 즉 "지금 중외가 한 집안이고 모두 대황제의 적자(赤子)이므로 사정을 대헌(大憲)에게 품고하고 폐하에게 주문하여 우리나라로 하여금 유민을 안삽(安揷)하도록 하여 황조에서 자휼하는 정책에 어긋나지 않도록 하기 바랍니다"라고 하였다.[11] 또한 청측에서 비가 당시 잘못 세워진 것일 수도 있다는 지적에 대해서도 느긋한 태도를 보이면서 "이는

---

9) 楊昭全·孫玉梅, 앞의 책, 282쪽.

10) 이중하, 『추후별단』(을유), 규장각 소장 『토문감계』에 수록됨.

11) 『문답기』(을유). "現今中外一家 均是大皇帝赤子 望須將此事情——稟復於大憲 轉奏天陛 俾敝邦得以安揷流民 無憾於皇朝字恤之政."

단정 지을 수 없습니다"라고 답하였다. 그러나 청측에서 비가 위조되었다거나 비의 위치가 이동되었다고 하는데 대해서는 여전히 강경한 태도를 보였다. 이에 대한 조선측 답변 내용은 다음과 같다.

우리나라는 경계를 논한 후로부터 귀측 조회문이 함경도 안무사에게 온 글을 보면, 강희 황지에 의해 정계한 비를 의심하고 진위를 가려내기 어렵다고 하며 또 비를 (백두산) 동쪽 기슭으로 옮겨놓았다고 하는데, 이는 우리나라 사람들을 예측할 수 없는 지경에 몰아넣는 것이며, 도리에 어긋나고 소름이 끼칠 정도입니다.12)

한편 청측 대표가 "비가 소백산 분수령에 있어야 하며 소백산 북쪽 분수령에 있어서는 안 된다"는 지적에 대하여 조선측은 실지답사 과정에서 얻은 거리 수치로서 이를 반박하였다. 그 내용은 다음과 같다.

소백산 동·서 양쪽의 물이 77리를 사이에 두고 있는데 어찌 분수령이라고 할 수 있겠습니까? 지금 입비처는 백산 대택(大澤) 아래 처음 열린 동서 골짜기에 있으며 몇 발자국에 지나지 않으므로 하나의 큰 분수처라고 할 수 있습니다. 소백산에서 백두산 입비처까지 40리라고 조회문에 들어 있는데, 수십 리라고 하는 말은 잘못된 것입니다. 비가 소백산 허항령에 있어야 한다고 한 말은 천만 부당하며, 이곳에서 백두산까지 100여 리 됩니다. 오늘 천하 도적(圖籍)을 다 살펴보아도 백두산은 대국(청)과 소국(조선) 사이에 있으며, 산 남쪽이 조선에 속한다는 것은 자고로부터 다 아는 사실이며, 하루아침에 귀측의 논의로 백두산을 조선 강역 밖에 두려는 것입니까? 학항령 분수처는 백산에서 400~500리 밖의 우리나라 길주에 있는데 경계를 논하는데 관계가 있습니까?

12) 『문답기』(을유). "敝邦一自論界以來 每接見貴照會抵咸鏡道按撫使文字 則康熙 聖旨定界之碑 歸之疑似之案 至謂眞僞難辨 又謂移碑東麓下 直驅敝邦人於不測 之科 辭不近理 毛骨俱悚."

오라총관이 비를 세운 일로 번마다 우리나라에 죄를 씌우려 하니 어찌 공적인 일을 바르게 처리한다고 할 수 있겠습니까?[13]

즉 소백산이든 그 남쪽의 허항령·학항령이든 모두 분수령이 될 수 없으며, 백두산 천지 남쪽에서 처음 열리는 동서 골짜기가 진정한 분수령이며, 백두산이 양국 사이에 놓여있고 그 남쪽이 자고로부터 조선 경임을 강조하였다.

이상의 을유감계는 겉으로 보면 아무 성과도 없는 듯하지만 기실 양측의 인식에는 변화가 생겼다. 우선 조선 조정은 이중하의 보고서를 통하여 토문·두만이 동일한 강이라는 사실을 알게 되었으며, 2년 뒤 정해감계에 이르러서는 이 문제를 제기하지 않았다. 한편 청측은 비록 감계 담판이 끝날 때까지 비가 조선인에 의해 소백산 일대 분수령으로부터 백두산 천지 근처로 옮겨졌다고 주장하였지만, 조선에서 제공한 『승문원고실(承文院故實)』 등 자료를 통하여,[14] 1712년 청에서 사신을 파견하여 정계하고 비를 세운 사실이 실존함을 인정하고 다시는 정계비가 위조된 것이라고 말하지 않았다.

그럼에도 불구하고 백두산정계의 일부 내막은 여전히 은폐되었다.

---

13) 『문답기』(을유). "小白山以東以西之水相距爲七十七里 此何可曰分水嶺乎 今立碑處則白山大澤下初開東西溝壑 相距不數武方 可謂一大分水處也 自小白山距長白山立碑處爲四十里 業已照會存案 而今云數十里者 無乃誤書耶 大抵碑當在小白山虛項嶺云云 萬不成說 此嶺距長白山百餘里矣 今盡考天下圖籍而觀之 長白山介在大小國之間 山以南屬朝鮮自古皆知之 而今一朝以貴局處之論當 置長白山於朝鮮幅員之外耶 至於鶴項嶺分水處 乃白山四五百里之外敝邦吉州地也 有何相關於論界耶 每以烏喇總管立碑之事歸罪於敝邦 此豈公事正辦之法耶."

14) 1886년 12월 15일 영의정 심순택(沈舜澤)이 원세개에게 보낸 답조회문에서 조선이 토문감계도 1매를 첨부하였고 강희연간 백두산정계에 관한 『승문원고실』 1책을 베껴 청에 보냈음을 거론하였다(方朗, 『吉朝分界案』, '照錄吉林將軍來文 광서 12년 3월 초6일 도', 1838쪽 참조).

가장 두드러진 것이 목극등이 송화강 상류를 두만강원으로 잘못 지정한 것과 그 이후 조선에서 퇴책의 위치를 제2파 수원에 이설한 것이다. 청측은 그러한 사실을 알지 못하였으며, 게다가 비 동쪽 황화송구자의 퇴책이 송화강 상류에 연결되어 있었기에 비가 조선인에 의해 소백산 일대 분수령에서 백두산 천지 근처로 옮겨진 것이라고 회의를 표하였다. 또한 실지 답사과정에서 청측은 삼급포(三汲泡, 삼지연) 부근의 소백산 동서 양측에 압록강·두만강 수원이 마주하고 있는 것을 발견하고, 소백산·삼지연 일대가 압록·두만 양강의 진정한 분수령이며, 소백산 동록에서 발원하는 홍단수(紅丹水)를 두만강 정원으로 보고 이로써 경계를 나눌 것을 주장하였다.

3) 정해감계

a. 조청 양국의 감계에 임한 착안점의 차이

을유감계가 별다른 성과를 거두지 못하고 끝남으로써 양국 경계가 여전히 불명확하였다. 그리하여 조선 변민들의 국경 관념이 더욱 혼란해졌고 월경 개간민들은 대부분 두만강 이북 땅이 조선에 속한다고 여겼으며, 이는 북도 민들의 월경 개간을 더욱 부추겼다. 이에 청은 다시 공동 감계를 실시하여 양국 간의 경계를 획정하려고 하였다. 1886년 3월 청조 총서(총리아문의 약칭임)는 그 전해의 감계 상황을 황제에게 품고함과 동시에 조선과 재차 감계를 실시하여 하루빨리 경계를 정하고 조선 유민들을 안착시키며 번국(藩國)의 마음을 가라앉히고 변경 백성들이 생업에 종사하도록 할 것을 주청하였다.[15]

총서 주문에는 청조의 가장 권위적인 문헌인 3통(通典·通志·文獻通

---

15) 『淸季中日韓關係史料』 제5권, 2091~2095쪽.

考), 『회전도설(會典圖說)』, 『일통여도(一統輿圖)』 및 1711년(강희 50) 변경 조사에 관한 두 부의 황지를 인용하여, 변석(辨析)해야 할 세 가지 문제와 고증해야 할 다섯 가지 문제를 제시하였다. 이를 요약해 보면 다음과 같다. 첫째로 을유감계 때 청측 대표가 대·소 도문강(圖們江, 두만강임)을 착각하여 홍단수를 소도문강이라고 하고 서두수를 대도문 강이라고 한 착오를 지적하고 이를 변석할 것을 요구하였다. 둘째로 무산 동쪽으로부터 회령·종성·온성·경원·경흥 등 5부를 경유하여, 동쪽 으로 녹둔도 바닷가에 이르기까지 도문강을 천연 경계로 하며, 피차 확정하지 못한 부분은 무산 서쪽으로부터 목극등이 돌을 새긴 분수령까 지임을 지적하였다. 셋째로 경계를 나눔에 있어서는 산세를 따르든지 물의 형세를 따르든지 하여 강원을 확실히 조사해야 한다고 지적하였다. 넷째로 계비(界碑)가 개간민에 의해 북쪽으로 몰래 이동되었는지 여부 를 철저히 조사해내도록 하였다. 다섯째로 압록강 상원을 압록이라고 부르지 않고 건천구(建川溝)라고 부르듯이 도문강 상원도 반드시 도문 강 명칭이 없을 수 있으며, 홍단수를 도문강원으로 아울러 호칭할 수 있는지 여부를 조사하도록 하였다.[16] 요컨대 총서 주문은 정계비 위치 가 조선인에 의해 백두산 천지 근처로 이동되었을 가능성을 내비쳐 두만강 수원을 다시 조사하고 특히 소백산 동록에서 발원하는 홍단수를 두만강 정원으로 삼아 경계를 획정하도록 요구하였다.

　같은 해 9월 청조 북양대신 이홍장(李鴻章)이 조선국왕에게 공동 감계를 제기하였고 얼마 후 조선에 주차한 청조 상무위원(商務委員) 원세개(袁世凱)가 조선의 외서 독판(外署 督辦) 김윤식(金允植)에게 사람을 파견하여 공동으로 감계할 것을 요구하였다. 이에 대해 조선은

---

16) 『淸季中日韓關係史料』 제5권, 2091~2095쪽.

전일이 잘못된 것을 알고 있으며, 사람을 파견하여 공동 감계를 행할 필요가 없으며, 땅을 빌려 조선 유민들을 안치할 것을 요구하였다.17) 즉 다시 말하여, 조선은 토문·두만이 각기 다른 강이라는 주장이 잘못되었음을 인정하고 두만강 이북 땅을 빌려 조선 유민들을 안치하고자 하였다. 같은 해 10월 북양대신 이홍장의 재차 독촉 하에 조선은 공동 감계에 나가는데 동의하였다. 이와 동시에 조선은 청에서 수원을 버리지 못하듯이 조선도 정계비–퇴책을 버리지 못하며, 수원과 정계비–퇴책이 서로 맞아떨어져야 옛사람들의 정계한 뜻에 부응할 수 있음을 강조하였다.18) 즉 강희연간의 정계비–퇴책의 옛 경계를 지킬 것임을 내비쳤다.

이와 동시에 조선은 홍토산수가 두만강 정원이며 정계비–퇴책과 부합됨을 다음과 같이 주장하였다.

> 도문·두만은 같은 강으로서 음이 변한 것이며, 이로써 강계(疆界)가 대략 정해지며 다시 조사할 필요가 없습니다. 그러나 이곳의 수원이 여러 갈래이며, 홍단·서두수가 분수령에서 나오지 않고 홍토산수 일파가 분수령에서 나와 40리를 복류하다가 두만강원을 이루며 정계비–퇴책과 부합됩니다. 이를 버리고 따로 정할 곳이 없으며 전의 감계 때 그린 그림을 보면 알 수 있습니다.19)

---

17) 王彦威·王亮 편, 『淸季外交史料』 권69, 文海出版社 1985년 영인본, 1295쪽 ; 楊昭全·孫玉梅, 앞의 책, 312~315쪽 ; "袁世凱電稱 白頭山勘界一案 屢奉札諭 前與金允植據圖細核 韓前擬由土門發源入松花江爲界實大誤 頃又按圖細核 圖們有暗流四十里 至紅土山水入圖們 大池與紅河劃界一說相距甚近 至流民或求借地安置 韓廷已知前事之誤 允植云 似不必派員會勘等語 凱屬其具文照會 轉詳候核 可否照辦請示"(광서 13년 9월 27일, 『淸季外交史料』 권69, 1295쪽).

18) 고려대학교 아세아문제연구소 편, 『구한국외교문서』 제8권 청안 1, 고려대학교 출판부, 1970년, 328쪽.

19) 『通文館志』 권12, 기년속편, 금상(고종) 23년 병술, 세종대왕기념사업회, 1998

위 인용문에서와 같이 홍토산수가 분수령에서 나와 40리를 복류하다가 두만강 수원을 이루며 정계비-퇴책과 부합된다고 한 것은 황화송구자로부터 홍토산수까지의 40여 리 목책을 염두에 두고 말한 것이다. 즉 1712년 백두산정계를 통해 획정된 옛 경계를 지키고자 한 것이다.

b. 조선은 청『일통여도』를 근거로 홍토산수가 대도문강임을 주장함

정해감계 시초부터 양측 대표는 백두산에 세운 비가 사변비(査邊碑)인가 아니면 분계비(分界碑)인가를 놓고 치열한 논쟁을 벌였다. 청측 대표는 1711년 강희 황지에 이른바 "그들 나라(조선)와는 상관이 없다"[20]는 말을 근거로 하여 이 비가 분계비가 아니고 청나라 자체 내의 사변비임을 주장하였다. 비록 조선에서 제시한『승문원고실(承文院故實)』등을 통하여 1712년 청에서 목극등을 파견한 것은 양국의 공동 정계라는 사실이 확인되었지만, 청측 대표는 이를 인정하려 하지 않았다. 그 진실한 의도는 앞에서 말했듯이 송화강 상류와 연결된 정계비와 퇴책을 부정하고 수원을 다시 조사하여 경계를 정하려는데 있었다.

이에 대해 조선측은 청조 문헌자료를 근거하여 홍토산수가 대도문강임을 증명하고자 하였다. 그 문헌자료가 바로 총서 주문에서 제시한『회전도』와『일통여도』이다.『회전도』의 기록에 의하면, "대도문강이 장백산 동록을 나와 두 갈래의 물이 합쳐서 동류한다. 소도문강이 그

년 영인본. "圖們豆滿爲一江轉音 則疆界略已大定 無煩復勘 惟該處水源有數處 紅丹西豆兩水 其源不出於分水嶺 紅土山水一派出於分水嶺 伏流四十里而爲豆滿江源 與碑堆相符 舍是而無可擬之處 前勘繪圖一見可定."

20) 강희 50년(1711) 사계에 관한 강희 황지의 내용은 다음과 같다. "今年穆克登等 自鳳凰城至長白山 査我邊境 因路遠水大 未獲卽抵彼處 俟明春氷泮時 另差司員同 穆克登 自義州江源造小船 泝流而上 若小船不能前進 卽由陸路往土門江 査我地方 此去特爲査我邊境 與彼國無涉 但我邊內路途遙遠 地方甚險 倘中途有沮 令朝鮮稍 爲照管."(『동문휘고』一, 원편 권48, 강계, 905~906쪽).

북쪽 산에서 나와 두 갈래의 물이 합쳐서 동남쪽으로 흘러들어온다"라고
하였다.[21] 그리고 청조의 『일통여도』란 강희도(『황여전람도』[그림
7])나 건륭도(『十三排圖』[그림 17])가 아니라 내부여도의 민간 번각본
이었다. 당시 조선은 청조의 내부여도를 얻을 수 없었으며, 접할 수
있었던 민간본으로는 동우성(董祐誠, 자 方立, 1791~1823)이 편찬한
『황청지리도(皇淸地理圖)』([그림 16]), 이조락(李兆洛, 자 申耆, 1769~
1841)이 편찬한 『황조일통여지전도(皇朝一統輿地全圖)』, 청말 상군(湘
軍) 통수인 호림익(胡林翼, 1812~1861)과 호북 순무(湖北 巡撫) 엄수삼
(嚴樹森)이 편찬한 『대청일통여도(大淸壹統輿圖)』([그림 19]) 등이 포함
되었다.

   동우성 지도는 1822년(道光 2)을 끝 년으로 잡았으며, 강희·건륭연
간의 내부여도를 저본으로 삼아 책자로 편찬한 것이다. 이 지도는 두만강
상류를 표현함에 있어서 내부여도와 약간 차이가 났다. [그림 16]과
같이 동우성 지도는 두만강 상류 두 갈래가 합치는 곳에 '대도문강(大圖們
江)'을 표기하여 두만강 정원임을 나타냈으며, '소도문강(小圖們江)'이
그 북쪽에서 동남쪽으로 흘러들어왔다. 그러나 [그림 7·17]과 같이
내부여도는 두만강 상류 세 갈래 수원 중의 중간 지류에 '토문강색금(土
門江色禽)' 또는 '토문오라색흠(土門烏拉色欽)'을 표기하였다. '색금'이
란 만주어로 강원을 뜻하며, '토문강색금'·'토문오라색흠(土門烏拉色
欽)'이란 토문강 수원 즉 두만강 수원을 표한다. 그 북쪽에 '아집격토문색
금(阿集格土門色禽)'·'아집격토문(阿集格土門)'이 있는데 아집격이란
'작다'는 뜻을 나타내며 '소토문강원'·'소토문강'을 가리킨다. 이로 보아
동우성 지도의 대·소도문강에 관한 표기는 내부여도를 참고함과 동시에

---

21) 『欽定大淸會典圖(嘉慶朝)』 권91, 輿地, 文海出版社, 1992년 영인본, 3176쪽.
   "大圖們江 出長白山東麓 二水合東流 小圖們江 出其北山 二水合東南流來會."

138

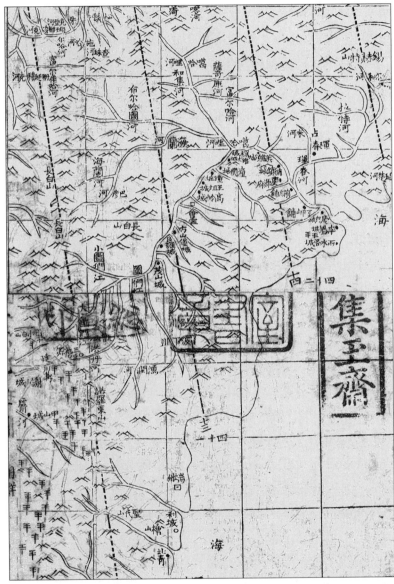

[그림 16] 董祐誠 편, 『皇淸地理圖』의 길림·조선도(1871년, 廣州萃文堂 간본 서울대학교 규장각소장[규 2957])

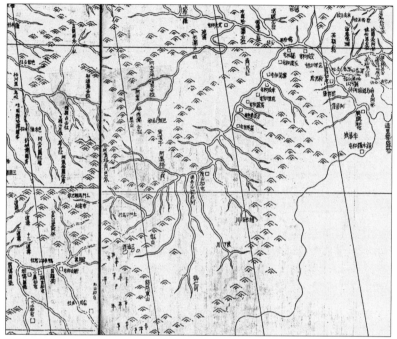

[그림 17] 『대청일통여도』의 부분도(건륭 25년 동판인쇄)

『회전도』의 관련 기록을 참고했음을 알 수 있다.

　이조락 지도는 1832년(도광 12)에 편찬되었는데 주로 동우성 지도를 참고하였다. 그 이후 1841년(도광 21)에 이조락의 제자 육승여(六承如) 등에 의해 축소본이 만들어졌는데 『황조여지략(皇朝輿地略)』이라는 이름이 붙여졌다. [그림 18]과 같이 이 축소본의 두만강 상류 수계 표기가 매우 간단명료하다. 앞에서 본 동우성 지도와 동일하게 이 축소본에도 소도문강이 표기되어 있다. 그리고 소도문강이 합쳐진 후 정식으로 도문강을 칭하였다. 이밖에 이 축소본은 압록·두만 양강 사이를 점선으로 이어놓았는데,[22] 이는 이 지도만의 특유한 점이다. 그리고 압록·두만

───────────

22) 정해감계 때 조선측 대표는 『황조일통여지전도』에 장백산 남쪽 압록·도문

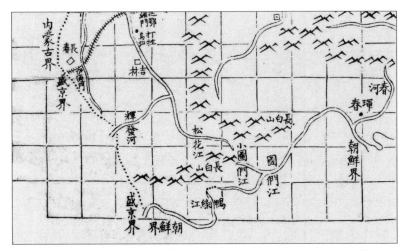

[그림 18] 六承如 편, 『皇淸輿地略』의 삽도(1841년, 廣州寶華坊간본, 중국국가도서관 소장)

양강 남쪽에 '조선계'라고 표기하여 조청 양국이 압록강·두만강을 경계로 함을 나타냈다.

이 밖에 청말 상군 통수인 호림익이 강희·건륭 내부여도를 근거로 하고 또 이조락 지도를 참고하여 『대청일통여도』를 편찬하였는데 끝내 지 못하고 세상을 떴다. 호북 순무 엄수삼이 계속 편찬하여 1863년(동치 2)에 완성하였다.[23]

[그림 19]와 같이 호림익 지도는 두만강 상류를 표현함에 있어서 내부여도와 매우 흡사하다. 백두산 동쪽 두만강 상류 세 갈래 수원 중에서 북쪽·중간 두 갈래에 '도문강원(圖們江源)'을 표기하였는데, 중간 지류가 백두산을 가까이하고 압록강원과 마주하고 있다. 또한

양강 사이 물이 없는 곳에 점선을 그려 계한을 표하였다고 말하고 있는데, 이조락 지도 축소본([그림 18])을 가리키는 것 같다. 『감계사교섭보고서』, '4월 15일 答華員' 참조.

23) 胡林翼·嚴樹森 편, 『大淸壹統輿圖』 序·跋 참조.

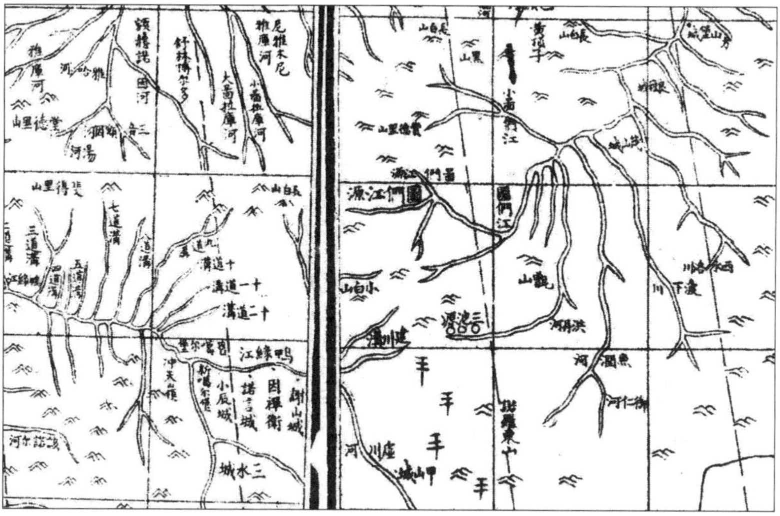

[그림 19] 胡林翼·嚴樹森 편, 『대청일통여도』의 부분도(1863년)

도문강 북쪽에서 '소도문강'이 흘러들어온다. 이밖에 이 지도의 백두산 동남쪽에 '소백산(小白山)'·'건천구(建川溝, 압록강원)'·'삼지원(三池源)' 및 두만강 상류인 '홍단하(洪丹河)'·'어윤하(魚潤河)'·'파하천(波下川, 박하천)' 등이 표기되어 있는데 내부여도와 일치한다. 재미있는 것은 이 지도의 어윤강 표기가 '어윤하(魚潤河)'·'어인하(御仁河)' 두 가지로 되어 있는데 이는 강희도와 건륭도를 동시에 참고했음을 말해준다. [그림 7]과 같이 강희도에 '漁潤河'라고 표기하였고 [그림 17]과 같이 건륭도에 '御仁河'라고 표기하였다.

이상에서 본 내부여도의 민간본, 즉 동우성 지도·이조락 지도·호림익 지도 등은 조선에 유입되어 두 차례 감계 시 중요한 참고자료로 이용되었다. 이러한 책자는 대개 조선 사신들이 북경에 갔을 때 구입하여 국내로 들여온 것이다. 현재 서울대학교 규장각에 위 책자의 왕실 소장본이 있는데 겉 장식이 매우 정교하고 화려하다.24) 두만강 상류에 있어서 이러한 민간본을 청『회전도』의 기록과 비교할 경우 홍토산수가 대도문 강이라는 결론을 쉽게 내릴 수 있다.

이를 알아보기 위하여 강희·건륭 내부여도에 표기된 '토문강색금'을 살펴보기로 하자. [그림 7·17]과 같이 백두산을 가까이하고 있는 두만강 수원이 세 갈래가 있는데 중간 지류에 '토문강색금'이라고 표기하였다. 이 토문강색금이 백두산 동록에서 흘러나와 압록강원과 마주하고 있으 며, 동류하다가 다른 두 갈래와 합쳐진다. 제소남(齊召南)의 『수도제강 (水道提綱)』에도 이와 비슷한 기록이 있어 주목된다. 그 내용인즉 "토문 강이 장백산 꼭대기 동록에서 나오며 '토문색금'이라고 한다. 동쪽으로 보였다 안 보였다 수십 리를 흐르다가 동북쪽으로 꺾어 또 수십 리를 흐르며, 한 갈래의 물이 서북에서 다른 한 갈래의 물이 두 갈래 물을 합쳐 남쪽에서 와서 합친다. 이는 모두 장백 지맥이다"라는 것이다.25) 이 부분 내용을 강희도·건륭도와 비교할 경우 지도상의 '토문강색금'이 란 목극등이 지정한 땅속에서 복류하다가 땅위로 솟아온다는 두만강 발원지임을 알 수 있다. 또한 앞의 서술을 통해, 목극등이 두만강 수원을 잘못 정했으며 그가 지정한 물이 한동안 동류하다가 계속하여 동북쪽으 로 흘러 송화강으로 흘러들어간다는 것을 알고 있다. 그러므로 강희도나 건륭도에 표기된 '토문강색금'이 잘못된 것이다.

두만강 수원이 잘못 지정되었기에 목극등이 귀국한 후 조선은 수원을 변경하여 그 남쪽으로 10여 리 떨어진 제2파 수원에 목책을 설치해놓았 다. 이것이 바로 홍토산수이다. 다시 강희도나 건륭도를 통해 이 홍토산

24) 董祐誠 편,『皇清地理圖』, 서울대학교 규장각 소장, 규중2957 ; 胡林翼·嚴樹森 편,『皇朝中外一統輿圖』, 규장각 소장, 규중2853 ; 胡林翼·嚴樹森 편,『大清一 統輿圖』, 규장각 소장, 규중2855.

25) 齊召南,『水道提綱』권26, 東北海諸水, 土門江,『景印文淵閣四庫全書』사부11, 지리류4, 臺灣商務印書館, 1986년 영인본.

수를 알아볼 경우, 백두산을 가까이하고 있는 남북 두 갈래 중의 남쪽 갈래일 가능성이 크다.26) 동시에 이는『회전도』의 이른바 "대도문강이 장백산 동록을 나와 두 개의 물이 합쳐서 동류한다"는 내용과도 맞아떨어진다. 이에 조선측은 청『일통여도』와『회전도』를 근거로 홍토산수가 대도문강임을 주장하게 되었다.

이 같은 상황은 청측 대표로 하여금 수동에 몰리게 하였으며 이를 대처하기에 급급하였다. 그리하여『일통여도』를 방본(坊本, 민간본)이라고 폄하하는가 하면 믿을 만한 것이 못 된다고 하였다.27) 한편 조선에서 정계비-퇴책-홍토산수를 경계로 할 것을 강하게 주장하고 게다가 홍단수 이북 조선 부락이 백여 년 역사를 갖고 있었고 특히 조선에서 장파(홍단수 이북)에 사창을 설치하였으므로,28) 청측은 부득불 홍단수를 포기하고 한발 물러나 소백산 동록에서 발원하는 석을수가 대도문강이며 이로써 경계를 나눌 것을 주장하였다. 석을수는 정해감계 때 새로 발견한 수원으로서 조선은 이를 '도랑수(島浪水)'라고 불렀다.29) 물의 흐름이 그다지 크지 않음을 뜻한다. 기실 청측에서 주장하는 석을수와 조선측에서 주장하는 홍토산수의 거리가 멀지 않았으며 수십 리에 불과하였다. 그럼에도 불구하고 양측이 이 수십 리에 지나지 않는 황지를 다투어 서로 양보하지 않은 것은 결코 이 수십 리 때문만이 아니었다. 이보다 더 중요한 것은 이 두 물이 어떤 곳에 연결되었는가라는 점이다.

---

26) 홍토산은 오늘날 赤峰이다. 적봉 근처에 네 갈래 물이 있는데, 오늘날 모수림하·홍토수·소시령하·약류하(원지수)이다. 숙종대 조선에서 설책한 물이 오늘날 홍토수일 가능성이 크다. 그러나 이 글에서는 통 털어 홍토산수라고 칭하였다.

27)『淸季中日韓關係史料』제5권, 2395~2396쪽, 2408~2409쪽.

28)『吉朝分界案』, '照錄本衙門行吉林將軍 광서 13년 7월 22일', 1863쪽 ;『감계사교섭보고서』'윤4월 초10일'.

29)『감계사교섭보고서』, '5월 1일 答照覆在長坡'.

앞에서 본 「정해감계도」([그림 4])를 통해 알 수 있듯이 석을수가 소백산 동록에 연결되어 있고 홍토산수가 백두산 동록에 연결되어 있었다. 즉 다시 말하여 소백산 동록을 따라 경계를 나눌 것인가 아니면 백두산 동록을 따라 경계를 나눌 것인가의 문제가 걸려 있다. 감계 담판이 실패로 돌아간 이유도 여기에 있다고 생각된다.

4) 정해감계 이후 쌍방의 교섭

정해감계가 끝난 뒤 같은 해 12월 광서제는 석을수를 두만강 정원으로 하며 이로써 경계를 나눌 것을 결정하였다. 청은 이듬해 2월 16일과 3월 17일 두 차례 조선에 조회하여 사신을 파견하여 소백산－석을수를 따라 계패(界牌)를 세울 것을 요구하였다.[30] 그러나 조선은 이를 반대하여 다음과 같은 내용의 자문을 보냈다.

　흠정『황조통전』·『문헌통고』를 삼가 살펴보면, 길림·조선은 도문강을 경계로 한다고 기록하였습니다. 『흠정회전도설』에도 대도문강이 장백산 동쪽 기슭에서 나온다고 기록하였습니다. 오늘날 수원을 찾고 옛 경계를 조사하려면 마땅히 장백산 동쪽 기슭으로부터 경계를 정해야 하는데, 길림 주문에는 소백산으로부터 경계를 정하여 석을수에 비를 세워야 공평하다고 하고 있습니다. 또 주문에는 『황조통전』·『문헌통고』·『회전도설』을 증거로 제시하면서도 장백산을 버리고 소백산을 경계로 하려고 하니 이는 모순되는 바입니다. 오늘 만약 다시 조사를 행하려거든 반드시 도전(圖典)을 준수해야 하며, 장백산에서 나오는 도문강 첫 번째 수원으로써 정계해야 하며, 홍토산수에 계비를 설치해야 하며 석을수에 설치해서는 안 됩니다. 이는 더 말할 나위도 없이 명백한

---

30) 아세아문제연구소·구한국외교문서편찬위원회 편, 『구한국외교문서』 제8권, 청안 1, 고려대학교출판부, 1970년, 437·445쪽.

것입니다. 또한 홍토산수·석을수 사이가 수십 리 공산 황한지에 불과하며, 보천지하(普天之下) 막비왕토(莫非王土)라, 어찌 이 몇 치도 안 되는 땅으로 인하여 속방으로 하여금 봉강을 지킬 수 없게 하는 것입니까?[31]

위와 같이 조선은 청나라 문헌자료인『통전』·『문헌통고』·『회전도』등을 근거로 하여, 백두산 동록에서 발원하는 도문강 첫 번째 수원 즉 홍토산수에 계패를 세워야 하며, 소백산에서 발원하는 석을수에 계패를 세울 수 없음을 주장하였다. 한편 청측에서 조선측의 정계비-퇴책-홍토산수 경계선을 받아들일 수 없는 것은 그럴 경우 백두산 동록을 따라 경계를 나누게 되어 청조의 백두산 발상지에 구애된다고 여겼기 때문이었다. 1888년 7월 4일 원세개가 조선에 보낸 조회문에는 청측 감계 대표였던 방랑(方朗)의 말을 인용하여 다음과 같이 주장하였다.

홍토산수의 흐름이 끝나는 곳은 평평한 산비탈을 사이에 두고 있으며, 그 형세가 비퇴(碑堆)와 연결되지 않으며, 동봉수(董棚水, 송화강 상류 지류임 : 저자)와도 접하지 않습니다. 또한 장백산은 우리 조정의 발상지이므로 더욱이 홍토산으로써 경계를 나눌 수 없습니다. 이는 마땅히 자연의 세를 따라야 하며, 확실히 움직일 수 없는 것입니다.……오늘 석을수를 놓고 볼 때, 이는 무산 서쪽의 천연 계한이며 이곳을 경계로

---

31) 고려대학교 아세아문제연구소 한국근대사료편찬실 편,『구한국외교관계부속문서』제8권, 1972~1974년, 194~195쪽. "恭査欽定皇朝通典文獻通考 均載明吉林朝鮮以圖們江爲界 又欽定會典圖說載明 大圖們江出於長白山東麓等語 今欲窮尋水源 申明舊界 宜由長白山東麓酌定界段 而吉林奏折有 由小白山酌定界段 順石乙水立碑 似尙持得其平等語 今其折內 亦引皇朝通典文獻通考會典圖說爲證 而乃舍長白山 欲以小白山爲界 其語已自相矛盾矣 今若復行核察 稟遵圖典 必以出自長白山之圖們江頭源定界 則界碑之設 當於紅土山水 而不當於石乙水 不待多辨 而較然明甚 且紅土山水石乙水之間 不過數十里空山荒寒之地 竊謂普天之下莫非王土 豈其爲此區區尺寸之土 使屬邦不能保守其封疆也."

할 경우 백산 발상지의 근본에 손해되지 않을 뿐더러, 한국에도 전혀 저해되지 않습니다. 한국은 석을수 천연 계한을 버리고 물의 흐름이 전혀 이어지지 않는 홍토산으로써 경계를 나누자고 하니 이는 한국에서 이익을 얻지 못할뿐더러 우리 조정의 백산 발상지에도 불리합니다. 그 뜻이 어디에 있는지 전혀 알 길이 없습니다.[32]

이밖에 1889년 길림장군의 주문에도 홍토산수에 계패를 세울 경우 청조의 "장백산 발상 중지에 구애가 있다"고 하면서 조선 군신의 부당함을 다음과 같이 비난하였다.

조선인이 말하는 홍토산수란 장백산과 이어지지 않습니다. 유독 석을수가 물이 크고 흐름이 길며 실로 장백산과 일맥상통합니다. 그리하여 이로써 경계를 나눌 것을 의논하였습니다. 이중하가 처리할 길이 없어 조복(照覆)하고 황지를 청하여 결정지었으며, 전의 논의를 버리고 갑자기 홍토산수로 경계를 하려고 할 경우 장백산 발상중지에 구애됩니다. 이중하가 대의를 모르는 것은 논할 바가 아니지만, 국왕은 세세대대로 번봉을 지켜왔는데, 어찌 그런 마음을 품고 감히 그런 말을 할 수 있단 말입니까?[33]

---

32) 『구한국외교문서』 제8권, 청안 1, 476·477쪽. "査紅土山水流盡處隔以平崗 旣與碑堆勢不相貫 又與董棚水不接流 且長白山爲我朝發祥之地 更不宜於紅土山劃界 致有虧於本根 惟石乙水源 實由長白山順流 恰合大圖門江水源 順石乙水以劃界 固循自然之勢 而確不可移者也……今査石乙水 是又茂山以西之天然界限 於此劃界 旣不虧白山發祥之本 而於韓毫無窒碍 韓乃舍石乙水之天然界限 而必欲劃界於水不接流之紅土山 韓固不見有獲益之處 而徒不利我朝白山發祥之地 殊難解其意之何居."

33) 『吉朝分界案』, '照錄軍機處交長順等鈔摺', 1903쪽. "朝人所指紅土山水者 又與長白不相貫屬 惟石乙水水大流長 實與長白山一脈相通 故議以此處劃分界址 李重夏無可置辦 照覆請旨定奪 令棄前議不顧 輒欲於紅土山水爲界 若此則有碍於長白山發祥重地矣 李重夏不明大義固不足論 而該國王世守藩封 何其居心亦忍出此."

위에서처럼 조선측이 정계비-퇴책-홍토산수로 경계를 할 것을 견지한 것은 강희연간에 백두산 동록을 따라 경계를 나눈 성과를 지키기 위해서였으며,[34] 청측에서 이를 받아들이지 않은 것은 청조의 백두산 발상 중지에 구애된다고 여겼기 때문이었다. 그리하여 청측은 백두산 천지 남쪽 40·50리에 있는 소백산과 그 동록에서 발원하는 석을수를 경계로 할 것을 주장하였는데, 그럴 경우 백두산 천지를 다 차지할 수 있었다.

5) 맺는말

을유감계 때 청측 대표는 정계비가 위조된 것이라고 의심하였지만 감계 담판이 진행됨에 따라 특히 조선에서 『승문원고실』 등 문서를 제공함에 따라 더 이상 의심하지 않았다. 그럼에도 불구하고 2년 뒤 정해감계에 이르러서도 청은 정계비가 조선인에 의해 압록강·두만강 진정한 분수령인 소백산·삼지연 일대에서 백두산 천지 근처로 옮겨진 것이라고 주장하였다. 이처럼 비가 위조되었다거나 비의 위치가 인위적으로 이동되었다고 본 것은 1712년 정계 문서의 소실과 관련이 없지 않지만, 입비처의 형세가 비문에 이른바 "서쪽으로 흘러 압록이고 동쪽으로 흘러 토문이며, 분수령 상에 돌을 새겨 이를 기재한다(西爲鴨綠 東爲土門 故爲分水嶺上勒石爲記)"는 내용과 부합되지 않기 때문이기도 하였다. 즉 비의 서쪽이 압록강 수원에 연결되어 있지만 비의 동쪽이 송화강 상류에 연결되어 있었다. 이에 청측은 1712년 사계가 정계임을 부정하고 수원을 다시 조사하여 정계를 행하되 비문 내용과 맞아떨어지

---

34) 목극등이 지정한 두만강 단류처란 비 동쪽의 황화송구자이며 백두산 동록에 위치해 있다.

는 소백산 일대 분수령에 비를 세우고자 하였다.

  을유감계 때 조선측은 토문·두만이 각기 다른 강이라고 주장하였지만, 실지 답사를 통하여 특히 조선 감계사 이중하가 홍토산수 근처에서 목책이 이어진 것을 발견한 후 비변사 관문 등을 참고하여 토문·두만이 동일한 강이며 양국의 발음이 다를 뿐이라는 것을 알게 되어 이를 '추후별단'을 통해 조선 조정에 보고하였다. 그리하여 정해감계 때 조선은 전의 일이 잘못되었음을 인정하고 토문·두만이 2강임을 주장하지 않았으며, 정계비·퇴책과 홍토산수를 경계로 할 것을 주장하였다. 그리고 이것이 목극등이 지정한 옛 경계임을 강조하였다.

  한편 청에서 수원을 다시 조사하여 경계를 정할 것을 요구하는 분위기 속에서 조선은 목극등이 송화강 상류를 두만강 수원으로 잘못 지정하였고 그 후에 조선에서 퇴책의 위치를 홍토산수에 이설하였다는 사실을 밝힐 수 없었다. 그리하여 청조 여도의 민간본과 『회전도』를 이용하여 홍토산수가 대도문강임을 증명하고자 하였다. 그러나 청측은 이를 받아들이려 하지 않았으며, 소백산 동록에서 발원하는 홍단수를 경계로 할 것을 주장하다가 한 발 물러서 역시 소백산 동록에서 발원하는 석을수를 경계로 할 것을 주장하였다. 비록 양측은 석을수·홍토산수 합류처 이하 두만강 경계에 있어서 일치를 보았지만 합류처 이상에서 끝내 타협을 보지 못하고 담판이 실패로 끝났다.

  정해감계 이후 청 광서제는 소백산 동록에서 발원하는 석을수로써 경계를 나눌 것을 결정하였다. 청은 여러 차례 조선에 조회하여 사신을 파견하여 석을수를 따라 계패를 세울 것을 요청하였으나 조선은 이를 거절하고 정계비-퇴책-홍토수를 경계로 할 것을 끝까지 주장하였다. 이를 통해 강희연간에 백두산 동록을 따라 정계한 성과를 고수하고자 한 것이다. 그러나 청측에서는 백두산 동록을 따라 경계를 나눌 경우 청조의 백두산 발상 중지에 구애된다고 여겨 이를 반대하였다.

요컨대 광서연간의 두 차례 감계는 두만강 수원 문제를 해결하지 못한 채 끝났다. 겉으로 보면, 양측은 두만강 상류 석을수를 경계로 할 것인가 아니면 홍토상수를 경계로 할 것인가를 놓고 논쟁을 벌였지만 실은 양국에서 모두 발상지로 간주되는 백두산을 둘러싼 투쟁이었다. 감계 담판이 실패로 끝난 이유도 여기에 있다고 생각된다.

2. 대한제국기 강역관과 간도정책의 실시

1) 머리말

대한제국기(1897~1910)에 실시된 간도정책은 줄곧 학계의 주목을 받아 왔다. 한일 양국 학자들은 주로 영토관의 시각으로부터 이 문제에 접근하여 왔으며, 토문·두만이 각기 다른 강이며, 백두산정계비에 "서위 압록, 동위토문"이라고 기재하였기에 조청 양국은 서쪽으로 압록강 동쪽으로 토문강을 경계로 하며, 토문이남 두만이북 조선 유민에 의해 개간된 땅이 조선에 속한다. 아울러 간도 지역을 조선에 귀속시키고자 추진된 대한제국의 간도정책은 합리성을 띤 것이라고 보았다. 일부 학자들은 이 시기 간도가 명실상부하게 한국의 영토가 되었다고 보았으며,[1] 또 일부 학자들은 청일전쟁(1894~1895) 이후 조선이 청의 간섭을 벗어나 간도의 인민과 토지를 지배하려 하고 만국공법에 근거하여 영토문제를 해결하려고 한 것은 근대 민족의식의 성장을 배경으로 한 것이라고 보았다.[2] 근래 일부 학자들은 대한제국의 '식민화'정책으로부터 간도정책에 대한 새로운 해석을 시도하였다.[3]

1880년 이후 두만강 이북 월경 개간민에 대한 조선의 태도와 실시한 정책을 다음과 같은 세 시기로 나누어 볼 수 있다. 첫째, 1880~1883년 조선은 토문·두만이 각기 다른 강이며 토문이남 두만이북 조선인에

1) 박용옥, 「백두산정계비 건립의 재검토와 간도영유권」, 『백산학보』 제30·31합집, 1998년.
2) 하원호, 「개화기 조선의 간도인식과 정책의 변화」, 『동북아역사논총』 14호, 2006년.
3) 은정태, 「대한제국기 '간도문제'의 추이와 '식민화'」, 『역사문제연구』 17호, 2007년.

의해 개간된 땅이 조선에 속한다고 주장하였다. 둘째, 1885(을유)·1887(정해)년 두 차례의 공동 감계(勘界)를 통하여 조선은 토문·두만이 동일한 강임을 인정하고 땅을 빌려 두만강 이북 조선 유민들을 안치할 것을 요구하였다. 셋째, 1895년 청일전쟁 이후 특히 1900년 러시아가 만주지역을 점령한 후 조선은 적극적인 간도정책을 실시하였으며, 1902년 이범윤을 두만강 이북 시찰(視察)로 파견한데 이어 이듬해 '북간도관리사(北墾島管理使)'로 승격시켜 두만강 이북 지역에 대한 관리를 행사하고자 하였다.

이 글은 조선의 지리지·지도 등 자료를 이용하여 '간도' 명칭의 유래에 대해 알아봄과 동시에 1880년 이후 조선의 영토관·강역관의 변화를 살펴보며, 아울러 대한제국기에 추진된 간도정책의 배경과 실질 및 조청 양국의 교섭 상황 등을 살펴보고자 한다.

2) 간도 명칭의 출현과 지리지의 기술

조선 초기에서 후기에 이르기까지 지리지나 문헌에는 '간도' 명칭이 없었다. 1880년 이후 조선인들이 두만강 이북 땅을 개간하면서 생겨난 새로운 명칭이기 때문이다. '간도(間島)'는 '간도(墾島)'라고도 쓰인다. 강 중간에 있는 사이섬 또는 개간한 섬을 뜻한다. 처음에 간도는 조선 변민들이 종성·온성 사이 두만강 중간의 모래섬을 개간하면서 생겨난 명칭이었다. 조선 국초에 편찬된『동국여지승람』에는 종성·온성 사이의 모래섬을 기록하고 있다. 예컨대 견탄(犬灘)이 "부(府, 온성부를 가리킴, 이하 동일함)의 서쪽 40리에 있다." 압강탄(壓江灘)이 "부의 서쪽 20리에 있다." 구암탄(龜岩灘)이 "구암봉 아래에 있으며 부에서 북쪽으로 11리에 있다." 유전탄(柳田灘)이 "부의 북쪽 6리에 있다." 어정탄(於丁

灘)이 "부의 북쪽 8리에 있다." 타내탄(他乃灘)이 "부의 북쪽 7리에 있다." 포항탄(浦項灘)이 "부의 동쪽 8리에 있다." 미전탄(美錢灘)이 "부의 동쪽 23리에 있다." 도읍탄(禿邑灘)이 "부의 북쪽 5리에 있다." 입암탄(立岩灘)이 "부의 동쪽 28리에 있다." 등등이다.[4] 위 모래섬들은 두만강이 종성 · 온성 사이를 흘러지나갈 때 지형적으로 굴곡이 심하여 하상의 자갈과 모래를 씻어내어 충적된 것이다.

조선은 일찍부터 압록강 · 두만강에 대한 금강(禁江)정책을 실시하였으며, 변민들이 압록강 · 두만강을 건너가 채삼하거나 수렵 또는 벌목하는 것을 금하였다. 월경자가 들켜 송환될 경우 강변에 효시하였고 지방관을 문책하여 변지에 유배하였으며, 강변에 파수를 설치하여 변민들의 월강 행위를 감시하였다. 이와 동시에 변민들이 강 중간에 있는 모래섬을 개간하는 것을 허락하지 않았다.

1869 · 1870년 조선에 전례 없는 자연재해가 들었는데, '기경대재(己庚大災)'라고 한다. 1877년에 종성 · 온성 부근 민들이 강 중간의 섬을 개간할 것을 요구하여 정부의 허락을 얻어냈다. 변민들은 이러한 섬을 '간도(間島)'라고 불렀다.[5] 오록정(吳祿貞)의 『연길변무보고(延吉邊務報告)』(1908)에 의하면, 그 "길이가 10리, 넓이가 1리이며, 약 2천여 무의 땅"이라고 한다.[6] 그 이후 온성 · 종성 · 회령 · 무산 4읍 변민들이 점차 간도 밖의 땅을 개간하게 되고 두만강 이북 "연강(沿江)의 들판이 개간되지 않은 곳이 없었으며 무릇 간도(間島)라고 불렀다"고 한다.[7] 이처럼 간도 명칭이 처음에는 종성 · 온성 사이 강 중간의 모래섬을

4) 『신증동국여지승람』 권50, 온성.

5) 이중하, 『을유별단』.

6) 吳祿貞, 『延吉邊務報告』, 『長白叢書』 初集, 125쪽.

7) 이중하, 『을유별단』.

가리키는 말에 한정되었기 때문에 1903년 조선에서 이범윤을 파견하여 두만강 이북 지역을 관리하려 할 때 '間島'라고 쓰지 않고 '墾島'라고 썼다. 청에 보낸 조회문에도 무릇 '墾島'라고 하였다.8) 조선에서 관리하고자 하였던 곳이 종성·온성 부근의 모래섬이 아니라, 두만강 이북 조선인에 의해 개간된 모든 땅이기 때문이었다. 이범윤도 스스로 '함북 간도생명재산보호관리사(咸北墾島生命財産保護管理使)'라고 칭하였다.9) 이즈음에 압록강 이북에는 간도라는 명칭이 없었다. 1903년 조선에서 서상무(徐相懋)를 압록강 이북에 파견할 때 '변계관리사무(邊界管理事務)'라고 칭했을 뿐, 간도 명칭의 직함을 띠지 않았다.10)

그 이후 '間島'·'墾島' 명칭이 점차 혼용되었으며 두만강 이북 지역을 가리킬 뿐만 아니라 압록강 이북 지역을 가리키게 되었다. 두만강 이북을 '북간도' 또는 '동간도'라고 칭하였는데, 오늘날 연변조선족자치주의 연길·훈춘·화룡·왕청 등지를 가리켰다. 압록강 이북을 '서간도'라고 칭하였는데, 오늘날 길림성 장백·임강·집안·통화 등지를 가리켰다.

1903년 이후 조선의 지리지에 간도에 관한 기록이 나타나기 시작하였다. 1903~1908년 사이에 편찬된 관찬 유서인『증보문헌비고』에는 북간도와 서간도의 지리범위·연혁 등을 다음과 같이 기록하였다.

북간도(北間島)는 두만강 이북이며, 무산·회령·종성·온성 대안이다. 고구려 강토에 속하였으며 고씨가 망한 후에 발해 대씨에 의해 점거되었다. 발해가 망하자 그 땅이 요금(遼金)에 들어갔으며, 고려 예종 2년에 윤관(尹瓘)·오연총(吳延寵)을 파견하여 여진을 대파하고

---

8)『구한국외교문서』제9권, 청안 2, 639쪽 ;『淸季中日韓關係史料』제9권, 5693~5694쪽.
9)『구한국외교문서』제9권, 청안 2, 657쪽.
10)『각사등록』근대편, 훈령 제22호, 국사편찬위원회 인터넷 자료 참조.

9성을 설치하였으며 선춘령에 비를 세워 국계(國界)를 정하였으나 얼마 지나지 않아 다시 여진에 들어갔다. 우리 세종대에 김종서가 야인을 깨끗이 몰아내고 육진을 개척하였으나 가장 북쪽은 거칠고 기후가 냉하며 개간이 쉽지 않아 땅을 그냥 비워두었다. 숙종 38년에 이르러 두 나라 간에 정계가 있었다. 그러나 당시 여러 신하들이 인접국의 위세에 눌려 원대한 경영을 이루지 못하고 강토를 그냥 버려두고 다스리지 않았으며 오늘에 이르기까지 헤아리지 못하였으니 어찌 국가의 중대한 일이 아니겠는가?[11]

서간도(西間島)란 옛 고구려 졸본 국내성 땅이다. 발해때는 솔빈부(率賓府)로서 화(華)·익(益)·건(建) 3주를 거느렸으며 후에 여진에 몰하였다. 고려 공민왕 때 우리 태조 고황제께서 올로첩목아(兀魯帖木兒)를 격파한 후 그 땅을 비워두었는데 근래 40~50년간 서북 연변의 민들이 압록강 이북 18도구 사이로 이주하였으며 민호가 번식하여 수만호에 이르렀다. 땅이 비옥하여 오곡이 자라나고 목축업이 번성하다. 고구려사에 산천이 매우 험하며 땅에 오곡이 난다고 하였는데 바로 이곳을 말한다.[12]

위 인용문에서 말하는 북간도란 두만강 이북 무산·회령·종성·온성 4읍 대안을 가리키며, 서간도란 압록강 이북 조선인이 이주한 18도구

---

11) 『증보문헌비고』 권36, 『여지고』 24, 북간도강계, 476~479쪽. "北間島卽豆滿江
之北 而茂山會寧鐘穩城之對岸也 原屬高句麗之疆土 高氏亡後爲渤海大氏所
據 及渤海亡 地入遼金 至高麗睿宗二年 遣尹瓘吳延寵等大破女眞 設置九城 立碑
先春嶺 以定國界 未幾還沒於女眞 我世宗朝 金宗瑞剿蕩野人 剪除荊棘 以開拓六
鎭 但極北荒寒 開闢未易 故寢以空其地 至肅宗三十八年 始有兩國定界之案 然當
時諸臣多怵於隣嘖 未嘗有遠大之經營 故曠棄疆土 了不究理 以至今日之未勘
此實國家重大之案也."

12) 『증보문헌비고』 권36, 『여지고』 24, 서간도강계, 479쪽. "西間島者 古高句麗卒
本國內城之地也 渤海時爲率賓部 領華益建三州 後沒於女眞 高麗恭愍王時 我太
祖高皇帝 擊破兀魯帖木兒 遂空其地 近自四五十年來 西北沿邊之民 移住於鴨綠
江北十八道溝之間 民戶之殖 奄至數萬 其地甚膏沃 宜五穀 牧畜蕃盛 句麗史所謂
山水甚險 地宜五穀者 卽此也."

(통화현 경내) 등지를 가리킨다. 이러한 곳은 고구려·발해의 고토였으나 조선에 이르러 그 땅을 비워두거나 강토를 버렸다는 것이다. 즉 조선과의 유대관계를 강조하여 점유 의식을 나타냈다.

이밖에 조선말의 저명한 학자이자 언론인인 장지연(張志淵)이 편찬한 『대한신지지(大韓新地誌)』(1907년)에 북간도를 기록한 내용이 있는데, 그 상세한 내용은 다음과 같다.

북간도(北墾島)(일명 間島이다)는 백두산 동쪽에 있으며, 남쪽으로 육진·두만강과 접해 있다. 북쪽으로 토문강을 계한으로 하여 청국 길림성 돈화 등 현(縣)과 경계를 나눈다. 동북 경계는 러시아 우쑤리 포염사덕(浦鹽斯德) 등지이다. 서북쪽은 산악이 중첩되고 동남쪽은 하천 연변에 토지가 비옥하여 농작이 풍요로우며 실로 천혜의 땅이다. 항운이 편리하고 민과 물이 번창하다. 섬 안에 해란·분계 두 강이 합류하여 미전보에 이르러 두만강에 흘러들어간다. 그 사이에 광제곡(光霽谷)·지타소(地陀所)·서전평(瑞甸坪)·청산평(靑山坪)·화룡곡(華龍谷)·배채구(排采溝)·협심자(夾心子)·토문자(土門子) 등이 가장 유명하다. 그 면적이 약 500~600방리이고 지방이 육진보다 좀 크다.……강원을 거슬러 올라가 보면, 토문강이 분수령에서 발원하여 석퇴 표식이 분명하다. 두만강은 장산령(長山嶺)·설령(雪嶺)에서 발원하여 분수령과 상관없으나 서로 주장이 달라 경계를 정하지 못하였다. 대개 간도(墾島)는 수백 년 광토(曠土, 비어있는 땅)로서 우리나라는 땅이 넓고 인적이 드물어 전에 개간한 땅도 황폐해진 곳이 많은데 하물며 새로 개간한 땅이랴? 관북은 토지가 넓고 멀어서 정계한 후에도 개간하지 못하다가 재해를 입은 후에야 민이 사처로 유리하여 강을 건너 개간하게 되었으며, 점차 촌락을 형성하여 오늘에 이르러 40·50년이 되었다. 청인들이 점유한 힘을 빌어서 세금을 거두고 징독하는 것이 사람의 이치에 맞지 않으니 어찌 개탄하지 않겠는가? 그런 까닭으로 지지의 말미에 이를 기술한다.13)

즉 북간도가 백두산 동쪽에 위치하여 두만강과 토문강 사이에 있으며, 길림성 돈화현 등과 경계를 나누며, 동북쪽으로 러시아와 경계를 나눈다는 것이다. 또 토지가 비옥하여 농업에 적합하며, 그 중에서도 광제곡·지타소·서전평·청산평·화룡곡·배채구·협심자·토문자 등이 가장 유명하다는 것이다. 여기서 나오는 곳들은 두만강 이북에 위치해 있음이 확인되며, 종전에 조선의 지리지에 보이지 않던 새로운 지명들이다. 그리고 오늘날 연변(延邊) 지명과 매우 유사하다. 예컨대 광제곡·화룡곡은 광제욕(光霽峪)·화룡욕(和龍峪)을 가리키며, 종성과 온성 대안에 있다. 서전평은 해란하가 흘러지나가는 용정 일대를 말하며, 배채구는 왕청 백초구(百草溝)를 말하는 듯하며 가야하가 흘러지나간다. 협심자는 두만강 하류 훈춘 경내(『淸史稿』에 근거함)14)에 있으며, 토문자는 훈춘하가 흘러지나가는 춘화진 일대를 말하는 듯하다. 이러한 곳은 두만강과 그 지류인 해란하·훈춘하·가야하가 흘러지나가는 연안지대에 위치해 있으며, 수전농업에 적합한 평지 또는 작은 분지에 속한다. 이처럼 저자 장지연은 간도의 영토귀속에 귀를 기울였을 뿐만 아니라, 간도의 경제적 가치에 주의를 돌리고 있다. 일부 학자들은 이 시기 지식인들이 간도 경제가치에 대한 관심을 영토의식을 넘어 경제적

---

13) 장지연 편,『대한신지지』권2, 함경북도 북간도. "北墾島(一曰間島) 在白頭山東南卽六鎭和豆滿江 北限土門江 與淸國吉林省敦化等縣分界 東北界俄領烏蘇里浦鹽斯德等地 西北山嶽重疊 東南沿河流土地膏沃 農作豊饒 實天産之奧區 亦有航運之便 故民物繁殖 島內有海蘭分界兩江合流 至美錢堡北注入豆滿江 其中光霽谷地陀所瑞甸坪靑山坪華龍谷排采溝夾心子土門子等最著 面積約五六百方里 地方比六鎭較大……溯觀江源 土門江發自分水嶺 故石堆標識分明 豆滿江發於長山嶺雪嶺等 與分水嶺無涉 互相携貳未定 蓋墾島屢百年曠土 我國地廣人稀 從前耕墾之地 荒廢者多 況開拓新土 關北尤土地曠遠 雖定界以後素昧開墾 及屢遭災荒 流離負戴 才有渡江起墾者 稍稍形成村落 於今不過四五十年 淸人借其占有之力 科斂徵督迫無人理 可勝慨哉 故於此地誌末 略逑其槪."

14)『淸史稿』권56, 지리3, 琿春廳, 中華書局, 1998년, 549쪽.

이익을 추구하려는 '제국주의적 욕망'의 발현이며, '식민화' 정책의
배경으로 보고 있다.[15]

3) 조선의 강역관의 변화

a. 토문 · 두만 2강 인식

토문 · 두만 2강 인식은 두만강 이북이 조선에 속한다는 영토관의
근거를 제공하는 것으로서 1880년 이후 집중적으로 나타났다. 이 해로
부터 조선 변민들이 대규모로 두만강 이북에 월경하여 땅을 개간하기
시작하였다. 1883년 서북경략사 어윤중(魚允中)이 사람을 파견하여
백두산정계비를 조사한 결과 정계비가 두만강에 연결되지 않는다는
사실을 확인하였다. 이에 정계비 · 퇴책과 연결된 물을 '토문강(土門江)'
이라고 칭하였는데 실은 송화강 상류였다. 이로써 종성 · 회령 부사가
돈화현 지사에게 보낸 조회문의 이른바 토문 · 두만이 각기 다른 강이며
'토문이남 두만이북'지역이 조선에 속한다는 주장이 나오게 되었다.

강희연간 청에서 사신을 파견하여 백두산정계를 행한 지 170년이
지난 때에 이르러, 조선은 당시 정계하고 설책했던 기억을 상실하고
말았다. 1712년 목극등이 압록 · 두만 양강 수원을 정하고 분수령에
비를 세운 후 조선은 두만강 발원지에 설책할 때 목극등이 지정한
동쪽 골짜기(황화송구자, 송화강 상류에 연결됨)를 따라 토석퇴와 목책
을 설치하였을 뿐만 아니라, 동쪽 골짜기로부터 두만강 제2파 수원에
목책을 이어놓았다. 이 제2파 수원이 바로 홍토산수이다. 그 이후 170년
이 지나는 동안 홍토산수에 연결된 목책이 다 썩어 없어지고 송화강
상류에 연결된 토석퇴(황화송구자)만이 남아 있어 이른바 토문 · 두만

---

15) 은정태, 앞의 논문, 116~118쪽.

2강설이 나오게 되었다.

이처럼 토문·두만을 별개의 강으로 구분하였을 뿐만 아니라, 해란강을 분계강이라고 보고 해란강 안쪽 땅이 조선에 속한다고 주장하였다. 1883년 10월 국왕과 서북경략사 어윤중 간의 대화에서도 이를 거론하고 있는데 그 상세한 내용은 다음과 같다.16)

> 상이 묻기를 "분계강 내 경계(境界)의 일을 어떻게 하겠는가?"고 하였다.
> 윤중(어윤중)이 답하기를 "두만강 이북에 또 토문강원이 있습니다. 신이 사람을 파견하여 백두산 분수령에 가서 계한을 살펴보았습니다. 새로 정한 장정(章程, '中朝商民水陸貿易章程'을 가리킴)에 무역할 곳을 명백히 말하지 않은 것도 이 때문입니다."
> 상이 또 묻기를 "이곳은 우리나라에서 강토로 다스린 적이 없는데 중국에서 알지 못하는가?"고 하였다.
> 윤중이 답하기를 "이곳은 중국의 땅이 아님이 명백하며 믿을 만한 증거가 있습니다. 이곳은 고려 시중 윤관이 공험진을 세웠던 옛 곳입니다."

위 인용문에서 말하는 분계강·토문강이 두만강 이북에 위치해 있으며, 분계강은 해란하를 가리키는 듯하다. 국왕이 말하는 이른바 분계강 내 경계의 일이란 조선인이 개간한 해란강 안쪽 땅을 말하며, 조선에서

---

16) 김윤식·어윤중, 『종정연표·음청사』, 국사편찬위원회 편, 『한국사료총서』 6, 1955년, 162쪽.
"上曰 分界江以內境界事 何以爲之乎.
允中曰 豆滿江之北 又有土門江源 故臣果遣人於白頭山分水嶺 査審界限 而新定章程之不明言貿易地方 亦因此而然耳
上曰 此地 我國曾未疆理 而中國亦所不知乎.
允中曰 此非爲中國之地明甚 且有援據 此高麗侍中尹瓘 所設公險鎭故地也."

강토로 다스린 적이 없음을 인정하였다. 이에 대해 어윤중은 이곳이
고려 장군 윤관이 공험진을 세웠던 옛 지방이며, 중국에 속하지 않고
조선에 속한다고 답하였다. 여기서 어윤중이 전거로 삼고 있는 것은
『동국여지승람』에 기록된 이른바 공험진과 선춘령이 두만강 이북 700리
에 있다는 내용이다.

이밖에 18·19세기 조선지도에 토문강·분계강에 대한 잘못된 지리
표기가 토문·두만 2강설을 부추기는 요소로 작용하였다. 조선후기 지리
학자 정상기가 1740년대에 제작한 『동국지도』([그림 5])의 경우 두만
강이북에 '토문강원'을 표기하였을 뿐만 아니라, '분계강'이라는 새로운
명칭의 강을 상정하였다. 또 다른 지리학자 신경준은 토문강·분계강을
해란강에 접목시켜 놓았다.17) 이러한 지리인식이 1880년 이후 월경
개간민과 그들을 관리하고 있던 지방관에 의해 이용되었으며, 이들은
고지도를 근거로 해란강이 '분계강'이라고 하고 또 두만강 이북에 토문
강이 존재한다고 주장하게 되었다. 예컨대 1883년 종성 부사가 돈화현
지사에게 보낸 조회문에서 "종성 맞은편 90리 감토산 밑에 분계강이
있으며", "중외 계한은 줄곧 토문을 경계로 하였으며 본국은 두만 외에
토문 별파가 있다는 것을 알고 있으며 옛 지도를 근거로 한다"고 하였
다.18)

요컨대 1880년 이후 조선에서 토문·두만 2강설이 크게 떠돈 것은
1712년 백두산 정계시 설치한 퇴책의 일부가 소실된 것과 관련이 있으
며, 18·19세기 조선지도의 잘못된 지리표기와도 밀접한 관련이 있다.
이보다도 조선 변민들이 스스로 개척한 두만강 이북 땅을 조선에 귀속시
키려는 의욕이 작용한 것이기도 하다.

---

17) 신경준, 『여암전서』 권8, 사연고, 281~282쪽.
18) 『清季中日韓關係史料』 제4권, 1910~1913쪽.

b. 압록강·두만강 이북 공광지 인식

압록강·두만강 이북 지역이 장기간 무인지역으로 남게 된 것은 청조의 발상지에 대한 봉금정책의 결과이며, 동시에 조선에서 청조와 변경문제를 놓고 교섭한 결과이기도 하다. 1714년(강희 53) 조선은 두만강변에서 작사(作舍)·간전(墾田)하는 청나라 병민(兵民)을 철수할 것을 요구한 데 이어, 1731년(옹정 9)과 1746년(건륭 11) 두 차례에 걸쳐 청조에서 압록강변 망우초(莽牛哨)에 수군 기지를 설치하려는 계획을 철수하도록 요구하였다. 청조는 조선을 회유하려는 목적으로 위 요구를 들어주었으며, 이로써 청조 병사와 민이 압록·두만 이북 강변에 거주하거나 땅을 개간하지 못하게 되었으며, 청조의 군사·행정 시설이 강변에서 안쪽으로 철수해 갔다. 19세기 중기 도광연간에 이르러서도 청조는 조선의 요구에 따라 위 정책을 강화하였으며, 정기적으로 통순관(統巡官)을 파견하여 강변을 순찰하였을 뿐만 아니라, 조선과 함께 회초제(會哨制)를 실시하여 강변에 중국 유민이 개간한 땅이나 초가가 있을 경우 즉시 없애버렸다.[19] 이로 인하여 압록강·두만강 이북 지역이 점차 사람이 거주하지 않는 공광지로 변하게 되었다. 이로써 조선은 압록·두만강 이북에 청의 세력을 미리 차단할 수 있는 완충지대를 보유하게 되었으며, 이는 조선의 변경 안전에 유리하였다.

따라서 압록·두만 양강 이북 지역은 하나의 특수한 지대로 간주되기 쉬웠다. 조선 변민들이 마음대로 넘어갈 수 없을뿐더러 중국인도 마음대로 들어갈 수 없었다. 1년에 1회의 조선 조공사신이 북경으로 들어갈 때도 압록강을 건너 책문 즉 봉황성 변문에 이르러서야 수행원들의 짐을 검사 받는 입국절차를 실시하였다. 이로 인하여 압록강 이북에

---

19) 중국인의 월경문제를 둘러싼 교섭과 처리는 이화자, 앞의 책, 121~160쪽 참조.

위치한 유조변이 경계로 착각되기 쉬웠으며 그 바깥쪽은 조청 양국 어느 쪽에도 속하지 않는 '무인지대' 또는 '공광지(空曠地)'로 인식되었다. 동치연간에 이르러 청조에서 유조변 바깥쪽 압록강 연변 황지를 개간하려 할 때 조선은 30~50리 공지를 남겨두어 완충지대로 삼을 것을 요구하였다. 이에 대해 청은 양국의 경계에 관계되는 일이라고 판단하여 이를 들어주지 않았다.[20]

이처럼 압록강 · 두만강 이북 지역이 장기간 무인지대로 남게 되면서 조선의 압록강 · 두만강 국경인식이 약화되었다. 특히 1880년 이후 조선 변민들이 대규모로 두만강 이북 지역에 넘어가 땅을 개간하고 이주하면서 이를 차지하려는 구실로 이용되었다. 1897년 함경북도 관찰사 조존우(趙存禹)가 쓴 '담판 5조'를 보면, "이 땅(압 · 두 이북 지역)이 수백 년간 비어 있었고 두 나라가 서로 금하였다. 청인이 관을 파견하여 금하였고 우리 사람이 간혹 들어가면 율에 따라 효시하고 징벌하여 금단하였다. 근래 청에서 금하지 않고 우리도 금하지 않아 서로: 뒤섞여 개간하고 주객이 바뀌고 고용함이 이상이 없으니 어찌 억울하지 않겠는가?"라고 하고 또 국제공법에 근거하여 각국의 공사 · 영사 앞에서 담판하여 두만강 이북 영토문제를 해결할 것을 건의하였다.[21]

이 같은 논의가 있은 후 1899년 '한청통상조약(韓淸通商條約)'을 체결할 때 조선측 대표는 두만강 이북이 '접경지대의 황폐한 땅(交界荒廢之地)'이라고 주장하여 청측 대표의 반발을 샀다. 청측 대표 서수붕(徐壽朋)은 "변계에 황폐지가 없으며 조사(措辭)가 타당치 못하다." "월간(越

---

20) 『咸豊同治兩朝上諭檔』 21책, 356조, 동치 10년 5월 24일, 廣西師範大學出版社, 1996년 영인본에서 "殊於邊境 大有關係"라고 함.
21) 김노규, 『북여요선』.

墾)이란 확실히 중국 경내에 있음을 말하며, 접경지나 중간의 땅이 아니라는 뜻이다."22) "한민(韓民)이 일찍 중국 경내에 안주하여 개간한 자에 대해서는 중국은 이들이 안주하도록 들어주지만 조약을 체결한 후에는 피차 월간하는 것을 엄금해야 한다." "봉천·길림 일대는 압록·두만 양강을 경계로 하며 계한이 분명하지 않은 곳이 없다. 한국 정부가 사람을 파견하여 회동 감계를 실시할 것을 요구할 경우 '육로통상장정'을 의정할 때 서로 의논하여 처리할 수 있지만, 이 조약 체결 시에는 기입할 필요가 없다"고 하였다. 즉 해로통상장정(한청통상조약) 체결 시에는 감계문제를 제외하며, 육로통상장정 체결 시 다시 의논하자는 것이었다.23)

그 이후 1903년 조선에서 이범윤을 두만강 이북 관리사로 임명할 때 외부에서 청나라 주한 사신 허태신(許台身)에게 보낸 조회문에서도 재차 두만강 이북이 한중간의 한광지(閑曠地, 비어 있는 땅)임을 주장하였다. 그 상세한 내용은 다음과 같다.

우리 내부대신의 문에 이르기를, 북변 간도(墾島)는 한청 교계(交界)에 속하며 민이 거주하지 않고 오랫동안 한광(閑曠)되어 있었습니다. 수십 년래 우리 민의 이주자가 점차 많아졌지만 명관(命官)을 파견하여 산업을 보호하지 못하였습니다. 지난번에 도민(島民)의 호소에 따라 본부에서 시찰 이범윤을 파견하여 사정을 두루 살피고 황화(皇化)를

---

22) 王彦威·王亮 편, 『淸季外交史料』 권140, 2384쪽. "邊界本無荒廢之地 措辭欠妥.
日越墾 則可見確在中國界內 并非交界之地 甌脫之鄕."

23) 조선외부 편, 『韓淸議約公牘』, 서울대학교 규장각소장, 규15302, 44쪽. "韓民早年己在華界安分墾辟者 中國亦可聽其安業 但定約之後 彼此仍應嚴禁越墾. 奉天吉林一帶 有鴨綠圖們兩江爲界 無所謂限界不明之處 如韓政府意欲派員會勘 於議定陸路通商章程時盡可商辦 此時無須載入約內."

선포하였습니다. 시찰의 보고에 의하면, 우리 인민이 간도(懇島)에 이주한 자가 수만호 십여 만구가 되지만 관을 파견하여 관할하지 못하였으며, 청나라 관의 학대를 받고 있습니다. 외부에 이문하고 또 서울에 주차한 청국 공사에게 조회하여 모든 것을 의논하여 침탈을 막고 생명을 보호해야 한다고 하였습니다. 이에 근거하여 살펴보건대, 우리 민의 이주자가 그토록 많지만 믿을만한 것이 없고 청나라 관의 행패와 학대를 받고 있으며 어루만지는 도리에 소홀히 하였으니 특별히 보호관을 두지 않을 수 없습니다. 도민(島民)의 소원에 따라 시찰 이범윤을 관리(管理)로 특차하여 섬에 주차하며 모든 일을 전관하여 처리하며, 생명·재산을 보호한다는 뜻으로 주문하여 재가를 받았습니다. 주경(駐京) 청국 공사에게 알리고 또 섬 부근의 청국 관원에게 명하여 억지로 치발하거나 법외 학대를 하는 것을 금하며, 민생을 안착시키고 이웃 국가간의 우의를 돈독히 하기 바랍니다.[24)]

이와 같이 외부 조회문에는 간도가 조청간의 한광지라는 점을 강조하였을 뿐, 이곳이 토문이남·두만이북 조선에 속하는 땅이라고는 하지 않았다. 기실 내부대신의 원문에는 그러한 내용이 들어 있었다.[25)] 그

---

24) 『淸季中日韓關係史料』, 5693~5694쪽. "我內部大臣文開 北邊墾島本屬韓淸交界 民不居接 久爲閑曠 粤自數十年來 我民之稍稍移寓者積漸加多 尙不能命官派駐保護産業 曩據該島民訴 始由本部遴派視察李範允駐札情形 宣布皇化 玆接該視察報稱 我國人民移寓墾島者 今爲數萬戶十餘萬口之多 尙不派員管轄 酷被淸官虐待 請文移外部 轉照駐京淸國公使 商辦一切 以防侵魚 以保生命等情 據此查我民移接者如彼其多 尙無依賴 一任淸官凌虐 其在綏遠之道 極涉疏忽 不容不姑先特置保護官 玆依該島民等情愿 仍著視察李範允 特差管理駐紮該島 所有一切事宜專管辦理 俾保性命財産之意 業經奏裁 請知照駐京淸國公使 轉飭該島附近淸國官員 勿得勒令薙髮 法外虐待 以安民生 而敦隣誼."

25) 『고종실록』 43권 고종 40년 8월 11일(양력). "內部大臣臨時署理議政府參政金奎弘奏 北間島卽韓淸交界 而因爲空曠 於今數百年矣 粤自數十年來 北邊沿邊各郡 我民之移住該地 耕食居生者 今爲數萬戶十餘萬生靈 而酷被淸人之侵漁 故上年自臣部派遣視察李範允 使之宣布皇化 調査戶口矣 今接該視察李範允報告內 槪淸人之虐待我民 難以枚陳 另加下燭 卽爲移照外部 與淸公使詰辦 以防淸員之虐待 亦爲

이유에 대해 생각해보면, 외부는 외교사무를 담당한 부서로서 조청간의 두 차례 감계담판의 내막과 경과를 잘 알고 있었다. 특히 을유감계(1885)가 끝난 뒤 조선은 토문·두만이 다른 강이라는 것이 잘못되었음을 인정하고 땅을 빌려 두만강 이북 조선 유민을 안치시킬 것을 요구하였다. 이밖에 1899년 외부는 토문·두만 2강설이 변민의 부언에 불과하다고 일축하기도 하였다.26)

그리고 이범윤을 '북간도관리사'로 임명할 때도 조선인의 생명·재산을 보호한다는 명의로 파견하였다. 이로 인하여 청측은 이범윤을 외국에 주차한 영사로 간주하여 청조의 동의가 없이 '해구통상장정(海口通商章程)'에 비추어 영사를 파견할 수 없다고 항의하였다.27) 이에 대해 조선은 청나라 토비가 조선 국경을 소요한다든가 청나라 목상(木商)이 연변지역을 소요한다고 하면서 맞섰다.28) 그리고 이범윤이 두만강 이북에서 활동하는 것을 종용하고 지지하였다. 이에 이범윤의 사기가 더욱 충만해져 사포대를 건립하여 청조의 회용(會勇)·병판(兵辦)을 공격하였을 뿐만 아니라, 조선 유민들을 호적에 편입시키고 징세하였으며, 사수(社首)와 위원을 임명하는 등 행정기구를 건립해갔다.29) 이로 인하여 청조의 두만강 이북 지역 행정력이 큰 타격을 입었으며 행정기구

建官設兵 以慰萬民感化樂生等因 而爲先編籍修報者 爲一萬三千餘戶矣……至於
疆界論之 在前分水嶺定界碑以下 土門江以南區域 固當確定我國界限 集結定稅
而數百年空曠之地 遽而妥定 似涉張大 則不可不姑先特置保護官 亦依該島民等情
願 仍使視察李範允 特差管理 駐紮該島 專管事務 俾保生命財産 以示朝家懷保之意
何如 允之."

26) 은정태, 「대한제국기 '간도문제'의 추이와 '식민화'」, 95~101쪽.

27) 『淸季中日韓關係史料』 제9권, 5694~5695, 5746~5747, 5788·5805·5821쪽.

28) 『淸季中日韓關係史料』 제9권, 5748~5752쪽.

29) 『淸季中日韓關係史料』 제9권, 5789~5790, 5803~5806쪽.

가 유명무실해졌다.[30]

c. 고토의식의 부활

1895년 청일전쟁 이후 체결된 '시모노세키조약'은 조선을 독립국으로 규정하였다. 조선은 곧바로 청나라 사신을 영접하기 위해 만든 '영은문(迎恩門)'을 헐어버리고 '독립문'을 세웠다. 민족의식이 고조되었으며, 고토의식의 부활로 이어졌다. 여기에는 고구려·발해 등 고대 국가가 만주를 점유하였던 시기에 대한 구강(舊疆)의식으로 나타났을 뿐만 아니라, 두만강 이북 지역을 조선왕조의 발상지로 간주하여 영토귀속 의식을 나타냈다.

조선 역사상 민족의식이 고조될 때마다 고대 국가의 역사와 강성기의 옛 강역에 대한 관심도가 높아졌다. 18세기 말·19세기 초 조선의 민족의식의 부흥은 화이관념을 기초로 하였으며, 청조를 이적시하고 조선을 중화문화 정통을 계승한 유일한 국가로 간주하여 자기 문화에 대한 우월감과 자신심이 강해졌다. 따라서 고대 국가의 찬란한 역사와 강성기의 옛 강역에 대한 관심이 높아졌는데, 그 대표적 인물과 저서로는 안정복의 『동사강목』, 한치윤·한진서의 『해동역사』·『해동역사지리고』, 이긍익의 『연려실기술』, 신경준의 『강계고』·『산수고』·『사연고』·『여지고』, 유득공의 『발해고』, 정약용의 『아방강역고』·『발해고』 등이 있다.

한편 18세기 영조대로부터 두만강 이북을 조선왕조의 발상지로 간주하는 경향이 뚜렷해졌다. 조선 초기만 하더라도 태조의 탄생지인 영흥을 왕조 발상지로 간주하여 그 북쪽에 있는 비백산(鼻白山)을 북악으로

---

30) 1902년 청조는 국자가(局子街, 오늘의 연길임)에 연길청(延吉廳)을 세우고 화룡욕(和龍峪, 회령대안)에 분방경력(分防經歷)을 세워 두만강 이북에 대한 민정을 실시하였다.

정하였지만, 영조대에 이르러서는 목조의 활동지인 두만강 이북과 하류 지역을 발상지로 간주하여 북도 산천의 발원지이자 조선 산맥의 조상으로 간주되는 백두산을 북악으로 정하여 가을과 봄에 망사(望祀)를 지냈다.31)

1895년 청일전쟁 이후 특히 대한제국기에 이르러 조선의 자주의식이 강해짐에 따라 고토의식이 부활되었다. 1903년 경원 유사(儒士) 김노규(金魯奎)가 편찬한『북여요선(北與要選)』은 고구려 · 발해에 대한 영토의식을 고취하였을 뿐만 아니라, 두만강 이북이 조선의 풍패지향임을 강조하였다. 즉 "아한(我韓)의 강역은 동 · 서 · 남 3면이 바다에 한(限)하고 북쪽이 대륙과 연결되어 있다. 고구려 · 발해의 구강(舊疆)을 말하자면 요동으로부터 송화강 이북까지 모두 판도 내에 있다"고 하고 또 "우리 성조(聖朝)만이 북에서 발상하여 알동(斡東) · 해관(奚關) · 남경(南京) · 금당(金塘) · 덕릉(德陵) · 안릉(安陵) 등 옛터가 모두 강북 간도(艮島)의 땅에 있다. 국가는 마땅히 그 땅을 중히 여겨 백성을 구휼하고 주나라 기칠(岐漆)과 한나라 풍패와 같이 대해야 하는데, 수백 년간 황복(荒服) 외에 두었으니 강역을 담당한 신하로서 어찌 그 책임을 덜 수 있단 말인가?"고 하였다.32)

여기서 나오는 두만강 이북 지명들 예컨대 알동 · 해관 · 남경 · 금당은 목조와 익조의 활동지로서, 목조가 원나라로부터 5천호 다루가치에 임명된 후 두만강 이북에 발자취를 남기게 되었다. 그와 그의 비가 세상을 뜬 후 알동에 묻혔으며, 그 후에 태종에 의해 함흥부로 천장되었다. 목조가 세상을 뜬 후 그의 아들 익조가 다루가치를 세습하였는데, 여진인의 기습을 받아 부득불 두만강 하류 경흥 일대로 철수하

---

31) 이화자,「조선왕조의 백두산 인식」,『조청국경문제연구』, 집문당, 2008년.
32) 김노규,『북여요선』, 김가진(金嘉鎭)의 서(序).

였다. 이때 적도(赤島)·적지(赤池) 등 고적을 남긴 것은 그가 여진인의 기습을 성공적으로 피한 곳으로 후세에 전해졌다. 또 그 이후 익조는 함경남도 덕원으로 철수하였다.

재미있는 것은 1903년 이범윤이 두만강 이북 지역에서 활동할 때 흑정자(黑頂子, 훈춘 일대)에 있는 동4사(社)를 알동(斡東)·귀화(歸化)·석간(石澗)·옥천(玉泉)·금당(金塘)·능곡(陵谷)·노동(蘆洞)·회룡(回龍) 등 8사로 고쳤는데,[33] 앞에서 보았듯이 알동은 목조가 5천호 다루가치를 맡았던 곳이고 금당 역시 목조의 옛터였다. 이는 이범윤의 고토회복 의식과 강토를 넓히려는 포부를 나타낸 것이다.

4) 러시아의 만주지역 점령과 간도정책의 실시

1900년 중국에 의화단운동이 발생하자 러시아는 동청철도를 보호한다는 구실로 만주 전역을 점령하였다. 같은 해 7월 러시아군은 해삼위로부터 훈춘을 공격하여 훈춘성을 함락시켰으며, 이어 가야하·석두하(石頭河)·밀강(密江)·훈춘하 연안에 초소를 세웠고 남강(南崗, 연길)에 군대를 주둔시켰다.[34] 이처럼 러시아가 만주 전역을 점령하고 특히 조선인이 개간한 두만강 이북 지역을 점령함에 따라 조선은 적극적인 간도정책을 추진하게 되었다. 청러 간에 서로 대치하고 있고 청군이 러시아군의 견제로 쉽게 움직일 수 없으며, 러시아가 일본을 견제하기 위해 조선에 우호정책을 쓰고 있는 때를 이용하여 두만강 이북 지역을 얻으며 다시 러시아와 협상하여 영토문제를 해결하려 하였다.

두만강 이북 지역에서 한러 간에는 서로 이용하는 면도 있지만 갈등하

---

33) 『구한국외교문서』 제9권, 청안 2, 688쪽.
34) 『淸季中日韓關係史料』 제9권, 5728쪽.

는 면도 컸다. 종전에 중국 학계에서는 한러 간에 서로 이용하는 면을 강조하여, 조선에서 적극적인 간도정책을 실시한 것은 러시아가 만주에 출병한 기회를 틈타 러시아 세력의 비호 하에 중국 영토를 침입한 것이며, 그 증거로서 한러밀약을 통해 간도를 공치하려 하였고 마산포를 조차해주는 대가로 간도를 조선의 영토로 인정해주는 조건을 걸었다고 지적하고 있다.[35] 그러나 러시아가 조선의 간도정책을 줄곧 지지한 것은 아니었다. 러시아는 만주 전역을 점령한 후 열강으로부터 특히 영국과 일본으로부터 견제를 받았다. 1902년 3월 러시아는 열강의 간섭과 청조의 요구로 부득이 중러 '교수동삼성조약(交收東三省條約)'을 체결하여 세 단계로 나누어 만주 전역에서 철수하는 데 동의하였다. 그럼에도 불구하고 러시아는 갖은 핑계로 철군 시간을 지연시켰다.[36] 이런 상황에서 러시아가 만약 조선의 간도정책을 공개적으로 지지할 경우 열강의 반대와 간섭을 초래할 우려가 컸다. 러시아 자신도 청일전쟁 이후 일본으로 하여금 요동반도를 내어놓게 한 '삼국간섭(三國干涉)'을 주도하였기에 자칫하면 아무 이익도 얻지 못하고 만주에서 철수해야 하는 상황이 벌어질까 우려하였다. 이에 러시아는 조선을 지지하는 데 절제를 보이지 않을 수 없었다. 예를 들어 1903년 윤5월 이범윤이 앤추하에 있는 러시아 관 쿼미싸르(廓米薩爾)에게 "군대를 파견하여 보호해줄 경우 남강(연길)에 가서 관을 설치하여 다스리겠다"고 요구하였으나 러시아 관이 이를 들어주지 않았다.[37] 이밖에 길림장군 장순(長順)이 여러 차례 길림에 주재한 러시아 관에게 길강군(吉强軍)을 파견하여 강변을 숙청할 것을 요구하였지만 들어주지 않다가 이범윤의 사포대

---

35) 楊昭全 · 孫玉梅, 앞의 책, 408~413쪽.

36) 李治亭 주편, 『東北通史』, 中州古籍出版社, 2003년, 585~588쪽.

37) 『구한국외교문서』 제9권, 청안 2, 689쪽.

와 변계 군경들의 활동이 점점 심해지자 같은 해 9월 부득이 길림장군의 요구대로 길강군 3개 영(營)을 파견하여 진무하는 데 동의하였다.[38]

한편 조선은 러시아가 비록 청조와 '교수동삼성조약'을 체결하였지만 군대를 철수하려는 움직임이 전혀 보이지 않자 러시아군이 쉽게 만주에서 철수하지 않을 것이라고 믿었다. 러시아가 과연 만주 전역을 그들 귀속으로 만든 후에 조선에서 다시 두만강 이북을 얻으려고 한다면 그럴 힘이 없었다. 이 점에 대해 청사 허태신은 "한 정부(韓 政府)의 여러 사람의 논의와 언론의 말을 들어보면 동3성에 있는 러시아군이 철수하지 않을 것이라고 한다. 만약 러시아인이 그러한 뜻을 밝힌 후에 한(韓)이 다시 간도(懇島)를 다툰다면 스스로 그럴 힘이 없다는 것을 잘 알고 있으며, 그런 뜻을 밝히기 전에 기회를 틈타 우리가 땅을 양보하기를 바라며 이 때문에 소요하는 것이다"라고 지적하였다.[39]

조선 정부 요원들은 허태신과의 담화 중에도 러시아가 만주를 점령한 기회를 틈타 두만강 이북 지역을 확보하려는 내심을 드러냈다. 1903년 10월 친러파 영수인 이용익(李容翊)은 허태신과의 담화에서 두만강 이북에 대하여 "감히 함부로 말하지 않았지만 같은 말을 반복하였고 진실한 뜻을 드러내려 하지 않았다"고 한다. 또 이용익은 "강희·건륭연간의 옛 안건을 상고해보아도 이 섬이 모두 한(韓)에 속하며, 강대한 인접국(러시아를 가리킴)에게 이익이 돌아가지 않기를 바라며, 우리가 수백 년 속국으로서 혜택을 받은 바가 큽니다"라고 말하였다. 그 뜻은 간도가 러시아 손에 들어가기 보다는 수백 년 속국인 조선에 양보하는 것이 낫다는 것이다. 이에 대해 허태신은 "양국은 두만강을 천연 경계로 하며, 그 땅이 과연 강 이남에 있을 경우 감계를 통하면 자연히 명백해질

---

38) 『淸季中日韓關係史料』 제9권, 5729쪽.

39) 『淸季中日韓關係史料』 제9권, 5737~5738쪽.

것입니다"라고 답하였다. 얼마 후 이용익이 또 감계를 재촉하면서 "변계가 모두 러시아군에 속해 있으므로 철수하려 하지 않을 것입니다. 속히 감계를 진행하기 바랍니다"라고 하였다. 그는 또 조선의 종전의 기록을 허태신에게 내보이면서 그러한 땅이 모두 한(韓)에 속한다고 주장하였다. 이에 대해 허태신은 "길림성과 한(韓)은 두만강으로 경계로 나눈 지가 오래되며, 강을 건너 설관(設官)하려는 것은 절대로 허용할 수 없습니다"라고 반박하였다. 그러자 이용익이 재차 감계를 진행할 것을 청하였다.[40]

이와 같이 러시아의 만주지역 점령 특히 조선인이 월경 개간한 두만강 이북 지역을 점령한 것이 조선에서 적극적인 간도정책을 실시한 계기가 되었다. 간도문제에 있어서 한러간에는 서로 이용하는 면도 있겠지만 서로 상충되는 면도 컸다. 이것이 바로 한러간에 간도를 공치하려는 밀약이 러시아 공사 웨베르에 의해 제기되자마자 조선에 의해 거절된 이유이다.[41] 조선의 간도정책은 청러 양국의 틈 사이에서 추진되었으므로 목표 달성 확률이 적었다. 러시아는 그들이 점령하고 있는 두만강 이북 지역이 조선에 완전히 넘어가는 것을 원하지 않았으며, 비록 일본을 견제하기 위해 조선에 우호정책을 썼고 길림장군이 군대를 파견하여 강변을 숙청하려는 요구를 처음에 들어주지 않았지만, 중국의 거듭된 요구에 못 이겨 길강군을 파견하는 데 동의하였다. 1904년 2월 길강군의

---

40) 『淸季中日韓關係史料』 제9권, 5738 · 5740쪽.
41) 1901년 5월 주한 러시아공사 웨베르가 조선 외부대신 이도재(李道宰)에게 한러간에 간도 공치에 관한 협의 조건 다섯 가지를 내놓자마자 조선에 의해 거절되었다. 이는 최초 소등문차랑(小藤文次郎)의 『간도강역고(間島彊域考)』에 보이며, 그 이후 중정희태랑(中井喜太郎, 1907) · 송교인(宋敎仁, 1908) · 소전치책(篠田治策, 1938)에 의해 재인용되었다. 은정태, 「대한제국기 '간도문제'의 추이와 '식민화'」, 주27) ; 「대한제국기 간도 정책 추진의 조건과 내 · 외부의 갈등」, 동북아역사재단 편, 『근대 변경의 형성과 변경민의 삶』, 주15) 참조.

반격으로 이범윤과 그의 사포대는 부득이 러시아 연해주로 철수하였다. 대한제국의 간도정책도 이로써 막을 내렸다. 그 이후 일본은 한중간의 간도분쟁을 이용하여 조선인의 생명·재산을 보호한다는 구실로 두만강 이북에 '통감부임시간도파출소'(1907)를 설치하였으며, 이 지역에 대한 침투·확장을 강화하였다.

5) 맺는말

간도(間島)·간도(墾島) 명칭이 1880년 이후 조선인이 두만강 이북 지역을 월경 개간하면서 생겨난 것과 마찬가지로 토문·두만 2강설과 양강 이북 공광지 주장도 주로 1880년 이후 나왔다. 이는 두만강 이북 땅을 월경 개간한 사실을 합리화하고 나아가 판도로 굳히려는 의도가 강하게 작용하였다.

1885·1887년 두 차례의 감계 담판을 통하여 조선은 토문·두만이 동일한 두만강이라는 사실을 인정함과 동시에 땅을 빌려 두만강 이북 조선 유민을 안치할 것을 요구하였다. 그러나 1895년 청일전쟁 이후 토문·두만 2강설을 다시 제기하였고 이는 1903년 조선 내부대신이 두만강 이북에 관리를 파견할 것을 요구하는 근거가 되었다. 대한제국기 간도정책의 추진은 단순히 영토관이나 강역관의 문제를 초월한 근대 민족의식의 고조를 배경으로 한 영토 확장정책에 속한다.

토문·두만 2강설과 압록·두만 이북 공광지 주장이 대한제국 간도 정책 실시의 근거가 되었다면, 고토의식은 간도정책의 내재적 동력이었다. 1900년 러시아가 중국 만주 전역을 점령한 것, 특히 조선인에 의해 개간된 두만강 이북 지역을 점령한 것이 간도정책 실시의 계기가 되었다. 러시아가 만주를 자신들의 영토로 만들기 전에 당지 개간민들의 힘을 빌어서 두만강 이북 지역을 점유하려는 것이 간도정책의 최종 목적이다. 이는 대한제국의 진취적인 면을 보여주는 것이기도 하다.

1903년 조선은 이범윤을 두만강 이북 관리사로 임명할 때 개간민들의 생명·재산을 보호한다는 명의로 파견하였다. 이로 인하여 청측은 그를 외국에 주재하는 영사로 간주하여 누누이 조선은 청조의 동의가 없이 '해구통상장정'을 원용하여 영사를 파견할 수 없다고 반박하였다. 이로 써 대한제국의 간도정책은 근대의 외피를 쓰게 되었다. 그 이후 파병문제 에서 러시아가 청측에 타협함과 동시에 길강군의 반격으로 이범윤과 그의 사포대는 부득이 러시아 연해주로 철수하게 되었다. 이로써 대한제 국의 간도정책이 끝났다. 그 이후 일본이 조청 양국의 간도분쟁을 이용하 여 조선인의 생명·재산을 보호한다는 구실로 제국주의적인 침략과 확장을 시작하였다.

제4장

청대 백두산 답사 활동 및
양국 지리지에 기술된 백두산과 수계

1. 청대 백두산 답사 활동

1) 머리말

청나라의 백두산 답사 활동은 청초 강희연간과 청말 광서연간에 집중되었다. 강희연간의 백두산 답사는 청조의 발상지에 대한 중시 및 『성경통지』·『일통지』·『황여전람도』 제작과 관련이 있다. 광서연간의 백두산 답사는 조청 양국이 두만강을 둘러싼 영토분쟁 및 중일간의 '간도교섭안'과 관련이 있다.

이 절에서는 청대 백두산 답사활동의 목적·경과 및 성과에 대해 알아보고자 한다. 특히 광서연간 조청간의 논쟁의 초점이 되었던 백두산 정계비의 위치, 정계비 동쪽 퇴책의 상황, 두만강 상류 수계 등을 알아보고 아울러 답사자들의 조청 국경에 대한 견해에 대해서도 알아보고자 한다.

2) 강희 16·23년의 백두산 답사

a. 강희 16년(1677) 무묵눌의 답사와 첨례 활동

강희연간의 백두산 답사는 강희제가 조상의 발상지를 중시한 것과 밀접한 관련이 있었다. 강희 16년(1677) 강희제는 내대신(內大臣) 각라(覺羅) 무묵눌(武默訥)에게 명하여 시위(侍衛) 비요색(費耀色)·새호례(塞護禮)·색내(索鼐) 등을 데리고 백두산에 가서 첨례(瞻禮)하도록 하였다. 이때 강희제는 "장백산(長白山)이 조종 발상지이지만, 지금까지 확실히 아는 사람이 없다. 너희 네 사람이 오라 장군에게 가서 길을 잘 아는 자를 택하여 확실히 가보고 오되, 참작하여 예를 행하도록 하라"고 명하였다.[1] 이는 청조의 첫 번째 백두산 답사이다.

같은 해 5월 4일 무묵눌 등이 북경에서 출발하여 14일 성경(盛京)에 이르렀고 23일 오라(현재의 길림시)에 도착하였다. 여기서 영고탑 장군 파해(巴海)가 그들에게 3개월 식량을 준비해 주었다. 또 17척의 작은 배에 쌀을 싣고 협령(協領) 살포소(薩布素)로 하여금 병사 200명을 이끌고 무물눌 일행을 호위하여 입산하도록 하였다.[2] 6월 2일 일행은 오라에서 출발하여 육로를 경유하여 송화강을 거슬러 올라갔으며, 액혁눌음(額赫訥陰, 두도송화강 동쪽 지류인 송강하 유역, 오늘날 무송현 경내)[3] 방향으로 전진하였다.

일행은 문덕흔하(文德痕河, 溫德亨河라고도 함, 송화강 지류)[4]·아호산(阿虎山)·고륵눌림(庫勒訥林)·기이살하(祁爾薩河, 奇爾薩河라고도 함, 휘파강 유역)[5]·호타하(滹沱河)·사포이감하(沙布爾堪河)·납단불륵(納丹佛勒)·휘파강(輝發江)·법하(法河)[6]·목돈림파극탑하(木敦林巴克塔河)·납이혼하(納爾渾河, 那爾矗河라고도 함, 두도송화강 지류)[7]·

1) 王士禎, 『池北偶談』, 長白山, 中華書局, 2006년, 88~89쪽.

2) 『欽定八旗通志』권149, 武默訥傳, 『景印文淵閣四庫全書』, 史部 424, 464~465쪽.

3) 청대 『일통지』·『성경통지』·『고금도서집성』·『회전도(會典圖)』의 기록에 의하면, 송화강 서원(西源)의 동쪽 갈래가 액혁눌음하(額赫訥陰河, 額赫額音河라고도 함)이고, 서쪽 갈래가 삼인눌음하(三因訥陰河, 塞因訥陰河·三因額因河라고도 함)이다.

4) 문덕흔하(文德痕河, 즉 溫德亨河)는 송화강 지류로서 길림 시교에 위치한 영길(永吉)현 경내에 있다. 그 근처의 온덕형산(溫德亨山)에서 유래되었음을 알 수 있다.

5) 阿桂 등 편, 『성경통지』(건륭 49년) 권27, 山川三, 遼海出版社, 1997년, 482쪽.

6) 『고금도서집성』직방전, 179권, 오라영고탑부, 中華書局·巴蜀書社, 1985년 영인본, 9354쪽.

7) 납이혼하(納爾渾河 즉 那爾矗河)는 두도송화강 지류로서 정우(靖宇)현 경내에

돈돈산(敦敦山)·탁룡와하(卓龍窩河, 卓侖峩河라고도 함, 두도송화강 지류)8) 등을 경유하여 눌음지방9) 본류(송강하와 錦江·漫江의 합류처)에 이르렀다. 이어 일행은 두 길로 나누어 한쪽은 배를 타고 강을 역류해 올라갔고 다른 한쪽은 육로를 경유하여 액혁눌음(송강하) 쪽으로 전진하였다. 액혁눌음에서 만난 후 일행은 6월 13일 출발하여 나무를 베고 길을 내면서 백두산으로 향하여, 17일에 백두산 산자락에 이르렀다. 여기서부터 무묵눌은 멀리서 또는 가까이에서 백두산을 바라본 경관을 다음과 같이 묘사하였다.

한 곳에 이르니 주위가 숲이 우거졌고 중간이 평평하고 둥글었다. 풀만 자랐고 나무가 없었으며 앞에 물이 있었는데, 숲이 머문 곳에서 반 리(里) 정도 되었다. 숲이 끝나는 곳으로부터 흰 자작나무가 줄지어 서 있었는데 마치 심어놓은 듯하였다. 향목(香木)이 군데군데 있었으며 노란 꽃이 찬란하였다. 신(臣, 무묵눌) 등이 그곳에 가서 머물렀고 숲에서 나와 멀리 바라보니 구름과 안개가 산을 온통 덮고 있어서 아무것도 보이지 않았다. 신 등이 가까이 다가가 무릎을 꿇고 앉아 윤음(綸音)을 읽었더니 예배가 끝나자마자 구름과 안개가 싹 가셨고 장백산의 모습이 훤히 드러났으니 놀라지 않을 수 없었다. 또 길 하나가 있어서 오를 수 있었다. 중간이 평탄한 곳이 있었는데 대(臺)의 기초를 만들어 놓은 듯하였다. 멀리서 바라볼 때는 산의 형태가 길고 넓었으나 가까이 다가서 보니 지세가 퍽 둥글었으며, 흰 빛이 반짝이는 것이 전부 얼음과 눈이었다. 산의 높이는 약 백리였고 산꼭대기에 늪이 있었는데, 다섯 봉우리가 둘러 서 있었다. 물을 마주하고 서 있으니 푸른 물이 맑디맑았고 파도가

있다.

8) 탁룡와하(卓龍窩河 즉 卓侖峩河)는 동쪽으로 흘러 두 눌음하의 합류처로 흘러들어간다. 『고금도서집성』, 직방전, 179권, 오라영고탑부, 9354쪽.

9) 명대 여진 눌음(은)부는 백두산 이북 송화강 상류 지역에 살았으며, 오늘날 무송·정우·화전 등 현에 속한다.

출렁이는 것이 참으로 가관이었다. 늪가에는 초목이 자라지 않았다. 신 등이 서 있는 봉우리는 늪에서 약 50여 장(丈) 되었으며, 주위의 넓이가 약 30·40리 되었다. 늪 북안에 곰 한 마리가 서 있는 것이 매우 작아 보였다. 늪을 둘러싼 여러 산봉우리는 마치 무너질듯하여 아슬아슬하였다. 남쪽 봉우리가 다른 봉우리보다 좀 낮았으며 마치 문과 같았다. 늪의 물이 흐르지 않았으며, 산의 여러 곳에 물이 있는데, 왼쪽으로 흐르는 것이 송아리오라하(松阿里兀喇河)이고 오른쪽으로 흐르는 것이 대눌음하·소눌음하였다. 산은 평평한 숲에 둘러 있었으며 다른 산들은 이보다 낮았다. 다 보고나서 예배(禮拜)하고 산에서 내려가려 할 때, 산봉우리에 사슴 한 무리가 있었는데 다른 사슴은 다 도망갔는데 사슴 일곱 마리가 사람에게 밀치듯이 산봉우리에서 산 아래 한산장경(閑散 章京) 필양무리(畢楊武里)가 서 있는 곳으로 연이어 굴러 내려갔다. 신이 몹시 놀라하며 마침 먹을 것이 없었는데, 이는 아마도 산신령께서 흠차대신에게 하사하는 것이라고 생각하고 산을 바라보며 머리를 조아려 감사의 뜻을 표하고 사슴 일곱 마리를 거두었다. 신 등이 산에 올라갈 때 일곱 사람이었다. 사슴을 얻은 곳으로부터 20·30보 물러나서 머리를 돌려 바라보았더니 갑자기 구름과 안개가 산을 온통 덮어버렸다. 신 등이 생각하건대, 이처럼 깨끗한 승지(勝地)에서 오래 머물 필요가 없으며 18일 돌아가기로 하였다. 전에 장백산을 보았던 곳으로부터 다시 바라보니 구름과 안개가 끼어 산의 빛이 보이지 않았다.[10]

---

[10] 王士禎, 『池北偶談』, 長白山, 90~91쪽. "見一處周圍林密 中央平坦而圓 有草無木 前面有水 其林離駐札處半里方盡 自林盡處 有白樺木 宛如栽植 香木叢生 黃花燦爛 臣等隨移於彼處駐札 步出林外遠望 雲霧迷山 毫無所見 臣等近前跪誦綸音 禮拜甫畢 雲霧開散 長白山歷歷分明 臣等不勝駭異 又正值一路 可以躋攀 中間有平坦勝地 如築成臺基 遙望山形長闊 近觀地勢頗圓 所見片片白光 皆氷雪也 山高約有百里 山頂有池 有五峰圍繞 臨水而立 碧水澄清 波紋蕩潆 殊爲可觀 池畔無草木 臣等所立山峰 去池水約有五十餘丈地 周圍寬闊約有三四十里 池北岸有立熊一 望之甚小 其繞池諸峰 勢若傾頹 頗駭瞻視 正南一峰 較諸峰稍低 宛然如門 池水不流 山間處處有水 由左流者 則爲松阿里兀喇河 右流者 則爲大訥音河 小訥音河 繞山皆平林 遠望諸山皆低 相視畢 禮拜下山之際 峰頭有鹿一群

위 인용문에서 무묵눌은 백두산을 멀리서 바라보고 또 늪가에 서서 본 경관을 상세히 묘사하였다. 천지의 모양·크기·물의 색깔, 그리고 다섯 봉우리가 둘러싼 형태를 기술하였으며, 천지에서 왼쪽으로 흐르는 것이 송아리오라하이고 오른쪽으로 흐르는 것이 대·소눌음하라고 하였다. 여기서 말하는 송아리오라하란 송화강을 가리키며, 폭포 물이 떨어져 형성되는 송화강 발원지 즉 이도백하를 말하는 듯하다. 대·소눌음하란 송화강 서원(西源)을 가리키며, 액혁눌음하(송강하)·삼인눌음하(금강·만강이 합류하여 형성되는 두도송화강임)라고도 한다. 앞에서 말했듯이 무묵눌 일행은 액혁눌음하로부터 백두산에 이르렀으므로 송강하를 거슬러 백두산 서파(西坡, 서쪽 비탈) 또는 서남파를 경유하여 천지에 올랐을 가능성이 크다. 그런 이유로 무묵눌이 본 주위 경관은 모두 천지 서쪽 또는 서남쪽에 서서 본 것임이 틀림없다. 위 인용문에서와 같이 왼쪽으로 흐르는 것이 송아리오라하이고 오른쪽으로 흐르는 것이 대·소눌음하이며, 늪 북안에 곰 한 마리가 서 있는데 매우 작아 보였고 남쪽 봉우리가 다른 봉우리보다 좀 낮아 마치 문과 같다고 서술하였다. 이와는 대조적으로 맞은편 동안은 거리가 멀기 때문에 아무런 묘사도 하지 않았다.

일행은 천지를 보고 예배한 후 산에서 내려왔다. 백두산을 보고 예배를 행하는 것이 답사의 주요 임무였다. 무묵눌 등은 천지를 본 후 이곳이야말로 왕기(王氣)가 모인 성스럽고 청정한 곳이라고 느꼈다. 인용문에서와 같이, 구름과 안개가 산을 온통 덮고 있어 아무것도 보이지

他鹿皆奔 獨有七鹿如人推狀 自山峰陸續滾至山下閑散章京畢楊武里等駐立之
處 臣等不勝駭異 因思正在乏食 此殆山靈賜與欽差大臣者 隨望山叩謝 收其七鹿
臣等上山之時 原有七人也 自得鹿之處 退至二三十步 回首瞻望 又忽然雲霧迷山
臣等因清淨勝地 不宜久留 於十八日言旋 回見先望見長白山之處 因雲霧朦朧
遂不得復見山光矣."

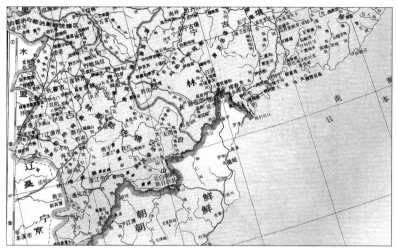

[그림 20] 「길림도」의 일부분(譚其驤 주편, 『중국역사지도집』의 淸時期 부분, 1996)

않을 때, 가까이에 다가가 무릎을 꿇고 앉아 윤음(綸音)을 읽었더니
예배가 끝나자마자 구름과 안개가 싹 가셨다고 하고, 또 다 보고나서
예배(禮拜)하고 산에서 내려가려 할 때 사슴 일곱 마리가 산봉우리에서
연이어 산 아래로 굴러 내렸으며, 이는 산신령이 흠차대신에게 하사한
것이라고 생각한 것, 또 백두산 천지는 청정한 곳인 만큼 오래 머물
필요가 없다고 생각하여 하산했다는 것 등등이다. 이처럼 몸소 백두산에
올라가보고 또 이 산의 신비로움과 영험함을 체험한 것이 답사활동의
가장 큰 성과이고 성공적인 면이라고 하겠다.

　일행은 18일 귀로에 올랐으며, 21일 대 · 소눌음하가 합치는 곳에
이르렀고, 25일 흡고하(恰庫河, 奇雅庫河라고도 함, 두도송화강 지
류)11)에 이르렀으며, 29일 흡고하에서 작은 배를 타고 물길을 따라
내려가 갖은 난관을 물리치고 7월 2일에 오라에 돌아왔다.12)

---

11) 흡고하(恰庫河 즉 奇雅庫河)는 동류하여 두 눌음하가 합치는 곳에 흘러들어간
　다. 『성경통지』(건륭 49년) 권27, 山川三, 483쪽.

무묵눌 등은 한 달 동안 길림에서 출발하여 송화강 좌안(左岸)을 따라 휘파강·두도송화강·송강하를 거쳐 백두산에 올랐으며 이어 같은 길을 따라 길림에 돌아왔다. 이로써 백두산을 보고 예배를 행하는 행사를 마쳤다. 8월 21일 무묵눌이 북경에 도착하여 복명하였다. 9월 2일 강희제는 "장백산은 발상 중지(重地)로서 기적이 매우 많으므로 산령에 대하여 봉호(封號)해야 하며 영원토록 사전(祀典)에 올리도록 하라"고 명하였다.

이듬해 1월 '장백산지신(長白山之神)'으로 봉하고 사전을 5악과 동일하게 하였다.[13] 한편 백두산 첨례 활동의 공로가 인정되어, 강희 19년(1680) 무묵눌은 양심전(養心殿)에 불려들어가 초상을 그려 받는 영예를 얻었다. 황제는 "이 초상을 너의 자손들이 대대로 공양(供養)하여 은총을 밝히도록 하라"고 하였다.[14] 이 행사의 또 다른 공신인 살포소(薩布素)는 이듬해 영고탑 부도통으로 승진하였다.[15]

이상의 답사활동은 백두산 제사 활동의 서막을 열었다. 무묵눌은 실지 답사를 통하여 백두산의 신비로움과 아름다움을 몸소 느꼈을 뿐만 아니라, 위 인용문에서와 같이 청조 군신들에게 백두산의 미묘한 경관을 펼쳐보였다. 그리하여 이 산이 청조의 조상 발상지일 뿐만 아니라 왕기가 모인 신비하고 청정한 곳임이 인정되어 5악과 동일한 제사활동이 전개되었다. 그러한 제사 활동은 영고탑 장군·부도통이 맡았으며, 해마다 봄과 가을에 길림시 서남쪽에 있는 온덕형산(溫德亨山)에서 망사를 지냈으며, 성경 예부에서 관원을 파견하여 행하였다.[16]

12) 王士禎,『池北偶談』, 長白山 ; 『흠정팔기통지』, 권149, 무묵눌전.

13)『청성조실록』권69, 강희 16년 9월 병자 ; 권71, 강희 17년 정월 경인.

14)『흠정팔기통지』권149, 무묵눌전.

15)『흠정팔기통지』권139, 薩布素傳.

16) 呂耀曾 등 편,『성경통지』(건륭 1년) 권13, 산천, 文海出版社, 1965년 영인본,

b. 강희 23년(1684) 『성경통지』의 편찬과 백두산 답사

강희 초년에 『일통지』 편찬을 위한 각 성 통지(通志)가 편찬되기 시작하였으며 여기에는 『성경통지』도 포함되었다. 이를 위해 강희 18년 (1679) 황제는 오라 장군으로 하여금 통관을 거느리고 두만강 상류 회령에 가서 백두산에 들어가는 길을 알아보도록 하였다. 이때 조선은 청조의 사계에 대한 의구심이 깊었으므로 북변의 도로 정보를 제대로 알려주지 않았다. 이밖에 조선 연변 마을이 한산하고 인가가 드물었기에 이 길로 백두산에 들어갈 경우 일행이 너무 힘들어질까 우려되어 계획이 취소되었다. 그 이후 또 압록강 쪽으로부터 백두산으로 들어가려 하였지만 북경에 큰 지진이 일어나 그럴 여유가 전혀 없어서 계획이 취소되었다.[17]

강희 20년(1681)에 이르러 8년에 걸친 '삼번의 난'이 끝났다. 청은 다시 『일통지』 편찬에 착수하였으며, 강희 23년(1684) 네 길로 나누어 산해관 밖으로 나가 지형을 조사하였다. 한 갈래가 산해관에서 심양까지 조사하고, 한 갈래가 심양 동쪽으로부터 영고탑을 조사하고, 한 갈래가 몽고 지방을 조사하고, 한 갈래가 금주(金州)·복주(復州)·해주(海州)· 개주(蓋州) 등 요동반도 연해 지방을 조사하였다.[18] 그 중 주방(駐防) 협령 늑초(勒楚) 등이 흥경과 압록강 일대에서 지형을 조사하던 중에 백두산 천지에 올랐다. 이것이 청대의 두 번째 백두산 답사활동이다.

늑초 일행의 백두산 답사에 관해서는 상세한 자료가 전해지지 않지만 강희 23년에 편찬된 『성경통지』에 약간의 기록이 남아있어 그 상황을 대충 알 수 있다. 『성경통지』 장백산조의 내용은 다음과 같다.

491~492쪽.

17) 『동문휘고』 二, 보편 권2, 사신별단, 1588쪽 ; 『숙종실록』 권8, 숙종 5년 12월 계유·신미 ; 권9, 숙종 6년 2월 임오.

18) 『동문휘고』 二, 보편 권2, 사신별단, 1598쪽.

　　강희 23년 황지를 받들고 주방 협령 늑초 등을 파견하여 다시 주위의
산세를 살펴보도록 하였다. 넓고 끝없이 펼쳐진 것이 『명일통지』의
기록과 같았다. 산꼭대기에는 나무가 자라지 않고 풀이 많았는데 흰
꽃이 폈다. 남쪽 산비탈이 완연히 이어져 있었으며, 두 갈래로 나뉘어
한 갈래가 서남쪽으로 향하였는데, 동쪽으로 압록강 서쪽으로 통가강(通
加江)이 흘렀으며 산비탈이 끝나는 곳에서 두 강이 합쳤다. 다른 한
갈래가 산의 서쪽을 감돌아 북쪽으로 향한 것이 수백 리 되었으며,
여러 물이 이로 인하여 나누어지기 때문에 옛 지리지에서 분수령이라고
총칭하였다. 지금은 서쪽으로 흥경변에 이르기까지 하늘과 해를 가리고
있는 것을 토인들이 납록와집(納綠窩集)이라고 불렀다. 이곳으로부터
또 서쪽으로 흥경문을 들어가 개운산(開運山)을 이루었다. 납록와집으
로부터 북쪽으로 40여 리에 달하는 산을 토인들은 가이민주돈(歌爾民朱
敦)이라고 불렀다. 또한 서쪽으로 영액(英額)변문에 들어가 천주(天
柱)·융업(隆業) 두 산을 이루었다. 이처럼 방향을 돌리면서 구불구불
이어진 것이 마치 범이 웅크리고 있고 용이 서리고 있는 것과 같았다.
그 사이의 땅에 이름을 붙이고 산과 봉우리를 이룬 것이 서로 다르지만
모두 이 산의 지맥이다. 산의 영이함이 옛부터 널리 알려져 있다. 이곳에
서 발상하여 오늘에 이르러 더욱 성하다. 만세에 이르게 될 국가의
크나큰 기초가 이 산과 더불어 영원하리라.[19]

　　위 인용문에서는 흥경 영릉(永陵)의 개운산(開運山, 啓運山이라고도

---

19) 董秉忠 편, 『성경통지』(강희 23년) 권9, 산천지, 오라영고탑경내. "康熙二十三
年 奉旨遣駐防協領勒出等 復周圍相山形勢 廣袤綿亘 略如明一統志所云 其巔不
生他樹 草多白花 南麓蜿蜒磅礴 分爲兩幹 其一西南指者 東界鴨綠江 西界通加江
麓盡處兩江會焉 其一繞山之西而北 亘數百里 以其爲衆水所分 舊志總謂之爲分
水嶺 今則西至興京邊 茂樹深林 幕天翳日者 土人呼爲納綠窩集 從此西入興京門
遂爲開運山 自納綠窩集而北 一崗袤四十餘里者 土人呼爲歌爾民朱敦 復西指入
英額邊門 遂爲天柱隆業二山 回旋盤曲 虎踞龍蟠 其間因立名 爲山爲嶺者不一
要皆此山之支裔也 山之靈異 自昔稱名 而神聖發祥於今爲盛 萬祀鴻基 與山無極
矣."

제4장 청대 백두산 답사 활동 및 양국 지리지에 기술된 백두산과 수계 183

함), 성경 복릉(福陵)의 천주산, 소릉(昭陵)의 융업산 등이 모두 백두산의 여맥임을 밝혔다. 즉 청조의 조상 발상지로 간주되는 백두산과 흥경·성경 등 왕업이 흥기한 용흥지지(龍興之地)가 서로 연결됨으로써 백두산에서 시작되는 용맥(龍脈)이 이곳까지 다다랐음을 강조하였다. 위 장백산조의 내용은 그 이후 편찬된 『청일통지』에 그대로 인용되었다.20)

강희 23년 『성경통지』가 간행된 후에도 압록강 지역에 대한 답사가 계속 진행되었다. 그 이듬해 늑초 등이 압록강 상류에서 지형을 조사하고 지도를 그리던 중, 삼도구(三道溝) 일도에서 월경 채삼하던 조선 변민들과 충돌하여 늑초 등이 조선 변민들이 쏜 조총에 맞아 부상을 입고 변민들도 여러 명이 죽거나 상하는 사건이 발생하였다. 이것이 '삼도구 사건'이다.21)

사료의 제한으로 늑초 등이 백두산 천지에 오른 상황을 알 수 없으나, 『성경통지』 장백산조의 내용이 주로 백두산 남쪽과 서쪽의 지형 특징을 묘사하였고 또 늑초 등이 주로 압록강 상류 일대에서 지형을 조사하다가 조선 변민들과 충돌한 점을 고려할 때, 늑초 등이 압록강 쪽으로부터 강을 거슬러 백두산에 올랐음을 알 수 있다. 이 답사를 통하여 백두산이 흥경·성경 등 용흥지지의 산맥과 연결되어 있으며 백두산에서 시작되는 용맥이 이곳까지 이른다는 점을 확인한 것이 가장 큰 성과라고 하겠다.

그 이후 『일통지』 편찬이 진척됨에 따라 강희제는 더욱더 압록강·두만강·백두산과 조선의 접경지대에 대해 알고자 하였다.22)

---

20) 청대 『일통지』는 세 부가 있다. 강희연간에 편찬하기 시작하여 건륭 8년에 완성된 것, 건륭연간에 편찬하여 49년에 완성된 것, 가경연간에 편찬하기 시작하여 도광연간에 완성된 『가경중수일통지』 등이다.

21) 삼도구사건에 관해서는 이화자, 앞의 책, 55~68쪽 참조.

22) 『숙종실록』 권9, 숙종 6년 2월 임오조에 다음과 같은 기록이 보인다. "今此上勅

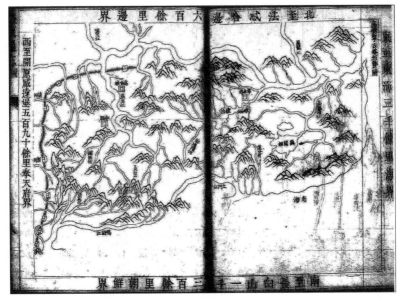

[그림 21] 『성경통지』의 오라영고탑형세도(강희 23년, 1684년)

강희 30년(1691) 황제는 조선 사신이 북경에 도착했을 때, 조선으로 하여금 "의주강(義州江, 압록강)으로부터 토문강에 이르러 조선의 접경지 도로를 아는 사람을 준비해두었다가", "내년(임신)에 다시 가 보도록 하라"고 명하였다.[23] 이것이 조선에서 말하는 '임신사계' 요청이다.[24] 이때 조선은 청조의 사계에 대한 의구심이 여전히 강하였으며, 청조가 장차 중원에서 실패하여 옛 소굴인 영고탑으로 돌아가기 위해 미리 길을 조사하는 것이라고 보고 길이 험하다는 이유로 사계 요청을 거부하였다.

昨年致祭白頭山而還 則執政以皇帝命招問 白頭山南邊 接朝鮮何邑之境 地勢夷險復何如." 즉 황제가 백두산 남쪽 조선 경이 어디인가를 궁금해 하였다.

23) 『동문휘고』 一, 원편 권48, 강계, 903~904쪽.

24) 임신사계에 관해서는 이화자, 앞의 책, 135~140쪽 참조.

3) 강희 51년 목극등의 답사와 양국의 정계

강희 50(1711)·51(1712)년 청은 두 차례에 걸쳐 오라총관 목극등을 파견하여 조청 국경을 조사하였다. 이는 전국지도인『황여전람도』를 만들기 위해서였다. 강희 48년(1707)부터 청조는 서양 선교사 레지(雷孝思, Jean Baptiste Regis)·자루트(杜德美, Petrus Jartoux) 등을 파견하여 중국측 관원들과 함께 만주 일대의 지형을 조사하고 경위도를 실측하여 전국 지도를 만들고자 하였다.[25]『성경전도』가 북경에 올려진 후 강희제는 압록강·두만강 사이 지형이 분명하지 않은 것을 발견하고 오라총관 목극등에게 조선인 월경살인사건(위원사건)을 조사하는 기회를 이용하여 압록강 상류 지역에 도착한 후 다시 백두산과 두만강 일대에 가서 지형을 조사하도록 밀유(密諭)하였다.[26] 그러나 강희 50년의 조사는 청에서 사계에 관한 공식적인 자문을 보내지 않은 탓으로 조선의 의구심을 자아내어 접반 사신의 저지로 목극등은 압록강 상류 폐사군 지역에 이른 후 더 이상 앞으로 나갈 수 없게 되어 중도에서 포기하고 말았다.[27]

이듬해 2월 청에서 사계에 관한 정식 자문을 보내왔다. 4월에 목극등이 압록강 상류 후주 지방에 도착하였으며, 조선 접반사 박권 등이 이곳에서 그를 마중하였다. 여기서부터 양국 인원들은 압록강을 거슬러 백두산으로 향하였다. 혜산에 도착한 후 일행은 두 길로 나뉘어 갔다. 한 갈래는 접반사 박권·함경감사 이선부 및 역관 김지남 등 연로자들을 포함하여 보다회산(甫多會山, 葡萄山 또는 胞胎山이라고도 함) 북로를

---

25) 秦國經,「18世紀西洋人在測繪淸朝輿圖中的活動與貢獻」,『淸史硏究』제3기, 1995년, 38쪽.

26)『청성조실록』권246, 강희 50년 5월 계사.

27) 위원사건에 관해서는 이화자, 앞의 책, 93~100쪽 참조.

통해 삼지연(三池淵)·장파(長坡)를 경유하여 두만강 상류 무산에 이르렀으며, 다른 한 갈래는 목극등을 위시하여 가정(家丁)·인부 및 조선의 역관·군관·길 안내자 등을 데리고 압록강을 거슬러 백두산 천지에 올랐다. 규장각에 소장된 『백산도』([그림 1])를 통해 목극등의 등산로를 살펴볼 경우, 일행은 백두산 남파(南坡)를 거쳐 압록강 서원(西源)으로부터 천지에 올랐음이 확인된다.

기실 목극등이 오기 전에 조선은 이들의 등산로를 면밀히 검토하였다. 양강 사이 백두산 일대 경계를 정하는 문제가 걸려있기 때문이었다. 그리하여 강변에서 가까운 보다회산 남로를 피하고 좀 멀리 떨어져 있는 보다회산 북로를 택하거나 이보다 더 북쪽으로 걷기 어려운 산길을 통해 천지에 올라가도록 하기로 하였다.28) 「백산도」에서와 같이 목극등의 등산로가 가장 북쪽에 있는 산길이며, 그는 이 길을 통해 백두산 천지에 올랐다. 조선 접반사 박권 등이 지나간 것이 보다회산 북로이다. 한편 조선 조정은 양강 사이 육지가 이어지는 곳의 경계를 정하는 문제에 대해서도 논의했으며, 백두산 남쪽에서 5·6일정에 있는 파수(把守)선을 피하고 백두산 천지 남쪽 지역을 강역으로 확보하려 하였다.29) 이때 조선은 보다회산 근처에 압·두 양강의 천연 분수령이 있다는 사실을 알고 있었으며, 이를 '보다회산 분수령'이라고 불렀다.30) 만약 목극등이 이 분수령으로써 경계를 나누자고 제의할 경우 조선에서 동의했을지도 모른다. 그러나 목극등이 그러한 사정을 몰랐으며, 그는 백두산 천지 근처에서 양강 수원을 찾고자 하였다.

목극등은 천지에서 내려온 후 곧바로 압록강 수원을 찾았다. 이는

---

28) 『비변사등록』 64책, 숙종 38년 3월 5일·24일.

29) 조선의 정계 대책에 관해서는 이화자, 앞의 책, 100~110쪽 참조.

30) 『비변사등록』 64책, 숙종 38년 3월 5일.

그가 압록강을 거슬러 올라가면서 수원을 찾은 것과 관련이 있다. 그러나 두만강 수원은 생각보다 훨씬 복잡하였다. 그는 조선 토인들이 동류하는 물이 백여 리 복류(伏流)하다가 다시 땅 위로 솟아나온다는 말에 근거하여 천지 동쪽 백여 리 지점에서 두만강 수원을 찾기 시작하였다. 그리하여 동류하는 한 갈래의 물줄기를 두만강 수원으로 정하고 분수령에 비를 세웠다. 그러나 수원을 잘못 지정하여 송화강 상류에 흘러들어가는 물을 두만상 수원으로 지정하고 말았다. 비록 두만강 상류 수계가 복잡하다고 하지만 압록강 수계와는 백두산 동남쪽 산줄기 즉 소백산 · 연지봉 · 허항령 · 보다회산을 따라 나뉘어져 있어 쉽게 구분되었다. 그러나 두만강 수계와 송화강 동원(東源) 사이는 나지막한 산 예컨대 홍토산 · 장산령(長山嶺)으로 나뉘어져 있고 또 거리가 매우 가까워 구분하기 어려웠다. 바로 여기에서 목극등이 오류를 범한 것이다.

수원을 정하고 비를 세운 후 목극등은 계속하여 두만강 흐름을 따라 내려와 노은동산(蘆隱東山) · 대홍단수를 지나 어윤강(魚潤江, 西北川 · 西豆水라고도 칭함)에 이르고 무산에 도착하였다. 여기서 그는 박권에게 농한기에 두만강 단류처에 설표(設標)할 것을 요구하고 일행을 거느리고 강을 따라 두만강 하류 경원에 이르렀다. 그리고 두리산(豆里山)에 올라가 두만강 입해구(入海口)를 본 후 강을 건너갔다. 이로써 사계와 정계의 임무를 완수하였다.

이상의 정계 과정에 대해서는 다음과 같은 두 가지를 주의할 필요가 있다. 첫째는 목극등이 소백산 분수령에 비를 세웠는지 여부와 그 이후 조선인에 의해 천지 근처로 옮겨졌는지 여부이다. 후세 사람들은 비의 위치가 천지 동남쪽 10여 리 지점에 있으며 이곳이 압록 · 두만 양강 분수령이 아니고 압록 · 송화 양강 분수령이기에 비문에 이른바 "서쪽으로 흘러 압록이고 동쪽으로 흘러 토문이며, 분수령 상에 비를 세워 이를 기재한다"는 내용에 근거하여 비가 처음에는 압록 · 두만 양강 분수령인 소백산 꼭대기에 세워졌던 것을 조선인에 의해 천지 근처로 옮겨졌다고 본다. 그러나 강희 51년 정계 자료 및 그 이후의 자료를 통해 볼 때, 조선에서 비의 위치를 움직였다는 기록이 전혀 없으며, 다만 두만강 수원이 잘못 정해진 사실을 발견한 후 수원을 바로잡고자 두만강 제2파 수원에 목책을 이어놓았을 따름이다. 그러므로 후세에 이른바 '계비암이설(界碑暗移說)'은 사료적 근거가 부족하며 성립되지 않는다. 기실 압록 · 두만 양강 분수령을 말하자면, 소백산 · 연지봉 · 허항령 · 보다회산 등 백두산 동남 산줄기가 모두 이에 해당하며, 후세 사람들이 말하는 소백산 분수령이란 그 중 일부일 뿐이다. 이처럼 사료적 근거가 부족한 상황에서 단지 비문에 "분수령 상에 비를 세워 이를 기재한다"고 기록하였다고 하여, 비가 처음에 소백산에 세워졌던 것을 조선인에 의해 천지 근처로 옮겨졌다고 보는 것은 이치에 맞지 않을 뿐더러 정계 사실과도 어긋난다.

둘째는 1712년 백두산정계와 관련된 중요한 문헌자료에 대해 주의할 필요가 있다. 서울대학교 규장각에 소장된『백산도』, 강희『황여전람도』및 제소남(齊召南)의『수도제강(水道提綱)』등이다. 이러한 문헌자료에 표기되었거나 기록된 토문강원 즉 두만강 수원이 잘못되었음을 상기할 필요가 있다. 예컨대 청조 여도에 표시된 '토문강색금(土門江色禽)' 또는 '토문오라색금(土門烏喇色禽)'이 실은 두만강에 흘러들어가지 않고 송화강에 흘러들어간다는 것이다.

4) 광서연간 조청 양국의 을유 · 정해 감계

a. 을유(1885) 감계와 두만강 수원에 대한 조사

1880년 이후 점점 많은 조선인들이 두만강을 건너 강 이북 땅을 개간하면서 토문·두만 2강설이 나오게 되었다. 이들 월간민(越墾民)들은 비문에 이른바 '동위토문'이란 두만강을 가리키지 않으며, 조청 양국은 두만강을 경계로 하지 않고 토문강을 경계로 하므로 양국이 공동으로 백두산 입비처를 조사할 것을 요구하였다. 이에 1885년 조청 양국은 을유감계를 실시하였다. 청측에서는 덕옥(德玉, 邊務交涉承辦處에 속함)·가원계(賈元桂, 拓墾邊荒 담당자)·진영(秦煐, 상무위원) 등을 위시한 감계대표를 파견하였고, 조선측은 안변 부사 이중하(李重夏)를 위시한 감계 대표를 파견하였다. 1885년 9월 30일부터 11월 29일까지 두 달간 회령에서 출발하여 두만강을 거슬러 올라가면서 여러 물줄기를 차례로 조사하였다. 총 세 팀으로 나누었는데 한 팀이 홍토산수와 정계비·퇴책을 조사하였고 한 팀이 홍단수를 조사하였고 다른 한 팀이 서두수를 조사하였다. 이 중 서두수를 조사하던 팀은 길이 멀고 눈에 막혀 조사를 마치지 못하고 중도에서 끝냈으며, 다른 두 팀이 조사를 성공적으로 진행하였다.[31]

여기서 특기할만한 것은 청측 대표 진영과 조선측 대표 이중하를 위시한 홍토산수 팀이다. 일행은 삼강구(三江口, 홍단수·서두수·홍토산수 합류처를 가리킴)에서 출발하여 강을 거슬러 올라가면서 홍토산수를 조사하였고 다시 퇴책·정계비 방향으로 전진하였으며 백두산 천지에 올랐다. 이중하가 10월 19일 천지에 올랐던 광경을 기록한 것이 그의 문집 『이아당집(二雅堂集)』에 수록되었다. 즉 일행이 산에서 내려올 때 길을 잃었는데, 보체산(寶髻山, 甫多會山·蒲潭山·胞胎山이라고도 함)을 보고나서 방향을 가리게 되었다는 것이다.[32] 한편 정계비

---

31) 楊昭全·孫玉梅, 앞의 책, 263~265쪽 참조.

32) 이중하는 『이아당집』에서 다음과 같이 기록하였다. "十月十九日登白頭山最上

동쪽에 있는 황화송구자와 그 안에 들어 있는 퇴책도 조사 대상이었다. 이 골짜기에 연결된 물이 송화강 상류로 흘러들어갔으며, 조선은 이를 가리켜 '토문강'이라고 칭하였다. 실지 답사를 통하여 청측은 황화송구자와 그 안에 설치된 퇴책에 대해 다음과 같이 기록하였다.

비 동쪽에서 몇 발자국 가면 골짜기 하나가 있는데, 이깔이개 손안이 되며 중국어로 '황화송구자'라고 부른다. 백두산 동쪽 기슭을 감돌아 동북쪽으로 가다가 동남안에 먼저 석퇴(石堆)가 있고 이어 토퇴(土堆)가 있는데 총 180여 개가 된다. 대각봉(大角峰)을 지나서 골짜기가 갑자기 좁아지는데, 서안(西岸)의 토퇴 높이가 여러 길이 된다. 조선은 이를 가리켜 토문이라고 하였다. 토퇴가 끝나는 곳은 비에서 90리나 떨어져 있다. 여기서 또 수십 리 가야 골짜기에 물이 보이기 시작하며, 더 내려가면 골짜기 동쪽에 있는 사을수(斜乙水), 또 그 동쪽에 있는 동유와붕수(董維窩棚水)가 와 합쳐져 양양고(孃孃庫)에 흘러들어간다. 계속 서북쪽으로 흘러 양강구(兩江口)에 이르러 송화강으로 흘러들어 간다.[33]

위 인용문과 같이 비 동쪽의 황화송구자의 명칭이 한국어 이깔이개에서 왔음을 알 수 있다. 또한 이 골짜기가 백두산 동쪽 기슭을 감돌아가며, 동남안에 먼저 석퇴가 있고 이어 토퇴가 있으며, 모두 180여 개가 된다. 대각봉을 지난 후 골짜기가 갑자기 좁아지는데 서안의 토퇴 깊이가

峰 遇風雪失路 一行慌怖 忽見夕陽閃映 才見寶髻山半面 遂辨方 覓路而還." 이 문집은 이중하의 후인인 이흥종(李興鐘)이 1975년 서울에서 간행한 것이다.
33) 『백두산정계비관계서류』, '광서 11년 11월 8일 照覆,' 서울대학교 규장각 소장, 규26302. "碑東不數武有一溝 卽伊戛力蓋之上掌 譯華言爲黃花松溝子 下 繞長白山之東麓 東北行 其東南岸 上首有石堆 下首有土堆 共一百八十餘個 過大 角峰 溝形忽窄 西岸土堆高深數丈 朝鮮呼爲土門 堆之盡處距碑已九十里 自此而 下數十里 此溝始見水 再下與此溝東之斜乙水 東之董維窩棚水 合而入孃孃庫 西北行至兩江口 入松花江."

여러 길이 되며, 조선은 이를 가리켜 '토문(土門)'이라고 하였다. 즉
'토문' 명칭이 황화송구자에서 유래되었음을 알 수 있다. 이밖에 황화송
구자의 토퇴가 끝나는 곳은 정계비로부터 90리가 되며, 여기서 수십
리 더 가서 송화강 상류가 흘렀다. 또 그 동쪽에 사을수·동유와봉수가
있었는데 역시 송화강에 흘러들어갔다.

이밖에 청측은 홍토산·홍토산수 및 원지(圓池)에 대해 다음과 같이
기록하였다.

> 또 살펴보건대, 소백산 동북쪽 산비탈에서 맥이 갈라져 무봉(茂峰)
> 동남 일대에서 동북쪽으로 느슨한 산이 이어져 있으며 높은 산이 별로
> 없다. 여기서 백여 리를 더 가야 홍토산에 이른다. 이 산은 장백산과
> 동·서로 마주 보고 있으며, 120리 떨어져 있다. 홍토산 동쪽은 장산령이
> 시작되는 곳으로서, 홍토산에서 서북쪽으로 5리 가면 완만한 언덕에
> 원지(圓池)가 있다. 늪의 양쪽 2·3리에 각기 물이 흐르는데, 느슨한
> 언덕을 지나 홍토산을 감돌아 흘러 합류한다. 장산령 남쪽을 지나 동남쪽
> 으로 흐르며, 증산(甑山) 북쪽을 경유하여 장파를 지난 후 소홍단에
> 이르기까지 백여 리가 된다. 홍단수와 합류하여 도문강(圖們江, 두만강)
> 으로 흘러들어간다.[34]

즉 홍토산이 백두산 동쪽 120리에 위치해 있으며, 원지가 홍토산
서북쪽 5리에 있다는 것이다. 원지의 양측에서 물이 흐르는데, 홍토산을
감돌아 흘러 합류하며 백여 리를 가서 홍단수와 합류한다는 것이다.

---

34) 『백두산정계비관계서류』. "又査自小白山東北坡分脈 由茂峰東南一帶東北行
俱是漫崗起伏 不見峰巒 行百餘里 至紅土山 此山與長白山東西相望 相距一百二
十里 紅土山東卽長山嶺之起峰處 由紅土山西北行五里 平崗上有一圓池 池之兩
旁各二三里有二水 由漫坡流出 繞過紅土山合流 由長山嶺南面 回折東南流 經甑
山之北 過長坡 至小紅丹地方 約共百餘里 與紅丹水合流 下入圖們江."

위에서 본 홍토산 부근의 두 갈래 물줄기 중에서 서쪽 갈래를 '홍토산수 (紅土山水)'라고 부르고 동쪽 갈래를 '원지수(圓池水)'라고 불렀다.[35] 이로써 홍토산수의 명칭이 홍토산에서 유래되었음을 알 수 있다. 이보다 앞서 강희연간 정계 시에는 두만강 상류 여러 물줄기에 정확한 명칭이 없었다. 특히 홍단수와 합치는 북쪽 지류에 명칭이 없었으며, 단지 제1파 · 2파 · 3파 · 4파 또는 초파(初派) · 차파(次派)로 불렸다. 이로 인하여 목극등이 정계한 물줄기와 조선에서 퇴책을 이설한 물줄기의 정확한 명칭을 알 수 없는 것이다. 광서연간 두 차례의 감계 및 그 이후 여러 차례 답사를 통하여 홍단수와 합치는 북쪽 지류에 점차 명칭이 생기게 되었으며, 홍토수 · 모수림하 · 약류하 · 석을수 등이다.

이밖에 위 인용문에서는 홍토산 근처의 지형에 대해 묘사하였는데, 소백산 동북쪽 무봉 동남 일대로부터 동방에 이르기까지 구릉이 이어져 있고 높은 산봉우리가 없으며, 백여 리를 가야 홍토산에 이른다고 기록하였다. 오늘날 '구글' 위성도를 통해서도 이 같은 지형적 특징을 확인할 수 있다. 최고봉 백두산 천지가 우뚝 솟아 있을 뿐, 이로부터 북쪽 · 동북쪽 · 동쪽 · 동남쪽 멀리까지 완만한 구릉이 이어져 있고 높은 산봉우리가 보이지 않는다. 특히 동쪽으로 홍토산 · 장산령 일대에 이르러서야 산봉우리가 다시 솟아나기 시작한다. 여기가 바로 두만강 상류와 송화강 동원이 갈라지는 분수령이다. 바로 이곳에서 목극등이 두만강 수원을

---

35) 1964년에 체결된 '중조변계의정서'를 통해 보면, 적봉(赤峰, 홍토산이라고도 함) 근처에 네 갈래 물줄기가 있음이 확인된다. 하나가 모수림하(母樹林河)이고, 하나가 홍토수이고, 하나가 소시령하(小時令河)이고, 다른 하나가 약류하(弱流河)이다. 그러나 광서연간 감계 때 기록에는 두 갈래 물줄기밖에 보이지 않는다. 즉 서쪽 지류인 홍토산수와 동쪽 지류인 원지수이다. '중조변계의정서'의 상세한 내용은 이종석, 『북한-중국관계 1945~2000』, 도서출판 중심, 2004년 부록(한글) ; 서길수, 『백두산국경연구』, 여유당 출판사, 2009년, 부록(중국어영인본) 참조.

찾았으며, 송화강 상류를 두만강 수원으로 정하는 오류를 범하였다.

조선측도 정계비·퇴책과 홍토산수에 대해 묘사하였는데 상세한 내용은 다음과 같다.

정계비 형편을 놓고 볼 때, 비가 대택(大澤, 천지를 가리킴) 남쪽 기슭에서 10여 리에 있다. 비 서쪽에서 몇 발자국 가면 골짜기 하나가 있는데 압록강 수원이다. 비 동쪽에서 몇 발자국 가면 역시 골짜기 하나가 있는데 토문강 수원이다. 석퇴·토퇴를 90리 설치해 놓았는데, 토퇴의 높이가 수 척(尺)에 달하며 그 위에 나무가 자라나 늙고 굵은 것이 그 때의 표식임이 틀림없다. 대각봉 끝에 이르러 골짜기가 갑자기 좁아지는데, 양쪽의 토퇴가 마주한 것이 마치 문과 같다. 두만강 상류 여러 물줄기 중에서 봉퇴(封堆)와 가장 가까운 것이 홍토산 수원이다. 그러나 중간에 40·50리 되는 완만한 언덕을 사이에 두고 있다. 토문 상·하 형편을 놓고 볼 때, 비 동쪽에 건천(乾川)이 있는데 동쪽으로 백여 리 가서 흐르기 시작하며 동북쪽으로 흐르다가 다시 북쪽으로 흘러 송화강으로 들어간다.[36)]

위와 같이 정계비가 백두산 천지 남록 10여 리에 있으며, 비의 서쪽에 골짜기 하나가 있는데 압록강 수원이고, 비의 동쪽에 골짜기 하나가 있는데 토문강 수원이라고 하였다. 여기서 말하는 토문강이란 두만강이 아니라 송화강 상류를 가리킨다. 이밖에 비 동쪽 골짜기에 토퇴·석퇴가 90리 이어져 있으며, 토퇴 위에 나무가 자란 것이 굵고 늙어 오래되었다

---

36) 김노규, 『북여요선』, 356쪽. "以定界碑形便言之 碑在大澤南麓十里許 而碑之西邊數步地有溝壑 爲鴨綠江之源 碑之東邊數步遠有溝壑 爲土門江之源 連設石堆土堆九十里 堆高數尺 堆上林木自生 已有老而拱者 明是當年標限 而至大角峰尾中間溝形忽窄 土岸對立如門者 指此也 豆滿江上流衆水發源中 最近於封堆者是紅土山水源 而橫隔漫坡 相距已爲四五十里之遠 以土門上下形便言之 碑東乾川東迤百餘里始出水 東北流 轉而北入松花江."

고 하였다. 또 이 골짜기의 봉퇴와 가장 가까운 물줄기가 홍토산수인데, 중간에 40 · 50리나 되는 완만한 언덕을 사이에 두고 있다고 기록하였다.

이처럼 정계비 동쪽에 있는 황화송구자와 그 안에 설치된 퇴책과 홍토산수에 관심을 갖는 것은 황하송구자가 목극등이 지정한 두만강 발원지 즉 물이 흐르다가 끊기는 곳이고 홍토산수가 조선인들이 지목한 물이 솟아나온다는 곳(용출처)이기 때문이다. 그리고 설책 시 조선은 황화송구자에 토퇴 · 석퇴를 설치하였을 뿐만 아니라, 황화송구자와 홍토산수 사이 평평한 언덕에 40여 리의 목책을 설치하였다.[37] 그러나 이 목책이 170년을 지나는 동안 다 썩어 없어져, 결국 송화강 상류에 연결된 골짜기에만 퇴책이 남아 있고 두만강 상류에는 퇴책이 남아 있지 않게 되어 이른바 토문 · 두만 2강설이 나오게 된 것이다.

한편 양측 대표들은 홍토산수 외에 홍단수 · 서두수(어윤강)를 각각 조사하였다. 이를 기초로 청측은 홍단수를 두만강 정원(正源)으로 생각하고 소백산 일대를 압록 · 두만 양강 분수령으로 여겼으며, 소백산 · 홍단수로서 경계를 나눌 것을 주장하였다. 조선측은 처음에는 토문 · 두만이 2강임을 주장하던 데로부터 이중하가 홍토산수에 연결된 목책의 흔적을 발견한 후 2강설이 잘못되었음을 인정하고 땅을 빌려 두만강 이북 유민들을 안치할 것을 요구하였다.

b. 정해(1887)감계와 두만강 수원 조사

정해감계는 청측에서 먼저 제기하였으며, 양국이 공동으로 사람을 파견하여 두만강 상류 경계를 하루빨리 정함으로써 두만강 이북 조선 유민들의 거취를 정함과 동시에 조선 변민들의 월경 개간 행위를 억제하

---

37) 『숙종실록』 권52, 숙종 38년 12월 병진.

고자 하였다. 감계에 임한 양측 담당자는 제1차 감계 때와 별반 차이가
없었다. 청측 대표는 여전히 진영이고 길림 장군이 보용(補用) 지현(知
縣) 방랑(方朗)을 더 파견하였으며, 조선측 대표는 여전히 이중하였다.
1887년 4월 7일부터 윤4월을 경유하여 5월 19일까지 두 달 반 동안
감계를 실시하였다. 양측 인원들의 행로를 살펴보면, 회령에서 출발하
여 무산에 이른 후 강을 거슬러 올라가 장파에 도착하였으며 먼저
홍단수를 조사하고 이어 홍토산수를 조사하였다. 그리고 다시 회령에
돌아와 감계를 마쳤다.[38]

　조선측은 그 전에 있었던 을유감계를 통하여 토문·두만이 동일한
두만강이라는 사실을 알고 있었기에 정해감계 때는 이 문제를 제기하지
않았으며, 홍토산수가 두만강 정원이며 정계비-퇴책(황화송구자)-홍
토산수를 경계로 할 것을 주장하였다. 이것이 강희연간의 옛 경계라는
이유 때문이었다.

　청측은 정계비와 퇴책이 송화강 상류에 연결된 사실을 받아들일
수 없었으므로 비가 조선인에 의해 소백산·삼지연 일대의 분수령으로
부터 천지 근처로 옮겨진 것이라고 보았다. 그리하여 조선측의 이른바
홍토산수 옛 경계를 믿지 않았을 뿐더러 황화송구자에 설치된 토석퇴를
경계의 표식물로도 보지 않았다. 그리하여 "퇴책이 우리 조정(청조)에서
장백산에 제사를 지내기 위해 길을 표기한 것"이라고 하고,[39] 또 "사냥꾼
이 산에 들어갈 때 길을 표기한 것"이라고 우겼다.[40]

　윤4월 13일로부터 양측 인원들은 세 차례에 걸쳐 홍토산수를 답사하
였다.[41] 그러던 중 홍토산수 남쪽에서 한 갈래의 새 지류를 발견하였다.

---

38) 楊昭全·孫玉梅, 앞의 책, 316~342쪽.

39) 『감계사교섭보고서』, '윤4월 16일'.

40) 『吉朝分界案』, '照錄吉林將軍來文 광서 13년 7월 초2일 到', 1855쪽.

이것이 '석을수(石乙水)'이다. 조선측은 이를 '도랑수(島浪水)'라고 불렀는데 물의 흐름이 그다지 크지 않았음을 말해준다. 석을수의 물 흐름이 홍토산수보다 좀 넓고 더 길었으며, 석을수를 따라 계속 서쪽으로 갈 경우 소백산 동록에 이르렀다. 그리고 소백산 서록은 압록강 상류 여러 물줄기가 흘렀다. 이처럼 소백산을 사이에 두고 압록·두만 양강 수계가 동서로 42리 떨어져 있었다. 한편 조선측은 홍단수를 경계로 하는 것을 반대하였으며, 이곳이 조선 내지라고 주장하였다. 그 이유는 홍단수 북쪽에 백여 호의 조선 부락이 있었는데 백여 년 역사를 갖고 있었으며, 특히 조선에서 장파에 사창(社倉)을 설치하였다. 이 같은 상황에 비추어 청측은 부득불 홍단수를 포기하고 한 발 물러나 그 북쪽에 있는 석을수를 택하게 되어, 석을수가 두만강 정원이며 소백산—석을수로써 경계를 나눌 것을 주장하였다.[42]

한편 답사 과정에서 양측 인원들은 두 번이나 천지에 이르러 천지의 넓이를 측정하려 하였으나 구름과 안개가 끼고 바람이 거세게 불어 이룰 수 없었다. 그러나 맑고 따뜻한 날씨에 이르러서는 백두산 남쪽 여러 산봉우리가 뚜렷하게 보였다. 청측은 백두산 동남쪽 산줄기를 다음과 같이 묘사하였다.

백산 남쪽이 두 갈래로 나뉘어 한 갈래가 서남쪽으로 성경 산맥을 이루고 다른 한 갈래가 구불구불 포담산(蒲潭山) 쪽으로 내려와 동남 지맥을 이룬다. 연지·소백산 등이 이 지맥에 속하며 돌연간 봉우리를 이룬 것이다. 이 지맥의 서록(西麓)이 압록강원이다. 서두·홍단·석을수 등이 모두 동록에서 발원하니 실로 하나의 큰 분수령이 된다. 장백과 소백은 멀리 떨어져 있지 않다. (장백산이) 천리를 뻗어 있는 것을

---

41) 楊昭全·孫玉梅, 앞의 책, 332~342쪽.
42) 『吉朝分界案』, '照錄吉林將軍來文', 1851~1861쪽.

생각한다면, 소백산 동록이 곧 장백산 동록이며 이름을 달리 할 필요가 있겠는가? 소백이라고 칭한 것은 조선인이 오랫동안 그렇게 불러 왔기에 갑자기 호칭을 바꿀 경우 일을 서술하는 데 분명하지 않기 때문이다.43)

즉 백두산 산줄기가 동남쪽으로 뻗어 내려와 연지봉·소백산을 이루며, 보다회산에 이르러 압록·두만 양강 분수령을 이룬다는 것이다. 그리고 소백산 동록이 곧 백두산 동록이라고 강조한 것은 석을수가 비록 소백산 동록에서 발원하지만 백두산 동록에서 발원한 것과 같으며, 청『회전도(會典圖)』의 이른바 "대도문강(大圖們江)이 장백산 동록(東麓)에서 나와 두 개의 물이 합쳐서 동류한다"는 내용과 맞아 떨어짐으로 석을수가 대도문강이고 두만강 정원이라는 것을 설명하기 위해서였다. 여하튼『회전도』의 대·소도문강에 관한 기록이 감계 때 두만강 정원을 판단하는 중요한 기준이 되었다.

또한 담판 과정에서 청측 대표는 조선측에서 제기한 정계비-퇴책-홍토산수 경계선을 반대하였다. 그 이유는 정계비·퇴책이 송화강 상류에 연결되어 있기에 송화강에 저애가 되며,44) 이보다도 정계비-퇴책-홍토산수 경계선이 백두산 동록과 연결되어 있어 청조의 백두산 발상지에 저애된다고 여겼던 것이다.45) 그리하여 청측은 천지에서 남쪽으로 40·50리 떨어진 소백산과 그 동록에서 발원하는 석을수를 경계로

---

43)『吉朝分界案』, '照錄吉林將軍來文', 1856~1857쪽. "見白山南面 劈分兩幹 其一向西南指者 卽盛京之幹 其一蜿蜒向蒲潭山去者 爲東南一幹 臙脂小白等山同在一幹 不過突起巒頭 此幹之西麓爲鴨綠江源 如西豆紅丹石乙諸水 均出其東麓 實係一大分水嶺 長白與小白相距不遠 以綿亘千里觀之 小白東麓卽爲長白東麓 何必另易其名 所以稱爲小白者 以朝鮮人相稱已久 遽更其名 敍事恐難明顯."

44)『吉朝分界案』, '照錄吉林將軍來文 광서 13년 7월 22일', 1868쪽.

45)『吉朝分界案』, '照錄軍機處交長順等抄折 광서 15년 12월 24일', 1903쪽.

할 것을 주장하게 되었다.

같은 해 5월 말 양국의 공동 감계가 끝났으나 쌍방의 교섭은 끝나지 않았다.[46] 12월 광서제는 소백산·석을수로 경계를 나눌 것을 결정하였다.[47] 이에 청은 소백산·석을수를 따라 국경 팻말을 세울 지점을 지정해 놓았다. 이것이 후세에 말하는 이른바 '십자비(十字碑)'인데,[48] 소백산 꼭대기로부터 석을수 발원처에 이르고 이어 석을수와 홍토산수 합류처, 홍단수 합류처, 서두수 합류처(삼강구), 박하천 합류처에 이르러 '화하금탕고(華夏金湯固) 하산대려장(河山帶礪長)'이라는 십자비를 세우고자 하였다.[49] 그 이듬해(1888) 청은 두 번이나 조선에 위 지점을 따라 국경 팻말을 세울 것을 제의하였다. 그러나 조선은 이를 거절하였으며, 정계비-퇴책-홍토산수로서 경계를 나눌 것을 계속 견지하였다. 감계 담판은 이로써 전부 끝났다.[50]

5) 광서 33년 오록정의 백두산 답사

광서 33년(1907) 길림 변무(邊務) 방판(幇辦) 오록정(吳祿貞)이 동삼성 총독 서세창(徐世昌)의 명을 받고 백두산과 조청 국경을 조사하였다. 이는 일본이 제기한 '간도교섭안'을 대처하며, 두만강 이북이 중국에 속한다는 증거를 제시하기 위해서였다. 같은 해 6월 오록정은

---

46) 楊昭全·孫玉梅, 앞의 책, 319쪽.

47) 『吉朝分界案』, '광서 14년 정월 초9일 到', 1845쪽.

48) 1887년 정해감계 이후 소백산·석을수·홍단수의 합류처, 서두수의 합류처, 박하천의 합류처를 따라 '십자비'를 세웠는지 여부와 그 이후에 조선인에 의해 파괴되었는지 여부는 고증이 필요하다.

49) 楊昭全·孫玉梅, 앞의 책, 347~348쪽.

50) 『구한국외교관계부속문서』 제8권, 청안 1, 437·445쪽.

8명의 측정·서기(書記) 인원을 거느리고 길림시(길림성 소재지)에서 출발하여 산을 넘고 물을 건너 돈화현(敦化縣)·연길청에 이른 후 훈춘으로 갔다. 여기서부터 일행은 두만강을 거슬러 백두산에 이르렀다. 두만강 상류 홍단수·석을수·홍토산수를 조사하였을 뿐만 아니라 송화강 상류를 연결한 황화송구자를 답사하고 정계비를 조사한 후 백두산 천지에 올랐다. 이어 천지에서 남쪽으로 내려와 백두산 동남 지맥인 소백산·삼급포(三汲泡, 삼지연)·포도산(葡萄山, 보다회산) 일대를 조사하였으며, 두도송화강을 따라 협피구(夾皮溝, 樺甸경내)를 경유하여 길림시로 돌아갔다([그림 22]).

전반 노정이 2,600여 리이고 73일간 걸렸다. 오록정은 이 답사를 기초로 많은 서적과 지리지·지도 등을 참고하여 100여 일만에 10만 자에 달하는 『연길변무보고(延吉邊務報告)』를 썼다.[51] 이 보고서는 대일 교섭의 중요한 참고자료로 이용되었다.

『연길변무보고』는 8장으로 나뉘며, 제1장은 연길청 강역의 역사, 제2장은 연길청 건설의 연혁, 제3장은 연길청의 지리, 제4장은 한민(韓民)의 월간(越墾) 경과, 제5장은 길·한(吉·韓) 계무(界務)의 경과, 제6장은 일한(日韓)의 착오의 시정, 제7장은 일본인이 연길을 경영하고자 한 이유, 제8장은 일본인이 연길을 경영하는 정책 등이다. 이 보고서는 청조가 연길청을 설치한 경과, 역사적 연혁 및 지리 등에 대해 상세히 서술하였으며, 조선인이 두만강 이북 지역을 월경 개간한 역사와 그로 인해 생긴 중한 양국의 국경 분쟁, 및 일본이 양국의 국경 분쟁을 이용하여 연길 지역에 대한 침략을 강화하려 하는 야심 등에 대해 논술하였다.

---

51) 吳祿貞,『延吉邊務報告』序,『長白叢書』初集, 2~6쪽 ; 吳祿貞, '長白山鴨綠江·圖們江源圖圖說',『東三省政略』下, 附圖, 吉林文史出版社, 1989년, 9쪽.

[그림 22] 吳祿貞, 「백두산 답사도」(1907년)

　오록정은 『연길변무보고』에서 백두산에 대해 다음과 같이 기술하였다.

　장백산은 우리나라 동방 여러 산의 조종이다. 송화강이 그 북쪽에서 발원하고 압록강이 그 서쪽에서 발원하며 도문강이 그 동쪽에서 발원한다. 봉천과 길림성이 이로써 경계를 나누며, 산 남쪽이 조선계이다. 장백산의 옛 명칭은 불함산(不咸山)이고 한나라 때 단단대령(單單大嶺)이라고 하였다.……속칭 백두산이라고도 하는데 산꼭대기에 사계절 눈이 쌓여 장백산이라고 부르게 된 것이다. 해발 1만 척(尺) 또는 만 2천 척이 되며, 산꼭대기에 다섯 봉우리가 둘러 있고 가운데 호수가 있다. 둘레가 30여 리이며, 천지라고 불리거나 달문담(闥門潭)이라고 불린다. 산꼭대기는 경석 석탄암(輕石 石炭巖)으로 구성되었으며, 나무가 자라지 않는다. 산허리는 토질이 위주이고 삼림이 울창하여 해를 가리고 있다. 경사지고 평평하며 완만하여 오르내리기가 어렵지 않기에 '백산파자(白山派子)'라고도 부른다. 8월에서 이듬해 4월까지 큰 눈이 내려 봉산기(封山期)가 되며 사람의 행적이 보이지 않는다. 연길 경내의 산들이 모두 백산 동록에서 맥을 시작한다.[52]

즉 백두산이 동방의 조종 산맥이며, 연길 경내의 모든 산이 여기서 맥을 시작하며, 송화강·압록강·두만강이 이 산에서 발원한다는 것이다. 이밖에 백두산의 고금 명칭, 해발고도, 천지 주위의 산세, 둘레, 정상의 암석 구성 및 산허리의 지형 특징 등을 서술하였다. 위 내용을 그 이전의 지리지와 비교할 경우 현대 지리학적인 내용이 추가되었음이 발견된다. 예컨대 천지의 해발고도, 정상의 암석 구성 등이다. 그리고 천지 둘레 30여 리는 오늘날 측정된 13㎞(26리)에 근접해 있다.

소백산도 답사의 중점이었다. 소백산은 전의 두 차례 공동감계 시 청측에서 압록·두만 양강의 분수령으로 여긴 곳이고 경계를 나누고자 하였던 곳이다. 오록정은 소백산에 대해 다음과 같이 기록하였다.

소백산은 장백 주산(主山)의 동남쪽 45리에 있다. 장백산과 맥을 같이 하지만 하나의 봉우리를 이루고 있기에 속칭 소백산이라고 하였다. 산 남쪽이 중한 구계(舊界)이며, 남쪽으로 맥이 뻗어 조선 경내에 흩어졌다.[53]

---

52) 오록정, 『延吉邊務報告』, 38쪽. "長白山爲我國東方諸山之祖 松花江發源於其北 鴨綠江發源於其西 圖們江發源於其東 奉吉兩省之界卽以此分 而山南卽朝鮮界 焉 長白山古名不咸山 漢稱單單大嶺……俗亦稱白頭山 蓋以山頂四時積雪 故名 長白山 拔海一萬尺乃至一萬二千尺 山頂五峰竝峙 中央有湖 周圍約三十餘里 稱爲天池 亦稱闥門潭 山頂爲輕石石炭巖 樹木不生 山腹全係土質 森林密茂 不見 天日 然傾斜平緩 登降不難 俗稱白山派子 惟每年八月至翌年四月 爲大雪封山之 期 行人絶跡 延吉境內之山 皆發脈於白山之東麓."

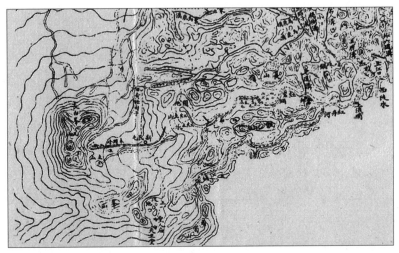

[그림 23] 吳祿貞, 『백두산 답사도』의 부분 확대(1907년)

즉 소백산이 장백산과 맥을 같이 하며 천지 동남쪽 45리에 있으며, 소백산 남쪽이 중한 구계라는 것이다. 이처럼 소백산 남쪽이 중한 구계라고 본 것은 소백산을 압록·두만 양강 분수령으로 여긴 것 외에 강희 51년에 소백산 꼭대기에 비를 세웠다고 여겼기 때문이었다. 즉 그는 비가 소백산 꼭대기에 있던 것을 월간 조선인들이 국경을 침범할 타산으로 백두산 동남쪽 천지 근처로 옮겨 놓았다고 보았다.[54]

이밖에 오록정은 백두산 동쪽 산줄기인 장산령(長山嶺)·홍토산에 대해서도 기술하였는데 그 상세한 내용은 다음과 같다.

장산령은 장백산 동쪽 가장 가까운 산줄기로서 장백산으로부터 동쪽

---

53) 오록정, 위의 책, 38쪽. "小白山 在長白主山東南四十五里 實連長白爲一本幹 以其別起一峰 故俗曰小白山 山南爲中韓舊界 其山脈南行 散布於朝鮮境內."

54) 오록정, 위의 책, 70·72쪽. "碑高僅二尺許 不知何時被韓民移至長白山. 鄉里無 知 妄稱界碑 我民人更不敢移也, 然則必爲盜墾韓民 豫謀侵界地步之所爲也 明 矣."

으로 약 60리 가면 홍토산이 있고 홍토산으로부터 동쪽으로 이어진 것이 장산령이다. 이 산맥은 경사지고 평평하고 완만하여 마치 구릉과 같아서 그렇게 이름지어졌다. 홍단하와 홍기하(紅旗河)가 합류하는 곳이 장산산맥이 끝나는 곳이다.[55]

즉 장산령은 백두산 동쪽 가장 가까운 산줄기로서, 동쪽으로 길게 뻗어 있으나 그다지 높지 않고 완만한 구릉 같아서 장산령이라고 부르게 되었다는 것, 홍토산은 백두산 동쪽 60리에 있으며 여기에서 더 동쪽으로 가면 장산령이 있고, 장산령 산맥이 끝나는 곳에서 홍단수와 홍기하가 합친다는 것이다.

오록정은 두만강 상류 여러 물줄기 예컨대 홍단수·석을수·홍기하·서두수 등에 대해 서술하고 복잡한 수계 관계를 간단명료하게 정리해 놓았다. 그 상세한 내용은 다음과 같다.

도문강이 백산 동쪽에서 발원하며 두 개의 원류가 있다. 하나가 정원(正源) 홍단수이고 다른 하나가 분원(分源) 석을수이다. 홍단수가 소백산 동쪽 삼급포(三汲泡, 서북쪽으로 장백산 봉우리까지 60여 리이다)에서 나와 동북쪽으로 8리가량 복류(伏流)하다가 샘물이 솟아나오는데 홍단하 수원이다.……석을수와 합친다(발원처에서 여기까지 128리이다). 이것이 도문강 정원이며, 길·한(吉·韓)의 구계이다. 석을수가 백산 동쪽에서 발원하며(서남쪽으로 소백산 봉우리까지 38리이다. 서북쪽으로 장백산 봉우리까지 60리이다), 발원처에서 동북쪽으로 12리 흐르다가 북쪽으로 9리가량 흐르면 홍토산수가 흘러들어온다. 홍토산수는 홍토산 남쪽에서 발원하여 원지(圓池)수와 합치며 6리가량 동류하다가

---

55) 오록정, 위의 책, 38쪽. "長山嶺爲長白山東最近之一支干山脈 由長白東行約六十里而爲紅土山 又由紅土山蜿蜒東行而爲長山嶺 其山脈傾斜平緩 形如崗丘 故名 至紅丹河與紅旗河二水之合流處 即長山山脈盡頭處也."

흘러들어온다(원지수는 홍토산 북쪽 원지에서 발원하여 동남쪽으로 6리 흐르다가 홍토산수와 합친다).……홍단수와 합치는데(발원처에서 여기까지 116리이다) 이것이 도문강 분원이다. 광서 13년 중한 양국이 공동으로 감계를 실시할 때 화원(華員, 청측 인원을 가리킴)이 이 물로써 국경을 나눌 것을 주장하였고 한인(韓人)이 홍토산수를 주장하였으나 결국 합의를 보지 못하였다. 홍단·석을 두 물줄기가 합친 후로부터 도문강 정류(正流)이다.……홍기하가 흘러들어오며 이를 도문강 북원(北源)이라고 할 수 있다. 노령(老嶺)에서 나온다.……삼강구에 이르러 서두수가 흘러 들어오는데, 한인(韓人)들은 이를 어윤강(魚潤江)이라고 불렀다. 도문강은 서두수와 합친 후 물의 세가 더욱 커진다. 서두수의 흐름이 매우 길며, 도문강 남원(南源)이라고 할 수 있다. 조선 내지에서 발원하여 동북쪽으로 흘러들어와 합치는데, 원류의 길이를 알 수 없다.56)

즉 두만강이 백두산 동쪽에서 발원하여 두 개의 원류가 있는데, 하나가 정원 홍단수이고 다른 하나가 분원 석을수라는 것, 홍기하가 두만강 북원이고 서두수가 두만강 남원이라는 것이다. 정원 홍단수가 소백산 동쪽 삼지연에서 발원하며 길이가 128리이며 조청 양국의 경계

---

56) 오록정, 위의 책, 39~41쪽. "圖們江發源於白山之東 其源有二 一爲正源紅丹水 一爲分源石乙水 紅丹水出於小白山正東之三汲泡(西北距長白山峰六十里餘) 泡水東北伏流八里 有泉湧出 是爲紅丹水之源……與石乙水匯焉(自發源處至此 共一百二十八里) 是爲圖們江之正源 亦卽吉韓之舊界也 石乙水發源於白山之東 (西南距小白山峰三十八里 西北距長白山峰六十里) 自發源處東北流十二里 又 北流九里 紅土山水來匯 紅土山水發源紅土山南 與圓池水合 東流六里入匯(圓池 水發源紅土山北之圓池 東南流六里 合於紅土山水)……紅丹水匯焉(自發源處至 此 共一百一十六里) 是爲圖們江之分源 光緒十三年 中韓會勘界務 華員主以此水 爲國界 而韓人乃主紅土山水 遂未決議 紅丹石乙二水匯流以下 始爲圖們江之正 流……紅旗河來匯 紅旗河亦可稱爲圖們江之北源 出於老嶺……至三江口 西豆水 來匯 韓人亦稱爲魚潤江 圖們江自合西豆水後 水勢始盛 西豆水其流甚長 亦可稱 爲圖們江之南源 發源於朝鮮內地 東北流來匯 其源流里數未詳."

라는 것, 분원 석을수가 소백산 동북쪽에서 발원하며 길이가 116리라는 것, 홍단수와 석을수가 합친 후로부터 두만강 본류를 이룬다는 것이다. 이밖에 홍토산수가 홍토산 남쪽에서 발원하여 석을수의 북쪽 지류를 이루며, 두 물줄기가 합친 후 여전히 석을수라고 부른다는 것, 원지수가 홍토산수의 동쪽 지류이며 홍토산수와 합친 후 여전히 홍토산수라고 부른다는 것 등이다. 즉 다시 말하여 홍단수가 두만강 정원이고 석을수가 분원이며, 홍토산수가 석을수의 북쪽 지류이고, 원지수가 홍토산수의 동쪽 지류라는 것이다.

한편 오록정은 강희 51년 정계에 관한 자신의 주장도 내놓았다. 즉 목극등이 "장백산에 도착한 후 소백산 정상에 올라 압록·토문 양강 수원을 조사한 결과 모두 분수령에서 발원하며, 분수령 서쪽이 압록강원이고 분수령 동쪽이 토문강원이기에 분수령에 비를 세웠다(비의 높이가 2척 가량 되며, 언제인지 한민(韓民)에 의해 장백산에 옮겨졌다.)"는 것이다.57) 이 같은 주장은 그 전의 두 차례 감계 시 청측 대표의 주장과 비슷하다. 그러나 강희 정계에 대한 그의 주장에는 착오가 발견된다. 그는 십자비가 목극등에 의해 세워진 것이며, 그 위치가 삼강구에서 소백산 사이에 놓여 있다고 보았다. 이는 일본인 모리타(守田利遠)가 쓴 『만주지지』에 근거한 것이었다. 그러나 이는 그릇된 인식에 속하며, 실은 강희연간의 정계와 광서연간의 감계 사실을 혼동하고 있다.58)

오록정은 정계비 동쪽의 황화송구자와 그 안에 있는 퇴책에 대해서도 묘사하였는데 상세한 내용은 다음과 같다.

장백산 북쪽 동록(東麓)을 따라 동북쪽으로 가면 석퇴 수십 개가

---

57) 오록정, 위의 책, 70쪽.
58) 오록정, 위의 책, 73~75쪽.

있으며 8·9리 이어져 있다. 계속 동북쪽으로 10여 리를 가면 또 토퇴 백여 개가 있어 13·14리 이어져 있다(전에 이르기를 토석퇴가 90리 된다고 하였지만 실은 측정하지 않은 말이다). 토석퇴가 모두 황화송구자의 양쪽 기슭을 따라 있으며, 이는 북쪽으로부터 백두산을 등산하는 길이다(황화송구자를 조선에서 이깔이라고 부르는데, 송화강 상류 원류 이다).59)

즉 황화송구자가 백두산 동북 기슭에서 시작하여 동북쪽으로 뻗어 있으며, 양쪽에 석퇴와 토퇴가 늘어 있는데 먼저 석퇴 수십 개가 8·9리 있고, 10여 리를 사이에 두고 토퇴 백여 개가 13·14리 있다는 것이다. 이로써 토석퇴의 길이가 30여 리 됨을 알 수 있다. 또한 이 골짜기가 북쪽으로부터 백두산을 등산하는 길이라고 하였는데, 오록정 일행도 이 길을 통해 천지 근처에 다다랐을 것으로 생각된다.

위 인용문을 잇는 서술에서 오록정은 토석퇴가 사냥꾼이 길을 찾기 위해 설치한 표기(정해감계 때 청측 주장임)가 아니라, 국초에 봉금지에 설치한 봉퇴(封堆)라고 보았다. 즉 "한인들이 이곳에 봉퇴가 있는 것을 발견하고 의도적으로 심시비(審視碑)를 봉퇴 근처로 옮겨 놓았다"는 것이다.60) 다시 말해 국초에 봉금의 표기물로서 황화송구자의 봉퇴가 먼저 있었고 그 이후 조선인들이 소백산 정상에 있던 비를 천지 부근의 봉퇴 근처로 옮겨놓았다는 것이다. 이 같은 관점은 두 차례 감계 시 청측 대표의 주장과 비슷하며, 천지 근처에 있는 정계비와 황화송구자의 토석퇴가 양국의 경계임을 부인함과 동시에 소백산이 압록·두만 양강

---

59) 오록정, 위의 책, 73~75쪽. "査長白山北之東麓 向東北行 有石堆數十 相連約八 九里 復向東北 距十餘里 有土堆百餘 相連約十三四里 (前有云 土石堆相連九十 里者 則實未測定之語) 土堆皆順黃花松溝子兩岸 爲由北來登白山之正路(黃 花松溝子 朝鮮名伊嘎力 爲松花江之上源)."

60) 오록정, 위의 책, 73~75쪽.

의 분수령이고 양국의 경계를 나누는 곳이라고 보았다.

오록정은 을유(1885) · 정해(1887)감계에 대하여 다음과 같이 평가
하였다.

두 차례 감계 결과를 볼 때, 원망스러운 것은 강원(江源)이 밝혀졌음에
도 불구하고 계비(界碑)를 세우지 않은 것이고, 잘못된 것은 홍단수가
대도문강임을 알았음에도 불구하고 이를 버리고 석을수로 양보한 것이
다. 확실하게 효과를 본 것은 봉퇴 · 비석 · 토문 및 분계강 등 여러
설이 모두 해소되었고, 무산 동쪽 도문강 경계가 확정된 것이다. 만약
이 끝나지 않은 안건을 마치고자 한다면, 잘못된 것은 고치고 원망스러운
것은 보충하여 바로 세우면 원만하게 될 수 있다. 이미 확정된 경계에
있어서는 강의 흐름이 변하지 않는 한 철안(鐵案)이 되어 움직일 수
없는 것이다. 우리가 기록한 공안(公案), 그들의 왕(조선 국왕임)이
보낸 자문과 그들 사신이 보낸 문서 등이 모두 없어지지 않기 때문이다.
만약 반드시 부언(浮言)을 부추겨 옛 안건을 뒤집고자 한다면 이는
공리(公理) · 공법(公法)을 모르는 것이고 어리석음과 헛됨을 보여줄
뿐이다.[61]

즉 두 차례 감계 결과를 볼 때, 원망스러운 것은 두만강 수원이
밝혀졌음에도 불구하고 비를 세우지 않았다는 것, 잘못된 것은 홍단수가
정원임이 분명하지만 석을수로 양보했다는 것, 확실한 효과는 정계비 ·
퇴책 및 토문 · 두만 2강설, 분계강설이 모두 해소되었고 무산 동쪽의

---

61) 오록정, 위의 책, 94쪽. "兩次勘界之結果 所恨者 江源旣明 界碑遲疑未立也
所誤者 明知紅丹水爲大圖們江 乃欲舍之以遷就石乙水也 而其顯然之效果 則封
碑土門分界江諸說 皆盡消除 茂山以東圖們界水之已勘定也. 若異日欲完此未了
之案 於所誤者 改定之 於所恨者補正之 卽成圓滿 至其所已勘定之界地 則江流不
轉 鐵案難移 我之記載公案 彼王之來咨 彼使之來文 均難磨滅 必欲鼓動浮言
重飜舊案 洵所謂不知公理公法 適見其愚妄而已."

두만강 경계가 확정되었다는 것이다. 여기서 토문·두만 2강설이나 분계 강설은 조선에서 잘못 인식하였음을 인정하여 해소되었다고 할 수 있겠지만, 정계비·퇴책은 오록정의 말대로 해소되지 않았다. 1887년 정해감계가 끝난 후에도 조선은 여전히 정계비-퇴책-홍토산수로 경계를 나눌 것을 주장하였기 때문이다. 이밖에 이른바 "이미 확정된 경계에 있어서는 강의 흐름이 변하지 않는 한 철안(鐵案)이 되어 움직일 수 없다"는 말은 양측 모두가 인정하는 무산 동쪽의 두만강 경계가 변하지 않는다는 뜻이다. 또 "부언(浮言)을 부추겨 옛 안건을 뒤집고자 한다"는 것은 일본인들이 조선인을 부추겨 토문·두만 2강설과 간도문제를 다시 제기하고 있음을 말하며, "이는 공리·공법을 모르는 것이고 어리석음과 헛됨을 보여줄 뿐"이라고 비난하였다.

요컨대 오록정은 실지 답사를 기초로 하고 또 많은 문헌자료 특히 광서연간의 감계 자료를 이용하여 소백산이 압록·두만 양강의 분수령이고 그 동록에서 발원하는 홍단수가 두만강 정원임을 강조하여 소백산·홍단수에 국경비를 세울 것을 주장한 것이다.

6) 광서 34년 유건봉 등의 백두산 답사

광서 34년(1908) 봉천(奉天) 후보 지현(知縣) 유건봉(劉建封)과 지방관 장봉대(張鳳臺)·이정옥(李廷玉) 등이 동삼성 총독 서세창(徐世昌)의 명을 받고 백두산 삼강원(三江源) 지역을 답사하였다. 이를 통해 봉천성과 길림성의 경계를 나누는 근거를 제시함과 동시에 중한 국경을 조사함으로써 일본이 제기한 '간도교섭안'을 대처하고자 하였다. 답사가 끝난 후 장봉대가『장백휘정록(長白彙征錄)』을 썼고 유건봉이『장백산강강지략(長白山江崗志略)』과 촬영집『장백산영적전영(長白山靈蹟

全影)』을 지었으며, 이정옥이 보고서인 『장백설치겸감분봉길계선서(長白設治兼勘分奉吉界線書)』를 지어 올렸다. 이밖에 지도가 만들어졌는데 총도 한 개, 분도 세 개가 포함되었다. 즉 『천지부근형세일람도』·『장백부사위제요도(長白府四圍提要圖)』·『봉길분계관계도(奉吉分界關係圖)』 등이다.62)

1908년 5월 28일 유건봉은 위원(委員) 허중서(許中書)·유수팽(劉壽彭) 등 5명의 측정 인원과 16명의 병사 그리고 길잡이를 거느리고 임강(臨江)에서 출발하였다. 일행은 "산차자(山岔子)에서 북쪽으로 용강(龍岡)을 넘어 화원령(花園嶺)63)에 이르렀으며," 6월 22일 백두산 천지에 올랐다. 이들의 답사 범위는 "서쪽의 두도화원하(頭道花園河)를 기점으로 하여 동쪽으로 홍기하에 이르렀고 남쪽의 단두산(團頭山, 費德里山이라고도 함)으로부터 북쪽으로 송화강 상·하 양강구(兩江口)64)에 이르렀다."65) 동서로 600여 리 남북으로 360리 되며 두 달 반이 걸려 추석 후에야 임강으로 돌아와 답사를 마쳤다.66)

유건봉의 기록에 의하면, 일행은 "10일간 산에 있었는데 9일간 비가 내렸으며, 백두산에 오른 것이 네 차례, 천지 가까이에 간 것이 두 차례이며, 목석(穆石)을 찾은 것이 1일, 애강(曖江, 압록강원)원을 찾은

---

62) 劉建封, 『長白山江崗志略』 序言·緣起, 李澍田 주편, 『장백총서』 初集, 吉林文史出版社, 1987년, 290~293쪽 ; 李廷玉, 『長白設治兼勘分奉吉界線書』, 『장백총서』 초집, 444~458쪽.

63) 화원령(花園嶺)은 용강(龍岡) 뒤쪽 두도송화강 서쪽에 있다. 유건봉, 위의 책, 406쪽 참조.

64) 두·이·삼·사·오도백하(頭·二·三·四·五道白河)가 합쳐 이도송화강(二道松花江)을 이루며, 그 합류처를 상양강구(上兩江口)라고 한다. 금강(錦江)·만강(漫江)과 송강하(松江河)가 합쳐 두도송화강(頭道松花江)을 이루며, 이도송화강과 두도송화강이 합치는 곳을 하양강구(下兩江口)라고 한다.

65) 유건봉, 앞의 책, 386쪽.

66) 유건봉, 위의 책, 291쪽 ; 이정옥 등의 보고서, 441~444쪽.

것이 1일, 송화강원을 찾은 것이 3일이며, 측정원 유전옥(劉殿玉)과 함께 도문강을 찾아 대랑하(大浪河)가 정원임을 알게 되었고 또 측정원 왕서상(王瑞祥)과 함께 포도산(보다회산임)·성수거(聖水渠)·소백산 일대를 조사함으로써 국경 지점을 확연히 알 수 있게 되어 전하는 말에 혼동하지 않았다"고 한다.67) 이는 유건봉이 자신들의 발자취가 닿은 압록·두만·송화 삼강원 지역에 대한 개괄이다.

답사 과정에서 유건봉 등은 백두산 서파(西坡)의 현설애(懸雪崖), 동남파의 운문(雲門), 동북파의 골석파(汩石坡), 북파인 폭포 옆을 경유하여68) 네 차례나 백두산에 올랐다.69) 그 중 6월 28일과 7월 7일 대원들을 이끌고 서파 현설애와 동북파 골석파(汩石坡, 滾石坡라고도함)를 통해 두 번이나 천지 가까이에 다가갔다.70) 이처럼 각기 다른 방향과 각도에서 천지를 고찰함으로써 천지 16봉(峰)을 명명하게 되는 기초를 닦았다.

이 답사에서 유건봉 등의 가장 큰 공헌은 천지 16봉을 포함한 수많은 산수경관을 명명한 것이다. 그는 『백산기영(白山紀咏)』에서 "요동 제1의 아름다운 산수를 오늘까지 남겨두어 내가 명명(命名)하노라"라고 자신감을 내보였다.71) 이는 문필가로서 그의 재능을 보여줌과 동시에 그의 애국주의 정신을 반영한 것이다. 특히 일본이 이른바 '간도' 명칭과 토문·두만 2강설을 이용하여 두만강·압록강 이북 지역에 대한 침략을

---

67) 유건봉, 위의 책, 292쪽.
68) 용문봉(龍門峰)과 폭포 사이에 암석 하나가 있는데 유건봉에 의해 '보천석(補天石)'이라고 명명되었다. 이로써 그가 폭포 옆의 북파를 경유하여 천지에 올랐음이 확인된다. [그림 24] 『천지부근형세일람도』 참조.
69) 유건봉, 앞의 책, 314·315쪽.
70) 유건봉, 위의 책, 307쪽.
71) 유건봉, 위의 책, 304쪽.

강화하고 있는 때에 유건봉의 명명은 국토와 국가에 대한 사랑의 구현이라고 할 수 있다.

유건봉 등은 실지 답사를 기초로 백두산 천지와 압록강·두만강·송화강 삼강원 지역의 산형·수세를 자세히 묘사하였다. 그가 천지 16봉을 묘사한 내용은 다음과 같다.

산에는 흙이 적고 모래가 많으며 해부석(海浮石)이 절반이 된다(돌이 가볍고 가루와 같아 이렇게 명명하였다). 나무가 자라지 않고 겨울과 여름에 눈이 쌓여 있으며 사계절 흰 색이 되므로 장백이라고 부른다. 가운데 천지가 있으며, 천지를 둘러싸고 기이한 봉우리가 많다. 큰 것이 여섯 개 있는데, 관면(冠冕)·백두(白頭)·삼기(三奇)·천활(天豁)·지반(芝盤)이라고 부른다. 작은 것이 열 개 있는데, 옥주(玉柱)·제운(梯雲)·와호(臥虎)·고준(孤隼)·자하(紫霞)·화개(華蓋)·철벽(鐵壁)·용문(龍門)·관일(觀日)·금병(錦屛)이라고 부른다. 또한 복룡강(伏龍岡)·계관암(鷄冠巖)·골석파(汩石坡)·현설애(懸雪崖)·연석애(軟石崖)가 사방에 둘러 있다. 천지의 좌우에 세 개의 샘이 있는데, 금선(金線)·옥장(玉漿)·은류(隱流)라고 부른다. 천지 동북쪽에 세 개의 산이 있는데, 인만(麟巒)·봉만(鳳巒)·벽라(碧螺)라고 부르며, 또 조오(釣鰲)·방학(放鶴) 쌍대(雙臺)가 있으며, 송전(松甸)·초당(草塘)이 있다. 가끔 날씨가 개고 공기가 맑을 때 천지 물을 들여다보면, 기암괴석이 서 있고 찬란하게 비추어 그 기상이 웅장하고 산세가 가파르니 실로 동쪽 반도의 제1의 명산이며, 우리 조정의 발상의 주봉이다. 산비탈로부터 꼭대기까지 높이가 약 36리이며 주위가 약 240리이다.[72]

---

72) 유건봉, 위의 책, 297쪽. "山上土少砂多 海浮石居其半(石輕如粉 故名之) 樹木不生 冬夏積雪 四時望之 色白異常 故名曰長白 中有天池 環池多奇峰 大者有六 曰冠冕 曰白頭 曰三奇 曰天豁 曰芝盤 小者有十 曰玉柱 曰梯雲 曰臥虎 曰孤隼 曰紫霞 曰華蓋 曰鐵壁 曰龍門 曰觀日 曰錦屛 又有伏龍崗 鷄冠巖 汩石坡 懸雪崖 軟石崖 四圍環繞 池之左右有三泉 曰金線 曰玉漿 曰隱流 池之東北有三山 曰麟巒 曰鳳巒 曰碧螺 更有釣鰲 放鶴雙臺 松甸草塘二處 偶值天朗氣淸 臨池一觀 怪石壁

이처럼 천지 봉우리에 명명한 것은 이번이 처음일 것이다. 이러한 명칭들은 시적인 표현을 통하여 여러 봉우리의 특색을 나타내고 있으며, 이는 천지 방위를 가리는 데도 도움이 되었다. 뿐만 아니라 유건봉 등은 현대 촬영기술로 천지의 모습을 담아냄으로써 귀중한 사진자료를 남겼다(『장백산영적전영』).

오늘날 유건봉이 명명한 천지 16봉의 이름을 중국측에서는 그대로 사용하고 있지만, 북한의 경우 이를 대부분 수정하였다. 예컨대 최고봉인 백두봉(2749m)을 장군봉이라고 개칭하고, 제비봉·해발봉·쌍무지개봉·향보동·비루봉·청석봉·차일봉·단결봉·낙원봉·백암봉 등을 새로 명명하였으며, 제운봉·와호봉·관면봉만이 유건봉이 명명한 것을 따르고 있다.73)

이처럼 백두산 산수 경관을 명명한 것은 답사활동의 전반에 걸쳐 이루어졌다. 유건봉 등은 천지 16봉뿐만 아니라 송화강 서원(西源)의 각 수계도 명명하였다. 송향하(松香河, 오늘날 松江河임)·금강(錦江)·만강(漫江) 등의 명칭이 지금까지 사용되고 있다.

송화강 서원은 역사상 액혁눌음하(額赫訥陰河, 만주어에서 額赫이란 좋지 않다는 뜻, 訥陰은 물의 흐름이라는 뜻)·삼음눌음하(三音訥陰河, 三音은 만주어로 좋다는 뜻)라고 호칭되었으며 또 대·소눌음하라고도 불렸다. 액혁눌음하가 송강하 수계를 가리키고 삼음눌음하가 금강·만강 수계를 가리키며, 두 눌음하가 쌍전자(雙甸子, 무송진)에서 합류하여

立 絢爛照人 其氣象之雄厚 山勢之崢嶸 實爲東半島第一名山 我朝發祥之主峰也 自麓至巓 高約三十六里 周約二百四十里."

73) 최선웅, 「백두산 천지와 주변 봉우리들」(인터넷 블로그의 글) 참조. 최선웅은 한국산악회 전 부회장으로 북한에서 펴낸 『백두산지도책』을 기초로 하여 이 글을 썼다. 이밖에 평양 '조선중앙통신'(2004년 8월 21일)의 인터넷 뉴스, '30m 병풍화 『백두산 천지와 216봉』' 관련 내용 참조함.

두도송화강이라고 불렸다.

이처럼 송화강 서원을 답사하는데 주력하고 또 각 수계를 명명한 것은 일본인 모리타(守田利遠)가 『만주지지』에서 기술한 이른바 송화강이 백두산 북쪽에서 발원한다는 주장이 틀렸음을 증명하기 위해서였다.[74] 이와 동시에 실지 답사를 기초로 유건봉 등은 송화강 서원이 백두산 서록·서남록과 남록에서 발원하며, 첫 번째 수원이 백두산 남록에서 발원하는 금강이고 만강과 합류하여 두도송화강이라고 칭하며, 송향하(송강하)와 합류한 후 여전히 두도송화강이라고 칭한다고 기술하였다. 또한 두도송화강이 이도송화강과 합류한 후 정식으로 송화강이라고 칭한다고 기술하였다.[75] 이 같은 내용은 오늘날 지리학에서 인정하는 송화강 수계와 거의 일치한다. 다만 오늘날에는 두도송화강의 첫 번째 원류를 금강으로 보지 않고 만강으로 보고 있다.[76]

이 답사의 또 다른 임무는 압록강·두만강 수원을 찾아내고 중한 국경을 조사하는 것이었다. 이를 위해 유건봉 등은 며칠간 야외에서 노숙하면서 압록강·두만강 상류 수계를 자세히 조사하였다. 그리하여 압록강 수원에 대하여, "대한하(大旱河)가 삼기봉(三奇峰) 남쪽 기슭에서 나오며, 골짜기에 물이 없고 모래와 돌이 많다. 약 30리를 가서 물이 흐리기 시작하는데, 애강(曖江, 유건봉의 명명임)이다"라고 기술하였다.[77] 즉 애강이 삼기봉 아래쪽 대한하와 연결되며, 압록강 첫 번째

---

74) 이정옥, 앞의 보고서, 359~360쪽.

75) 유건봉, 앞의 책, 354~360쪽.

76) 『길림성지도책』, 중국지도출판사, 2007년, 34쪽 참조.

77) 유건봉이 압록강 첫 번째 원류가 애강이라고 한 것은 『팔기통지』 장백산조의 다음과 같은 기록, 즉 "鴨綠·混同·愛滹出焉"(압록강·혼동강·애호강이 백두산에서 발원한다)이라는 내용에 근거하였다. 여기서 그는 애호를 애강 즉 압록강 수원으로 보았다. 그러나 장백산조에 이미 압록강이 있으므로 애호가 압록강 수원을 가리킬 가능성이 작으며 두만강을 가리킬 가능성이

수원이라는 것이다. 애강이 계속 남쪽으로 흐르며, 동쪽으로부터 태평천(太平川)·백수거(白水渠)·은천구(銀川溝) 등이 흘러들어오며 여전히 '애강'이라고 부르며, 포도하(葡萄河, 胞胎河라고도 함)와 합류한 후 정식으로 압록강이라고 부른다는 것이다.78)

유건봉 등은 두만강 수원을 답사한 후 대랑하(大浪河)가 두만강 정원이며, 두만강 수원이 4파가 있다고 기록하였다. 즉 원지에서 흘러내려오는 약류하(弱流河, 광서감계 때 원지수), 홍토산 서쪽에서 남류하는 홍토구(紅土溝, 오늘날 홍토수), 서쪽에서 동북쪽으로 흐르는 대랑하, 동북쪽으로 흐르는 석을수(石乙水, 石逸河라고도 함)이다. [그림 24] (『천지부근형세일람도』)와 같이 이들 물줄기의 흐름은 다음과 같다. 홍토구가 약류하와 합류하고 이어 대랑하가 흘러들어오고 또 석을수가 흘러들어온다. 이 네 갈래 물이 합친 후 여전히 대랑하라고 부르며, 대랑하가 홍단하와 합류한 후 정식으로 두만강이라고 부른다는 것이다.79)

위에서 본 두만강 상류 물줄기 중에서 가장 먼저 사료에 나타난 것이 홍단수이다. 강희『황여전람도』에는 이를 홍단하(洪丹河)라고 표기하였다. 이어 광서감계 때 홍토산수·석을수가 나타났으며, 대랑하·약류하는 이번에 유건봉이 명명한 것이다. 이상의 명칭들은 대부분 지금까지 사용되고 있으며, 단지 홍토구가 홍토수로 바뀌었을 따름이다. 그리고 대랑하의 명칭은 사용되지 않고 있다.

이밖에 유건봉 등은 천지 근처에 있는 정계비와 정계비 동쪽에 있는

크다. 즉 애호를 애강 즉 압록강 수원으로 보는 것은 잘못되었다.

78) 유건봉, 앞의 책, 361쪽 ; 이정옥 등, 앞의 보고서, 446쪽.

79) [그림 24]의 두만강 상류 흐름이 [그림 26]보다 실제에 더 가깝고 정확하다. 유건봉, 앞의 책, 365~368쪽 ; 이정옥 등, 앞의 보고서, 446~447쪽 참조.

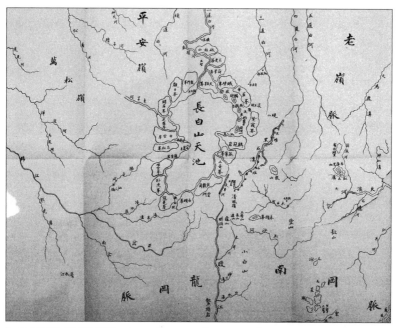

[그림 24] 『천지부근형세일람도』(1908년, 劉建封, 『長白山江崗志略』, 중국국가도서관 소장)

황화송구자를 조사하고 이 골짜기를 흑석구(黑石溝)라고 개명하고,[80] 입비처의 분수령을 '청풍령(淸風嶺)'이라고 명명하였다. 그가 흑석구를 묘사한 내용은 다음과 같다.

흑석구는 일명 흑석하(黑石河)라고도 한다. 청풍령에서 발원하여 서북쪽으로 목석(穆石, 정계비를 일컬음 : 저자)까지 백여 보(步)이다. 물의 흐름이 가늘고 흑석이 많으며 물이 있는 곳이 별로 없다. 남안(南岸) 상류에 석퇴가 있고 하류에 토퇴가 있으며, 골짜기 길이가 46리이다. 황화송전(黃花松甸)에 이르러 지형이 평평해지고 (골짜기) 흔적이 사라

---

80) 1964년에 체결된 '중조변계의정서'의 내용을 보면, 유건봉이 명명한 흑석구의 명칭이 그대로 사용되고 있다.

[그림 25] 『長白山靈蹟全影』(1909년, 북경대학도서관 소장)

진다.81)

　　흑석구 남안의 석퇴·토퇴가 오목눌(吳木訥, 武默訥이라고도 함 : 저
자)이 길을 표시하기 위해 쌓은 것이며, 경계를 나누는 것과는 상관이
없다. 하물며 두 나라 공문에 이르기를, 분수령의 계비(界碑)를 세운
곳으로부터 수십 리 동류하다가 물이 갑자기 돌틈으로 들어가 흔적이
보이지 않으며, 먼저 토퇴가 있고 이어 석퇴가 있으며 그 다음에 목책이
있으며, 목책이 끝나는 곳으로부터 물이 다시 나타나 큰물이 된다고
하였다. 오늘 내가 골짜기를 따라 답사하고 조사한바 먼저 석퇴가 있고
다음에 토퇴가 있으며, 목책은 없다. 석퇴 위쪽에 목책이 없고 토퇴가
끝나는 곳으로부터 수원이 시작된다. 그림을 보면서 찾아도 실로 그
때의 사정과 다르다. 또한 어찌 오목눌이 설치한 석퇴·토퇴로 경계의

---

81) 유건봉, 앞의 책, 344~345쪽. "黑石溝 一名黑石河 源出淸風嶺 西北距穆石百餘
　　步 河身微細 多黑石 有水之處甚鮮 南岸上游 壘有石堆若干 下游積有土堆若干
　　溝長四十六里 至黃花松甸卽平衍無蹤."

표식이라고 혼동할 수 있겠는가?[82]

흑석구에는 물이 있는 곳이 적다. 하류에 이르러서는 평평하여 흔적을 감추며, 그 형세로 보아 삼도백하(三道白河)와 연결되는 듯하다(송화강 남원에 속한다). 토문강원이라고 보려고 해도 중간에 노령(老嶺)을 사이 두고 있으며, 대랑하(토문강원)와 서로 이어지지 않는 것은 사람들이 다 본 바와 같다.[83]

즉 흑석구는 일명 흑석하로 불리며 청풍령에서 발원하며, 비 동남쪽 백여 보에 있다는 것이다. 또 흑석구 안에는 먼저 석퇴가 있고 이어 토퇴가 있으며, 골짜기 길이가 46리이다.[84] 골짜기 안에 물이 있는 곳이 적으며 그 형세로 보아 삼도백하에 연결된듯하다.[85] 흑석구의

---

82) 유건봉, 위의 책, 370쪽. "黑石溝南岸之石堆土堆 原係吳木訥登山記路所築 與分界無涉 況兩國公文明言 自分水嶺界碑處 東流數十里 忽入石縫 不見水痕 始接以土堆 繼以石堆 再以木柵 柵盡處水復現 始爲巨水 今余循溝踏勘 石堆居上 土堆居下 幷無木柵 石堆以上無木 土堆終點始有水源 按圖索理 實與當日情形不符 又安得以吳木訥所築石堆土堆 卽混爲界標也."

83) 유건봉, 위의 책, 380쪽. "黑石溝有水之處無多 下游平衍無蹤 窺其形勢 似與三道白河相連(係松花江之南源) 以之爲土門江源 中隔老嶺 其與大浪河(土門江源) 兩不相接 人所共見."

84) 흑석구의 길이에 대하여, 유건봉은 46리라고 하였고, 오록정은 30여 리라고 하였으며, 강희연간 설책 시 조선의 차사원들은 90여 리를 설책하였다고 하였는데, 앞의 40여 리가 흑석구의 길이이고 뒤의 40여 리가 흑석구로부터 홍토산수까지 목책의 길이인 듯하다. 광서연간 감계 때는 이 골짜기 토석퇴의 길이가 90리라고 하였다. 조선 차사원들의 공술 내용은 『숙종실록』 권52, 숙종 38년 12월 병진 참조.

85) [그림 24]와 [그림 26]의 경우 흑석구의 토석퇴가 사도백하에 연결되어 있지만, 『정해감계도』의 경우 오도백하에 연결되어 있다. 이 두 지도를 오늘날 『길림성지도책』과 비교할 경우, 『정해감계도』의 물줄기 흐름이 더 정확하게 나타나고 있으므로 흑석구가 오도백하의 가장 서쪽 지류와 접해 있음이 확인된다. 1907년 유건봉 등이 백두산을 답사한 후 흑석구가 오도백하와 연결되어 있다고 서술하였다. 왕서상(王瑞祥)·유건봉 등, 『장백산영적전영』, 1909년, 43쪽

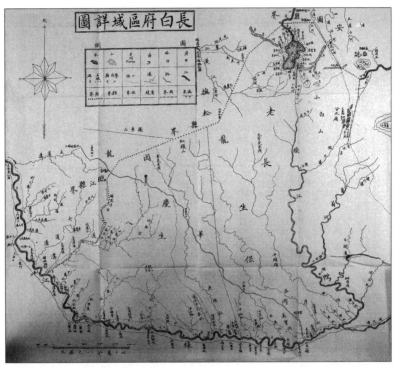

[그림 26] 「長白府區域詳圖」(1908년, 劉建封, 『長白山江崗志略』, 중국국가도서관 소장)

토석퇴가 노령(장산령을 가리킴)을 사이에 두고 두만강원인 대랑하와 서로 이어지지 않는다는 것 등이다. 다시 말하여 흑석구가 송화강 상류에 연결되어 있고 두만강 수원에 연결되어 있지 않다는 것이다. 이밖에 위 인용문에서 유건봉은 흑석구의 토석퇴가 오목눌이 백두산을 답사할 때 등산길을 표기한 것이며 국경의 표기가 아니라고 하였는데, 이는 근거 없는 추측에 불과하다. 앞에서 서술했듯이, 오목눌(무묵눌)이 백두산을 답사할 때, 송화강 서원인 송강하(액혁눌음하)를 따라 강을 거슬러 서파 또는 서남파를 경유하여 천지에 올랐으며, 귀로도 동일한

참조.

노선을 취하였다. 그러므로 오묵눌이 백두산 동록에서 동북쪽으로 향한 흑석구에 올 리가 만무하였다. 여기에는 유건봉의 또 다른 착오가 동반한다. 즉 그는 대·소눌음하의 위치를 송화강 동원인 이도백하·삼도백하로 혼동하고 있다.[86]

한편 답사 과정에서 유건봉 등은 청조 조상의 탄생지로 간주되는 포고리산(布庫里山)과 포이호리(布爾湖里)를 발견하였다. 홍토산(오늘날 赤峰임)을 포고리산으로 보고 그 북쪽에 있는 원지를 포이호리로 보았다. 그리고 이 산과 호수를 청조 조상인 포고리옹순(布庫里雍順)의 탄생 신화와 연결시켜 청조의 발상 성역(聖域)으로 간주하였다. 그 과정을 살펴보면, 1908년 7월 유건봉 등이 두만강 수원을 찾고자 여러 곳에 가 보다가 천녀가 목욕을 했다는 노령 산비탈을 찾아냈다. 그 이듬해 9월 유건봉이 안도현(安圖縣)을 설치하기 위해 다시 나왔을 때 원지 변에 와서 늦가에 '천녀욕지(天女浴池)'석을 세워놓았다.[87]

이처럼 홍토산을 포고리산으로 보고 또 원지를 포이호리로 보는 것은 다음과 같은 이유에서였다. 첫째, 이곳의 지리위치가『만주실록』·『팔기통지』에 이른바 "산(백두산임)의 동쪽에 포고리산이 있고 산 밑에 늪이 있는데 포이호리이다"라는 내용과 부합된다는 것, 둘째, 늪가에 주과(朱果)가 나는데,『실록』·『통지』의 이른바 "신작이 주과를 물고 와 셋째 천녀 옷에 두고 갔는데, 셋째 천녀가 입에 넣으니 홀연히 배에 들어가 임신하였다"는 기록과 맞아떨어진다는 것이다.

유건봉은 포고리산(홍토산)·포이호리(원지)에 대해 다음과 같이 기술하였다.

---

86) 유건봉, 앞의 책, 344쪽.
87) 이정옥 등, 앞의 보고서, 482~483쪽.

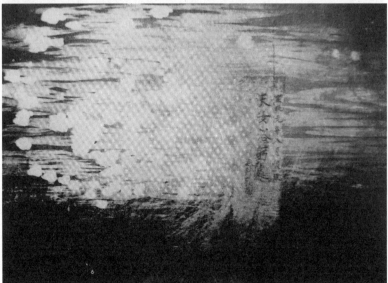

[그림 27] 포고리산 · 포이호리도(『長白山靈蹟全影』)

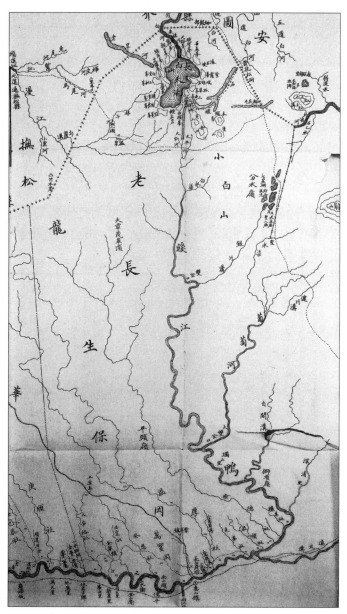

[그림 28] 『長白府區域詳圖』의 부분도

포고리산은 속칭 홍토산이며, 산에 홍토가 많다. 서쪽에서 약간 북쪽으로 백두산까지 80리이며, 높이가 약 2리이다.

포이호리(만주어)는 속칭 원지(元池)이며, 백두산 동쪽 제일의 명지(名池)이다. 면적이 2리 남짓하고 주위에 소나무가 많으며, 하늘과 해를 가리고 있다. 물이 맑고 얕으며 사시사철 마르지 않는다. 전하는 말에 의하면, 천녀가 늪가에 내려와 주과를 삼키고 성자(聖子)를 낳았으며, 삼성(三姓) 패륵(貝勒)이 되었다고 한다. 실로 우리 조정의 발상의 시작이다(『팔기통지』에 상세함). 안(按), 주과(초본임)의 줄기는 흩어져 있지 않고 높이가 삼촌(寸) 남짓하다. 꽃이 피지 않고 열매를 맺으며 먼저 푸르고 후에 빨갛게 된다. 모양이 뽕나무 열매와 같지만, 맛이 향기롭고 달콤하고 시니 뽕나무 열매보다 낫다. 선과(仙果)라고도 하는데, 늪의 좌우에 많고 다른 곳에는 없다.[88]

위와 같이 포고리산·포이호리의 위치를 확인한 것은 청대 역사상 처음일 것이다. 그 진실 여부에 대해서는 더 상세한 고증이 필요하겠지만, 그 이전의 여러 차례 답사 때는 이를 발견하지 못하였다. 강희 51년 목극등이 백두산을 답사할 때 이를 전혀 염두에 두지 않았으며, 정계가 끝난 뒤 그린 『백산도』에도 그러한 산과 호수를 표기하지 않았다. 광서연간 두 차례 공동 감계 때에도 이를 발견하지 못하였으며, 청측 대표가 조선측에서 제기한 홍토산수 경계선을 반대한 것은 홍토산이 포고리산이기 때문이 아니라 이 경계선이 백두산 동록에 연결되어 있어 청조의 백두산 발상 중지에 구애되기 때문이었다.[89] 다시 말하여

---

88) 유건봉, 앞의 책, 338~339쪽. "布庫里山 俗名紅土山 因山多紅土故也 西偏北距長白山八十里 高二里餘. 布爾瑚里(滿洲語) 俗名元池 因長白山東爲第一名池故也 面積二里餘 四周多松 參天蔽日 水淸淺 終年不乾 相傳有天女降池畔 吞朱果生聖子 後爲三姓貝勒 實我朝發祥之始(事詳八旗通志) 按 朱果(草本) 每莖不蔓不枝 高三寸許 無花而果 先靑後朱 形同桑椹 味淸香而甘酸 遠勝桑椹 一名仙果 池左右頗多 他處未有."

백두산을 중히 여긴 것이지 홍토산을 중히 여긴 것이 아니었다.

유건봉 등은 압록·두만 양강 수원을 자세히 조사한 기초 위에서 중한 국경에 대해 자신들의 견해를 내놓았다. [그림 28]과 같이, 중한 국경은 두만강 정원인 대랑하(홍토산수 아래 남쪽에서 들어오는 지류임)로부터 서남쪽으로 칠성호(七星湖, 三汲泡·삼지연) 남쪽을 가로질러, 압록강 상류인 성수거(聖水渠)·포도하와 연결되어 있었다. 이처럼 대랑하를 두만강 정원으로 본 것은 이 물의 흐름이 북쪽에 있는 홍토구나 남쪽에 있는 석을수보다 크고 또 지형상으로 서쪽의 성수거와 남강(南岡)을 사이에 두고 마주하고 있기 때문이었다.[90] 이와 동시에 대랑하가 홍토산 남쪽에 위치한 것도 이 물을 선택한 이유일 것이다. 대랑하를 경계로 할 경우 그 북쪽에 있는 홍토산이 중국 경내에 놓이게 되기 때문이다. 또한 칠성호(삼지연)·성수거 일선을 택한 것은 실지 답사를 통하여 이곳이 압록·두만 양강의 천연 분수령이라는 것을 알았기 때문일 것이다. 이밖에 유건봉 등은 십자비가 이곳에 세워진 줄로 알고 이곳이 양국의 옛 경계라고 믿었다.

즉 당지 토인과 사냥꾼들의 말에 의하면, 포도산 아래 성수거 옆에 계비(界碑)가 있었는데 조선인에 의해 파괴되었다는 것이다. 그리고 모리타(守田利遠)의『만주지지』에도 강희 51년에 목극등이 이곳에 '십자계비(十字界碑)'를 세웠다고 기록하였다.[91] 이상에 근거하여 유건봉 등은 포도산·성수거 일선이 중한 양국의 옛 경계라고 믿었다. 이와는 대조적으로 백두산 동남 기슭에 세워진 정계비를 국경비로 인정하지 않고 '사변비(査邊碑)' 또는 '목석(穆石)'이라고 불렀다.[92]

---

89)『吉朝分界案』'照錄軍機處交長順等抄折', 1903쪽.

90) 유건봉, 앞 책, 365·454쪽.

91) 유건봉, 위의 책, 369쪽.

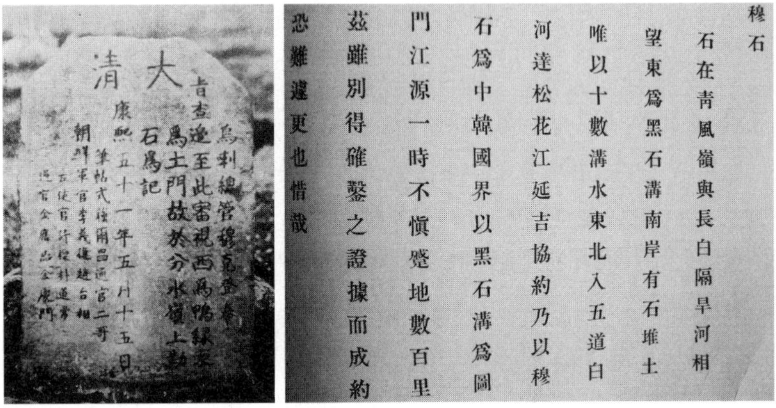

[그림 29] 穆石圖(『長白山靈蹟全影』)

　이처럼 유건봉 등은 압록·두만·송화 3강 원류를 조사하였을 뿐만 아니라, 3강원 사이 분수령을 조사하고 일일이 명명하였다. 예컨대 압록·두만 양강 사이 분수령을 '남강(南岡)'이라고 명명하고, 두만·송화 사이 분수령을 '노령(老嶺, 장산령임)'이라고 하며, 압록·송화 사이 분수령을 '용강(龍岡)'이라고 하였다. 또한 두도송화강과 이도송화강 사이를 '평안령(平安嶺)'이라고 명명하였다. 이로써 백두산 지역의 복잡한 산맥·수계 관계를 일목요연하게 정리해 놓았다. 예를 들어 압록·두만 양강 분수령인 남강에 대하여, "장백산 남쪽 기슭인 연산(連山)에서 맥을 시작하여 남쪽으로 달려 소백산이 되고 기반산(棋盤山, 모두 중국계이다)이 되며, 동쪽으로 꺾어 남포도산이 되며, 또 남쪽으로 장군봉이 되며, 또 동남쪽으로 남운령(南雲嶺)이 된다"라고 기록하였다.[93] 앞의 [그림 26·28]과 같이 압록·두만 양강 분수령이 북쪽에서 동남쪽으로

---

92) 유건봉, 위의 책, 379~381쪽.
93) 이정옥 등, 앞의 보고서, 414쪽. "南崗 起脈於長白山南麓之連山 南走爲小白山 爲棋盤山(皆係中國界內) 折而東 爲南葡萄山 又南爲將軍峰 又東南爲南雲嶺."

南岡

小白山與葡萄
山中間龍起盤
旋者爲南岡圖
門鴨綠兩江分
流其間故以南
岡爲分水嶺

龍岡

岡在長白南約六十里
上有七十二龍灣故謂
之龍岡在鴨綠松花二
江之中至此夜行迷道
十餘里幸遇一捕貂者
始引之以出因爲之拍
影

[그림 30] 南岡·龍岡圖(『長白山靈蹟全影』)

조선 경내로 뻗어 내려와 백두산 동남 지맥을 형성하였다.

　끝으로 유건봉 등은 봉천성과 길림성 경계를 나누는 임무를 맡았으며
또 안도(安圖)·송전(松甸)현을 설치하는 임무를 맡았다. 이를 위해
그들은 실지 답사를 기초로『봉길분계관계도(奉吉分界關係圖)』를 그려
내어 봉천·길림 두 성을 나누는 근거를 제시하였다. 이와 동시에 두만강
상류 홍기하 입구에 안도현을 설치하고 송화강 상류 쌍전자에 송전현을
설치하며 이로써 두만·송화 양강 상류 지역을 제어하여 일본의 이곳에
대한 침략을 막고자 하였다.94)

---

94) 이정옥 등, 앞의 보고서, 459~465쪽.

7) 맺는말

청조의 백두산 답사활동은 주로 청초 강희연간과 청말 광서연간에 진행되었다. 강희연간의 답사는 강희제의 백두산 발상지에 대한 중시 및 지리지 · 지도 편찬 사업과 관련되었다. 강희 16년(1677) 강희제는 내대신 각라(覺羅) 무묵눌을 파견하여 길림에서 출발하여 송화강을 거슬러 백두산을 답사하도록 하였다. 일행은 송강하를 거슬러 올라가 백두산 서파 또는 서남파를 경유하여 천지에 올랐다. 천지를 보고 예배함으로써 백두산 제사 활동의 서막을 열게 되었다.

강희 24년(1685) 주방 협령 늑초 등이 흥경과 압록강 상류 일대를 조사하던 중에 압록강을 거슬러 백두산에 이르렀다. 이 답사를 통하여 흥경 영릉의 계운산, 성경 소릉의 융업산, 복릉의 천주산 등이 모두 백두산의 여맥임을 확인하였으며, 백두산에서 시작되는 용맥(龍脈)이 용흥지지까지 이르렀음을 확인하였다. 그 이후 강희제는 여기서 한 발 더 나아가 이 용맥이 동쪽으로 바다를 건너 동악(東嶽) 태산에 이른다고 하였다. 즉 태산 용맥의 개념이 이로써 형성되었다.

한편『일통지』·『황여전람도』를 편찬하기 위하여 강희제는 50년(1711)과 51년(1712) 두 차례에 걸쳐 오라총관 목극등을 파견하여 조청 국경을 조사하게 하였다. 강희 50년의 답사는 청의 사계 의도를 의심한 조선의 저지로 중도에서 사계를 멈췄다. 그 이듬해 목극등이 재차 사계를 진행하여 압록강을 거슬러 백두산에 이르렀고 천지 남쪽에서 압록 · 두만 양강 수원을 찾았으며, 천지 동남쪽 10여 리의 분수령에 비를 세워 정계를 마쳤다. 그러나 목극등이 송화강 상류를 두만강 수원으로 잘못 정하였으며, 그 이후 조선은 수원의 잘못을 발견했음에도 불구하고 청에 통고하지 않았다. 그리하여 목극등이 지정한 두만강 발원지(황화송구자, 송화강 상류에 연결됨)를 따라 퇴책을 설치하였을 뿐만 아니라, 두만강 제2파 수원(홍토산수임)에 목책을 설치해놓았다. 그 이후 오랜 시간을 경유하면서 홍토산수에 설치된 목책이 다 썩어 없어지고 송화강 상류에만 토석퇴가 남아 있어 이른바 토문이 두만이 아니라는 토문·두만 2강설이 나오게 되었다.

광서연간의 백두산 답사는 조청 양국의 두만강 경계를 둘러싼 영토분쟁 및 중일 양국의 '간도교섭안'과 관련이 있다. 1880년 이후 조선인이 대규모로 두만강 이북 지역에 넘어가 땅을 개간하면서 정계비에 이른바 '동위토문'이란 두만강이 아니며, 조청 양국은 두만강을 경계로 하지 않고 토문강(송화강 상류를 가리킴)을 경계로 하며, 두만강 이북 조선인에 의해 개간된 땅(간도라고 칭함)이 조선에 속한다고 주장하였다. 이에 조청 양국은 공동으로 을유·정해감계를 실시하였으며, 백두산 입비처와 두만강 상류 수계를 조사하였다. 청측은 수원을 재조사하여 경계를 다시 정하려는 의도로 송화강 상류에 연결된 정계비와 퇴책을 국경의 표식물로 인정하지 않았으며, 백두산 천지 남쪽 40여 리에 있는 소백산 분수령과 그 동록에서 발원하는 석을수를 경계로 할 것을 주장하였다. 조선측은 정계비·퇴책과 홍토산수를 경계로 할 것을 주장하여 강희연간의 옛 경계를 지키고자 하였다. 그러나 정계비-퇴책-홍토산수 경계선이 백두산 동록에 연결되어 있어 청조의 이른바 '장백산 발상 중지(重地)'에 구애되기 때문에 청측은 이를 받아들이려 하지 않았다. 비록 쌍방은 석을수·홍토산수 합류처 이하 두만강 경계에 있어서는 타협을 보았지만, 합류처 이상에서 끝내 타협을 보지 못하고 담판이 실패로 끝났다.

1905년 일본이 조선을 보호국으로 만든 후 조청 양국의 두만강 국경을 둘러싼 영토분쟁을 이용하여 '간도교섭안'을 제기하였다. 일본의 '간도교섭안'에 대응하고 두만강 이북이 중국에 속한다는 근거를 제시하기 위하여, 1907·1908년 동삼성 총독 서세창의 명령 하에 길림변무방판 오록정과 봉천 후보 지현 유건봉 등이 두 차례에 걸쳐 백두산 삼강원 지역과 중한 국경을 조사하였다.

오록정의 답사 노선은 길림에서 출발하여 두만강 하류 훈춘에 이르고 여기에서 두만강을 거슬러 백두산에 이르렀다. 일행은 두만강 상류 수계, 정계비와 황화송구자의 퇴책을 답사하였을 뿐만 아니라, 백두산 천지와 소백산 꼭대기에 올라갔으며, 백두산 동남쪽 산줄기를 답사하였다. 실지 답사를 기초로 하고 또 문헌자료를 이용하여 오록정은 홍단수가 두만강 정원이고 소백산이 압록·두만 양강 분수령이며, 목극등이 비를 세운 곳이 소백산 꼭대기였으나 후에 조선인에 의해 천지 동남쪽에 있는 봉퇴 근처로 옮겨졌다고 보았다. 이 같은 관점은 광서연간 감계 시 청측 대표의 주장과 비슷하다.

유건봉 등의 발자취는 압록·두만·송화 삼강원 지역의 곳곳에 다다랐고 수많은 산수 경관을 명명하였다. 예컨대 천지 16봉을 위시하여 송화강 서원인 두도송화강 수계를 명명하였고, 압록강·두만강 상류 수계도 명명하였다. 이는 유건봉 등의 애국주의 정신을 구현함과 동시에 백두산 지명학에 공헌하였다. 뿐만 아니라 유건봉 등은 백두산 동쪽 80여 리에 있는 홍토산과 원지를 청조 조상의 탄생지인 포고리산과 포이호리에 비정하였는데 이는 청조 역사상 처음이다. 이밖에 유건봉 등은 실지 답사를 통하여 압록·두만 양강 수원과 중한 국경에 대해서도 자신들의 견해를 내놓았다. 즉 중한 국경은 대랑하로부터 서남쪽으로 칠성호(삼지연) 남쪽을 가로질러 성수거(압록강 지류)·포도하(압록강 지류)에 이르며, 그 북쪽이 중국계이고 남쪽이 조선계라는 것이다. 이 경계선은 정해감계 때 청측 대표가 주장한 소백산-석을수 경계선,

그리고 오록정이 제기한 소백산-홍단수 경계선과 비교할 때, 압록·두만 양강 분수령에 있어서 매우 비슷하다. 즉 모두 천지 동남쪽 40·50리에 있는 분수령에 경계선을 긋고자 하였다. 이론적으로 볼 때, 이 분수령에서 남쪽으로 더 가면 조선 내지이기 때문에 남쪽으로 긋기 어려웠고, 이 분수령에서 북쪽으로 더 가면 백두산 천지이기에 북쪽으로 긋기 어려웠다. 그러므로 청측을 놓고 볼 때 소백산·포도산 일대 분수령은 하나의 절충선이라고 하겠다. 이것이 바로 광서연간 감계 때 청측대표, 그리고 그 후의 오록정·유건봉이 모두 이 선을 주장하게 된 이유이다.

유건봉 등의 백두산 답사는 압록·두만·송화 삼강원 지역을 두루 아울렀으며, 이는 역사상 유례를 찾기 어려운 것이다. 특히 일본의 이 지역에 대한 침략이 심해지고 있을 때 중국 지식인들의 애국주의 정신을 보여준 것이다. 현재에도 유건봉이 명명한 천지 16봉과 송화강 서원의 명칭, 그리고 기타 경관 명칭이 중국측에서는 그대로 사용되고 있다. 다만 홍토산과 원지를 청조의 조상 탄생지인 포고리산과 포이호리로 비정한 것은 더 깊은 고증이 필요할 것이다. 부족한 점은 이들이 만주어를 모르는 상황에서 일부 지명의 뜻을 곡해하거나 만주어를 없애고 중국어로 대신하는 경향이 짙다는 것이다. 가장 뚜렷한 것이 두 눌음하(액혁눌음하·삼음눌음하)를 잘못 인식한 것, 압록강 첫 번째 수원을 애강이라고 잘못 명명한 것 등이다. 이밖에 삼급포·삼지연을 칠성호라고 고친 것과 두만강 상류 대랑하의 새로운 명명 등은 후세에 의해 계승되지 않고 역사 속에 사라져버렸다.

2. 명청시기 중한 지리지에 기술된 백두산과 수계

1) 머리말

이 절에서는 명청시기 중한 지리지에 기술된 백두산과 수계에 대해 알아보고자 한다. 백두산에 대한 기술 외에 백두산에서 발원하는 압록강·두만강·송화강 3대 수계에 대한 기술을 알아보고자 한다. 명대 지리지는『명일통지』와 조선의『동국여지승람』의 관련 기술을, 그리고 청대 지리지는『성경통지』·『고금도서집성』·『청일통지』·『수도제강』 및 조선의『여지도서』의 관련 내용을 살펴보고자 한다.

위 지리지에 기술된 백두산과 3대 수계의 관련 조목을 비교·분석하여 상호간의 계승 관계와 발전에 대해 알아보며, 원·명·청시기의 계승과 발전을, 그리고 중국 지리지가 조선에 준 영향, 조선 고유의 특색 등을 알아보고자 한다. 아울러 양국 지리지에 반영된 국경인식이 어떠한지를 알아보는 것도 연구의 목적이다.

2)『명일통지』·『동국여지승람』의 기술

백두산은 명대에 여진 지역에 속했으며,『명일통지(明一統志)』(1461년 편찬) '여직(女直) 산천(山川)'과 '요동도지휘사사(遼東都指揮使司) 산천' 조목에 들어 있었다. 그 상세한 내용은 다음과 같다.

> 고(故) 회령부 남쪽 60리에 있다. 천리를 뻗어 있으며 높이가 200리이다. 산꼭대기에 못이 있는데 둘레가 80리이며, 남쪽으로 흘러 압록강이고 북쪽으로 흘러 혼동강이며 동쪽으로 흘러 아야고하이다.[1]

『명일통지』의 위 내용은 『원일통지(元一統志)』를 답습한 것으로서, 단지 『원일통지』의 "구(舊) 회령현 남쪽 60리"를 "고 회령부 남쪽 60리"로 고쳐놓았다. 여기서 고 회령부란 금나라 회령부를 말하는데, 고증에 의하면 오늘날 흑룡강성 아성(阿城)을 가리킨다.2) 그러나 『원일통지』에서는 이를 발해 상경(上京, 오늘의 寧安 東京城)으로 착각하여 백두산의 위치를 고 회령부 남쪽 60리로 상정하였다.3) 이로써 『명일통지』가 『원일통지』의 착오를 그대로 답습했음을 알 수 있다. 이밖에 위 인용문에서 말하는 아야고하(阿也苦河)란 애야굴하(愛也窟河)의 전음으로서 금·원대 여진인이 두만강을 부른 호칭이다.4)

한편 『명일통지』는 송화강과 혼동강을 각기 다른 강으로 보고 백두산 천지에서 발원하여 북쪽으로 흐르며, 한 갈래가 금나라 고 남경성을 경유하고 다른 한 갈래가 금나라 고 회령부를 경유하여 합류한 후 다시 동쪽으로 흘러 바다로 들어간다고 기술하였다. 『명일통지』의 송화강에 관한 내용은 다음과 같다.

개원(開原)성 동북 1000리에 있다. 장백산에서 발원하여 북쪽으로 흐르며 금나라 고 남경성을 경유하며 휘파강과 합류하여 해서에 이르러 혼동강과 합류한 후 동쪽으로 바다에 흘러들어간다(『명일통지』 여직산천).5)

---

1) 『明一統志』 권89, 女直山川 長白山, 『景印文淵閣四庫全書』 473책, 사부231, 지리류.
  "在故會寧府南六十里 橫亘千里 高二百里 其巓有潭 周八十里 南流爲鴨綠江 北流爲混同江 東流爲阿也苦河."

2) 張博泉 등, 『東北歷代疆域史』, 吉林人民出版社, 1981년, 179쪽.

3) 金毓黻·安文博 편, 『大元大一統志輯本』 2, 遼陽行省, 35쪽(『叢書集成續編』 47책, 史部, 上海書店, 1994년 영인본에 수록됨).

4) 譚其驤 주편, 『中國歷史地圖集』 宋遼金時期, 中國地圖出版社, 1996년, 48~49쪽 ; 『金史』 권82, 열전20, 烏延胡里改·烏古論三合.

장백산 호수에서 발원하여 북쪽으로 흐르며 남경성을 경유하며 휘파강과 합류하여 해서에 이르며 혼동강과 합류한 후 동쪽으로 바다에 흘러들어간다(『명일통지』 요동도지휘사사산천).6)

위 인용문에 나오는 금나라 고 남경성이란 금나라의 남경 요양(遼陽)성을 말하는 것이 아니라 금나라 말년 동하국(東夏國)의 남경성을 말하는데 오늘날 길림성 연길 일대에 있다. 원대에 이르러 이곳에 남경만호부가 설치되었다.7)

『명일통지』는 혼동강에 대해 다음과 같이 기술하였다.

개원성 북쪽 1500리에 있다. 장백산에서 발원하며 옛 명칭이 속말하(粟末河)이다. 속말말갈(粟末靺鞨)이 이곳에 살았기 때문이다. 속칭 송와강(宋瓦江)이며, 북쪽으로 흘러 금나라 고 회령부를 경유하며 오국두(五國頭)성 북쪽에 이르러 동쪽으로 바다에 흘러들어간다(『명일통지』 여직산천).8)

장백산에서 발원하며 북쪽으로 흘러 오국성을 경유하며 북쪽으로 송화강과 합류한 후 동쪽으로 바다에 흘러들어간다(『명일통지』 요동도지휘사사산천).9)

---

5) 『明一統志』권89, 女直山川 松花江. "在開原城東北一千里 源出長白山 北流經金故南京城 合灰扒江至海西 合混同江 東流入海."

6) 『明一統志』권26, 遼東都指揮使司山川 松花江. "源出長白山湖中 北流經南京城 合灰扒江至海西 合混同江 東流入海."

7) 張博泉, 앞의 책 237쪽 ; 譚其驤 주편, 『中國歷史地圖集』元明時期 元遼陽行省, 3~4, 5~6, 13~14쪽 참조.

8) 『明一統志』권89, 女直山川 混同江. "在開原城北一千五百里 源出長白山 舊名粟末河 粟末靺鞨居此 俗呼宋瓦江 北流經金故會寧府 下達五國頭城北 東入於海."

9) 『明一統志』권26, 遼東都指揮使司山川 混同江. "源出長白山 北流經五國城 又北合松花江 東注於海."

위 인용문에서 말하는 속말말갈이란 발해를 건립한 부족을 가리키며, 금나라 고 회령부란『원일통지』대로라면 발해 상경(영안)을 가리키며, 오국두성이란 요나라 오국부 고성 중의 첫 번째 성(頭城)을 말하는데 목단강이 송화강으로 흘러들어가는 입구 즉 오늘의 의란(依蘭) 일대이다.10) 이로 보아 혼동강은 발해 상경을 흘러지나가는 목단강과 매우 유사하다. 그러나 목단강은 백두산에서 발원하지 않았다. 이밖에『명일통지』는 목단강(胡里改江이라 칭함)을 따로 설정하여, "건주위 동남산 아래에서 발원하여 동북쪽으로 경박(鏡泊)에 흘러들어가며 또 북쪽으로 혼동강에 흘러들어간다. 금나라 초에 이곳에 만호부를 설치했는데 그 후에 부(府)를 로(路)로 고쳤다"고 기술하였다.11) 즉 다시 말하여『명일통지』는 백두산에서 발원하여 북쪽으로 오국두성(의란)을 경유하여 송화강에 흘러들어가는 혼동강을 상정하고 있지만 그러한 혼동강이 존재하지 않았다. 목단강 물흐름이 이와 유사하지만 목단강은 백두산에서 발원하지 않았다.

『명일통지』는 백두산 3대 수계 중의 하나인 압록강을 다음과 같이 기록하였다.

도사성(都司城) 동쪽 560리에 있다.『당서(唐書)』'동이(東夷)열전'에 이르기를 마자수(馬訾水)가 있는데 말갈의 백산에서 발원하며 색깔이 오리대가리와 같다하여 압록이라 불렀으며 서남쪽으로 안시(安市)에 이른 후 바다에 흘러들어간다고 하였다. 당태종이 고려를 칠 때 군사가 압록수를 넘었다고 하는데 이곳을 가리킨다. 백산이란 오늘의 장백산이다.12)

---

10) 張博泉, 앞의 책, 187쪽.

11)『明一統志』권89, 女直山川 胡里改江. "源出建州衛東南山下 東北匯爲鏡泊 又北入混同江 金初置萬戶府於此 後改府爲路."

위 인용문은『원일통지』를 계승한 것으로서 다만 "요양로 동쪽 560리"를 "도사성 동쪽 560리"로 고쳐놓았을 뿐이다. 명대 도사성이란 요동도지휘사사의 소재지인 요양성을 가리킨다.

『명일통지』는 백두산 3대 수계 중의 하나인 아야고하 즉 두만강에 대해 기술하였지만 여진인이 살고 있는 이곳에 대한 지리지식이 빈약하여 내용이 매우 소략하다. 즉 아야고하가 "장백산에서 발원하여 동쪽으로 바다에 흘러들어간다"라고 한 것은『원일통지』를 그대로 답습한 내용이다.13) 앞에서 보았듯이 아야고하란 금 · 원대에 여진인이 두만강을 부른 호칭이며, 명초에 이르러서는 토문강이라고 칭하였는데, 조선초(명초) 사료에 두만강이 자주 나오는 것은 이에 대한 방증이다. 토문 · 두만이 모두 만주어에서 유래된 것이다.

이밖에『명일통지』에 도문하(徒門河) · 합란하(合蘭河)에 대한 기록이 있는데, 두만강과는 별개의 수계인 듯하다. 즉 도문하가 "건주위 동남 천리를 흘러 바다에 들어간다"고 하고 합란하가 "건주위 동남 천리를 흘러 바다에 들어간다. 원대에 합란부 수달달(水達達) 등 로(路)를 설치하였는데 지금은 위(衛)가 되었다"고 하였다.『원일통지』를 계승한 내용이며 단지 '발해건주'를 '건주위'로 고쳤을 따름이다. 도문하의 경우 너무 간략하여 어떤 강을 가리키는지 알 수 없지만, 합란하는 원대 수달달로가 송화강 하류에 설치된 점을 고려할 때 송화강 지류일 가능성이 크다.

이상『명일통지』의 백두산 및 수계에 대한 기술은 조선에 영향을

---

12)『明一統志』권26, 遼東都指揮使司山川 鴨綠江. "在都司城東五百六十里 按 唐書 東夷列傳有馬訾水 出靺鞨之白山 色若鴨頭 故名鴨綠 西南流至安市入海 唐太宗 征高麗躍兵於鴨綠水 卽此 所謂白山 卽今之長白山也."

13)『明一統志』권89, 女直山川.『大元大一統志輯本』2, 遼陽行省, 36~37쪽.

주었다. 조선 초기 관찬 지리지인『동국여지승람』(이하 약칭 여지승람)
은 편찬 체제에 있어서 송나라 축목(祝穆)의『방여승람(方輿勝覽)』과
『명일통지』를 답습하여 경도(京都) 및 팔도의 연혁·성씨·묘사(廟
社)·풍속·관부·토산·인물·역원·사적·제영(題詠) 등을 기술
하였다.『여지승람』백두산조는『명일통지』의 관련 조목을 참고하여
다음과 같이 기술하였다.

> 백두산이란 장백산이다. 부(府, 회령부)의 서쪽 7·8일정에 있다.
> 산은 무릇 세 층이며 높이가 200리이며 천리를 뻗어 있다. 산꼭대기에
> 못이 있는데 둘레가 80리이며 남쪽으로 흘러 압록강이고 북쪽으로
> 흘러 송화강 즉 혼동강이고 동북쪽으로 흘러 소하강(蘇下江) 즉 속평강
> (速平江)이고 동쪽으로 흘러 두만강이다.『대명일통지』에 동쪽으로
> 흘러 아야고하라고 하였는데 속평강을 가리키는 것 같다.[14]

이상의『여지승람』백두산조는『명일통지』보다 수계가 하나 더 늘어
나 동북쪽으로 흐르는 소하강 즉 속평강을 상정하여 네 갈래가 되었다.
『여지승람』의 뒤 기록에서 알 수 있는바 이 소하강 즉 속평강은 수빈강(愁
濱江)이라고도 칭하며 동북쪽으로 아민(阿敏)을 경유하여 바다로 흘러
들어갔다.[15] 결국 수빈강 즉 수분하가 백두산에서 발원하여 동북쪽으
로 바다로 흘러가듯이 착각하고 있다. 뿐만 아니라 소하강이 고려시기
윤관이 개척한 공험진과 비를 세워 경계를 나눈 선춘령을 흘러지나가며,
이 선춘령이 두만강 이북 700리에 있다고 기록하였다.[16] 그러나 수분하

---

14)『신증동국여지승람』권50, 회령산천. "白頭山卽長白山也 在府西七八日程 山凡
　　三層 高二百里 橫亘千里 其巔有潭 周八十里 南流爲鴨綠江 北流爲松花江爲混同
　　江 東北流爲蘇下江爲速平江 東流爲豆滿江 大明一統志 東流爲阿也苦河 疑指速
　　平江也."
15)『신증동국여지승람』권50, 경원산천 수빈강.

가 백두산에서 발원하지 않듯이 두만강 이북 700리에 있다는 선춘령도 잘못된 지리인식에 속하였다. 이는 조선초 북진정책 추진기에 강역관의 확대 인식의 결과이다.

『여지승람』 압록강조는 『명일통지』를 기초로 기술하였지만 이보다 훨씬 많은 지리정보를 담고 있으며, 강의 발원지, 강의 흐름, 지류명칭, 연도의 읍명칭, 입해구 강물의 분합 및 도서 상황 등을 상세히 기록하고 있다. 고려말부터 북진정책을 실시하여 서북쪽으로 압록강 일대에 이른 후 조선초에 이르러 연안에 설읍하고 또 개간을 실시함에 따라 지리정보가 많이 축적된 결과이다. 그 상세한 내용은 다음과 같다.

압록강은 주(州, 의주를 가리킴)의 서북쪽에 있다. 마자(馬訾)·청하(青河)·용만(龍灣)이라고 부르며 서쪽으로 요동도사까지 560리이다. 호지(胡地) 백두산에서 발원하여 남쪽으로 수백 리를 흐르며 함경도 갑산·삼수를 경유하여 본도의 여연·무창·우예·자성을 지나 강계·위원 지경에 이르러 독로강(禿魯江)과 합류한다. 이산군 산양회에 이르러 포주강(蒲洲江, 건주위에서 발원한다)과 합류하며, 아이보에 이르러 동건강과 합류한다. 벽동·창성·소삭주를 지나 북어적도에 이르러 동쪽으로 세 갈래로 나뉜다. 한 갈래가 남쪽으로 흘러 구룡만에 모이는데 압록강이라 부른다. 물의 색깔이 오리대가리와 같기 때문이다. 한 갈래가 서쪽으로 흘러 서강(西江)이 되고 다른 한 갈래가 중간으로 흘러 소서강(小西江)이 된다. 검동도에 이르러 다시 한 갈래로 합치며 수청량에 이르러 다시 두 갈래로 나뉜다. 한 갈래가 서쪽으로 흘러 적강(狄江, 在鴨綠江西北)과 합치고 다른 한 갈래가 남쪽으로 흘러 큰 강이 된다. 위화도를 감돌아 암림곶에 이른 후 서쪽으로 흐른다. 미륵당에 이르러

---

16) 『신증동국여지승람』 권50, 경원산천, 수빈강조에 다음과 같은 기록이 있다. "愁濱江 源出白頭山 北流爲蘇下江 一作速平江 歷公險鎭 先春嶺 至巨陽 東流一百二十里 至阿敏入於海." 이밖에 『신증동국여지승람』 권50, 회령, 선춘령조 참조.

다시 적강과 합쳐 대총강이 되며 서해에 흘러들어간다. 주자(朱子)가 이르기를 여진이 일어난 곳에 압록강이 있다고 하였다. 전하는 바에 의하면 천하에 세 개의 큰물이 있는데 황하·장강·압록이라 하며, 바로 이것이다.[17]

한편 『여지승람』 두만강조는 남안 지명을 여진어로 표시한 것이 두드러지다. 그 상세한 내용은 다음과 같다.

두만강은 부(경원부를 가리킴)의 동쪽 25리에 있다. 백두산에서 발원하여 동량북(東良北)·사지(斜地)·아목하(阿木河)·수주(愁州)·동건(童巾)·다온(多溫)·속장(速障) 등을 경유하여 회질가(會叱家)에 이른 후 남쪽으로 흐르며, 경흥부 사차(沙次)·마도(麻島)에서 분류하여 5리가량 흐르다가 바다에 흘러들어간다. 여진어에 만(萬)을 두만(豆滿)이라고 칭하는데 여러 갈래 물이 여기서 합친다는 뜻이다. 사전(祀典)에 북독신(北瀆神)을 이곳에서 제사하며 중사(中祀)에 들어있다.[18]

위 인용문에서 동량북(東良北)이란 무산 근처, 아목하(阿木河)란

---

17) 『신증동국여지승람』 권53, 의주산천. "鴨綠江在州西北 一云馬訾 一云青河 一云龍灣 西距遼東都司五百六十里 其源出胡地白頭山 南流數百里 經咸鏡道甲山三水 過本道閭延茂昌虞芮慈城 至江界渭源地境 與禿魯江合 至理山郡山羊會 與蒲洲江(源出建州衛)合 至阿耳堡 與童巾江合 經碧洞昌城小朔州 至州北於赤島 東分三派 一南流匯爲九龍灣 名曰鴨綠江 水色似鴨頭 故名之 一西流爲西江 一從中流 名曰小西江 至黔同島復合爲一 至水青梁又分二派 一西流與狄江(在鴨綠江西北)合 一南流爲大江 繞威化島 至暗林串西流 至彌勒堂 復與狄江合爲大摠江 入於西海 朱子曰 女眞起處有鴨綠江 傳云天下有三處大水 曰黃河 曰長江 曰鴨綠 是也."

18) 『신증동국여지승람』 권50, 경원산천. "豆滿江 在府東二十五里 源出白頭山 歷東良北 斜地 阿木河 愁州 童巾 多溫 速障等處 至會叱家南流 至慶興府沙次麻島 分流五里許入海 女眞語謂萬爲豆滿 以衆水至此合流 故名之 祀典祭北瀆神於此 載中祀."

회령, 수주(愁州)란 종성, 다온(多溫)이란 온성, 회질가(會叱家)란 경원을 가리킨다. 또한 "여진어에 만(萬)을 두만(豆滿)이라고 칭하는데 여러 갈래 물이 여기서 합친다는 뜻이다"라고 하여 두만이란 단어가 만주어에서 숫자 만(萬)을 뜻함을 밝히고 있다. 특히 두만강이 북독신에 정해져 중사에 편입된 것은 이 강이 북계의 상징적인 하천으로서 조선초부터 중시를 받고 있음을 말해 준다.

이밖에 『여지승람』에는 압록강 · 두만강 '강외지(江外地)' 즉 강 밖의 땅을 기록하고 있다. 예컨대 압록강 강외지로서 의주 근처에 노토동(老土洞) · 감창동(甘昌洞) · 손량동(孫梁洞) · 신호수동(新胡水洞) · 금창동(金昌洞) · 파사포(婆娑鋪) · 사오랑산(沙吾郎山) · 형제산(兄弟山) · 송골산(松鶻山)이 있고, 이산 근처에 파저강(婆猪江) · 연시산(延時山) · 토자산(兎子山) · 알미부(斡眉府) · 홍타리(紅陁里) · 아한리(阿閑里) · 오라산(兀剌山)이 있고, 벽동 근처에 여시산(余時山) · 채가동(蔡家洞) · 금이동(金伊洞) · 사창포(沙倉浦) · 동산(銅山) · 오라산(兀剌山) · 고음한리(古音漢里)가 있다.19) 두만강 밖의 야인지면(野人地面)으로서 백두산 · 어후강(魚厚江, 어윤강을 가리킴) · 후훈(厚訓) · 박가천(朴加遷, 박하천을 가리킴) · 검천(檢天, 압록강 상류)이 있고, 두만강 강외지로서 경원 근처에 현성평(縣城坪) · 훈춘강(訓春江) · 수빈강(愁濱江) · 어라손산(於羅孫山) · 야춘산(也春山)이 있고, 경흥 근처에 하다산(何多山) · 남라이포(南羅耳浦) · 필단탄(匹斷灘) · 이사산(伊沙山) · 진주지(珍珠池)가 있다.20)

이처럼 압록강 · 두만강 강외지를 구분한 것은 이 두 강에 대한 국경의식이 존재함을 보여준다. 한편 백두산을 '호지(胡地)' 또는 두만강 밖의

19) 『신증동국여지승람』 권53, 의주산천 ; 권55, 이산산천 · 벽동산천.
20) 『신증동국여지승람』 권50, 경원산천 · 회령산천 · 경흥산천.

'야인지면(野人地面)'으로 보고 또 백두산 동남쪽에 있는 어후강(어윤강) · 박가천(박하천) · 검천 등을 두만강 밖의 야인지면으로 본 것은 이러한 곳에 여진인이 살고 있었기에 영토의식이 존재하지 않음을 말해준다.

3) 청대『성경통지』·『고금도서집성』·『일통지』의 기술

『명일통지』에 기술된 만주 지리에 관한 내용이 너무 간략하여『성경통지』편찬자는 "성경의 산과 물이 매우 광활한데,『명일통지』의 서술이 십 분의 1 · 2에도 미치지 못한다"고 지적하였다.[21] 강희 23년(1684)『성경통지』편찬에 이르러 청조의 발상지에 대한 중시 및 강희 17 · 23년 두 차례에 걸쳐 백두산 · 홍경 · 영고탑 일대를 답사한 결과 만주에 대한 지리지식이 증대되어『명일통지』의 착오를 수정할 수 있는 기초를 닦아놓게 되었다. 뿐만 아니라 그 이후의 역대『성경통지』및『일통지』의 관련 서술의 기초를 닦아놓았다. 우선 강희 23년『성경통지』는 백두산의 위치를 높여 다음과 같이 기술하였다.

> 장백산이란 가이민상견아린(歌爾民商堅阿隣)이다.『산해경』에 불함산이라고 하고『당서』에 태백산 또는 백산이라고 한다.『명일통지』에 이르기를 "고 회령부 남쪽 60리에 있으며 천리를 뻗어 있으며 높이가 200리이다. 산꼭대기에 못이 있는데 둘레가 80리이다. 남쪽으로 흘러 압록강이고 북쪽으로 흘러 혼동강이고 동쪽으로 흘러 아야고강이다"라고 하였다. 오늘 그 곳을 살펴보니 선창(船廠) 동남 1300여 리에 있으며, 서남쪽으로 흘러 바다로 들어가는 것이 압록강이고 동남쪽으로 흘러 바다로 들어가는 것이 토문강이고 북쪽으로 선창성을 감돌아 동남쪽으로 변(邊)을 나간 뒤 낙니강(諾尼江, 눈강을 가리킴)을 받아들여 동쪽으

---

21) 董秉忠 등 편,『盛京通志』(강희 23, 1684년), 범례.

로 흐르다가 북쪽으로 흑룡강을 받아들이고 남쪽으로 우쑤리강을 받아들이고 구불구불 바다로 흘러들어가는 것이 혼동강이다. 아야고라는 명칭이 없으며 고금의 칭호가 다른 것이다. 금나라 대정(大定) 12년 산의 북쪽에 묘를 세워 흥국영응왕(興國靈應王)이라고 책하여 유사로 하여금 악진(岳鎭)의 고사와 같이 치제하게 하였다. 명창(明昌) 4년에 개천굉성제(開天宏聖帝)라고 봉하였는데 그 후 묘가 폐지되었다. 국조(國朝, 청조를 가리킴)가 천명을 받들고 일어난 후 사전(祀典)을 바로 하여 '장백산신'을 봉하고 봄과 가을 두 번 제사지내며, 영고탑 장군과 부도통으로 하여금 성의 서남쪽 9리에 있는 온덕항산(溫德恒山)에서 망제를 지내며, 성경 예부에서 관원을 파견하여 함께 제사를 지내도록 하였다. 국가의 대전(大典)으로서 대신을 파견하여 제사지내고 고하기를 악진(嶽鎭)과 같이 하였다. 강희 17년 황지를 받들고 대신 각라 오목눌(吳木訥) 등을 파견하여 산에 올라가 보게 하였는데 산비탈 한 곳에 이르니 주위가 수풀이 우거지고 중간이 둥글고 평평하였으며 초목이 없었다. 숲속을 1리가량 나갔더니 향나무가 줄지어 있고 노란 꽃이 향기로웠다. 산중턱에 구름과 안개가 자욱하여 위를 쳐다볼 수 없었다. 여러 대신들이 무릎을 꿇고 황지를 읽었더니 갑자기 구름과 안개가 싹 가셔지고 산의 형태가 나타나 위로 올라갈 수 있었다. 산허리에 돌계단이 있어서 산꼭대기에 올라가 보았더니 둥근 모습이 나타났으며 눈이 하얗게 쌓여 있었다. 산꼭대기에 이르니 다섯 봉우리가 빙 둘러 있었으며 남쪽 봉우리가 약간 아래에 있었는데 문과 같았고 중간에 못이 깊숙이 패여 있어 벼랑과의 거리가 50 장(丈)이 되었고 둘레가 40리 되었다. 산의 주위에 수많은 샘물이 흘렀는데 3대 강의 발원지였다. 강희 23년 황지를 받들고 주방협령(駐防協領) 늑출(勒出)을 파견하여 다시 주위의 산세를 둘러보게 하였는데 광활하고 끝없이 펼쳐진 것이 『명일통지』에서 말하는 것과 같았다. 산꼭대기에 나무가 자라지 않고 풀은 흰 꽃이 많았으며 남쪽 비탈이 구불구불 내려와 두 갈래로 뻗어 그 하나가 서남쪽으로 향하여 동쪽으로 압록강, 서쪽으로 통가강이 흘러 산비탈이 닿는 곳에서 두 강이 합쳤다. 다른 한 갈래가 산의 서쪽과

북쪽으로 수백 리를 뻗어 나갔다. 여러 물이 나뉘는 곳이기에 옛 지리지
에서 분수령이라고 불렀다. 오늘 보니 서쪽으로 흥경 변까지 나무가
무성하고 수풀이 우거져 하늘과 해를 가리고 있었기에 토인들이 납록와
집(納綠窩集)이라고 불렀다. 이곳으로부터 서쪽으로 흥경문을 들어가
면 개운산(開運山)이다. 납록와집으로부터 북쪽으로 40여 리 가량 언덕
이 이어지는데 토인들은 가이민주돈(歌爾民朱敦)이라고 불렀다. 또
서쪽으로 영액변문(英額邊門)을 들어가 천주(天柱)·융업(隆業) 두 산
을 이룬다. 구불구불 회전하고 범과 용 같이 번거하고 있으며, 그 사이
땅에 이름붙이고 산과 산줄기를 형성한 것이 다양하니 모두 이 산의
지맥이다. 산의 영이(靈異)함이 예로부터 알려졌고 오늘날 신성하게
발상함이 성(盛)하며 만대의 큰 기틀이 이 산과 같이 영원하리라.22)

위 장백산조의 내용을 다음과 같은 세 가지로 요약할 수 있다. 첫째,

---

22) 董秉忠 등 편, 『성경통지』 권9, 산천지 오라영고탑경내. "長白山 卽歌爾民商堅阿
鄰 山海經作不咸山 唐書作太白山或作白山 明一統志云 在故會寧府南六十里
橫亘千里 高二百里 其巔有潭 周圍八十里 南流爲鴨綠江 北流爲混同江 東流爲阿
也苦江 今考其地 在船廠東南一千三百餘里 西南流入海者爲鴨綠江 東南流入海
者爲土門江 北流遶船廠城東南出邊 受諾尼江東注 北受黑龍江 南受烏蘇里江
曲折入海者爲混同江 并無阿也苦之名 古今稱呼之異也 金大定十二年 卽山北建
廟 冊爲興國靈應王 有司致祭如嶽鎭故事 明昌四年 尊爲開天宏聖帝 其後廟廢
在城西南九里溫德恒山之上望祭 盛京禮部遣官隨祭 國家大典 遣大臣祭告如嶽
鎭儀 康熙十七年 奉旨遣大臣覺羅吳木訥等登山相視 見山麓一所 四周密林叢翳
其中圓平 草木不生 出林里許 香樹行列 黃花紛郁 山半雲霧垂幕 不可仰睇 諸大臣
跪宣勅旨畢 雲霧倏廓 山形瞭然 有徑可登 山腰見石砌平臺 登望山巓 作圓形
積雪皚然 及陟其上 五峰環峙如俯 南一峰稍下如門 中潭窈杳 距崖五十丈許 周可
四十餘里 山之四周百泉奔注 卽三大江所由發源也 康熙二十三年 奉旨遣駐防協
領勒出等 復周圍相山形勢 廣袤綿亘 略如明一統志云 其巓不生他樹 草多白花
南麓蜿蜒磅礡 分爲兩幹 其一西南指者 東界鴨綠江 西界通加江 麓盡處兩江會焉
其一繞山之西而北 亘數百里 以其爲衆水所分 舊志總謂之爲分水嶺 今則西至興
京邊 茂樹深林 幕天翳日者 土人呼爲納綠窩集 從此西入興京門 遂爲開運山 自納
綠窩集而北 一岡袤四十餘里者 土人呼爲歌爾敏朱敦 復西指入英額邊門 遂爲天
柱隆業二山 回旋盤曲 虎踞龍蟠 其間因地立名 爲山爲嶺者不一 要皆此山之支裔
也 山之靈異 自昔稱名 而神聖發祥於今爲盛 萬祀鴻基 與山無極矣."

『명일통지』에 나오는 백두산 3대 수계의 흐름과 명칭을 부분적으로 수정하였다. 예컨대 남쪽으로 흘러 압록강을 서남쪽으로 흘러 압록강으로 동쪽으로 흘러 아야고하를 동남쪽으로 흘러 토문강으로 수정하였다. 둘째, 금나라를 계승하여 '장백산신'을 봉하고 봄과 가을에 망제를 실시하였다. 셋째, 강희 17 · 23년 두 차례의 답사를 통해 백두산의 험준함과 신비함을 알게 되었고 3대 수계의 발원지이며 흥경지역의 개운 · 천주 · 융업산이 모두 백두산의 여맥임을 확인하였다. 즉 청조 용흥지지(龍興之地)의 산과 물이 모두 백두산에서 기원함을 강조하였다. 그 이후 건륭 49년 『성경통지』에 이르러서는 『만주실록』에 나오는 포고리산(布庫里山) · 포륵호리(布勒瑚里)의 선녀 전설을 증가하여,23) 백두산이 용흥지지 산천의 기원일뿐더러 청조 조상의 탄생지임을 밝혀 발상지로서의 상징적 의미를 강화하였다.

이같이 백두산이 청왕조 발상지라는 상징적 의미는 문자로서 기술되었을 뿐만 아니라 『성경통지』에 '장백산도'를 그려넣음으로써 존숭함을 표하였다. 이것이 여러 본 『성경통지』의 '장백산도'이다. 그러나 편찬자의 실수로 건륭 1년(함풍 2년 補刻본 포함) · 건륭 49년 『성경통지』 '장백산도'의 혼동강 수계가 잘못 표시되었다. 『성경통지』의 문자 기록에 의하면 토문하(土門河) · 삼둔하(三屯河)가 휘파하(輝發河)로 흘러들어가고 휘파하(輝發河)가 혼동강(송화강)으로 흘러들어가므로 이 세 강이 모두 혼동강 지류임을 알 수 있다. 이밖에 새인눌인(賽因訥因) · 액흑눌인(額黑訥因)하가 백두산 북록에서 발원하며 혼동강(송화강) 서원이다. 또 아척혁토납고(阿脊革土拉庫) · 앙방토납고(昂邦土拉庫) ·

---

23) 강희 23년 · 옹정 12년 · 건륭 1년의 『성경통지』와 강희일통지(건륭 8년) · 건륭일통지(건륭 49)에는 포고리산의 선녀 전설에 관한 기록이 없다. 건륭 49년 『성경통지』가 처음 『만주실록』에 나오는 이 전설을 인용하여 『가경중수일통지』에 그대로 계승되었다.

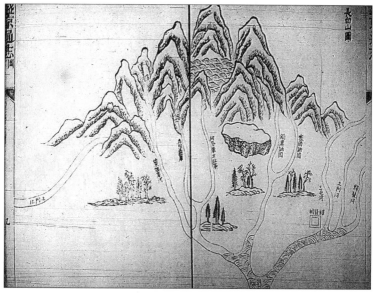

[그림 31] 『성경통지』의 장백산도(강희 23, 1684년)

[그림 32] 『성경통지』의 장백산도(건륭 1, 1736년)

낭목낭고(娘木娘庫)가 백두산 북록에서 발원하며 혼동강 동원이다. [그림 31]과 같이 강희 23년『성경통지』의 경우 이들 지류의 합류처에 '혼동강'을 표기하였는데 이는 정확한 표기이다. [그림 32]와 같이 건륭 1년『성경통지』의 경우 합류처에 '압록강(鴨綠江)'을 표기하였는데 이는 잘못된 표기이다. 이 같은 오류가 발생한 것은 '장백산도'의 방향을 잘못 이해한 때문이다. 즉 아래가 북쪽인 것을 남쪽으로 착각하여 혼동강 물줄기가 합치는 곳에 '압록강'을 표기하였다. 압록강이 백두산에서 발원하여 서남쪽으로 흐르기 때문이다.

위에서 보았듯이 강희 23년『성경통지』는 백두산의 위치를 높였을 뿐만 아니라 혼동강에 대해서도 "조종의 발상지로서 산천이 영험하며 혼동하여 크게 되었다"는 상징적 의미를 부여하였다. 그 상세한 내용은 다음과 같다.

혼동강은 성의 동남쪽에 있다. 즉 송아리강이다. 압자하·속말강·송와강·송화강이라고도 부른다.『명일통지』에 이르기를 "혼동강이 개원성 북쪽 1500리에 있다. 장백산에서 발원하며 옛 명칭이 속말하이고 속칭 송와강이다. 북쪽으로 고 회령부를 경유하여 오국두성에 이른 후 동쪽으로 바다에 흘러들어간다"고 하였고 또 이르기를 "송화강은 개원성 동북 1000리에 있다. 장백산에서 발원하여 북쪽으로 금나라고 남경성을 경유하며, 휘파(灰扒)강·혼동강과 합류하여 동쪽으로 바다에 흘러들어간다"고 하였다. 이는 송화강·혼동강을 서로 다른 강으로 보고 있음을 말해준다. 지금 그 곳을 살펴보니, 장백산은 여러 물의 발원지로서 작은 것이 하(河)이고 큰 것이 강(江)이다. 강이 세 개 있는데 서남쪽으로 흘러 압록이고 동남쪽으로 흘러 토문이며 산의 북쪽에 수많은 샘이 흘러 선창 동남쪽에서 북쪽으로 변(邊, 유조변을 가리킴)을 나간 뒤 낙니강(諾尼江, 눈강을 가리킴)을 받아들이고 다시 동북쪽으로 흑룡강을 받아들이고 남쪽으로 우쑤리강을 받아들여 동쪽

으로 바다에 흘러들어가는 것이 혼동강이다. 고증에 의하면 요나라
성종(聖宗) 태평 4년에 압자하(鴨子河)를 혼동강으로 개칭할 것을 명하
여 혼동강 명칭이 처음 나왔지만 토인들은 여전히 송아리강이라고
불렀다. 금지(金志, 금사 지리지를 일컬음)에 송와강이란 송아리 음의
와전이라고 하였다. 『명일통지』에 송화강이란 송와라는 글의 변형이라
고 하였다. 『금사』 '제기(帝紀)'에 혼동강이란 흑룡강이라고도 하는데
하류에서 강이 합치는 곳을 말한다. 혹자는 이 강을 송화강이라고 하고
살합련(薩哈連)강을 혼동강이라고 하는데 잘못된 것이다. 고증에 따르
면 금태조가 요나라를 벌하고자 황룡부(黃龍府)를 공격할 때 혼동강에
머물렀다고 한다. 이때 배가 없어 자백(赭白)마를 타고 강을 건넜는데
대군이 따랐다. 강물이 말의 복부까지 닿았는데 후세 사람들이 깊이를
재려고 해도 알 수 없었다고 한다. 세종 대정 25년 혼동강신을 책하여
흥국응성공(興國應聖公)으로 봉하고 묘를 세워 치제하였다. 책문에 이
르기를 "강원이 장백에서 발원한다"고 하였다. 이로써 혼동강이라고
칭했음을 알 수 있다. 전대의 책문이 근거가 되며 송와·송화는 모두
음에 따라 글을 취한 것이므로 준할 수 없다. 먼 곳에 대한 간책(簡冊)이기
에 듣고 전할 때 틀린 것이다. 오늘은 조종의 발상지로서 산천이 영험하
며 혼동하여 크게 되었으므로 특별히 상세히 밝히는 바이다.[24]

---

24) 董秉忠 등 편, 『성경통지』 권9, 산천지. "混同江 城之東南 卽松阿里江也 一名鴨子
河 一名粟末江 一名宋瓦江 一名松花江 按明一統志云 混同江在開原城北一千五
百里 源出長白山 舊名粟末河 俗呼宋瓦江 北流經故會寧府 下達五國頭城 東入於
海 又云 松花江在開原城東北一千里 源出長白山 北流經金故南京城 合灰扐江混
同江 東流入海 云云 是以松花混同爲二江也 今按其地 長白山爲諸水發源之地
小者爲河 大者爲江 江有三 西南流爲鴨綠 東南流爲土門 山之北百泉奔注 自船廠
東南北流出邊 受諾尼江 折而東北 受黑龍江 南受烏蘇里江 遂東注入海者 混同江
也 按遼聖宗太平四年 詔改鴨子河爲混同江 混同之名始見於此 而土人呼爲松阿
里江 金志有宋瓦江卽松阿里音之訛也 明一統志松花江卽宋瓦字之變也 金史帝
紀有云 混同江一名黑龍江 蓋指其下流兩江交會之處言之 而或以此江名松花 而
以薩哈蓮江爲混同 誤也 按 金太祖伐遼將攻黃龍府 次混同江 無舟 乘赭白馬徑涉
大軍隨之 水及馬腹 後人測之不得其底 世宗大定二十五年 冊混同江之神爲興國
應聖公 立廟致祭 其文曰 江源出於長白 卽此江稱混同無疑 前代冊文可據 而宋瓦
松花皆隨音取字 不可爲準 遠地簡冊 傳聞多誤 今爲祖宗發祥之邦 山川效靈 混同

이상 강희 23년『성경통지』의 혼동강에 대한 기술을 요약하면 다음과 같다. 첫째,『명일통지』에 혼동·송화를 두 강으로 본 것은 잘못이며 백두산은 3대 수계의 발원지로서 서남쪽으로 흘러 압록강이고 동남쪽으로 흘러 토문강이고 북쪽으로 흘러 혼동강이다. 둘째, 혼동강이란 명칭은 요나라 때 처음 나온 것이며 송화·송와는 모두 송아리라는 음에서 전해 온 것이고 속칭이다. 셋째, 금태조가 황룡부(오늘의 農安, 송화강 지류 伊通河변에 있음)를 칠 때 혼동강변에 군사를 주둔하였고 또 금 세종이 혼동강을 '흥국응성공'으로 책한 것을 근거로 하류뿐만 아니라 발원지와 상류도 '혼동강'이라고 불러야 마땅하다고 하였다. 넷째, "오늘은 조종의 발상지로서 산천이 영험하며 혼동하여 크게 되었다"는 상징적 의미를 부여하고 또 '송화강'이라는 속칭을 버리고 '혼동강'이라는 명칭을 사용할 것을 강조하였다. 이와 같은 서술을 기초로 그 이후 건륭 43년에 이르러서는 혼동강(송화강)변에 강신묘를 짓고 해마다 치제하였다.[25]

강희 23년『성경통지』의 압록강에 대한 기술은『명일통지』를 답습한 것이지만 실은『원일통지』에서 왔다. 거기에다 강희 17·23년 두 차례에 걸쳐 백두산과 압록강 연안 지역을 답사한 결과를 첨부하여 서술의 정확도를 높이고 있다. 그 상세한 내용은 다음과 같다.

압록강은 익주(益州)강이며 애강(靉江)이라고도 부른다.『당서(唐書)』에 이르기를 마자수(馬訾水)가 백산에서 발원하며 색깔이 오리대가리와 같다하여 압록이라고 불렀다. 서쪽으로 염난수(鹽難水)와 합류하여 서남쪽으로 안시(安市)에 이른 후 바다로 흘러들어간다고 하였다.

爲大 故特詳辯之."

25) 阿桂 등 편,『성경통지』(건륭 49년) 권27, 산천 3, 478~479쪽.

오늘 살펴보건대, 장백산 남쪽 여러 샘이 남쪽으로 모여 큰 강이 되고 서남쪽으로 흘러 동가강(佟加江)과 합류하여 500여 리를 흐르다가 봉황성 동남쪽을 감돌아 바다로 흘러들어간다. 강의 동남쪽이 조선계(界)이다.26)

위 인용문에서 밑줄 그은 부분이 새로 추가된 내용으로써, 강의 발원지, 강의 흐름, 지류 명칭, 강의 길이 및 조선과의 접경 상황 등을 간단하고도 명료하게 서술하였다. 또한 『당서(唐書)』에 나오는 염난수가 동가강인지 여부에 대해 평가하지 않았으며, 고금 명칭에 대하여 "근거가 있는 것은 옛 것을 따르고 근거가 없는 것은 오늘의 것을 따르되 믿을 만한 것과 의심스러운 것을 그대로 전하며 속설로써 부회하지 않는다"라는 『성경통지』의 편찬 원칙을 구현하고 있다.27) 그 이후 건륭 49년 『성경통지』 편찬에 이르러 동가강이 옛 염난수임을 고증하여 첨부하였다.28)

한편 강희 23년 『성경통지』에는 토문강 즉 두만강 수계에 대한 정확한 지리정보를 담고 있으며, 두만강 지류 명칭이 이때부터 지금에 이르기까지 사용되고 있다. 예컨대 토문강 즉 두만강에 대하여, "성(영고탑을 가리킴, 아래 동일함)의 남쪽 600리에 있다. 장백산에서 발원하여 동북쪽으로 조선의 북쪽 경계를 흐르며 동남쪽으로 꺾어 바다로 흘러들어간다"고 기술하고, 두만강 지류 해란하(海攔河)에 대하여 "성 남쪽 410리에 있다. 서남 590리 무명산에서 발원하여 동쪽으로 부르하투하(布爾哈

---

26) 董秉忠 등 편, 『성경통지』 권9, 산천지. "鴨綠江卽益州江 或呼靉江 按 唐書 馬訾水出自白山 色若鴨頭 故名鴨綠 西與鹽難水合 又西南至安市入海 今按 長白 山南諸泉 南注匯爲大江 西南流與佟加江會 行五百餘里 繞鳳凰城之東南 入於海 江之東南爲朝鮮界."

27) 董秉忠 등 편, 『성경통지』 범례.

28) 阿桂 등 편, 『성경통지』 권27, 산천3, 479쪽.

圖河)에 흘러들어간다"고 기술하고, 부르하투하에 대하여 "성 남쪽 400리에 있다. 성 남쪽 600리 무명산에서 발원하여 동쪽으로 가하리하 (噶哈里河)에 흘러들어간다"고 하고, 가하리하(가야하)에 대하여 "성 남쪽 150리에 있다. 마아호력와집(馬兒虎力窩集)에서 발원하여 남쪽으로 토문강에 흘러들어간다"고 기록하였다. 즉 해란하가 부르하투하와 합류하고 이어 가야하와 합류한 후 토문강에 흘러들어간다는 것이다. 이 같은 수계 관계는 매우 정확하며, 이는『명일통지』나『원일통지』가 미치지 못하는 부분이다. 이밖에 두만강 지류 훈춘하(渾春河)에 대하여 "성 동남쪽 600리에 있다. 통긍산(通肯山)에서 발원하여 남쪽으로 토문강에 흘러들어간다"고 기술하고, 두만강 수계와 인접해 있는 수분하(遂分河)에 대하여 "성 동남쪽 440리에 있다. 모릉와집(模稜窩集)에서 발원하여 남쪽으로 바다에 흘러들어간다"고 하고, 휘파하(송화강 지류)에 흘러들어가는 토문하(土門河)에 대하여 "성 남쪽 500리에 있다. 납록와집(納祿窩集)에서 발원하여 북쪽으로 요길선(遼吉善)·삼둔(三屯) 두 강과 합류하여 휘파하를 이룬다"고 기술하고, 목단강으로 흘러들어가는 해란하(海蘭河)에 대하여 "성 서북쪽 50여 리에 있다. 해란와집에서 발원하여 동쪽으로 호이합하(虎爾哈河, 목단강)로 흘러들어간다.『명일통지』에 합란하(合蘭河)가 있으며 원대에 합란부 수달달 등 로를 세웠으며 명대에 이르러 위(衛)로 변했다고 하는데 이곳을 가리킨다"고 기술하였다.[29] 여기서 말하는 해란하란 오늘날 해림(海林) 근처에서

---

29) 董秉忠 등 편,『성경통지』권9, 산천지.
　　"土門江　城南六百里　源出長白山　東北流繞朝鮮北界　復東南折入海.
　　海攔河　城南四百十里　源出西南五百九十里無名山　東流入布爾哈圖河.
　　布爾哈圖河　城南四百里　源出城南六百里無名山　東流入噶哈里河.
　　噶哈里河　城南一百五十里　源出馬兒虎力窩集　南流入土門江.
　　渾春河　城東南六百里　源出通肯山　南流入土門江.
　　遂分河　城東南四百四十里　源出模稜窩集　南流入海.

목단강에 흘러들어가는 해랑하(海浪河)를 가리킨다. 두만강 지류인 해란하와는 전혀 별개의 강이다.

이상에서 본 두만강과 그 지류에 관한 정보는 강희 23년『성경통지』의 「오라영고탑형세도」([그림 21])에 잘 나타나 있다. 예컨대 해란하·부르하투하·가하리하·훈춘하 등이 이 지도에서 윤곽이 잘 드러나 있다. 단지 문자로 이를 표기하지 않았을 따름이다. 그 이후에 편찬된 옹정 12·건륭 1년의『성경통지』, 강희『일통지』, 건륭『일통지』의 경우 대부분 강희 23년『성경통지』「오라영고탑형세도」의 외형을 따르고 있다. 건륭 49년『성경통지』와『가경중수일통지(嘉慶重修一統志)』의 지도에는 '훈춘하'와 '훈춘성'을 문자로서 표기해 놓았다.

강희 23년『성경통지』에 기술된 조청 국경도 비교적 명확하게 나타났다. 예컨대 압록강에 대하여 "강의 동남쪽이 조선계이다"라고 기술하였다. 건륭 49년『성경통지』의 경우 더 명확하게 압록강이 "장백산에서 발원하여 서남쪽으로 흐르며 조선과 경계를 나눈다"고 기술하였다.[30] 이밖에 토문강(건륭 49년『성경통지』부터 도문강(圖們江)이라고 고쳤으며 지금까지 사용됨[31]) 즉 두만강에 대하여 "장백산에서 발원하여 동북쪽으로 조선의 북계를 감돈다"고 기술하였다. 또한 영고탑 장군 소속 강역에 대하여 "남쪽으로 장백산까지 1300여 리 조선계이다"라고 기술하였다. 1712년 백두산정계 이후 더욱 명확해져 "남쪽으로 장백산까지 1300여 리, 그 남쪽이 조선계이다"라고 기술하여 백두산 남쪽이 조선경임을 밝혔다. 이는『고금도서집성(古今圖書集成)』(옹정 3, 1725년 완성

土門河 城南五百里 源出納祿窩集 北流合遼吉善三屯兩河 卽爲輝發河.
海蘭河 城西北五十餘里 源出海蘭窩集 東流入虎爾哈河."

30) 阿桂 등 편,『성경통지』권27, 산천3, 479~480쪽.
31) 阿桂 등 편,『성경통지』권27, 산천3, 494쪽.

됨)에서 시작되어 건륭 1년과 49년『성경통지』에 의해 계승되었다.[32]

『고금도서집성』은 강희연간에 편찬되기 시작하여 옹정연간에 완성되었다.『고금도서집성』「산천전(山川典)」의 백두산과 수계에 관한 내용을 살펴보면, 강희 23년『성경통지』를 기초로 서술함과 동시에 실지측량을 통해 얻은 지리성과를 흡수하여 내용을 더 풍부하게 하였고 정확도를 높였다. 예를 들어『성경통지』에 백두산이 "천리를 뻗어 있으며 높이가 200리이다"라고 한 것을 「산천전」에서 "동쪽으로 영고탑을 지나고 서쪽으로 봉천부에 이르며" "천리를 훨씬 넘는다"고 시정하였다.[33] 또 「산천전」은 혼동강에 대하여, "오늘날 봉천부 개원현성에서 동북쪽으로 천리에 있으며, 장백산 꼭대기 못에서 발원하여 북쪽으로 선창 동남쪽을 감돌아 흘러 변(유조변)을 나가며", "무릇 3500여 리이다"라고 기술하였다.[34] 여기서 혼동강의 길이는 전의『성경통지』에 없던 내용으로서 실지측량을 통해 얻은 성과임이 틀림없다. 이밖에『고금도서집성』「직방전」에 수록된 「장백산도」·「성경강역전도」·「오라강역도」·「영고탑강역도」 등은『황여전람도』와 같은 외형을 띠고 있으며,[35] 이들 지도 속에 담긴 지력정보 특히 문자정보는 전례 없이 많고 정확도가 높아졌다.

---

32) 董秉忠 등이 편찬한『성경통지』(강희 23년, 32권본) 「오라영고탑형세도」에 "南至長白山一千三百餘里朝鮮界"라고 기록하였다. 王河·呂耀曾 등이 편찬한『성경통지』(건륭 1년, 48권본) 「영고탑장군소속형세도」, 阿桂 등이 편찬한『성경통지』(건륭 49년, 130권본) 「길림장군소속형세도」, 그리고『古今圖書集成』직방전 「오라영고탑강역고」에 "南至長白山一千三百餘里 其南朝鮮界"라고 기록하였다. 王河·呂耀曾 등이 편찬한『성경통지』(옹정 12년, 33권抄本) 「영고탑형세도」에는 "南至土門江六百里朝鮮界"라고 기록하였다.

33)『古今圖書集成』「山川典」권9, 長白山部彙考 1, 21950쪽.

34)『古今圖書集成』「山川典」권200, 混同江部彙考, 23703쪽.

35) 배우성,『조선후기 국토관과 천하관의 변화』, 일지사, 1998년, 262쪽 ; 배우성, 「18세기 청의 지리지·지도와 백두산 수계」,『역사와 경계』65, 2007년 12월, 65쪽 참조.

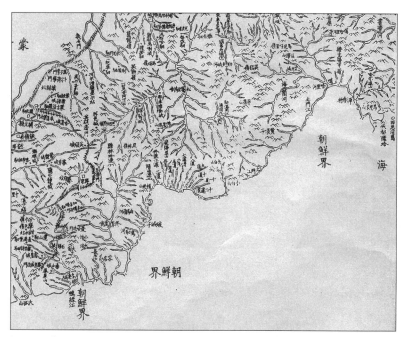

[그림 33] 『고금도서집성』의 「성경강역전도」의 부분도

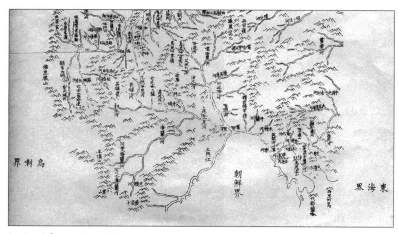

[그림 34] 『고금도서집성』 「영고탑강역도」의 부분도

이밖에 강희『일통지』(건륭 8, 1743년에 완성됨)의 백두산과 수계에 관한 내용은 강희 23년『성경통지』를 기초로 하면서도『황여전람도』 제작을 위해 실시된 천문측량의 최신 성과를 흡수하여 산천 노정 등 지리정보를 수정·보완하였다. 예컨대『성경통지』에 백두산이 "선창 동남쪽 1300여 리에 있다"고 한 것을『일통지』에는 "주(영길주, 선창임) 동남쪽 600리에 있다"고 수정하였다. 또 압록강이 "길림 오라(선창) 남쪽 977리에 있다"고 보충하였으며, 토문강 즉 두만강이 "성(영고탑) 남쪽 600여 리에 있다"고 보충하였다.[36]

4)『여지도서』에 기술된 백두산과 수계

『여지도서』(1765년 완성)는 18세기 중요한 관찬 지리서로서 조선초에 편찬된『여지승람』의 속편(續編)이라고 할 수 있다. 특히 각 군현 읍지의 첫 머리에 채색지도가 수록된 것이 특징적이며 도와 서가 결합되어『여지도서』라고 부르게 되었다. 또한 공시적(共時的) 기록이라는 점에 의의가 있으며, 전국에 걸쳐 동일한 시기에 작성된 읍지들로 이루어져 있기 때문에 내용상으로 뿐만 아니라 지역적으로도 종합적 성격을 지닌다.[37]

『여지도서』의 백두산 관련 내용을 살펴보면, 우선 백두산을 조선 산맥의 첫 시작으로 보았다. 학자들은 이러한 산맥 체계를 '백두대간'이라고 불렀다.[38] 예컨대 태백산에 관하여 "백두산으로부터 시작하여

---

36) 蔣廷錫 등 편,『청일통지』(건륭 8년) 권31, 봉천부산천 ; 권35, 영고탑산천.
37) 양보경, 「전통시대의 지리학」, 제29차 세계지리학대회 조직위원회 편,『한국의 지리학과 지리학자』, 도서출판 한울, 2002년 10월 2쇄, 30~31쪽.
38) 양보경, 「조선시대 '백두대간' 개념의 형성」,『진단학보』83호, 1997년.

북청 후치령을 거쳐 부(함흥부)의 북쪽 경계인 원천사(元川社)에 이르러 태백산을 이루며, 동서로 두 간으로 나뉜다"라고 기록하고, 차유령에 관하여 "백두산 동쪽 가지가 남쪽으로 향하여 경성(鏡城)부에 이르며 장백산이 북쪽에서 맥을 형성하며 무산ㆍ부령ㆍ회령 3읍 경내에 우뚝 치솟는다"라고 하고, 단천 산천에 대하여 "백두산 남쪽 가지가 갑산 동쪽에서 두리산을 형성하고 부(단천부)의 북쪽 300여 리에서 두 갈래로 나뉘어 한 갈래가 동북쪽으로 장백산(경성에 위치함)을 형성하여 북도의 여러 산의 조종을 이룬다. 다른 한 갈래가 서남쪽으로 향하여 부의 북쪽 황토령ㆍ천수ㆍ후치ㆍ황초령 등을 이루고 남쪽으로 철령을 이루어 남도 여러 산의 근간이 된다. 두 갈래 중간에서 토라산을 뽑아내는데 속칭 검의덕산이다. 산세가 높아 함경도에서 최고이다"라고 하고, 보다산(寶多山)에 관하여 "백두산에서 시작하여 동남쪽으로 맥이 떨어져 허항령 30여 리에서 갑자기 일어선다. 산이 높고 험악하여 사람이 오를 수가 없으며 높이를 알 수 없다"고 하고, 장백산에 대하여 "보다산 대맥이 동북쪽으로 떨어져 구불구불 경성(鏡城) 경내에서 멈춘다. 산이 험하고 길이 끊겨 높이를 알 수 없다"고 기록하였다.[39]

다음으로 『여지도서』 백두산조의 내용은 『명일통지』나 『동국여지승람』의 영향을 벗어나 있는 반면, 백두산 정계 결과를 반영한 홍세태의 『백두산기』의 영향이 짙다. 그 상세한 내용은 다음과 같다.

부(무산부)의 서쪽 305리에 있다. 모양은 가마 위 시루와 같으며 겉은 흙이고 속은 바위이다. 산의 색깔이 흰 색을 띠고 하늘을 향하고 있으며, 둘레가 80리이다. 중간에 큰 못이 있는데 사면이 절벽이고 천 길 병풍을 이룬다. 북쪽에 수구(水口)가 있는데 물이 떨어져 폭포를

---

39) 『여지도서』 상권, 함흥ㆍ단천ㆍ회령ㆍ무산산천.

이루며 혼동강이라고 부른다.[40)]

위 인용문은 천지 둘레 80리를 빼고는 『명일통지』나 『여지승람』의
모습을 찾기 어렵다. 반면에 홍세태의 『백두산기』의 내용과 흡사하다.
『백두산기』는 홍세태의 문집 『유하집(柳下集)』에 수록되었으며, 이
문집의 간행 연대는 1731년이다. 그러므로 그 안에 수록된 『백두산기』
는 1731년 이전에 완성되었으며 1712년 백두산정계 직후임을 알 수
있다. 『백두산기』는 정계 때 수행 역관으로 갔던 김경문을 통해 얻어들은
말을 기록한 것으로서 목극등이 백두산에 오르내리면서 압록·두만
양강 수원을 찾는 과정을 기록하였다. 『백두산기』에 백두산을 묘사한
내용은 다음과 같다.

이 산은 서북에서 일어나 대황(大荒)을 거쳐 여기에 와서 우뚝 솟으며
그 높이가 하늘에 닿으니 몇 천만 길인지 알 수 없다. 꼭대기에 못이
있는데 사람의 뇌 구멍과 같다. 둘레가 20·30리이고 색은 찐한 검색을
띠며 깊이를 헤아릴 수 없다. 때는 맹하(孟夏, 음력 4월)이건만 얼음과
눈이 덮여 있어 멀리 내다보니 막막한 은색 바다이다. 산의 형태를
멀리서 바라보면 흰 독을 덮어놓은 것과 같지만 산꼭대기에 올라가
보면 주위가 약간 불룩하고 중간이 우묵하여 독이 위로 향한 것과
같다. 겉은 희고 안은 붉으며, 사면 절벽이 깎아지른 듯하며, 붉은
진흙을 발라 놓은 것 같고 담황색 비단을 펼쳐놓은 듯하다. 북쪽 수척(數
尺)에서 물이 흘러넘쳐 폭포를 이루는데 흑룡강원이다.[41)]

---

40) 『여지도서』 상권, 무산형승 백두산. "在府西三百五里 形如釜上甑 外土內巖
山色戴白牌天 周回八十里 中有大澤 澤邊四面皆絶巖 千仞屛列 北有水口 流落瀑
布 名爲混同江."

41) 홍세태, 『백두산기』, 동북아역사재단 편, 『백두산정계비자료집』, 2006년,
136~137쪽. "是山 首起西北 直下大荒 至此陡立 其高極天 不知其幾千萬仞 頂有
池 如人腦穴 周可二三十里 色黝黑不測 時正孟夏 氷雪委積 望之 漠漠一銀海也

위 인용문에서 천지 둘레 20 · 30리는 오늘날 측정된 약 13㎞(26리)와 매우 가깝다. 이는 1712년 백두산 답사 결과를 반영한 것이라고 하겠다. 위에서 본『여지도서』의 백두산조와 홍세태의『백두산기』를 비교할 경우 천지에서 발원하는 수계, 천지의 모양, 산의 색깔 등에 있어서 전자가 후자의 축소판이라고 해도 과언이 아니다. 이로써『여지도서』 백두산조가 홍세태의『백두산기』를 참조했음을 알 수 있다. 즉 다시 말하여『여지도서』가 1712년 백두산을 답사한 성과를 흡수하고 있는 것이다.

『여지도서』 두만강조의 내용은 극히 간단명료하며, "두만강이 백두산 아래 천평에서 발원하여 육진을 감돌아 경흥 녹둔도에서 바다로 흘러들어간다"고 기술하고 "두만강이 부(회령부)의 서쪽 6리에 있다. 백두산 동쪽 기슭에서 발원하여 무산계에 이르며, 서북천 · 박하천과 합류하며, 볼하진 · 본부 및 고령진에 이른 후 북쪽으로 향하여 종성으로 흘러간다" 고 하고, 또 "두만강이 부(종성)의 서쪽 1리에 있다. 백두산에서 발원하여 동북쪽으로 흘러 바다에 들어간다. 피아(彼我)의 경계를 이룬다"고 기술하였다.[42] 강외 지류를 기록하지 않았을 뿐더러 두만강과 구별되는 토문강조를 설정하지 않았으며, 조청 양국이 두만강을 경계로 함을 명확히 하였다.

『여지도서』의 압록강조의 내용은『여지승람』과 비슷하며 새로운 내용이 첨부되지 않았다. 예컨대 압록강의 위치를 "서쪽으로 요동도사까지 560리이다"라고 기술하였는데,[43] 이때에 이르러 청조 성경장군

山形在遠 望若覆白瓮 及登巔 四圍微凸中洼 如仰瓮口向上耳 外白內赤 四壁削立 若糊丹堙 又如周緗錦屛坼 其北數尺 水溢出爲瀑 卽黑龍江源也."

42)『여지도서』하권, 무산 · 회령 · 종성산천.
43)『여지도서』상권, 의주산천.

관할에 있는 요양성을 명초에 설치된 요동도사 그대로 옮겨놓고 있다.

5) 제소남의 『수도제강』에 기술된 백두산과 수계

제소남(齊召南)의 자는 차풍(次風)이고 태주(台州) 사람이다. 건륭 1년(1736)에 박학홍사과(博學鴻詞科)에 합격하여 한림원 편수관에 제수되었으며 같은 해 『청일통지』 편찬에 참여하였는데, 이것이 강희 일통지이다. 그는 일통지관에 오래 머물러 있었기에 천하지도를 다 볼 수 있었으며 특히 강희 어제여도(御製輿圖)인 『황여전람도』를 볼 수 있었다. 이후 낙향한 뒤 『수도제강』을 편찬하기 시작하였는데 아우른 수도(水道)의 범위가 매우 넓어 북쪽으로 장성 밖의 사막에 이르렀고 서쪽으로 서역 및 알타이 이남에 이르렀고 서남쪽으로 티베트를 아울렀으며 동쪽으로 조선에 이르렀다. 또한 수도를 서술함에 "군읍으로 나누지 않고 큰 하천을 강(綱)으로 삼고 모여드는 작은 흐름을 목(目)으로 삼았기에 제강(提綱)이라고 불렀다."[44]

『수도제강』의 백두산 수계에 관한 내용은 『황여전람도』를 기초로 서술하고 있음이 확인된다. 특히 압록강·두만강이 흘러지나가는 조선의 읍 명칭을 두 가지로 표현한 것이 『황여전람도』와 똑 같다. 하나가 정확한 조선 지명표기이고 다른 하나가 한자로 음차한 잘못된 지명표기이다. 전자의 경우 두만강 유역의 무산(茂山)·회령(會寧)·종성(鍾城)·동관(潼關)·온성(穩城)·미전(美錢)·경원(慶源)·경흥(慶興), 압록강 유역의 만포(滿蒲)·고산리(高山里)·이산(理山)·창성(昌城)·의주(義州) 등인데 정확한 표현이다. 후자의 경우 두만강 유역의 양영(梁永)을 良雍으로, 영달(永達)을 雍大로, 훈융(訓戎)을 循鎭으로, 건원보(乾原

44) 齊召南, 『水道提綱』, 提要·原序.

堡)를 前元鋪로, 압록강 유역의 혜산성(惠山城)을 謝山城으로, 인차외(仁遮外)를 因禪衛로, 신갈파보(新加乙坡堡)를 新噶爾堡로, 벌등(伐登)을 發登으로, 위원(渭源)을 未源으로, 산양회(山羊會)를 山陽公으로, 대파아(大坡兒)를 大조로, 벽동(碧洞)을 必東으로, 삭주(朔州)를 宿州로 음차하였는데 잘못된 지명표기이다.45) 이상에서 열거한 『수도제강』의 두 가지 지명표기는 강희『황여전람도』'조선도'에 나오는 지명과 동일하다. 이로써 제강이 여도를 참고했음을 알 수 있다.

『황여전람도』에 두만강·압록강이 흘러지나가는 조선 지명을 이같이 표현한 것은 '조선도'([그림 7] 참조)의 제작 과정과 무관하지 않다. 『황여전람도』의 '조선도'는 두 개의 저본이 있는 듯하다. 하나가 1712년 백두산정계 시 그린 '백산도'이고 다른 하나가 1713년 목극등이 조선에서 가져 간 '조선전도'이다.46)『조선왕조실록』에 의하면 이 '조선전도'가 매우 소략하며 두만강 수계의 착오가 많다고 하였는데, 지명 표기가 별로 없었던 것 같다.47) 앞에서 말한 정확한 지명표기 예컨대 무산(茂山)·만포(滿蒲) 등은 조선전도에 있는 지명이지만 잘못된 지명표기

---

45) 제소남, 『수도제강』 권2, 성경제수 압록강 ; 권26, 동북해제수 토문강.

46) 뒤알드는『測繪中國地圖紀事』에서 "조선지도는 이 나라 왕궁에 소장된 지도에서 얻은 것으로서 두 나라 국경에 있어서는 선교사에 의해 교정된 것이다(葛劍雄 역, 『역사지리』2집, 상해인민출판사, 1982년, 212쪽)"라고 하였다. 또 뒤알드가 쓴『조선왕국의 지리고찰―레지의 기억에 근거하여』에서는 청 조정에서 달단 귀족을 파견하여 조선에 가서 지도를 가져오게 하였는데, 조선 왕궁내의 지도였다고 기록하였다(뒤알드, 『The general history of China』, 런던, 1741년, 381~384쪽).

47) 『숙종실록』에 의하면, 강희 52년(1713) 목극등이 조선에 사신으로 왔을 때 한 폭의 '조선전도'를 가져갔다고 한다. 이때 조선은 산천지리에 관한 정보가 누설되는 것을 피하고자 상세한 비변사지도를 주지 않고 너무 상세하지도 않고 간략하지도 않은 지도를 내주었으며, 그 위에 나타난 백두산 수계의 오류가 많았다고 한다(『숙종실록』 권54, 숙종 39년 윤5월 병진·계유·6월 정축).

예컨대 良雍(양영)·謝山城(혜산) 등은 조선전도에 나타나지 않은 것으로서, 목극등 일행이 정계 시 조선인의 발음을 한자로 음차한 것일 수 있다. 당시 조선은 청의 사계에 대한 의구심이 강하여 지리정보가 누설되는 것을 몹시 꺼려하였다. 이에 목극등이 갖은 고생을 겪게 되고 부득불 연도의 지명을 한자로 음차한 것이 아닌가 생각된다.

이처럼 『수도제강』이 천하 수도를 기술함에 있어 비록 『황여전람도』를 참고하고 있지만, 후자에 대한 단순한 모사만이 아니었다. 백두산 3대 수계에 관한 내용을 살펴볼 때, 원류 부분이 가장 돋보인다. 특히 두만강 수원은 후세 여러 차례 답사를 진행하고 양국이 공동으로 감계를 실시했음에도 불구하고 여전히 의견이 분분하다. 이 점에서 제강은 목극등이 지정한 수원과 양국의 경계 상황을 이해하는 데 도움이 된다. 『수도제강』에는 두만강 수원과 상류 수계(무산 위쪽)를 다음과 같이 기록하고 있다.

토문강은 장백산 꼭대기 동쪽 기슭에서 발원하는데 토문색금(土門色禽, 토문강원)이라고 부른다. 동쪽으로 보였다 안 보였다 수십 리를 흐르다가 또 동북쪽으로 수십 리 흐른다. 서북쪽에서 한 갈래의 물이 흘러들어오고 남쪽에서 두 갈래가 한 갈래로 합쳐 흘러들어오는데 모두 장백 지봉(支峰)이다. 동남쪽으로 백여 리 흐르다가 두 갈래가 한 갈래로 합쳐 서남쪽에서 흘러들어온다(수남이 조선국이다). 동북쪽으로 꺾어 백여 리를 흐르다가 남쪽에서 작은 물 둘과 큰 물 하나를 받아들인다(작은 물 둘은 모두 증산 북쪽에서 북류하여 약 백리를 흐른다. 큰 물이란 홍단하원(洪丹河源)을 말하며 서남쪽에서 큰 산을 나와 삼지연의 물과 합쳐 동쪽으로 백여 리를 흐르다가 동북쪽으로 흐른다. 동쪽의 작은 물과 합쳐 북쪽으로 흘러 증산 동쪽 기슭을 거쳐 동북쪽으로 백여 리를 흐르다가 토문강에 들어간다). 약간 동쪽에 아기개토문(阿几个土門)이 있는데 서북에서 한 갈래의 물과 합쳐 동남으

로 흘러들어온다.……또 동북쪽으로 백리를 흐르다가 남쪽에서 두 갈래
의 물을 받아들인다(하나가 어순하(漁順河, 어윤강을 가리킴 : 저자).
남쪽에서 두 개의 수원을 합쳐 북쪽으로 흐르다가 또 한 갈래의 물과
합쳐 300여 리를 흐르다가 토문강에 들어온다. 다른 하나가 파하천(波下
川, 박하천을 가리킴)인데 세 개의 수원이 합쳐 북쪽으로 구불구불
2백여 리를 흐르다가 토문강에 들어온다. 큰 산의 동쪽 기슭에서 북쪽으
로 흐르다가 동쪽에서 두 갈래의 물을 받아들인다. 동안(東岸)이 조선
무산성이다.……48)

위 인용문은 지금까지 발견된 중국측 자료에서 두만강 수원을 가장
상세히 묘사한 부분이다. 비록 『황여전람도』를 모사한 인상이 짙지만
일부 내용은 여도에서 읽어낼 수 없는 것이다. 예를 들어 "토문강이
장백산 꼭대기 동쪽 기슭에서 발원하는데 토문색금(土門色禽)이라고
부른다. 동쪽으로 보였다 안 보였다 수십 리를 흐르다가 동북쪽으로
꺾어 수 십 리 흐른다. 서북쪽에서 한 갈래의 물이 흘러들어오고 남쪽에
서 두 갈래가 한 갈래로 합쳐 흘러들어오는데 모두 장백 지봉이다"라고
기록하고 있는데, 단지 『황여전람도』를 놓고 토문색금(土門色禽)이
"동쪽으로 보였다 안 보였다 수십 리를 흐르고" 있음을 확인할 수 없다.
이는 저자 제소남이 백두산 답사자료 예컨대 목극등이 수원을 조사한
자료를 참고했을 것으로 생각된다. 기실 이와 비슷한 기록이 『숙종실록』

---

48) 『수도제강』 권26, 동북해제수 토문강. "土門江源出長白山頂之東麓 曰土門色禽
東流若隱若見數十里 折東北流又數十里 有一水自西北 一水合二源自南來 竝會
俱長白支峰也 東南流百餘里 有一水合二源 自西南來會(水南卽朝鮮國) 折而東
北流百數十里 南岸受小水二大水一(二小水 皆甑山以北流 僅百里許 大水曰洪
丹河源 西南出大山 合三池源之水 東流百數十里 折東北流 合東一小水 又北流
經甑山東麓 又東北而北百餘里 入土門江) 稍東有阿几个土門 自西北合一水東南
流來會……又東北百里 南岸受水二(一曰漁順河 自南合兩源北流 又合一水 行三
百餘里 入土門江 一曰波下川 三源合而北流 曲曲二百數十里 入土門江) 至大山
東麓折北流 受東來二水 其東岸朝鮮茂山城也."

에 있다. 예컨대 "강원이 백두산 꼭대기에서 나오는데 중간에 80·90리 끊겼다가 감토봉 아래에서 흙속에서 솟아나오는데 무릇 3파이며 두만강이다"라고 하고 또 "총관(목극등을 가리킴)이 이르기를 너희 나라 길을 아는 사람들이 말하기를 동류하는 물이 끊겼다가 백여 리를 지난 후 다시 솟아나온다고 하였다"고 하고 또 "토문강원은 백산 동쪽 가장 아래쪽에서 일파가 동류하는데 총관은 이 물을 가리켜 두만강원이라고 하였다" 등등이다.[49] 이처럼 『수도제강』에 나오는 "동쪽으로 보였다 안 보였다 수십 리를 흐른다"는 내용과 『숙종실록』의 중간에 80·90리를 끊겼다가 다시 솟아나온다는 것이 매우 흡사하다. 이는 목극등이 백두산 천지에서 동쪽으로 100여 리를 지나서 두만강 수원을 찾았으며 그가 지정한 물줄기가 동쪽으로 수십 리 복류하다가 다시 땅위로 솟아나와 동북쪽으로 흘러갔음을 말해준다. 다만 이 동류하는 물이 잘못 지정되어 두만강으로 흘러들어가지 않고 송화강으로 흘러들어가는 것이 문제였다.

『수도제강』은 압록강 수원에 대해 다음과 같이 기록하였다.

압록강은 옛 마자수(馬訾水)이다. 장백산 남쪽 기슭에서 발원하여 두 개의 수원이 나누어졌다가 다시 하나로 합친다. 남쪽에 소백산수가 있는데 동쪽에서 와서 합류한다. 또 남쪽으로 흐르며 왼쪽으로부터 조선 북쪽 경내의 여러 작은 물을 받아들여 서쪽으로 흐르다가 다시 서북쪽으로 흐른다. 무릇 장백산 서쪽과 연산(連山) 남쪽 기슭의 물이 12도구로부터 두도구(頭道溝)에 이르기까지 합쳐져 물의 세가 더욱 커진다.[50]

---

49) 『숙종실록』 권51, 숙종 38년 5월 정유·을사·6월 을묘.

50) 『수도제강』 권2, 성경제수 압록강. "鴨綠江卽古馬訾水也 源出長白山南麓 兩源 分導合流 而南有小白山水 自東來注之 又南流 左受朝鮮北境數小水 折而西流

　위 인용문에 나오는 압록강 발원지의 상황, 물의 흐름, 지류의 상황 등의 정확도가 매우 높다. 조선측에서 흘러들어오는 물이 있는가 하면 청측에서 흘러들어오는 물이 있으며 산과 물의 형세와 주변 지리를 총체적으로 파악하고 있는 것이 특징적이다. 이는 『황여전람도』를 모사하는 것만으로 이룰 수 없으며, 목극등의 사계를 포함한 여러 차례의 답사 결과를 참고했을 가능성이 크다.

　『수도제강』은 송화강 상류에 대해 다음과 같이 기술하였다.

　송화강은 옛 속말수(粟末水)이며 속말수(速末水)·압자하(鴨子河)라고도 부르는데 즉 혼동강이다. 길림오라(吉林烏喇)라고도 부른다. 수원이 여러 갈래이며 모두 장백산 북쪽 산봉우리에서 발원한다. 그 동쪽에 두 개의 수원이 있는데 압록강원의 바로 북쪽이다. 하나가 아기개팔토납고(阿几个八兎拉庫)인데 북쪽으로 흐른다. 그 동쪽 십여 리에 아모팔토납고(阿母八兎拉庫)가 있는데 역시 북쪽으로 수십 리 흘러 산 아래에서 합친다. 또 북쪽으로 구불구불 백여 리를 흐르다가 니아모니아고하(尼牙母尼牙庫河)가 동남쪽에서 흘러들어온다. 니아모니아고하원(源)은 장백산 꼭대기 동북쪽 60리 산에 있으며 서북쪽으로 흐르며 색금(色禽)이라고 부른다. 20여 리를 흐르다가 다른 한 갈래 수원이 동쪽에서 와서 합쳐 서북쪽으로 백여 리 흐르다가 앞의 물과 합친다. 합친 후 서북쪽으로 30리 흐르며, 활동기하(活同几河)가 동북쪽에 있는 부이호하(富爾虎河)를 동쪽에서 받아들인 후 서쪽에서 흘러들어와 수세가 더 커진다. 활동기하란 혼동강이며 네 개의 수원이 있는데 흑산 서쪽 기슭에서 발원하여……서북쪽으로 흐르며……"51)

又折而西北 凡長白以西 連山南麓之水 自十二道溝至頭道溝皆奔注之 水勢始盛."

51) 『수도제강』 권25, 송화강. "松花江古粟末水 亦曰速末水鴨子河 即混同江 亦曰吉林烏喇 有數源 皆出長白山北之支峰 其東有二源 正當鴨綠江源之北者 一曰阿几个八兎拉庫 北流 其東十數里 曰阿母八兎拉庫 亦北流下山數十里 合焉 又北曲曲

위 인용문에서 송화강 여려 수원이 모두 백두산 북쪽 산봉우리를 나온다고 하였는데 실은 잘못된 것이었다. 앞에서 서술했듯이, 송화강 서원 즉 두도송화강의 여러 물줄기는 백두산 서록 · 서남록 · 남록에서 발원한다. 위 인용문에서 말한 여러 물줄기는 실은 송화강 동원을 가리키며, 여기에는 아기개팔토납고 · 아모팔토납고 · 니아모니아고 하 · 활동기하 · 부이호하 등이 포함된다. 하천 명칭이 만주어로 표기된 것이 특징적이며 송화강 상류 수계 명칭의 변화를 연구하는데 좋은 자료를 제공해 주고 있다.

6) 맺는말

『명일통지』에 기술된 백두산과 수계는 『원일통지』를 그대로 답습하였으며, 다만 원대의 행정기구 명칭을 명대의 것으로 바꿔놓았다. 또한 『명일통지』는 『원일통지』의 착오를 답습하여 예컨대 금나라 상경 회령부(흑룡강 아성)를 발해 상경(흑룡강성 영안)으로 착각하는가 하면, 혼동강과 송화강을 별개의 강으로 보고 또 혼동강과 목단강을 혼동하고 있다. 『명일통지』의 이 같은 착오는 강희 23년 『성경통지』 편찬에 이르러 일부 시정되었다.

청초에 이르러 성경지역의 산천을 중시함은 이곳이 청왕조의 발상지이기 때문이었다. 강희 23년 『성경통지』는 백두산을 존숭의 대상에 올렸을 뿐만 아니라 혼동강에 대해서도 "혼동하여 크게 되었다"는 상징적 의미를 부여하였다. 강희 17 · 23년 두 차례에 걸쳐 백두산과

百數十里 有泥牙母泥牙庫河自東南來會 泥牙母泥牙庫源 在長白頂之東北六十里支山中 西北流曰色禽 流二十餘里 有別源自東來會 西北流百餘里 會前水也 既合 西北流三十里 而活同几河自東合東北之富爾虎河 西流來合焉 水勢始盛 活同几河卽混同江 有四源 出黑山之西麓……西北流".

흥경·영고탑 등지를 답사한 결과 이 지역에 대한 지리지식이 증대되어 강희 23년『성경통지』에 기술된 백두산과 수계의 내용이『명일통지』와 비교할 때 내용면에서 더 풍부하고 정확도가 높아졌다. 동시에 청대 통지와 일통지의 관련 논술의 기초를 닦아놓게 되었다. 특히 두만강과 지류의 수계 관계를 정확하게 서술하였으며 두만강 지류 명칭 예컨대 해란하·부르하투하·가야하·훈춘하 등이 지금까지 사용되고 있다. 강희 23년『성경통지』에 기술된 조청 국경도 비교적 명확하게 나타났다. 예컨대 압록강에 대하여 "강의 동남쪽이 조선계이다"라고 하고, 두만강에 대하여 "장백산에서 발원하여 조선의 북계를 감돈다"고 하고, 영고탑 장군 소속 강역에 대하여 "남쪽으로 장백산까지 1300여 리 조선계이다"라고 기술하였다. 1712년 백두산정계 이후 더욱 명확해져 "남쪽으로 장백산까지 1300여 리, 그 남쪽이 조선계이다"라고 하여 백두산 남쪽이 조선 경임을 밝히고 있다. 이는『고금도서집성』에서 시작되어 건륭 1년·49년『성경통지』에 의해 계승되었다.

강희 후기『황여전람도』편찬을 위해 실시된 전국적인 천문측량의 성과는『일통지』·『고금도서집성』및 그 후에 편찬된『성경통지』에 반영되어 산천 노정 등의 지리정보를 수정·보완하였다. 예를 들어 강희 23년『성경통지』에 백두산이 선창에서 남쪽으로 1300여 리에 있다고 한 것을『일통지』에는 선창 동남쪽 600리에 있다고 수정하였다. 또 압록강이 선창 남쪽 977리에 있다고 보충하였으며, 두만강이 영고탑성 남쪽 600여 리에 있으며, 혼동강의 길이가 3500여 리라고 하였다.

제소남의『수도제강』은 백두산과 수계를 기술함에 있어서 강희『황여전람도』를 참고하였지만 이를 단순히 모사한 것만이 아니었다. 백두산 답사 결과 특히 목극등이 수원을 조사하고 정계한 결과를 반영하고 있어 사료적 가치가 돋보인다.

『동국여지승람』은 조선초기 관찬 지리서로서 백두산과 수계를 서술하는 데『명일통지』의 영향이 짙다. 특히『명일통지』의 백두산 천지 물이 동쪽으로 흘러 아야고하라는 내용을 잘못 이해하여 백두산 수계가 하나 더 늘어나 동북쪽으로 흐르는 소하강(蘇下江, 速平江, 愁濱江이라고도 함) 즉 수분하를 상정하였다. 결국 수분하가 백두산에서 발원하여 동북쪽으로 바다에 흘러들어가듯이 착각하였으며, 고려시기 윤관이 개척한 공험진과 비를 세운 선춘령을 소하강변에 상정하여 두만강 이북 700리에 있다고 기록하였다. 그러나 이는 잘못된 지리인식에 근거한 것이며, 조선초 북진정책 추진기에 영토관의 확대 인식의 결과이다.『여지승람』에 반영된 양국 경계는 아직 분명하지 않지만, 압·두 양강 강외지를 기술한 것은 이 두 강에 대한 국경의식이 존재함을 보여준다. 그리고 그때까지 백두산 남쪽 지역에 여진인이 살고 있었기에 조선은 그러한 곳에 대한 영토의식이 존재하지 않았다.

『여지도서』는 18세기 관찬 지리서로서 국초에 편찬된『여지승람』의 속편이다.『여지승람』의 백두산조가『명일통지』의 영향을 받았다고 한다면,『여지도서』는『명일통지』의 영향을 벗어나 1712년 백두산정계의 성과를 반영한 홍세태의『백두산기』를 참고하였다. 이밖에『여지도서』에는 두만강이 피아의 경계라고 하여 조청 양국이 두만강을 경계로 함을 명확히 기술하였다.

제5장

한중관계사론

1. 철령위 설치에 대한 재론

1) 한중일 삼국 학자들의 철령위 위치에 대한 관점

1910년대부터 1940년대까지 일본 학자들의 철령위(鐵嶺衛) 위치에 대한 주장이 지금까지 한중일 삼국 학계에 영향을 미치고 있다. 예컨대 이케우치(池內宏)는 철령위 위치를 황성(黃城) 즉 오늘날 길림성 집안(集安)으로 보며,[1] 이나바(稻葉岩吉)는 이에 대해 이의를 제기하고 평안북도 강계(江界)로 보며 그 이유를 강계의 옛 명칭이 독로(禿魯)로서 철령(鐵嶺)과 비슷하기 때문이라고 한다.[2] 와다(和田淸)는 철령위 위치를 함경도와 강원도 경계에 있는 반도 내의 철령으로 본다.[3] 이 세 관점 중에서 와다의 영향이 가장 크며, 그가 말하는 함경도와 강원도의 경계에 있는 철령이란 원나라 때 쌍성총관부(雙城摠管府)의 남계(南界)이기도 하였다.

1945년 광복 이후 한국 학계는 와다의 관점을 그대로 받아들였다. 김상기는 『한국전사 2 : 고려시대사』에서 명태조가 회수하려 했던 것은 함경도와 강원도의 경계에 있는 철령 이북 옛 원나라 땅이며, 공민왕 때 이미 회수하였던 것을 다시 명조에 넘기라고 하여 고려의 불만을 자아냈으며, 고려는 요동을 공격하는 행동으로 맞섰고 따라서 명조가 철령 이북 땅을 요구하지 않게 되었다고 기술하였다.[4] 이기백은 『한국

---

1) 池內宏, 「高麗辛禑朝における鐵嶺問題」, 『東洋學報』 8, 1918년.

2) 稻葉岩吉, 「鐵嶺衛の位置を疑ら」, 『靑丘學叢』 18, 1934년.

3) 和田淸, 「三萬鐵嶺衛の建設」, 『明初の滿洲經略』(上), 東京帝國大學文學部 편, 『滿鮮地理歷史硏究報告』 14·15, 1937년.

4) 김상기, 『한국전사 2 : 고려시대사』, 동국문화사, 1961년(서울대학교출판부,

사신론』에서 명나라가 철령위를 설치한다는 통고를 해 왔으며, 원의
쌍성총관부 관할 하에 있던 지역을 명의 직속 영토로 하려고 하였다.
이에 최영(崔瑩) 등이 분개하여 요동 정벌을 꾀하고 우왕도 이에 동조하
여 전국적인 징병을 실시하였으며, 팔도도통사와 좌우군도통사를 임명
하였다. 그러나 우군도통사였던 이성계가 원정을 반대하여 위화도회군
을 실시하여 우왕과 최영을 축출하고 고려를 타도하였으며, 새로운
왕조를 건설하게 되는 중요한 계기를 잡게 되었다고 기술하였다.[5]
박원호는 「조선 초기의 대외관계-명과의 관계」에서 명태조가 나하추
를 평정한 후 요동진출을 도모하기 시작하여 요동도사로 하여금 고려에
철령위 설치를 통고하도록 함으로써, 이미 반명의 분위기가 팽배해지고
있던 고려조정에 충격을 주었다고 기술하였다. 즉 명조가 반도 내에
철령위를 설치하려고 했다고 보고 있다.[6]

　위와 관점을 달리 하는 것이 김용덕의 「철령위고(鐵嶺衛考)」이다.[7]
그는 명태조가 반도 내에 철령위를 설치하려 했다는 관점을 부정하고
처음부터 요동에 설치하려 했으며, 이에 대한 고려 우왕의 과민반응은
요동공격파인 최영의 심복들이 사실을 왜곡하여 허위 보고를 했기
때문이라고 보고 있다. 그러나 그의 주장은 일가지언에 불과하였으며,
한국 학계에서 인정을 받지 못하였다. 이보다는 일본 학자 와다의 주장이
지금까지 한국 학계의 통설로 남아 있다.

　철령위 설치에 관하여 중국 학계에는 주로 네 가지 주장이 있다.
첫째, 명태조가 반도 내에 철령위(함경도와 강원도의 경계)를 설치하여

1991년 재간행).
5) 이기백, 『한국사신론』, 일조각, 1967년·1998년.
6) 국사편찬위원회 편, 『한국사』 22, 1995년, 285~287쪽.
7) 김용덕, 「철령위고」, 『중앙대논문집』 6, 1961년.

원나라 쌍성총관부의 영토를 회수하려 하였지만, 고려의 반대와 투항한 나하추 잔여 부대를 안착시켜야 하고 특히 군량을 조달하는 것이 어려울까 우려하여 반도 내에 설치하지 않고 요동(奉集縣, 옛 철령성)에 설치했다는 것이다.8) 이 관점은 일본 학자 와다의 주장과 한국 학계의 통설과 비슷하다.

둘째, 명태조가 압록강 동쪽 강계에 철령위를 설치했다는 것이다. 그 위치는 오늘날 조선 자강도 즉 길림성 집안 맞은편 압록강 동쪽 130리라는 것이다. 그 후 고려에서 박의중(朴宜中)을 파견하여 교섭하고 외교적 기만을 행하였으며, 게다가 명태조는 북원을 치기 위한 정치적 필요에서 철령위를 요동에 이설했다는 것이다.9)

셋째, 명태조가 요동에 철령위를 설치했는데, 고려가 요동에 대해 영토야심을 품고 요동을 탈취하려는 전쟁을 벌였으며, 이로써 고려왕조의 종말을 가져왔다는 것이다.10) 이 관점은 명태조가 반도 내에 철령위를 설치하려 했다는 말은 없으나 처음부터 요동에 철령위를 설치하려 했고 또 그렇게 행동에 옮겼다고 주장한다.

넷째, 명과 고려간에 철령위 설치를 놓고 벌인 논쟁은 각기 다른 지점을 두고 생긴 오해 때문이며, 반도 내에 있는 고려 철령과 압록강 이북 봉성(鳳城) 동남쪽 변문에 있는 옛 성 철령이 다르다는 것이다. 아울러 봉성 철령은 앞 시기 '교립(僑立)'한 곳임을 지적하였다. 즉

8) 董萬侖,『東北史綱要』, 黑龍江人民出版社, 1987년 ; 楊昭全 · 孫玉梅, 앞의 책, 127~132쪽 ; 姜龍範 · 劉子敏, 『明代中朝關係史』, 黑龍江朝鮮民族出版社, 1999년, 88쪽 ; 刁書仁,『元末明初朝鮮半島的女眞族與明 · 朝鮮關係』,『史學集刊』, 2001년 7월 3기.

9) 張杰,「朱元璋設置鐵嶺衛於鴨綠江東始末」,『遼寧大學學報(哲學社會科學版)』, 2004년 1기.

10) 白新良 주편,『中朝關係史-明淸時期』, 世界知識出版社, 2002년, 67~70쪽.

다시 말하여 고려와 명 간에 철령위 설치를 두고 벌인 논쟁은 철령이라는 지리 개념에 대한 오해 때문이라고 보고 있다. 그러나 이 관점도 철령위가 봉성에서 봉집현으로 이설되었다는 점을 주장한다.[11]

이상 한중일 삼국 학자들의 관점을 살펴보면, 소수 학자들이 처음부터 요동에 설치하였다고 보는 반면, 대부분 학자들이 처음에는 반도 내 또는 압록강변에 설치하려던 것을 고려의 반대로 그리고 북원 세력을 안착시키기기 위한 정치적 목적에서 요동에 이설하였다고 보고 있다. 즉 퇴설론 또는 이설론이 주류를 차지한다.

2) 요동에 철령위를 설치한 것은 고려의 요구와 무관하다

a. 명과 고려의 철령위 위치에 대한 오해

명조가 요동에 철령위를 설치한 것은 구원(舊元) 세력인 나하추를 소탕한 기초 위에서 진행되었다. 1387년(홍무 20) 3월 명조는 풍승(馮勝)을 파견하여 20만 대군을 이끌고 송정관(松亭關)을 나갔으며, 나하추가 둔거하고 있는 금산(金山)을 공격하여 6월 나하추의 부하 20여만 명이 투항하였다. 나하추 본인도 항복한 후 명태조로부터 해서후(海西侯)에 봉해졌다.[12] 명태조는 요동 접수를 준비함과 동시에 요동이 고려와 접해 있었기에 같은 해 12월 호부로 하여금 고려에 자문을 보내 흔단(釁端)을 일으키지 말도록 경고할 것을 명하였다. 즉 "철령 북·동·서 땅이 옛날에 개원(開元)에 속하였던 것은 요동에서 통치하며, 철령 남쪽의 옛날 고려에 속하였던 땅은 본국에서 통치하도록 하여

---

11) 王頲, 「鮮祖效變－威化島回軍事件新考」, 『駕澤搏雲－中外關係史地硏究』, 南方出版社, 2003년, 274~290쪽.

12) 李治亭, 『東北通史』, 中州古籍出版社, 2003년, 325~326쪽 참조.

강토의 경계를 바로 하고 서로 침월하지 말도록 하라"는 것이다.[13] 이는 고려의 요동공격을 막기 위해서였다. 이와 동시에 명태조는 투항한 나하추 부대를 안착시키고 요동에 대한 통치를 효과적으로 실시하기 위하여, 그 이듬해(1388, 홍무 21) 3월 27일 지휘첨사 이문(李文)·고옹(高顒)과 진무(鎭撫) 두석(杜錫)을 파견하여 봉집현(奉集縣, 심양 동남쪽 40리에 있는 奉集堡임)에 철령위를 설치하였다.[14] 그 이후 1393년(홍무 26) 4월에 철령위는 북쪽으로 고은주(古嵐州, 오늘날 요녕성 철령) 지방으로 이설되었다.[15] 이로 보아 철령위는 처음에 봉집현에 설치되고 또 그 후 고은주로 이설하기까지 요동을 떠나 본 적이 없었다.

철령위는 요동도사 위소(衛所) 중에서 특수한 지리위치에 있었다. 『명사』'지리지'에 의하면, 요동도사의 범위가 동쪽으로 압록강, 서쪽으로 산해관, 남쪽으로 여순 해구(旅順 海口), 북쪽으로 개원(開元)에 이르렀다.[16] 1393년(홍무 26)까지 요동도사에 포함된 위소(衛所)는 다음의 네 부분으로 나눌 수 있다. 첫째는 요서주랑(遼西走廊)에 위치한 것으로서, 의주(義州, 오늘날 錦州 義縣)·광녕(廣寧, 錦州)좌둔·광녕우둔·광녕전둔·광녕후둔·광녕중둔이다. 둘째는 요동반도에 위치한 것으로서, 해주(海州)·개주(蓋州)·금주(金州)·복주(復州)이다. 셋째는 요동반도와 요서주랑 사이에 위치한 것으로서, 정요좌(定遼左)·정요우·정요중·정요전·정요후·동녕(東寧, 이상 6위는 요양성에 있음)·요해(遼海, 牛家庄)·심양중(瀋陽中)·철령(鐵嶺)이다. 넷째는 가장 북쪽에 위치한 것으로서, 삼만위(三萬衛, 開元)이다.[17] 이 중 철령위가 가장 동쪽에

13) 『명사』 권320, 조선전. "鐵嶺北東西之地 舊屬開元者 遼東統之 鐵嶺之南 舊屬高麗者 本國統之 各正疆境 毋侵越."
14) 『명태조실록』 권189, 홍무 21년 3월 신축(27일).
15) 『명사』, 권41, 지리2, 요동도지휘사.
16) 『명사』 권41, 지리2, 요동도지휘사.

위치하여 고려 국경과 가까이 하고 있었으며, 나하추 부대를 안착시키는 역할 외에 고려의 요동확장을 견제하는 역할이 컸다.

앞에서 본 철령 북·동·서 땅을 여전히 요동도사 관할에 둔다는 황지를 전달하기 위하여 1388년(홍무 21) 2월 요동도사에서 이사경(李思敬)을 파견하여 압록강을 건너와 방문(榜文)을 붙이도록 하였다. 그 내용인 즉 "호부는 다음과 같은 성지를 받들었다. 철령 이북·이동·이서 개원에서 관할하던 군민(軍民)은 한인(漢人)·여진·달달·고려를 막론하고 모두 요동에 속하도록 하라"는 것이다. 고려는 즉시 요동도사에서 파견한 사람을 잡아가두고 최영을 위수로 하여 요양을 공격할 것을 논의하였다.[18] 같은 달 고려 사신 설장수(偰長壽)가 명조 수도 남경에서 귀국한 후 다음과 같은 구선황지(口宣皇旨)를 전달하였다. "철령 이북은 원래 원(元)에 속하므로 요동에 귀속시키고 기타 개원·심양·신주(信州) 등지의 군민은 모두 복업하도록 하라"는 것이다. 이 소식은 고려 조정에서 더 큰 파문을 일으켰다. 우왕은 5도에 축성하도록 명하고 여러 원수를 서북변에 보냈으며, 최영과 함께 비밀리에 요동공격을 의논하였다. 그리고 경성의 방리군(坊里軍)을 동원하여 한양 중흥성(重興城)을 쌓도록 하였다. 이와 동시에 밀직제학 박의중(朴宜中)을 남경에 보내 표문을 올려 철령이북 영토를 회수하지 말 것을 청하였다.[19]

고려가 이토록 과민반응을 보이고 또 요동을 칠 준비를 한 것은 명조가 요동에 설치하고자 하였던 철령위를 반도 내에 있는 철령(함경도와 강원도의 경계이고 원나라 쌍성총관부의 남계)으로 착각하고

---

17) 『명사』 권90, 兵2, 所.
18) 『고려사절요』 권33, 우왕 14년 2~3월. "戶部奉聖旨 鐵嶺以北以東以西 原屬開元 所管軍民 漢人女眞達達高麗仍屬遼東."
19) 『고려사』 권137, 우왕 14년 2월 경신.

명조가 옛 원나라 쌍성총관부를 회수하려는 것으로 여겼기 때문이었다. 기실 고려는 전대 국왕 공민왕(1351~1374)대로부터 원의 세력이 쇠퇴해진 틈을 타서 북쪽으로 영토를 확충하여 쌍성총관부 경계를 넘어 해양(海陽, 길주) 일대에 이르렀고 서북쪽으로 압록강 상류에 닿았다. 그리하여 오늘날 압록강변 만포 부근에 강계만호부(후에 오늘날 강계에 이전됨)를 세웠다.[20]

그 이후 명조는 철령위를 설치하는 과정에서도 사람을 파견하여 소식을 전하였다. 『고려사』에 의하면, 1388년 3월 고려 서북면 도안무사 최원지(崔元沚)가 보고하기를 "요동도사에서 지휘 2명을 파견하여 병사 천여 명을 이끌고 강계(압록강변 만포 부근)에 와서 철령위를 설치할 예정이며, 황제가 요동에 이르기까지 본위(本衛)의 진무(鎭撫) 등 관을 미리 설치하며, 요동에서 철령까지 70참(站)을 설치하고 1참에 백호를 둔다고 하였습니다"는 것이었다.[21] 이는 철령위 설치 직전이다. 이 부분 사료에 대한 학계의 해석이 서로 엇갈린다. 일부 학자들이 말하는 이른바 철령위 강계설이 여기서 나왔다(稻葉岩吉 · 張杰). 또 일부 학자들은 요동공격파인 최영의 심복 최원지가 허위 보고를 한 것이라고 보고 있다(김용덕 · 王頲).

고려 우왕은 이에 대해 명조가 반도 내에 있는 철령에 위를 설치하며 또 요동에서 고려 철령까지 70참을 설치하고 1참에 백호를 둔다고 여겼다. 다시 말하여 명조가 원나라 쌍성총관부 땅을 회수하고자 할 뿐만 아니라 구체적인 설참 방안까지 내놓은 것으로 여겼다. 그리하여 우왕은 동강(東江)에서 돌아와 "말 위에서 눈물을 흘리면서 여러 신하들

20) 방동인, 「4군 6진의 개척」, 국사편찬위원회 편, 『한국사』 22, 1995년.
21) 『고려사』 권137, 우왕 14년 3월 을해. "遼東都司遣指揮二人 以兵千餘來至江界 將立鐵嶺衛 帝豫設本衛鎭撫等官 皆至遼東 自遼東至鐵嶺置七十站 站置百戶."

이 요동을 치려는 계획을 따르지 않아 이 지경에 이르렀다"고 한탄하면서 8도의 정병(精兵)을 징발함과 동시에 원나라 관복을 다시 입도록 명하였다.22)

같은 달 요동도사에서 또 백호 왕득명(王得明)을 개경에 파견하여 철령위를 세운다고 통고하였다. 이 역시 철령위 설치 직전이다.23) 우왕은 병을 칭하고 백관더러 교영하도록 하였으며, 판삼사사 이색(李穡)으로 하여금 백관을 거느리고 왕득명에게 가서 귀국한 후 명 조정에 주문하여 불공함을 호소할 것을 요구하였다. 이에 대해 왕득명은 "천자의 처분에 달렸으며, 내가 마음대로 할 바가 아니다"라고 답하였다.24) 그러자 우왕이 분노하여 전에 요동도사에서 방문을 붙이러 보낸 자들을 죽이도록 명하여, "목숨을 잃은 자가 무릇 21명이며, 이사경 등 5명을 남겨놓아 소재관으로 하여금 가두도록 하였다."25)

이상 철령위 설치에 대한 고려의 반응은 모두 철령의 위치에 대한 오해 때문이었다. 기실 명조는 압록강 동쪽의 반도내에 철령위를 설치할 계획이 전혀 없었다. 이 점은 명조가 누누이 고려의 땅이 압록강을 경계로 한다고 말한 데서 알 수 있다. 『명사』「조선전」에 의하면, "(홍무) 21년 4월 (고려) 표문에 이르기를 철령의 땅이 그들이 대대로 지켜오던 땅이므로 옛날대로 할 것을 청하였다. 이에 대해 황제가 이르기를, '고려는 옛날에 압록강을 경계로 하였는데, 오늘날 철령을 운운하고 있으니 기만함이 확연하다. 짐의 말로서 명하여 분수를 지키되 흔단을

---

22) 『고려사』 권137, 우왕 14년 3월 을해.

23) 『고려사절요』의 조목을 통해 보면, 왕득명이 개경에 와서 철령위를 설치한다고 통고한 것이 庚子(3월 26일)조 앞에 있다. 또한 『명태조실록』을 통해 보면, 명조가 철령위를 봉집현에 설치한 것이 3월 27일임이 확인된다.

24) 『고려사』 권137, 우왕 14년 3월 을해.

25) 『고려사절요』 권33, 우왕 14년 3월.

일으키지 말도록 하라'고 하였다."26) 또『명사』「이원명전(李原名傳)」
에 의하면, 홍무 20년(1382) 이원명이 미얀마를 평정하고 돌아왔을
때 그 공로가 인정되어 예부상서에 올랐다. 고려가 "요동의 문(文)·고
(高)·화(和)·정주(定州) 등이 모두 그들 영토에 속하며, 철령을 지킬
것을 요구한데 대해 원명이 이르기를, '여러 주가 모두 원의 판도에
들어 있으며 요동에 속한다. 고려의 땅은 압록강을 경계로 하므로 다시
청하는 것은 부당하다'고 하였다. 이에 대해 황제는 그 나라에 알려
분수 내의 땅을 지키며 흔단을 일으키지 말도록 하라고 명하였다."27)
이밖에 1388년 6월 명조 예부자문에도 "고려는 바다를 사이에 두고
있고 압록강을 한(限)하여 있으며 옛날로부터 성교를 달리하였다"고
하였다.28) 이로 보아 명조가 설치하려는 철령위가 압록강 서쪽에 있는
요동 철령을 말하며, 그렇지 않을 경우 고려 땅이 압록강으로 계한을
한다고 거듭 강조할 리가 없었다. 이 점에 관해서는 김용덕·왕정 두
학자도 같은 주장이다.

b. 고려 사신 박의중의 사행과 예부자문

기실 고려 사신 박의중이 남경에 도착하여 표문을 올리기 전에 명조의
철령위가 이미 봉집현에 설치되었다.『명태조실록』에 다음과 같은 기록
이 있다. "이때 고려왕 우의 표에 이르기를 문·화·고·정 등 주가 고려의
옛 땅이며, 철령은 그들이 대대로 지켜오던 곳이므로 계속 통속하도록
할 것을 청하였다. 상이 예부상서 이원명에게 명하기를, 여러 주의
땅이 고려 말대로라면 그들에게 예속되어야 하지만, 이치를 따져 보면

---

26)『명사』권320,「조선전」.
27)『명사』권136,「李原名傳」
28)『고려사』권137, 우왕 14년 6월 신해. "高麗隔大海限鴨綠 始古自爲聲敎."

옛날에 원에 통속되었으므로 오늘날 마땅히 요동에 속해야 한다. 하물며 철령에 이미 위가 설치되었으며, 우리 군대가 주둔하여 지키고 있고 민이 통속되어 있으므로 고려의 말을 믿을 수 없다."29) 이처럼 고려의 표문이 4월 18일에 올려지기 전에 3월 27일 철령위가 이미 봉집현에 설치되었다.30)

이밖에 『고려사』 「박의중전」에도 그가 남경에 가서 표문을 올리고 귀국하는 상황을 기록한 내용이 있다. 그 상세한 내용은 다음과 같다.

(박의중이) 밀직제학을 받고 경사(京師, 남경)로 떠났는데 철령이북을 환수받기 위해서였다. 공민왕조로부터 사명을 받은 자들이 금은과 토산을 많이 가지고 가서 채색 비단과 가벼운 물건을 사왔다. 유식한 자일지라도 권력자들을 못이겨 사사로이 부탁받은 물건이 공물의 십분의 구가 되었다. 중국에서는 고려인이 가짜로 사대하고 무역을 탐내 오는 것이라고 하였다. 임염(林廉)이 일을 볼 때 그 폐가 더욱 심했다. 의중은 하나의 물건도 가지고 가지 않아 요동에서 호송하는 진무 서현(徐顯)이 포를 토색하자 의중이 주머니를 다 털어 내보이고 입고 있던 저의(紵衣)를 벗어 주었다. 이에 서현이 그의 청백함을 감탄하여 예부 관에게 이를 알렸다. 천자가 그를 인견할 때 후하게 대해주었으며 서현이 나와 사람들에게 말하기를, "설(偰)재상(설장수) 이하 내가 본 고려 사신이 많지만, 지존(至尊)께서 예우한 것은 박재상(박의중)이 처음이다." 황제가 또 예부 관에게 명하여 의중을 회동관에서 접대하게 하고 전 원나라 평장원사 윗자리에 앉도록 하였다. 드디어 철령위 설치 논의를 멈추도록 하였다. 이때 장자온(張子溫)이 금의위(錦衣衛)에서 죽었는데 따라갔던 사람 2명이 아직 귀국하지 못하였다. 이에 황제가 의중 편에 따라 보냈다. 며칠을 가다가 요동에서 최영이 거병했음을 알렸다.

29) 『명태조실록』 권190, 홍무 21년 4월 임술(18일).
30) 『명태조실록』 권189, 홍무 21년 3월 신축(27일).

> 의중이 요해(遼海, 牛家庄임 : 저자)에 도착했을 때 동행자들이 요동에 잡힐까 우려하여 중도에서 모두 도망갔다. 의중이 단기(單騎)로서 요동에 도착했는데 전혀 두려워하는 기색이 없었다. 창왕이 세워진 후 추성보조 공신호가 하사되었다.[31)]

위 인용문을 통해 알 수 있듯이, 박의중은 육로를 통해 남경으로 갔으며, 요동도사 소재지인 요양을 경유하고 또 요해위 즉 우가장을 경유하였다.[32)] 그는 압록강→ 요양→ 우가장→ 산해관→ 남경 노선을 택한 것이다. 영락연간에 명조가 북경으로 천도한 후 이 노선을 통해 북경에 도착하려면 약 40일에 도착할 수 있었으며 실제로 50일이 걸렸다.[33)] 남경은 이보다 더 남쪽에 있으므로 시간이 더 걸려 약 2개월이 소요되었을 것이다. 박의중이 개성을 떠난 시간이 1388년 2월 28일 이후이다. 그가 남경에서 표문을 올린 시간이 같은 해 4월 18일이다. 그리고 예부자문을 받아가지고 개성에 돌아온 시간이 6월 12일이다.[34)] 왕복 100일이 넘었으며 한쪽이 평균 50일이 걸렸다. 이번 출사의 임무가

---

31) 『고려사』 권112, 박의중전. "拜密直提學 如京師 請還鐵嶺以北 自恭愍王朝奉使者多賫金銀土産 市彩帛輕貨 雖有識者 迫於權貴 所托私裝 居貢獻十分之九 中國以爲 高麗人假事大 貪貿易來耳 及林廉用事 其弊尤甚 宜中不賫一物 遼東護送鎭撫徐顯索布 宜中傾囊示之 解所著紵衣與之 顯歎其淸白 以告禮部官 天子引見 待之有加 顯出語人曰 偰宰相以下 吾所見高麗使臣多矣 至尊禮待 未有如朴宰相者 帝又命禮部官 享宜中於會同館 坐之前元平章院使上 遂寢鐵嶺立衛之議 時張子溫死於錦衣衛 其從行二人尙未東還 帝附宜中遣之 行數日 遼東以崔塋擧兵聞 宜中到遼海 從者恐爲遼東所執 中路皆逃 宜中單騎到遼東 略無懼色 辛昌立賜推誠補祚功臣號."

32) 명초에 설치된 요해위(遼海衛)의 위치 즉 우가장(牛家庄)에 대하여 두 가지 설이 존재한다. 하나가 요녕성 창도(昌圖)이고 다른 하나가 해성 우장(海城牛庄)이다. 『고려사』 박의중전을 통해 볼 때 해성 우장에 더 가깝다.

33) 전해종, 『한중관계사연구』, 일조각, 1970년, 67~68쪽.

34) 『세종실록』 권92, 세종 23년 1월 병오 ; 『명태조실록』 권190, 홍무 21년 4월 임술(18일).

긴박하여 빨리 다녀왔을 것으로 예상되지만, 3월 안에 그가 남경에 도착할 수 없다. 기실 그가 남경에서 표를 올린 시간이 4월 18일이며 이즈음에 도착했을 것으로 예상된다. 그러나 그 이전 3월 27일에 명조는 이미 봉집현에 철령위를 설치하였다. 이로써 명조가 요동에 철령위를 설치한 것은 박의중이 표를 올린 것과 무관하며 고려가 사신을 파견하여 요구한 결과가 아님을 말해준다.

그렇다면 앞에서 본 박의중전에서처럼 박의중이 청렴하다고 하여 명태조가 예부관에 명하여 그를 예우하도록 하고 또 철령위 설치를 중지한단 말인가? 이는 불가능한 일이다. 다만 명태조가 이번 사행에 온 고려 사신을 예우했다는 것과 박의중 역시 공손함과 우호적인 태도를 보였으며 그러한 행동이 명 조정에 좋은 인상을 남겼을 것으로 예상된다.

그렇다면 명조의 철령위 설치가 일부 학자들이 주장한 대로 고려의 요동공격의 결과인가? 앞에서 보았듯이 1388년 2월 요동도사에서 이사경 등을 파견하여 압록강을 건너와 철령 북·동·서 땅이 요동에 속한다고 알렸다. 같은 달 고려 사신 설장수가 귀국한 후 구선황지를 전달하였다. 이로부터 고려는 명조가 철령(반도 내)이북 원나라 쌍성총관부 소속을 회수하는 줄 알고 요동공격을 비밀리에 준비하였다. 3월 요동도사에서 강계와 개경에 사람을 파견하여 철령위를 세울 것임을 알려왔다. 이에 우왕은 팔도 정병을 징발함과 동시에 요동공격을 결정하였다. 4월에 요동 공격이 정식으로 시작되었다. 우왕은 팔도도통사와 좌·우군도통사를 임명하고 좌우군은 10만 명을 칭하여 평양을 떠났다. 5월에 좌·우군이 압록강을 건넜으며 위화도에 주둔하였다. 이와 동시에 이성(泥城) 원수와 강계 원수가 요동 경내에 들어가 공략하였다.[35]

---

35) 『고려사절요』 권33, 우왕 14년 2·3월조 ; 『고려사』 권137, 우왕 14년 2월 경신, 3월 을해, 4월 임술·을축 5월 경신·갑신.

이로 보아 4·5월간 고려가 요동공격을 준비하고 진군하기까지 명조의 철령위 설치가 끝난 후였다. 이때 남경에 있는 명 조정은 고려 국내에 발생한 일을 몰랐거나 아니면 사태를 지켜보고 있을 따름이었다. 같은 해 8월 고려 천호(千戶) 진경(陳景)이 투항해온 후에야 명 조정은 비로소 고려 우왕이 요동을 침범하려 하였고 이성계가 회군하여 개성을 공격하였으며 왕과 최영을 가두었다는 사실을 알게 되었다.[36] 이상으로 보아 명조가 봉집현에 철령위를 설치한 것은 고려가 요동 공격으로 맞선 결과가 아니며, 명조가 철령위를 설치한다는 소식은 오히려 고려 국내 요동 공격파(친북원파)와 친명파 사이의 정치투쟁을 유발했음을 말해준다.

위에서 본 것처럼 박의중이 남경에 있을 때 철령위가 이미 설치되었으므로 그의 오해가 풀렸을 것이고 사명을 완수한 셈인데 무엇 때문에 그가 받아온 예부자문은 여전히 고려의 철령위 요구를 비난하고 군사위협의 뜻이 담겨 있는 것일까? 중한 양측 정사에는 조선왕조의 건립과 관계되는 이 부분 사실(史實)에 대한 기록이 명확하지 않으며 확실한 해답을 얻을 수 없다. 그러나 아래와 같은 두 가지 가능성을 예측할 수 있다. 첫째는 박의중이 남경을 떠날 때까지 요동 철령과 고려 철령을 혼동하고 있었으며 오리무중에 있었다. 단지 명조가 철령이북을 회수하려던 것을 어떤 이유로 인하여 요동에 설치했으니 다행이었다. 둘째로 요동 철령과 고려 철령이 각기 다르다는 것과 서로 상대방을 오해하고 있다는 것을 알고 있었지만, 고려 경내에 옛 원나라 쌍성총관부 남쪽 경계인 철령이 있다는 사실을 명조가 알게 될 경우, 고려에 불리하다고 여겨 이를 밝히지 않고 돌아왔다. 다만 명조가 철령위를 요동에 설치한

---

36) 『명태조실록』 권193, 홍무 21년 8월 갑인.

것을 다행으로 여겼다.

3) 철령위 설치 진상이 밝혀지지 않은 역사적 원인

앞 절에서 보았듯이 철령위 설치를 둘러싼 명·고려간의 분쟁은 요동에 있는 철령과 반도 내에 있는 철령에 대한 착각으로 인하여 발생한 것이며, 고려는 명조가 반도 내에 철령위를 설치하여 철령이북,옛 원나라 쌍성총관부를 회수하려는 것으로 알았고, 명조는 고려가 요동에 대해 영토야심을 품고 있다고 여겨 고려더러 흔단을 일으키지 말 것을 경고하였다. 쌍방의 분쟁은 요동공격파가 정치적으로 몰락하고 신흥 조선왕조가 건립됨에 따라 사라졌다. 그 이후 양측 사료에는 이에 대한 평가나 해석이 없었으며 지금에 이르기까지 명태조가 원의 쌍성총관부를 회수하려 하였으나 고려의 반대로 요동에 설치했다는 주장이 통설로 남아 있다. 이처럼 반도의 정권 교체를 유발하였던 중대 사안으로서 철령위 설치문제의 진실이 밝혀지지 않고 역사 속에 묻히게 된 이유를 따져볼 필요가 있다.

우선 고려를 놓고 볼 때, 1388년 2월에 요동도사에서 사람을 파견하여 압록강을 건너 철령위 설치에 관한 방문을 붙였다. 같은 달 고려 사신 설장수가 귀국하여 구선황지를 전달하였다. 이로써 고려는 명조가 철령을 포함한 원나라 쌍성총관부를 회수하려는 줄 알았다. 3월에 최원지가 요동도사에서 지휘 2명을 파견하여 강계에 와서 철령위를 설치할 것이라고 보고하였고 또 요동 백호 왕득명이 개경에 와서 철령위를 설치한다고 알렸다. 이로써 고려의 오해가 더욱 깊어졌다. 그 사이에 고려 국내에 돌이킬 수 없는 사변이 발생하였다. 2월에 우왕이 최영과 밀의하여 요동공격을 결정하였고, 4월에 우왕은 최영을 팔도도통사, 조민수(曺敏

修)를 좌군도통사, 이성계를 우군도통사로 임명하였다. 5월 7일 좌·우군이 압록강을 건너 위화도에 주둔하였다. 5월 말 이성계가 위화도에서 회군하여 개경을 공격하였다. 6월 3일 이성계가 우왕과 최영을 가두었으며, 6월 5일 최영을 합포(合浦)에 유배하였고 그 후에 죽였다. 6월 8일 우왕을 강화도에 폐하였으며 얼마 후 죽였다.37) 이처럼 우왕과 최영은 요동에 또 다른 철령이 있으며, 명조가 요동에 철령위를 설치했다는 사실을 알기도 전에 이성계 일파에 의해 처단되었다. 6월 9일 이성계가 우왕의 아들 창왕을 세웠다.38) 6월 12일 고려 사신 박의중이 드디어 개경으로 돌아왔다. 박의중이 이성계 일파 쪽에 서서인지 아니면 그가 명조에서 요동에 철령위를 설치했다는 소식을 전해서인지 여하튼 창왕 때 그는 공신호를 하사받았다.

이상과 같이 명조의 철령위 설치에 대한 오해로 인하여 고려내 요동공격파의 모험적인 행동이 시작되었고 친명파의 정변을 유발하였으며 새로운 조선왕조 탄생의 계기를 마련하게 되었다. 그 이후 그 진실이 어떻든 간에 조선왕조의 통치자들과 사관들은 이 일을 꺼내지 않았으며 그로 인하여 후세의 사료에 아무런 설명도 없이 역사 속에 파묻히게 되었다. 그리하여 중한 양국 사료를 결합하여 자세히 살펴보지 않을 경우 그 진실을 알아낼 수 없다.

한편 명조 측을 놓고 볼 때, 1388년 4월 고려 사신 박의중이 표문을 올려 공험진 남쪽 철령이북 땅이 고려에 속한다고 하였다. 이때 명조는 고려가 요동의 영토를 요구하는 것으로 여겨 고려를 엄히 질책하였다. 그러나 그 이후 고려 국내에 친명파의 정변이 일어났고 요동공격파가 붕괴하였다. 이때 명조에서는 사태를 예의주시하였다. 기록에 따르면,

---

37) 『고려사』 권137, 우왕 14년 3월 6일.
38) 『고려사절요』 권33, 우왕 14년 2~6월.

홍무 21년 8월 고려 천호 진경이 투항해 와서 고려 우왕이 요동을 침범하려 했으나 이성계가 양향(糧餉)이 부족하여 군사를 철수시키고 이어 왕성(王城)을 공격하여 왕과 최영을 가두었다고 보고하자, 명태조가 "요동은 수비를 엄히 하고 사람을 파견하여 정탐하도록 하라"고 명하였다.39)

같은 해 10월 고려 사신 우인열(禹仁烈)·설장수가 남경에 도착하여, 우왕이 퇴위하고 창왕이 올랐으며 아울러 최영이 군사를 일으켜 요동을 공격한 죄를 물은 내용의 주문을 올렸다.40) 이때 명태조는 "전에 그들의 왕이 잡혔다는 소식을 들었는데 이는 필히 이성계의 음모이며 잠시 사태를 지켜보도록 하라"고 명하였다. 얼마 후 이성계가 창왕을 폐하고 공양왕을 세웠다. 1392년(홍무 25)에는 공양왕을 폐하고 스스로 왕이 되었으며, 사신 조반(趙胖)을 파견하여 명조에 주문하였다. 이때 명태조는 "고려는 편벽한 동쪽 변두리에 있으니 중국에서 다스릴 곳이 아니다. 예부로 하여금 유지를 전달하며, 과연 천도를 따르고 인심에 맞게 처사하며 변경의 흔단을 일으키지 않고 사신이 왕래할 경우 너희 나라 복이며 내가 어찌 주살하겠는가?"고 하였다. 같은 해 겨울 명나라 태자가 훙거하자 이성계가 사신을 보내 위로함과 동시에 국호를 변경할 것을 청하였다. 명태조는 옛 칭호대로 조선이라 하라고 하였다.41)

이로 보아 신흥 조선왕조에 대한 명태조의 태도는 변경의 흔단을 일으키지 않고 번례(藩禮)를 잘 지킬 경우 새 정권의 합법성을 인정해준다는 것이었다. 여기서 말하는 변경의 흔단이란 압록강을 건너 요동을

---

39) 『명사』 권320, 「조선전」;『명태조실록』 권193, 홍무 21년 8월 갑인.

40) 『고려사』 권137, 창왕 즉위년 7월.

41) 『명사』 권320, 「조선전」. "高麗僻處東隅 非中國所治 令禮部移諭 果能順天道 合人心 不啓邊釁 使命往來 實爾國之福 我又何誅."

공격하는 일을 말한다. 이처럼 고려 내부에 요동공격파가 몰락하고 친명파가 정권을 잡고 새로운 조선왕조를 창립함과 동시에 명조와의 종번관계를 유지함에 따라 쌍방 간에 철령위를 둘러싼 분쟁이 사라지게 되었다.

4) 맺는말

요동 철령(봉집현 구 철령성)과 고려 철령(함경도와 강원도의 경계, 원의 쌍성총관부 남계)이 동시에 존재하고 그 위치에 대한 착각으로 인하여 고려와 명간에 철령위 설치를 둘러싼 분쟁이 일어났다. 고려는 명조가 옛 원나라 쌍성총관부를 회수하려는 것으로 알았고 명조는 고려가 요동에 대해 영토야심을 품고 있다고 여겼다.

먼저 손을 쓴 것은 고려였다. 고려 내 요동공격파들은 명조가 요동에서 발을 채 붙이지 못한 틈을 타서 요동을 공격하는 것으로서 대항하였으며, 이를 통해 전대 국왕 공민왕대로부터 취득한 서북 양계의 영토 성과를 공고히 하고자 하였다. 그러나 이는 친명파의 정변을 유발하였고 요동공격파의 정치적 몰락과 고려왕조의 붕괴를 초래하였으며, 신흥 조선왕조가 탄생하는 계기를 마련하였다.

명조는 처음부터 반도 내에 철령위를 설치하려 하지 않았으며 원의 쌍성총관부를 회수할 의도도 없었다. 이는 명조가 누누이 압록강을 경계로 함을 강조한데서 알 수 있다. 당시 명조는 나하추 세력을 붕괴시킨 지 얼마 안 되었으므로 요동에서의 기반이 튼튼하지 못하였다. 그리하여 요동 진출을 꾀하는 고려에 대해 경계를 늦추지 않았다. 고려 국내에 친명파 정변이 일어났을 때 명조는 사태를 지켜보고 있었으며, 친명파가 완전히 정권을 잡은 후에도 변경의 흔단을 일으키지 않는 것을 새

왕조의 합법성을 인정해주는 조건으로 삼았다.

이처럼 철령위 설치를 둘러싼 논쟁을 통해 고려(조선)·명 간에는 압록강을 경계로 함을 확인한 셈이다. 명조는 누누이 압록강을 경계로 한다고 강조하였고 새 왕조에 대해서도 변경의 흔단 즉 압록강 서쪽 요동지역을 침입하지 말도록 약속받았다. 이는 명조가 고려(조선)와 접경하고 있는 압록강 일대에서 상대적으로 보수적인 태세를 취하고 있음을 말해준다. 오히려 고려가 적극적인 태세를 취하여 요동공격을 실시하였으나 친명파의 정변으로 요동공격파가 몰락함에 따라 실패하고 말았다. 이로써 쌍방은 압록강 일선에서 서로 대치하고 평형 국면을 유지하게 되었다.

2. 청초 조선국왕 입조설

1) 머리말

청초 조선국왕과 세자의 입조(入朝) 문제에 관한 학술논문은 아직 없다. 대만 학자 유가구(劉家駒)가 「청초징병조선시말(清初徵兵朝鮮始末)」에서 국왕의 입조와 이립(易立)설이 조선으로 하여금 '성하지약(城下之約)'을 지키도록 하는 위협적인 작용을 했다고 한 것은 이치에 맞는 부분이다.[1]

이 절에서는 『심양일기』・『심양장계』 등의 자료를 통하여 입조설의 유출과 조선의 대응책 및 입조설이 조선의 국내 정치에 미친 영향에 대해 알아보며, 특히 소현세자 폭사 사건과의 연관성에 대해 알아보고자 한다. 이를 통해 청초 양국 관계의 실상을 알아봄과 동시에 청대 중한관계의 틀이 형성되는 과정에 대한 탐구를 시도해 보고자 한다.

2) 국왕 입조설의 조선에 대한 견제 작용

청조가 중원에 입관하기 전에 청왕실과 몽골 왕공(王公) 사이에는 친밀한 관계가 유지되었다. 몽골 각부는 왕권을 강화하고 인근 부락의 침입을 막기 위하여 신흥 청왕조의 보호가 필요하였으며, 청왕조는 명조를 대처하기 위하여 몽골 각부의 지지가 필요하였다. 그리하여 청은 몽골 각부에 대해 연인(連姻) 정책을 실시하였으며, 이로 인하여 쌍방의 왕래가 빈번하였다. 일부 몽골왕들은 청에 입조하여 책봉의

---

1) 劉家駒, 「清初徵兵朝鮮始末」, 『食貨月刊』 제12권 제10책, 1983년.

예를 받았고 청왕실의 공주와 결혼하였다. 또 일부 몽골왕들은 청에 입조하여 낙타 · 말 · 초피 · 개갑(鎧甲) 등 예물을 공헌하였으며 청 궁내에서 연회를 베풀었다. 또 일부 몽골왕들은 시집오는 딸과 함께 입조하여 혼례를 올리고 그 후에도 자주 입조하여 청 군주를 배알하였다.[2]

그러나 조선과 청왕실 사이에는 친근한 관계가 맺어지지 않았다. 조선은 명조를 중화로 보고 자신을 소중화로 간주하였으며, 여진과 몽골 등 북방 여러 민족을 오랑캐로 간주하였다. 조선과 청이 군신관계를 맺게 된 것은 청과의 전쟁에서 패하여 부득이한 것이었다. 즉 정축년(1637)에 패전하여 청으로부터 '성하지맹'을 강요받은 것이다. 청은 조선을 압박하여 맹약의 규정대로 인질을 보내고 징병 · 징량에 응하며, 도인(逃人)을 쇄환하고 공물과 세폐를 바치며, 명조와의 관계를 단절하여 대명전쟁 시의 근심을 없애고자 하였다. 이러한 배경 하에서 조선국왕 입조설은 청이 조선을 압박하는 도구로 이용되었다.

국왕입조설이 가장 일찍이 사료에 나타난 것은 1638년(숭덕 3, 인조 16)이다. 『심양일기』[3]에 의하면 청정 내 조선 사무를 담당하고 있던 용골대(龍骨大)와 마부대(馬夫大)가 세자를 만날 것을 청하여 조선이 맹약대로 하지 않음을 질책하고 국왕 입조 문제를 거론하였다. 그 상세한 내용은 다음과 같다.

귀국(조선)의 소행이 성실하지 못한 것은 향화(向化)인 · 도인(逃人)

2) 『심양장계』 기묘년 정월 21일, 8월 1~3일 ; 『심양일기』 무인 6월, 7월 16 · 22 · 25일, 경진 정월 16일. 『심양장계』 · 『심양일기』는 『淸史資料』 제2집, '開國史料 7', 台聯國風出版社, 1970년에 수록됨.
3) 『심양일기』는 조선 세자 시강원에서 일기체로 조선 인질 소현세자와 봉림대군의 심양에서의 활동을 기록한 것으로서 1637년 1월부터 1644년 8월까지의 내용이 포함된다.

을 쇄환하고 시녀(侍女)를 택하는 일과 같습니다. 성하지맹을 맺었지만 지금까지 한 가지도 제대로 거행하지 않은 것은 무슨 도리입니까? 모든 일에 있어서 따를 수 있는 것은 따르고 따를 수 없는 것은 따르지 않아도 됩니다. 그러나 겉으로는 따른다고 하고 일마다 대충 대충하고 앞뒤로 낭패를 보는 것이 실로 이 때문입니다. 지금까지 이렇게 하고 있으니 세자의 귀국이 어렵지 않겠습니까? 탄신절에 두 대군을 보내 문안하는 것으로서 성실함과 정성을 보여주어도 좋습니다. 이미 한집안 이 되었으니 국왕도 왕래하며 좋게 지낼 수 있습니다.[4]

위와 같이 조선에서 도인을 쇄환하고 시녀를 보내는 일에 성하지맹을 지키지 않았으며, 계속 그렇게 할 경우 세자의 귀국이 어려워질뿐더러 국내에 있는 두 왕자로 하여금 청정에 문안하도록 하거나 국왕이 입조하 는 것으로서 성의를 표해야 한다고 하였다. 여기서 두 왕자로 하여금 문안하도록 하거나 국왕의 입조를 요구한 것은 맹약에 없는 내용으로 맹약을 초월하는 더 높은 요구로써 조선을 압박하여 성하지맹을 지키도 록 하려는 타산이었다. 이때 용골대·마부대가 국왕 입조 문제를 거론하 였지만 조선은 이에 대해 아무 반응도 보이지 않았다.

국왕입조설이 다시 제기되고 조선에서 논의가 일게 된 것은 1년 후였다. 1639년(숭덕 4, 인조 17) 6월 호부참정(戶部參政) 마부대(馬夫 大) 등이 조선 왕비를 책봉하고 또 세자 책봉 고칙(誥勅)을 전하기 위하여 조선에 왔다. 이때 마부대가 조선 내관에게 국왕 입조문제를 말했는데 그 상세한 내용은 다음과 같다.

---

4) 『심양일기』 무인 6월 5일. "貴國所爲 不誠如刷送向化走回人及侍女選進事 乃城下所約 而至今無一事擧行 是何道理也 凡事可從則從之 不可從則不從可也 而含糊口從 事事遷就 前後取敗 實由於此 尙今如此不已 則世子東還不亦難乎 或於誕節送二大君來聘 以效誠款可也 且旣爲一家 國王亦可往來無間."

어제 내관 등이 칙사를 보러 갔을 때, 그들이 말한 것은 곧 입조하는 일이었다. 또한 향화인을 쇄환하는 일에 대하여 뜻을 표시하지 않을 수 없으며, 국왕이 입조하여 진언할 경우 황제의 마음이 어찌 풀리지 않겠는가고 하였다.[5]

즉 조선이 향화인(瓦爾喀를 가리킴)을 쇄환하는 일에 있어서 성의가 부족함으로 국왕이 직접 입조하여 황제에게 진언할 경우 황제의 의심이 풀린다는 것이다. 이처럼 국왕의 입조를 요구한 것은 향화인을 쇄환하는 일 때문만이 아니었으며, 이보다도 군사를 징발할 때 시간을 늦춘 일이 더 큰 죄였다. 조선과 청간의 성하지맹(丁丑盟約)에 의하면, 청왕조가 명나라를 칠 때 조선은 반드시 보기(步騎)·주사(舟師)를 징발하여 도와주어야 하였다.[6] 그러나 조선은 명나라와 부자의 의가 있으므로 하루아침에 군사로써 공격하는 것은 있을 수 없다고 하면서 청의 군사 조발 요구에 응하지 않았다.[7] 1637년 11월 조선은 좌의정 최명길(崔鳴吉)을 파견하여 징병을 멈출 것을 청하였고, 1638년 1월 청에서 5,000명 군사를 안주·의주 사이에 주둔할 것을 요구할 때도 조선은 군사를 조발할 마음이 전혀 없었다. 같은 해 6월 조선은 좌찬성을 파견하여 공물을 바침과 동시에 징병을 멈출 것을 재차 요구하였다. 7월에 청은 조선의 방물을 돌려보냈고 칙서에서 조선을 엄히 질책함과 동시에 조선 세자로 하여금 직접 평안도 병사에게 서신을 보내 군사를 조발하도록 하였다. 8월 23일은 조선 군사가 심양에 도착하는 마지막 기한이다. 조선은 부득이 임경업(林慶業)을 조방장(助防將)으로 하여 300명 병사

---

5) 『인조실록』 권39, 인조 17년 7월 정사. "昨日內官等往見勅使 則其言乃入朝事也 又以爲向化刷送事 不可不致意 而國王入朝面陳 則帝豈不釋然."

6) 『청태종실록』 권33, 숭덕 2년 정월 무진.

7) 『인조실록』 권34, 인조 15년 3월 기미.

288

를 이끌고 심양에 도착하도록 하였고 또 의주·선천·곽산·정주·가산 등의 중군으로 하여금 5읍의 군사를 거느리고 봉황성에 도착하도록 하였다. 그러나 나머지 군사는 청군이 서정(西征)에 나가는 마지막 기한인 9월 4일까지 심양에 도착하지 못하였다. 이에 청정은 호부 참정 마부대를 통원보(通遠堡)에 보내 조선군을 다 쫓아 보냈다. 같은 해 10월 조선에서 최명길을 파견하여 죄를 청한 후에야 이 일이 가라앉기 시작하였다. 이것이 바로 조선에서 군기를 놓친 일이다.[8]

앞에서 말한 마부대가 조선 왕비를 책봉하고 또 세자를 책봉하는 고칙을 전하러 왔을 때도 징병 시기를 늦춘 일에 대하여 "징병의 시간을 늦춘 것은 벌이 따를 것이며, 가을에 조사관이 반드시 나올 것"이라고 경고하고 또 수륙으로 군사를 조달하며 군량을 도울 것을 요구하였다. 이에 대해 국왕은 "보병은 조발할 수 있지만 마군(馬軍)은 절대로 응할 수 없으며, 군량을 돕는 일은 흉년이 들어 민이 기아에 허덕이므로 어쩔 방법이 없으나 힘에 따라 도울 것"이라고 답하였다.[9]

그러나 내관이 마부대에게서 들은 국왕의 입조에 관한 말을 전하자 상황이 달라졌다. 조정 신하들은 이에 대해 몹시 우려하였다. 병조판서 이시백(李時白)은 "오늘 이 말을 들으니 가슴이 터질 듯합니다. 그들이 오랫동안 기회를 틈타 중국을 도발하려 했으나 오늘 또 패하고 돌아갔으며, 이에 전적으로 동방을 경영하고자 하는 것입니다. 어찌 세폐만 받고 그만두겠습니까?"라고 말하였다. 즉 청이 명과 싸워 실패하자 조선을 도모하려 한다는 것이다. 영중추부사 이성구(李聖求)는 "한번

8) 田川孝三,「藩獄問題について」(上),『靑丘學叢』17, 1934년, 119~120쪽 ; 張 存武,「淸韓關係 : 1636~1644」,『淸代中韓關係論文集』, 臺灣商務印書館, 1987년, 33~40쪽 ;『인조실록』권36-37, 인조 16년 1~10월 참조.
9)『인조실록』권38, 인조 17년 6월 임자.

입조하는 것은 별다른 걱정이 없겠지만 해마다 입조할 것을 요구할 경우 어떻게 하겠습니까?"라고 우려를 나타냈다. 박황(朴潢)은 "대답할 때 반드시 여지를 두어야 하며 빨리 허락해서는 안 됩니다. 먼저 따르기 어렵다고 말하고 그 다음에 사양하기 어렵다는 뜻으로 답해야 합니다"라고 하여 입조문제를 쉽게 허락하지 말고 지연술을 쓸 것을 건의하였다. 영의정 최명길은 반드시 비밀에 붙여 청사가 귀국하기 전에 누설되는 일이 없도록 하며, 그렇지 않을 경우 민심이 동요할 것이라고 재삼 강조하였다.[10]

청사가 귀국한 후 조선 군신들은 재차 모여 대책을 논의하였다. 이성구는 청에서 만약 사신을 파견하여 갑자기 협박할 경우 어떻게 할 것인가 고 우려를 나타냈다. 익녕(益寧) 부원군 홍서봉(洪瑞鳳)은 "만약 뜻밖의 변이 십보(十步) 내에서 발생할 경우 지략이 있는 자라도 쾌할 수 없습니다. 고려 충혜왕 때 일을 경계해야 합니다"라고 하였다. 그가 말하는 고려 충혜왕은 원조에 의해 세 번 왕위에 올려졌고 또 세 번 폐위 당했으며 결국에는 원조 사신의 협박으로 북경에 들어갔다가 게양(揭陽, 산동성)에 유배되어 죽었다. 또한 심양에서 세자·대군을 시중들었던 박황은 "범문정(範文程)의 말을 전해 들은데 의하면 출성 (出城, 정축하성을 말함)할 때 아들을 세우지 않은 것을 후회한다고 하였습니다"라고 하였다. 인조가 그 이유를 물으니 박황이 답하기를 "청에서 징병할 때 시간을 늦춘 일 때문에 그런 말을 했다고 합니다"라고 하였다. 이에 인조는 "이립(異立)설은 허갈(虛喝)에 불과하며 깊이 우려할 필요가 없다"고 신하들을 안심시켰다. 그러자 승평(承平) 부원 군 김류(金瑬)가 "왕께서 멈출 곳을 남한이나 강도 중에서 한 곳을

---

10) 『인조실록』 권39, 인조 17년 7월 정사.

정하여 미리 경영해야 합니다"라고 건의하였다.

이상의 논의를 거쳐 인조는 입조설이든 이립설이든 조선에서 청의 요구대로 징병에 응하지 않고 군량을 돕지 않았기 때문이라는 것을 알았다. 이에 인조는 "칙사가 관소에 있을 때 군사의 수를 묻지 않은 것이 후회된다"고 하면서 반송사(伴送使)로 하여금 의주에 도착한 후 청사에게 군병의 수를 묻도록 하였다. 얼마 후 반송사 이경증(李景曾)이 청사에게 군사를 조발할 기한을 물으니 청사가 "가을이 군사를 이용할 시기이므로 빨리 조발하고 정돈하여 기다리도록 하라"고 하였다. 이에 조선은 청의 징병 요구에 응함과 동시에 청에 대한 충성심을 보여주기 위하여 삼전도(三田渡) 비문(홍타이치의 재조지은을 칭송하는 공덕비)을 인출하여 심양에 보냈다. 그 전에 조선은 이 일을 줄곧 늦춰왔다.[11)

1640년(숭덕 5, 인조 18)부터 명청 간에 요서주랑(遼西走廊)에서의 각축이 심해졌다. 청은 금주(錦州)를 포위하기 위하여 조선으로 하여금 주사(舟師) 5000명을 파견하여 12개월 식량과 1만 포(包) 공미(貢米)를 가지고 요서의 대·소릉하(大小凌河) 입구에 도착할 것을 요구하였다. 같은 해 4월 조선은 임경업(林慶業)을 수군 상장으로 임명하여 115척 배에 군량을 싣고 청 호부 관원 홍니객(洪尼喀)·고례(庫禮)의 인솔하에 출발하였다. 조선 수군의 출병은 결코 순조롭지 않았으며, 배가 풍랑을 만나 침몰되거나 암초에 부딪혀 파손되거나 명군에게 잡혀갔다. 6월에 요동의 개주(蓋州)에 도착했을 때 52척의 배만 남았을 뿐, 대부분 군량이 바다에 침몰하였다. 영장(領將)·초수(梢手)가 바다에 빠져 죽은 것이 수백 명에 달하였다. 청정은 부득이 병사 천명과 시졸(厮卒) 500명

---

11) 『인조실록』 권39, 인조 17년 7월 기사·임오·계미.

을 남겨두고 나머지는 전부 본국으로 돌려보냈다. 한편 금주 전장에 있는 조선군에게 옷과 식량, 그리고 말을 공급하도록 조선에 요구하여 8월에 조선은 15필의 말을 봉황성에 보냈으나 수보장(守堡將)이 말이 너무 적다고 하면서 되돌려 보냈다. 조선은 부득이 은 6,000냥과 말 100필을 준비해 부족한 수를 채워 넣기로 하였다.[12]

이와 동시에 금주 전장에 있는 조선군을 대체할 병사와 군량을 준비하게 하기 위하여 홍타이치가 조선을 징치하기로 하였다. 같은 해 10월 홍타이치는 용골대를 의주에 파견하여 조선의 영의정·이조판서·도승지로 하여금 의주에서 기다리도록 하여 조선에 징병을 요구할 때와 원손을 심양에 보낼 때 반대한 자들을 힐문하도록 하였다. 조선은 부득불 징병과 원손을 심양에 보내는 것을 반대한 전 판서 김상헌(金尙憲), 전 지평 조한영(曺漢英), 학생 채이항(蔡以恒), 그리고 심양 재신 박황, 도승지 신득연(申得淵) 등 다섯 신하를 심양에 보냈다. 이들은 곧바로 심양 옥에 갇혔으며, 이를 '심옥(瀋獄)사건'이라고 불렀다.[13] 이와 동시에 청정은 내원 관원 사포해(査布海)를 한양에 파견하여 국왕에게 다음과 같은 죄를 묻도록 하였다. 즉 "무인년(1638)에 명을 어기고 기병을 조발하지 않은 것이 하나의 죄이다. 올해 병선을 조발할 때 일부러 태만하여 신지(汛地)에 도착하지 않은 것이 하나의 죄이다. 말로 병선의 군사를 운송하도록 하였으나 이를 어기고 보내지 않았으며 말 15필을 변계에 보냈다가 다시 데리고 돌아갔으며 말을 보내야 하는 기한을 놓친 것이 하나의 죄이다. 포획한 자들이 조선으로 도망갔을 때 조사해

---

12) 張存武,『淸代中韓關係論文集』, 40~54쪽 ;『청태종실록』권51, 숭덕 5년 3월 신축 ; 권52, 6월 무진·7월 병오·8월 계묘.

13)『인조실록』권41, 인조 18년 10월 임술·을축·경오·신미·임신, 11월 갑신·을유·병술·갑오·임인·계묘, 12월 갑인·정사·을축·병인 ; 권42, 인조 19년 정월 병신.

되돌려 보내지 않은 것이 하나의 죄이다. 와이객의 가족을 다 조사해 내지 않은 것이 하나의 죄이다. 명이 없이 함부로 성지를 수축한 것이 하나의 죄이다. 월경 채삼한 것이 하나의 죄이다. 안주 총병 유림(柳琳)을 통수로 하여 명조와 싸워 속죄하도록 하였으나 명을 어기고 다른 곳에 가서 방어한 것이 하나의 죄이다. 대신(大臣)의 적자나 동생으로서 질자를 삼지 않고 족자와 서출의 아들 또는 다른 사람의 아들로서 질자를 삼은 것이 하나의 죄이다" 등등이다.[14)]

조선에서 한창 불안해하고 있을 때 국왕입조설이 또 흘러 나왔다. 의주로 향하던 신임 영의정 홍서봉이 심양에서 온 장계에 근거하여 다음과 같이 보고하였다.

정역(鄭譯, 정명수를 가리킴)배가 말하기를 다른 나라 국왕은 다 입조하는데 조선국왕은 입조하지 않을 수 없다고 한 것은 매우 놀랍습니다. 이들이 어찌 이 일을 허락할 수 없음을 모르겠습니까? 이는 분명히 이룰 수 없는 일을 일으켜 그들의 욕심을 채우고자 하는 것입니다. 신 등은 "우리나라가 중원을 섬길 때 그런 일이 없었는데 고려만이 간혹 있었으며, 전대의 일을 꼭 따라야 하겠는가? 하물며 주상께서 3년 동안 고질병을 앓으시어 문 밖에 나갈 수 없으니, 이런 일이 있을 경우 반드시 길에서 넘어질 것"이라고 똑똑히 말할 것입니다.[15)]

위 보고를 들은 후 인조는 바람이 두려워 문밖에 나가지 못하며 발이 약해 잘 걷지 못하므로 움직일 수 없다는 뜻으로 답하되, 고사(古事)

---

14) 『청태종실록』 권53, 숭덕 5년 10월 임술.

15) 『인조실록』 권41, 인조 18년 10월 임신. "鄭譯輩嘗言 他國王無不來朝 朝鮮國王 不可不入朝等語 不勝驚愕 此輩豈不知此事之不見許也 直以至難之事發端 而必 售其所大欲 臣等將明言 我朝事中原時 本無此事 惟高麗時或有之 而前代之事 何必因循 況主上三年沈痼 不能出戶 若有此擧 必顚仆道路云."

는 꺼내지 말라고 명하였다.16) 즉 고려왕이 원조에 입조한 일을 꺼낼 경우 오히려 상대방에게 모종의 암시를 주는 것이기 때문이었다. 그리하여 국왕은 병을 핑계로 입조를 거부하기로 하였다. 같은 해 10월 청사 사포해가 서울에 왔을 때 인조는 병을 칭하고 교영(郊迎)에 나가지 않았다. 또 청사가 왕을 문안할 때 일부러 내시더러 왕을 부추겨 예를 행하였으며 침구를 치우지 않고 청사를 만났다.17) 이와 동시에 청정의 압력을 완화하고자 도인을 쇄환하는데 힘썼다. 왜냐하면 청에서 열거한 죄상 중에서 이것이 가장 쉽게 이룰 수 있고 또 효과가 빠르기 때문이었다. 같은 해 11월 조선은 경기 향화인(와이객)·도망 한인(漢人)·주회인(走回人, 조선 被擄人) 등 77명을 심양에 보냈다. 그 이후 또 향화인 30명을 의주에 압송하였다. 또 향화·도망 한인·주회인 600여 명을 심양에 보냈다. 1641년 1월 강원도·함경도에서 70여 구를 심양에 압송하였다.18) 이와 동시에 체술군(替戍軍)을 금주에 보냈으며, 군량 등 모든 공급물을 조선에서 운송하였다. 이는 국력이 쇠약한 조선에 큰 경제적 부담이 되었다. 1644년 청조가 입관할 때까지 600명에 달하는 조선군이 금주성을 지키고 있었다.19) 이처럼 조선군이 대명 전쟁에 참가한 것은 군사적인 의의보다 정치적인 의의가 더 큰 것이며, 명군의 사기를 꺾고 군사적으로 조선을 견제하기 위해서였다.20)

---

16) 『인조실록』 권41, 인조 18년 10월 임신.
17) 『인조실록』 권41, 인조 18년 10월 병자.
18) 『인조실록』 권41, 인조 18년 11월 임진·병오, 12월 을묘 ; 권42, 인조 19년 정월 경진.
19) 張存武, 「淸韓關係 : 1636-1644」, 『淸代中韓關係論文集』, 51쪽.
20) 劉家駒, 「淸初徵兵朝鮮始末」(상·하), 『食貨月刊』 12권 10책, 382~404쪽 ; 12책, 433~448쪽, 1983년 ; 張存武, 『淸代中韓關係論文集』, 33~54쪽.

3) 국왕의 10년 병환과 세자 귀환 요청

1636년 병자호란 이후 청사가 조선에 도착할 때마다 인조는 성하지맹의 규정에 따라 청사를 영접하거나 영송(迎送)하는 예를 행하였다. 1637년 11월과 1639년 6월 청사가 조선 국왕과 왕비를 책봉하기 위해 조선에 왔을 때 인조는 교영의 예를 행하였을 뿐만 아니라 청사가 머문 관소에 나가 청사를 영접하고 하마연(下馬宴)을 베풀었다.[21] 그러나 1639년 7월 국왕입조설이 전해진 후로부터 상황이 달라졌으며 인조는 병을 핑계로 교영에 나가지 않았다. 1639년 7월 이후 인조가 청사를 접견한 사례를 열거하면 다음과 같다.[22]

(1) 1639년(숭덕 4, 인조 17) 9월 인조가 청사 만월개(滿月介)를 침전에서 만났다.

(2) 같은 해 11월 청사 마부달(마부대) · 오다해 · 초고로 등이 서울에 와서 칙서를 반포할 때 인조는 이들을 침전에서 만났으며 다례를 행한 후 끝냈다. 청사가 떠나게 되자 인조는 승지 구봉서(具鳳瑞)를 보내고 또 중사(中使)로 하여금 직접 면별(面別)하지 못한다는 뜻을 전하도록 하였다.

(3) 1640년 10월 청사가 입경하였는데 인조가 병환으로 교영을 행하지 못하고 양화당(養和堂)에서 청사를 접견하고 칙서를 받았다.

(4) 1641년 10월 청사가 입경하자 인조가 편전에서 만났다.

(5) 1642년 12월 인조가 두 박씨(博氏)를 양화당에서 만났다.

---

21) 『인조실록』 권35, 인조 15년 11월 갑신 ; 권38, 인조 17년 6월 신해 · 임자.
22) 『인조실록』 권39, 인조 17년 9월 신사, 11월 정축 · 신묘 ; 권41, 인조 18년 10월 병자 ; 권42, 인조 19년 10월 병인 ; 권43, 인조 20년 12월 병자 ; 권44, 인조 21년 3월 무오, 9월 갑오 · 정유 ; 권45, 인조 22년 6월 정사 ; 권46, 인조 23년 2월 신미, 윤6월 갑신, 12월 병오 ; 권48, 인조 25년 2월 기해, 9월 정묘 ; 권49, 인조 26년 3월 기해 ; 권50, 인조 27년 정월 기묘 · 경진, 5월 병인.

(6) 1643년 3월 청사가 입경하였으나 인조가 병으로 교영하지 못하고 양화당에서 마중하였으며 칙서를 받고 청사를 만났다.

(7) 같은 해 9월 홍타이치가 폭서(暴逝)하였다. 어사개·할사개 두 박씨가 고애사(告哀使)로 입경하였는데 인조는 편전에서 접견하고 칙서를 받은 후 곡(哭)하고 절을 하였다. 백관이 명정전(明政殿) 뜰에 모여 성복(成服)의 예를 갖추었다. 박씨가 남별궁으로부터 나와 보았으며 인조가 쇠복을 하고 편전에서 접견하였다.

(8) 같은 해 10월 청사 천타마갈림(賤他馬噶林), 박씨 정명수가 입경하자 인조가 편전에서 만났다. 청사가 순치제의 즉위 조칙을 반포하러 왔다.

(9) 1644년(순치 1, 인조 22) 6월 청사 파음소·두음소 두 박씨가 칙서를 가지고 왔다. 인조가 침소에서 만났다.

(10) 1645년 2월 세자가 귀국할 때 청사가 함께 입경하였다. 청사가 인조에게 교영할 것을 굳이 청하였으나 인조의 몸이 좋지 않아 원접사로 하여금 병으로 교영에 나갈 수 없음을 전하도록 하였다. 그러나 청사가 이를 허락하지 않았다. 중신을 파견하여 알렸으나 여전히 허락하지 않았다. 청사가 벽제에 도착했을 때 낙흥(洛興) 부원군 김자점(金自點)을 보내 알렸다. 이에 청사는 부득이 "황제가 새로 천하를 얻어 북경에 천도한 것은 막대한 경사이므로 국왕이 교영의 예를 행해야 하지만, 병으로 행할 수 없다고 하는 것은 타당치 못하다. 중신·대신이 연이어 와서 말하므로 부득이 따른다"고 하였다. 인조가 부축을 받으면서 궐정에서 청사를 마중하였고 도승지·우부승지가 칙서를 받들고 왕 앞에서 봉투를 열었다.

(11) 같은 해 윤6월 청사가 조선 세자의 상을 조문하러 입경하였다. 인조가 양화당에 나아가 청사를 만난 후 "고질병으로 앓고 있을 때 이 같은 참혹한 상을 당했으며, 병으로 몇 달간 누워 있었기에 교영의 예를 폐하였으니 황송하기 짝이 없습니다. 누추한 처소에서나마 칙서에 절하는 예를 행하겠습니다"라고 하였다. 이에 정명수가 사신의 뜻으로 "병으로 칙서를 마중하지 못하는 것은 할 수 없는

일입니다"라고 답하였다. 이에 인조가 칙서에 한번 절하고 세 번
머리를 조아리는 예를 행하고 칙서를 받았다.

(12) 같은 해 12월 청사 기충격(祈充格)과 정명수가 세자를 책봉하는
칙서를 가지고 입경하자 인조가 양화당에서 만났다.

(13) 1647년 2월 청사가 도착하자 인조가 양화당에서 만났다.

(14) 같은 해 9월 청사가 입경하자 인조가 양화당에서 만났다.

(15) 1648년 3월 왕세자가 청사를 모화관(慕華館)에서 만났다. 청사가
회령·종성 범월 사건 때문에 나왔다.

(16) 1649년(순치 6, 인조 27) 1월 청사가 입경하자 인조가 희정당(熙政堂)
에서 만났다. 세자가 청사가 머문 관소에 나가 하마연을 베풀고
돌아왔다. 같은 해 5월 인조가 세상을 떴다.

위에서 본 것처럼 1639년 7월 국왕입조설이 전해진 후로부터 1649년
인조가 세상을 뜨기까지 10년간 그는 줄곧 병석에 누워 있었다. 이런
기록 중에는 왕이 진실로 병에 걸린 것이 없지 않다. 이에 대해서는
그 진위를 가릴 필요가 없다. 아무리 건강한 사람이라도 1년에 여러
차례 걸쳐 들어오는 청사를 대처하기 위하여 거둥을 자제할 경우 몸과
마음이 다 상하게 되어 있었다. 이에 대해 김육(金堉)은 "성상(聖上,
인조)께서는 불행한 운을 당하여 노심초사하고 병이 나고 뜻을 펼치지
못하고 궁중에 혼자 있었으니, 기운이 막혀 잘 통하지 못하고 혈맥이
정체되어 제대로 돌지 못하여 몸이 부어오르고 한기와 열기가 오르락내
리락하니 이것이 병의 근원입니다"라고 말하였다.[23] 여하튼 10년간
인조는 교영의 예를 멈췄으며, 청사가 머문 관소에 나가 상마연과 하마연
을 베풀지도 않았으며 편전 또는 침소에서 청사를 만나 수칙예(受勅禮)
를 행하였다. 이 같은 방법은 효과적이어서 인조 자신도 "청인이 나에게

---

23) 『인조실록』 권44, 인조 21년 8월 기사.

입조할 것을 요구하여 전 칸(홍타이치) 때부터 그러하였다. 내가 병을 칭하여 풀려났으며 그들도 더 이상 강요하지 않았다"라고 말하였다.[24]

　이와 동시에 조선은 국왕이 병환에 있음을 구실로 세자의 귀국을 요구하였다. 세자의 귀국을 처음 제기한 것이 1637년 11월이다. 좌의정 최명길이 동지사로 심양에 갔을 때 세자·대군의 모후의 1주년 제사가 곧 다가온다는 이유로 세자의 귀환을 청하였으나 청정에서 이를 들어주지 않았다.[25] 그 이후 또 청에서 세자를 책봉하는 기회를 타서 세자의 귀국을 요구하였다. 1638년 12월 조선 사무를 담당하고 있던 마부대가 심양 재신에게 세자의 책봉을 청할 것을 촉구하였다. 이에 심양 재신들은 이 기회에 세자의 귀국을 성사시키고자 마음먹었다. 그리하여 명나라 제도대로라면 세자를 책봉하기 전에 귀국하도록 하며 세자 책봉시 국왕과 세자가 교영의 예를 행해야 할뿐더러 세자가 종묘에 고하고 문묘에 참배하며 설과(設科)하는 등의 예를 행해야 한다고 말하였다. 그러나 이들의 의도가 곧 용골대·마부대에게 간파되었다. 1639년 2월 조선에서 주청사를 파견하여 세자를 책봉할 것을 요구하자 6월에 청에서 마부대를 조선에 파견하여 세자를 책봉하는 고칙(誥勅)을 반포하였다. 그러나 청정은 곧바로 세자를 귀환하지 않았다.[26]

　조선의 세자 귀환 노력은 여기서 끝나지 않았다. 1639년 7·8월간 국왕이 병환에 있게 되자 조정 신하들이 일을 크게 꾸미어 세자의 귀국을 촉구하기로 하였다. 『조선왕조실록』은 이에 대해 다음과 같이 기록하였다.

---

24) 『인조실록』 권44, 인조 21년 10월 신미.

25) 『청태종실록』 권39, 숭덕 2년 11월 경오·신사.

26) 『심양장계』 무인 12월 1일, 기묘 정월 21일, 2월 16일·25일, 5월 4일·18일·29일, 8월 3일 ; 『심양일기』 기묘 3월 15일·19일·25일, 9월 20일·22일.

비변사에서 계하기를 "성상께서 병환에 계신 지 오래되며, 온 나라가 황황해 있습니다. 하물며 동궁(세자)·대군이 다른 나라에 있으니 이 일을 어찌하겠습니까? 나라 안의 크고 작은 일에 대하여 심양에서 모르는 것이 없습니다. 수침(受針)의 거둥이 있은 후 또 저주의 변을 당했으니 청국에서 듣더라도 반드시 마음이 움직여질 것이며, 만나 뵙도록 허락할지도 모릅니다. 유달(柳達)이 침술로 청국에서 중시 받고 있는데, 오늘 만약 다른 의사로서 그를 대신하여 하루빨리 소환할 경우 도움이 될 것입니다. 또한 성상의 병환이 나빠졌다 나아졌다 함으로 약방의 비답(批答)을 조보(朝報)에 내어 전하고 또 참작하여 비하(批下)하여 청국에서 일의 허실을 알지 못하도록 하는 것도 하나의 계책입니다"라고 하자 (국왕이) 답하기를 "계사대로 하라"고 하였다.27)

인조가 병환에 있다는 소식은 곧바로 심양에 전해졌고 청정의 주의를 일으켰다. 청에서는 만월개를 파견하여 허실을 알아봄과 동시에 세자의 귀국을 청하는 것을 막고자 하였다. 이와 동시에 청정은 심양에서 세자 책봉례를 급히 거행하였으며,28) 인조가 위독할 경우 세자를 세워 조선을 안정시키고자 하였다.29) 숭덕연간 청에서 조선 국왕과 왕비를 책봉할 때 명나라 제도를 따르지 않은 것이 없지만 이번 세자 책봉례만이

---

27) 『인조실록』 권39, 인조 17년 8월 신축. "備局啓曰 自上違豫日久 擧國遑遑 況東宮大君滯在異域 事當如何哉 國中大小事 瀋中無不聞知 旣有受針之擧 繼有 詛呪之變 淸國聞之亦必動心 不無萬一許覿之望 柳達以針術見重淸國 今若替以 他醫從速召來 則足爲一助 且聖候臥患緊歇無常 以藥房批答出於朝報 傳示遠近 且愿斟酌批下 使淸國不得知其虛實 亦或一計也 答曰 依啓辭施行."

28) 『심양일기』 기묘 9월 14일·20일·22일.

29) 1639년 심양 재신 신득연이 비밀리에 계하기를 "근래에 일을 비밀리에 알아보았는데 황제가 이르기를 '국왕의 병이 과연 기동을 못하여 명을 받지 못할 경우 이는 명을 욕되게 하는 것이며, 병으로 인하여 말을 알아듣지 못할 경우 이는 빈 나라에 칙서를 전하는 것이다. 만약 (국왕의 건강이) 나빠질 경우 칙사를 속히 보내야 하지만 만약 위독할 경우 반드시 잠깐 기다려야 한다'고 하였습니다." 『인조실록』 권39, 인조 17년 11월 갑자.

예외였으며, 몽골에서 시행한 전례를 따랐다. 한편 만월개가 조선에 도착한 후 가까이에서 인조의 수침 자리를 살펴보았으며 인조가 확실히 병환에 있음을 확인하였다.30) 그럼에도 불구하고 청은 세자의 귀국을 곧바로 허락하지 않았다. 이에 대해 용골대・마부대가 "국왕의 병이 쉽게 치유되는 것은 아니지만 만장(滿將, 만월개)을 만날 때 거둥을 하고 절도 하였다"고 하면서 왕의 병이 위독하지 않기에 세자의 귀국을 허락할 수 없다고 못박아놓았다.31)

이처럼 국내에서 인조의 병을 꾸미는가 하면 심양에서 세자가 병환에 있는 부모를 뵙도록 할 것을 청하였다. 용골대와 마부대가 의심하는 것을 막기 위하여 선전관을 심양에 파견하여 국왕의 '약방일기'와 '내국 문안일기'를 보냈다. 이에 대해 용골대와 마부대가 "만장이 귀국한 후 국왕의 병이 더 중해졌다면 국내에 있는 왕자・대군이 내관이나 선전관을 파견하여 보고할 것인데, 천천히 공물을 운반하는 편에 순부하 겠는가? 이는 세자가 귀국하도록 하기 위한 계책이며 반드시 기만일 것이다"라고 크게 꾸짖었다.32)

조선은 여기서 물러나지 않았다. 같은 해 11월 마부대가 조선에 와서 삼전도 비를 조사하고 귀국하려 할 때 조선 백관들이 모화관 길옆에 서서 국왕의 안후가 편치 않음으로 세자의 환국을 허락할 것을 청하였다.33) 이듬해 1640년 1월 조선의 사은 부사 이경헌(李景憲)이

---

30) 『인조실록』권39, 인조 17년 9월 을해・정축・기묘・경진・신사・계미, 10월 을유.
31) 『심양일기』기묘 10월 11일.
32) 『심양일기』기묘 10월 11일・12일・19일・27일・28일・30일, 11월 1일・5일・10일.
33) 『청태종실록』권49, 숭덕 4년 11월 기미 ; 『인조실록』권39, 인조 17년 11월 신묘.

심양에 갔을 때 사사로이 청조 예부 관에게 국왕의 병이 중하므로 대군으로써 세자를 교체하여 귀국하도록 할 것을 요구하였다. 이로 인하여 어린 원손이 심양에 보내지게 되는 후과를 초래하여 인조의 노여움을 샀다. 이경헌이 귀국하자 인조는 그를 의금부에 가두고 결장하여 남양에 유배 보내도록 하였다.34) 그러나 그의 요구가 효과를 보아 용골대는 조선에서 사람을 보내 국왕의 병환을 알릴 경우 여기서 처리할 것이라고 대답하였다.35) 이에 조선은 선전관 홍유량(洪有量)을 파견하여 국왕의 병이 위독하며 여러 가지 방법으로 치료해도 효과를 보지 못하며, 부자간의 정은 천륜에서 나오는 것이며 병중에 있는 사람이 그리워하는 것은 나무랄 바가 아니므로 세자로 하여금 뵙도록 할 것을 청하였다.36) 며칠 후 홍타이치가 칙서로서 조선으로 하여금 다른 왕자와 원손으로서 세자를 교환하도록 하는데 동의하였다. 칙서의 내용은 다음과 같다.

> 짐은 너희 나라가 반복무상하기 때문에 왕의 두 아들을 질자로 하여 신의를 지키고자 하였다. 네가 만약 짐의 명을 공손히 지키고 와이객을 모두 쇄환하고 도망자를 모두 붙들어 보내며, 모든 징발의 시간을 늦추지 않을 경우 몸소 와서 배알하지 않더라도 때때로 너의 아들을 보내 알현할 수 있다. 이럴 경우 충성과 정성이 다 나타나고 의구심이 저절로 없어지는데, 내가 어찌 왕의 두 아들로 하여금 자주 왕래하지 못하게 하겠는가? 두 아들이 돌아갈 수 없는 것은 내가 그들로 하여금 돌아가지 못하게 하는 것이 아니라 네가 스스로 의심하여 짐이 따라서 의심하게 된 것이다. 근래에 또 짐의 명을 기다리지 않고 함부로 남한·평양성을

---

34) 『인조실록』 권40, 인조 18년 정월 기사, 윤정월 무자.
35) 『인조실록』 권40, 인조 18년 정월 기사.
36) 『청태종실록』 권50, 숭덕 5년 정월 계해.

수축하고 군량을 모았으며, 다른 곳의 성지도 이와 같이 수축했을 것이다.……오늘 왕의 병이 중하다고 하니 짐의 마음에 깊이 와 닿는다. 청한 바를 허락하며 세자의 아들을 즉시 봉황성에 보낼 경우 짐도 세자로 하여금 봉황성에 가서 만나도록 할 것이다. 세자가 귀성을 마치고 우리나라에 올 경우 피차 교환하여 돌아가도록 하라. 짐이 다른 뜻이 있는 것이 아니라 여러 아들로 하여금 서로 왕래하게 하여 친목을 돈독히 하고자 할 뿐이다. 신중히 처리하여 하늘과 짐의 명을 위배하지 말도록 하라. 이에 특별히 명한다.[37]

즉 조선에서 와이객을 쇄환함이 부족하고 군기를 놓쳤으며, 맹약을 어기고 함부로 강도·평양성을 수축하였으며, 군량을 비축하였기에 두 왕자가 귀국할 수 없음을 강조하여 책임을 조선에 돌렸다. 또 이른바 왕이 "몸소 와서 배알하지 않더라도 때때로 너의 아들을 보내 알현할 수 있다"고 한 말에서 알 수 있듯이 청정은 인조가 병으로 입조할 수 없다는 사실을 받아들이고 있다. 즉 다시 말하여 입조 문제를 너무 강요하지 않음과 동시에 청정 내에서 확실히 이에 대한 논의가 있었음을 말해준다. 단지 논의한 것만으로도 조선에 위협을 줄 수 있는 것으로서 인조는 계속하여 병을 칭할 수밖에 없었다.

조선의 세자와 대군은 1640년 2~4월에 귀국하였으며, 1643년 12월에서 이듬해 2월까지 귀국하였다. 1643년 10월에 이르러 세자가 곧 영구히

---

37) 『청태종실록』 권50, 숭덕 5년 정월 갑자. "朕原以爲 爾國反復不常 故質王二子爲信 爾若能恪遵朕命 將瓦爾喀人戶盡行刷送 逃亡者盡行縛還 凡有征調不致稽遲 縱不得親身入覲 時遣汝子前來朝謁 如是 則忠悃克昭 疑懷自釋 王之二子 朕有不令往來 無間者乎 二子之不歸 非朕不使之歸 因爾自疑 以致朕疑耳 近又不候朕旨 擅修南漢 平壤 蓄積糧草 他處城池 類此修繕者 略可知矣 ……今聞王疾亟 深軫朕懷 仍允所請 遣世子之子 速令至鳳凰城 朕亦卽勅世子至鳳凰城相會 俟世子歸省 卽來我國 彼此更換而還 朕亦并無他意 欲令諸子互相往來 共敦親睦耳 愼勿背天 而違朕命也 特諭."

귀국한다는 소식이 전해왔다. 이는 조선 군신 상하가 바라던 바였고 큰 경사임이 틀림없었다. 그러나 소식이 전해오자 인조는 오히려 우려를 나타내면서 "청인이 나더러 입조할 것을 요구하여 전 칸(홍타이치) 때부터 그러하였다. 내가 병을 칭하자 그들이 더 이상 강요하지 않았다. 오늘 듣건대 9왕(도르곤)이 젊고 독단적이라고 하는데 그 뜻을 어찌 헤아릴 수 있겠는가? 전에 세자를 대하는 것이 매우 박하였으나 오늘은 너무 후하다고 하니 내가 의심하지 않을 수 없다"고 하였다. 이에 영의정 심열(沈悅)이 "성상의 교시가 그러하니 신하로서 어찌 감히 우러러 청할 수 있겠습니까?"라고 난감해 하였다.38) 여기서 인조의 생각을 더듬어보면, 그는 세자가 귀국한 후 젊고 독단적인 섭정왕이 인조에게 입조하게 하고 세자를 세우거나 또는 세자를 이용하여 조선의 내정을 간섭할까 우려한 것이 아닌가 생각해본다.

1644년 중원에 입관한 후 청은 세자·대군을 영원히 귀국하도록 하였다. 명조가 이미 멸망하였기에 조선이 맹약을 어기고 명조와 통할 우려가 없어졌으며 따라서 인질로서 조선을 견제할 필요가 없어졌다. 같은 해 12월 섭정왕 도르곤은 세자·대군을 불러놓고 "북경을 얻기 전에는 두 나라 사이에 의심과 저애가 없지 않았지만 오늘 대사가 이미 정해졌으므로 피차간에 성실과 믿음으로 대하면 된다. 또한 세자가 동국(조선)의 저군(儲君)이기에 여기에 오래 있을 수 없다. 오늘 마땅히 영원히 귀국하도록 하라"고 말하였다.39)

소식이 전해오자 인조는 여전히 "청국의 이 같은 행동이 과연 좋은 뜻에서 나온 것이고 다른 사정이 없는 것인가?"고 우려를 표하였다.40)

---

38) 『인조실록』 권44, 인조 21년 10월 신미.
39) 『인조실록』 권45, 인조 22년 12월 무오.
40) 『인조실록』 권45, 인조 22년 12월 경신.

여기서 인조는 세자가 귀국한 후 청에서 다른 요구 예컨대 국왕의 입조를 요구할까 걱정한 것이 아닌가 추측해본다. 청조 통관 정명수(鄭命壽)의 아래의 말이 인조의 의구심을 부추긴 것 같다. 이에 앞서 같은 해 4월 정명수가 몰래 전하기를, 청정 내 여러 왕이 모여 조선국왕의 입조 문제를 논의할 때 정명수가 국왕이 입조할 경우 나라 안이 비어 있어 역변이 두렵다고 하자 여러 왕이 논의를 멈췄다고 하였다.[41] 정명수가 이 같은 말을 전한 것은 자신의 공로를 알리기 위한 의도가 강하지만 국왕입조설이 1644년에 이르러서도 청정 내에서 논의되었다는 말이 된다. 이 같은 사실은 인조를 놀랍게 하였고 세자의 귀국이 희소식만이 아니었다.

소현세자는 귀국 후 두 달 만에 폭사하였다. 조선의 사관들은 세자가 중독되어 죽은 흔적이 있었음을 기록하였으며, 인조가 세자의 심양에서의 식리활동에 대해 마음에 들지 않아 하였고 세자가 귀국한 후 부자 사이가 좋지 않았음을 기록하였다. 이에 대해 일부 학자들은 세자의 친청(親淸) 행위, 특히 도르곤과의 친분이 세자의 폭사를 유발한 요인이라고 보고 있다.[42] 이밖에 위에서 본 것처럼 국왕입조설이 인조의 위기의식을 가중시켰고 무의식중에 왕권에 위협이 되었으며, 부자 관계를 미묘하게 만들었다. 이것이 세자 폭사의 더 직접적인 원인이 아닌가 생각해 본다.

---

41) 『인조실록』 권45, 인조 22년 4월 신사.

42) 최소자, 『명청시대 중한관계사 연구』, 이화여자대학교출판부, 1997년, 248~252쪽 참조.

4) 세자의 입조 문제

소현세자가 세상을 뜬 후 인조는 세자와 함께 심양에 인질로 잡혀갔던 봉림대군에게 뜻을 두었다. 소현세자의 장자인 원손이 있기는 하였지만 나이가 너무 어렸기에 섭정왕 도르곤도 조선을 안정시킬 목적으로 봉림대군을 세자로 세우는 데 동의하였다.43) 이로써 세자를 정하는 문제가 쉽게 해결되었다. 1645년 8월 조선에서는 주청사를 파견하여 세자를 책봉할 것을 청하였다. 11월 청은 내원 기충격(祈充格)을 파견하여 봉림대군을 세자로 책봉하였다.44)

그 이후 청에서는 세자 또는 대군이 입조하기를 바랐다. 비록 청조가 중원에 들어가고 북경에 수도를 정했으나 중원을 평정하는 전사가 아직 끝나지 않았으므로 조선에 대한 경계심이 완전히 가셔지지 않았다. 1647년 2월 청에서는 조선의 공물의 품질이 떨어지고 또 사은사 규격이 맞지 않는다는 것을 문제 삼아 조선에 사문사를 파견하였다. 이번 사행의 또 다른 임무는 세자 또는 대군을 호송하여 입조하는 것이었다. 청사가 서울에 와서 세자 입조 문제를 비밀리에 말하자 인조는 다음과 같은 태도를 표하였다.

세자가 1년에 한 번씩 입조하는 것은 폐할 수 없는 예라는 것을 모르지 않습니다. 그러나 길이 멀고 인마를 얻기 힘들며, 또 병이 나 곧바로 입조할 수 없으니 심히 미안하게 생각합니다.45)

---

43) 『인조실록』 권46, 인조 23년 5월 을미, 윤6월 갑신.

44) 『인조실록』 권46, 인조 23년 8월 기해, 9월 을해, 12월 병오.

45) 『인조실록』 권48, 인조 25년 2월 기해. "世子一年一朝 非不知不可廢之禮 而道路 遼遠 人馬難辦 今又身有疾病 未能趁卽入朝 深切未安."

즉 길이 멀고 세자가 병으로 앓고 있어 입조가 지연되어 있다고 할 뿐, 장차 세자를 호송하여 입조할 것인지 여부는 말하지 않았다. 이에 대해 청사는 "세자가 입조하는 것은 우리들이 감히 강요하여 청할 일이 아니며, 이쪽에서 처리하는데 달렸습니다"라고 답하였다.[46] 이로 보아 청에서 세자 입조문제를 너무 강요하지 않음을 알 수 있다. 기실 도르곤의 뜻이 그러하였다. 청사가 떠나려 할 때 도르곤은 "세자·대군이 핑계로 오지 않을 경우 조속히 돌아오며, 입조할 경우 강을 건넌 후 너희들이 (세자를) 호송하여 오라"고 분부하였다.[47] 청측의 이 같은 유연한 태도에 맞춰 조선도 양보하여 대군으로 하여금 입조하여 사은하도록 하였다. 그 이후 인조의 셋째 아들인 인평(麟坪)대군이 사행로에 줄곧 왕래하였으며, 1658년 5월 그가 사망할 때까지 사은사로 6회, 진주사와 진하사로 각 1회 북경에 다녀왔다.[48]

1649년 5월 '정축의 변'의 갖은 고초를 다 겪었던 국왕 인조가 세상을 떴다. 왕세자 봉림대군이 왕위를 계승하였는데 그가 효종이다. 효종은 즉위한 후 송시열 등 산림을 등용하여 '북벌' 대의를 내세웠으며 이는 인조 생존에 엄두조차 낼 수 없었던 일이다. 병자호란 이후 오랫동안 쌓였던 반청 감정이 터져 나오기 시작하였다.

효종이 즉위한 후에도 왕세자 책봉 문제가 제기되었다. 소현세자의 장자인 원손은 그의 부친이 폭사한 후 제주도에 유배되었다. 1649년 2월 인조 생전에 봉림대군의 아들을 왕세손으로 세웠다.[49] 그리고

---

46) 『인조실록』 권48, 인조 25년 2월 기해.
47) 『인조실록』 권48, 인조 25년 3월 갑진.
48) 『인조실록』 권48, 인조 25년 3월 갑진 ; 『효종실록』 권4, 효종 원년 6월 신묘, 11월 임자 ; 권7, 효종 2년 11월 무인 ; 권9, 효종 3년 12월 경술 ; 권13, 효종 5년 8월 경신, 10월 을유 ; 권14, 효종 6년 3월 병술 ; 권17, 효종 7년 8월 무인 ; 권20, 효종 9년 5월 기유.

306

1651년 8월 세자 책례(冊禮)를 행하였으며, 같은 해 11월 세자빈 책례를 행하였다.50) 그럼에도 불구하고 조선은 즉시 청조에 세자를 책봉할 것을 요구하지 않았다. 이로서 청조의 간섭과 혼구 요구를 막고자 한 것이다. 그리하여 조선은 미리 세자를 정하고 또 가례를 행하였는데 세자가 가례를 올릴 때 겨우 열 살밖에 되지 않았다. 이윽고 1654년 4월 청에서 역관을 통해 조선 사신에게 "세자 책봉을 청하지 않느냐"고 물어왔다. 조선 사신은 "세자가 너무 어려서입니다"라고 답하였다. 같은 해 9월 조선은 영풍군(寧豊君) 이식(李湜)을 위시하는 주청사를 파견하여 왕세자를 책봉할 것을 청하였다. 12월에 청에서 사신을 파견하여 세자를 책봉하였다.51)

청측에서 세자·대군의 입조문제를 마지막으로 거론한 것이 1658년 (순치 15)이다. 조선 동지사가 북경에 갔을 때 청조 관원 어응거대(於應巨大)가 "황제가 아들을 얻고 태후가 염병을 넘겼으며, 운남·귀주가 모두 귀순하였으니 큰 경사입니다. 국왕께서도 반드시 기뻐할 겁니다. 앞으로 오게 될 진하사는 전례대로 해서는 안 됩니다. 국왕이 비록 친히 올 수는 없지만 세자·대군 중에서 한 사람이 오지 않을 수 없습니다"라고 하였다. 이에 조선 사신이 "세자가 아직 두역(痘疫)을 겪지 않아서 궁궐 밖으로 감히 나가지 못합니다"라고 답하였다. 이에 어응거대가 더 이상 강요하지 않았다.52) 같은 해 인평대군이 세상을 떴다. 이로서 국왕(효종)의 형제들이 모두 세상을 떴다. 조선에는 대군이 없었으므로 그 이후 사은사일지라도 대군을 파견할 수 없게 되었다.

---

49) 『인조실록』 권50, 인조 27년 2월 무신.
50) 『효종실록』 권7, 효종 2년 8월 계유, 11월 을미.
51) 『효종실록』 권13, 효종 5년 9월 병오 ; 『同文彙考』 一, 원편 권1, 封典, 17~18쪽.
52) 『효종실록』 권20, 효종 9년 3월 무신.

5) 맺는말

조선국왕의 입조문제는 '성하지약'에 없는 것이고 청조에서 문서로서 정식으로 요구한 적도 없다. 주로 조선 사무를 담당하던 관원·사신 및 통관을 통하여 비밀리에 전달하였으며, 너무 강요하지도 않았다. 그 이유를 생각해보면, 우선 조선 세자와 대군이 이미 청정에 인질로 잡혀 있었기에 국왕이 입조하지 않더라도 조선을 견제할 수 있기 때문이었다. 다음으로 조선의 반청감정을 의식하지 않을 수 없었다. 국왕의 입조를 너무 강요할 경우 백성들의 분노와 반항이 격앙될까 우려하였으며, 이는 조선을 안정시키는데 불리하였기에 비밀리에 전달하는 방법을 택한 것이다.

그럼에도 불구하고 국왕입조설은 조선을 압박하는 도구로 이용되었다. 입조설은 조선에서 군기를 놓치거나 군량을 바다에 표몰시키는 등, 청에 득죄할 때에 흘러 내보냈으므로 국왕의 입조는 곧 입조하여 사죄하는 것이 되었기에 조선에 큰 정치적 부담을 안겨주었고 위협적인 것이었다. 또한 조선 세자가 청정에 인질로 잡혀 있었기에 국왕 인조는 자신이 일단 입조할 경우 청에서 세자를 왕으로 세울지도 모른다는 위기감에 쌓이게 되어 왕권에 위협을 주게 되었다. 1645년 청에서 세자가 귀환할 때 인조의 의구심이 깊어진 것이 그러한 이유 때문이다. 인조가 10년 간 병을 칭한 이유도 여기에 있다. 또 세자가 귀국하자마자 두 달 만에 폭사한 것도 이와 관련이 없지 않다. 한편 조선은 청의 요구대로 징병·징량·한선(漢船) 포송(捕送)·세폐 소송·도인 쇄송에 응하였으며, 명조와의 관계를 단절하였다. 그리하여 청조와의 종번관계를 건립하고 유지하게 되었다.

국가와 국가 간의 외교관계의 틀은 단편적으로 형성되는 것이 아니라 상호 작용에 의해 형성된다. 청은 조선이 명조와의 관계를 단절하고 청과 새로운 번속관계를 성립시키는 데 만족하였다. 그리하여 원조가 고려를 대하듯이 조선의 내정을 깊이 간섭하려 하지 않았다. 한편 조선은 혼구문제·국왕입조·세자입조 문제에 있어서 청의 요구에 응하지 않았으며, 쌍방은 청왕실과 몽골과 같은 친밀한 관계를 유지하지 못하였다. 그리하여 청대의 중한관계가 그 앞 시기보다 느슨한 관계가 되었다. 물론 조선인들의 고유한 화이관념과 반청정서가 조선으로 하여금 청에 다가갈 수 없게 하는 저애 요소가 되었다.

3. 청대 조선의 영칙례–국왕의 교영을 중심으로

1) 머리말

조청 양국의 조공책봉제도 하에서, 청나라 사신이 황제의 조칙을 가지고 조선에 들어갈 경우 조선의 국왕과 신하들은 교영의 예를 갖추어야 하였다. 청사가 압록강을 건넌 후 의주가 첫 번째 참(站)이며 계속 남쪽으로 내려가 평양·황주·개성·벽제에 이를 경우 그 곳 지방관들이 영접하고 영송하는 예를 갖추었다. 청사가 서울에 도착한 후 국왕이 몸소 서교(西郊)에 나가 청사를 마중하였으며 떠날 때도 서교에 나가 바래주었다. 교영의 예는 청사에 대한 예우일뿐더러 청사가 가지고 온 황제의 조칙에 대한 예우였다. 이는 신하국이 상국 천자에 대한 존숭의 뜻을 나타내며, 중요한 정치적 의미를 띤 것이었다.

이 절에서는 조선 역대 국왕의 교영·교송(郊送)의 예에 대한 태도, 출영·출송 상황을 통하여 이 제도의 실제 운영 상황을 알아봄과 동시에 조청간의 조공책봉관계가 전개되어 가는 구체적인 양상을 살펴보고자 한다.

2) 조선의 거만한 태도와 청의 징치

조선 인조는 병자호란을 겪고 청의 강박으로 '성하지맹'을 맺은 국왕이다. 또한 인조는 근 10년간 교영·교송의 예를 행하지 않았다. 이처럼 인조가 교영·교송의 예를 행하지 않은 것은 앞 절에서 서술했듯이 청조에 입조하는 것을 피하기 위해서였다. 병자호란 이후 청은 일부러 국왕입조설을 내보내 조선으로 하여금 맹약의 규정에 따라 청에 군사적인 원조를 제공하여 공동으로 명조를 치고자 하였다. 그러나 입조설은 조선에 큰 정치적 부담을 안겨주었으며 위기감을 조성하여, 일단 국왕이 입조할 경우 고려 충혜왕과 같이 세 번 올려지고 세 번 폐위당하는 역사적 비극이 재연될까 우려하였다. 이 때문에 1639년 입조설이 나오기 시작해서부터 1649년 인조가 세상을 뜨기까지 10년간 병을 칭하고 교영·교송의 예를 행하지 않았다.

인조의 아들 효종이 즉위한 후 조선의 영칙례가 정상적으로 행해지기 시작하였다. 효종은 서교(西郊)의 모화관에 나가 청사를 영접하였을 뿐만 아니라 태평관(남별궁)에 나가 하마연을 베풀었으며, 청사가 귀국할 때 다시 모화관에 나가 상마연을 베풀고 청사를 떠나보냈다. 일찍 효종은 왕세자로 있을 때부터 부왕을 대신하여 교영·교송의 예를 행하였다. 이는 그가 왕세자로서의 지위와 왕위 계승자로서의 위치를 지키는데 유리하였다.

숙종 초기에는 여러 가지 이유로서 교영을 멈출 것을 요구하여 청사의 불만을 자아냈다. 『조선왕조실록』에 근거하여 숙종 초기 교영을 멈출 것을 요구한 사례를 열거하면 다음과 같다.

(1) 1676년(숙종 2, 강희 15) 청사가 황태자를 책봉하는 조서를 반포하러 조선에 왔다. 청사가 홍제원(서울 서교)에 도착하자 조선은 공제(公除, 국왕이나 왕후가 훙거한 후 36일간 공무를 정지하는 것)가 지나지 않았다는 이유로 국왕의 교영과 나례·음악을 멈출 것을 요구하였다. 이에 대해 청사는 교영과 나례만 멈추도록 하고 음악을 멈추는 것에 동의하지 않았다.[1]

---

1) 『숙종실록』 권5, 숙종 2년 2월 을축·병인·정묘.

⑵ 1677년(숙종 3, 강희 16) 10월 청사가 황후를 책봉하는 조서를 반포하기 위해 조선에 왔다. 숙종이 모환관에 나가 교영의 예를 행하고 남별궁에서 하마연을 베풀었다. 이어 서교에 나가 청사를 바래고자 할 때 신하들이 성 중에 두역이 심하여 숙종에게 서교에 나가지 말 것을 청하여, 영접도감에서 청사에게 교송을 멈출 것을 요구하였다. 그러나 청사가 이에 동의하지 않았다.[2]

⑶ 1678년(숙종 4, 강희 17) 3월 청사가 황후의 부칙(訃勅)을 전하기 위해 조선에 왔다. 조선은 좌의정과 도승지를 파견하여 "국왕의 안후가 편치 않아 교영과 편전에서 접견하는 예를 멈출 것"을 청하였다. 이에 대해 청사는 교영을 멈추도록 하고 편전에서 접견하는 예를 그대로 행하도록 하였다.[3]

⑷ 같은 해 5월 청사가 황후의 시호를 올리는 칙서를 반포하러 조선에 왔다. 숙종의 몸이 편치 않아 교영을 멈출 것을 청하여 청사가 동의하였다. 그 후 숙종은 정전에서 수칙례를 거행하고 또 청사를 접견하였다.[4]

⑸ 1680년 2월 청사가 자금성 태화전 화재 소식을 알리러 조선에 왔다. 이때 조선 신하들은 여항에 두진(痘疹)이 심하여 국왕이 교외에 나갈 수 없다고 하였다. 이에 원접사가 청사에게 교영을 멈출 것을 청하였으나 청사가 동의하지 않았다. 다시 호조판서를 파견하여 교영을 멈출 것을 청하자 부득이 동의하고 궐정에서 수칙례를 거행하는 것은 그대로 하도록 하였다.[5]

⑹ 같은 해 9월 청사가 또 조선에 왔다. 조선은 여항에 전염병이 돌고 있다는 이유로 원접사를 파견하여 교영을 멈출 것을 청하였으나 청사가 들어주지 않았다. 이에 중신 정재숭(鄭載嵩)을 송도에 파견하여 교영을 멈출 것을 청하였으나 여전히 들어주지 않았다. 또 호조판

---

2) 『숙종실록』권6, 숙종 3년 10월 계유, 11월 을해 · 임오 · 계미.
3) 『숙종실록』권7, 숙종 4년 3월 계사.
4) 『숙종실록』권7, 숙종 4년 5월 기미.
5) 『숙종실록』권9, 숙종 6년 2월 임자.

서를 파주에 보내 교영을 멈출 것을 청하였으나 또 들어주지 않았다. 그 후에 청사가 홍제원에 도착하자 호조판서와 영의정을 보내 교영을 멈출 것을 청하였다. 청사는 부득이 교영을 멈추는 것에 동의하였지만 불쾌해하면서 곧바로 귀국할 것이라고 위협하였다. 이에 숙종이 대신을 파견하여 만류하면서 청사의 노여움을 풀어주고자 하였다.[6]

(7) 1681년 3월 청에서 조선 왕후의 상을 조문하기 위해 사신을 파견하였다. 조선에서는 여항에 두역이 심하다는 이유로 교영을 멈출 것을 요구하였다. 그러나 청사가 들어주지 않았으며 국왕이 교영에 나오지 않을 경우 홍제원에서 바로 귀국할 것이라고 위협하였다. 또 청사가 혼전에서 치제할 때도 국왕이 와 있을 것을 요구하였다. 이에 대해 조선은 영의정을 홍제원에 보내 교영을 멈출 것을 청하였으며, 청사가 들어주지 않자 또 대신이 백관을 거느리고 글을 올려 교영을 멈출 것을 청하였다. 그러나 청사가 한 번 보고 되돌려 주었으며, 결국 숙종이 서교에 나가 청사를 맞이하고 인정전에 돌아와 청사를 접견하였다.[7]

(8) 1682년(숙종 8, 강희 23) 3월 숙종이 병으로 관소에 나가 하마연을 베풀지 못하게 되자 영창(瀛昌)군 이침(李沈)더러 대행하도록 하였다. 청사가 불쾌해하면서 병을 핑계로 나오지 않았으며, 국왕을 반드시 만나보겠다고 하였다. 이에 숙종은 내전에서 반찬을 보내주어 후하게 대한다는 뜻을 표하였다.[8]

(9) 1684년(숙종 10, 강희 25) 12월 청조에서 갑자 해를 맞이하여 천하가 태평하다는 이유로 사면을 반포하는 칙서를 내보냈다. 숙종의 몸이 편치 않아 원접사를 보내 교영을 멈출 것을 청하자 청사가 들어주었다.[9]

---

6) 『숙종실록』 권10, 숙종 6년 9월 무진·병자·기묘.
7) 『숙종실록』 권11, 숙종 7년 4월 갑신·을유.
8) 『숙종실록』 권13, 숙종 8년 3월 을묘·무오.
9) 『숙종실록』 권15, 숙종 10년 10월 경신, 12월 계묘.

이상과 같이 숙종 초기 조선은 공제가 지나지 않았다든가 국왕의
안후가 편치 않다든가 여항에 전염병이 돌고 있다는 등의 이유로 교영을
멈출 것을 요구하였다. 이는 청사의 불만을 자아냈으며, 일부 청사는
부득이 교영을 면해주었고 일부 청사는 화를 내면서 앞당겨 귀국하겠다
고 위협하거나 또는 입성하지 않겠다고 위협하였다.

이처럼 교영의 문제에서 청사의 태도가 견결한 것은 당연하였다.
비록 조선 국왕이 몽골 왕공과 같이 때때로 입조하여 천자를 배알하지
못하더라도 영칙례와 수칙례를 지키는 것은 빼놓을 수 없는 절차라고
여겼다. 이는 신하국으로서의 의무를 다하는 것이고 또 종번관계를
유지하기 위한 필요 수단이기도 하였다. 그럼에도 불구하고 조선의
군신들은 교영의 예를 제대로 행하지 않고 태만함을 보였다. 앞에서
보았듯이 교영을 멈추기 위하여 원접사를 파견하는가 하면, 대신 · 중신
을 파견하였고 또 대신이 백관을 거느리고 글을 올려 교영을 멈출
것을 요구하였다. 방법과 수단을 다 동원했다고 하여도 과언이 아니다.
한편 이 같은 현상이 청조가 '삼번의 난'을 겪는 동안에 나타남으로
인하여 청사에게 조선이 청을 경시한다는 인상을 주었고 그들의 자존심
을 자극하였다.[10]

1685년(숙종 11, 강희 24) '삼도구사건'을 계기로 청은 조선을 징치
하려 하였다. 이 사건은 조선 변민들이 월경 · 채삼한다고 청조에서 파견
하여 여도를 그리러 왔던 관원들과 충돌하여 발생한 것이다. 청측에서
여러 명이 부상당하고 조선 변민들도 죽거나 상하였다. 이 사건을 조사하
기 위하여 청에서 사문사를 파견하였으며, 조선 국왕을 '찰의(察議)'하고
자 하였다. 조선은 찰의의 형식에 대해 몹시 우려하였으며, 국왕에

---

10) 『숙종실록』 권6, 숙종 3년 3월 갑오.

대한 불경 사태가 일어날까 걱정하였다. 그리하여 좌의정을 파주에 보내 교영을 멈출 것을 청한데 이어 우의정을 보내 교영을 면해줄 것을 요구하여 끝내 동의를 얻어냈다. 이어 국왕이 편전에서 청사를 접견할 때도 침구를 옆에 두고 만났으며 병환에 있는 것처럼 보여주었다.[11]

'삼도구사건'은 월경 교섭의 특례이고 엄중하게 교섭된 전형적인 사례이다. 조사 결과 조총을 쏜 조선 변민 6명이 효시되었고 기타 19명이 유배되었으며, 함경도 감·병사 이하 관원이 강직되거나 유배되었다. 또한 국왕이 청사와 백관 앞에서 사죄문을 읽었으며 벌은(罰銀) 2만 냥을 당하였다. 그러나 이 사건은 여기서 끝나지 않았다. 조선의 진주사(陳奏使)가 북경에 들어갔을 때 예부에 글을 올려 국왕더러 벌은하게 하는 것은 부당하다고 통박하여 청조의 더 큰 분노를 자아냈다. 예부 자문에는 조선이 번국의 본분을 제대로 지키지 않고 있음을 일일이 열거하여 다음과 같이 비난하였다.

조선은 대국(청조)의 위세를 받들고 동쪽에서 편안히 살고 있으므로 여러 조(朝)에 걸친 재조지은을 생각하고 은덕을 잊지 말며, 번국의 본분을 공순히 지켜야 하며, 아침저녁으로 공손함을 되새겨 지나침이 없고 잘못을 범하지 않도록 해야 한다. 그러나 그 나라 군주가 어둡고 나약하며, 그 나라 신하가 자사(恣肆)하고 교만하고 게을러, 예를 버리고 은혜를 잊은 것이 한두 가지가 아니다. 신 등이 듣건대, 사신이 그 나라에 갈 경우 전에 정한 의주(儀注)를 지키지 않으며, 그 나라 왕이 혹은 영접하지만 만나지 않고, 혹은 아예 영접하지 않으니, 하늘의 위엄을 가까이하는 도리가 어디에 있는가? 또 왕래하는 배신(陪臣)들이 금령을 어기고 야사를 사사로이 구매하여 계해년(1623년, 인조반정)

---

11) 『숙종실록』 권16, 숙종 11년 11월 갑술·병자·정축.

그들 나라의 폐립의 시말에 대하여 허망 되게 삭제하고 고칠 것을 청하였다. ……또한 일본이 저들 나라를 공격한다고 하여 군사를 지원해 줄 것을 요청하였으나 얼마 후 아무런 소식도 없었다. ……또한 근래에 변계의 간민들이 누차 법을 어기고 있지만 한 나라 군주가 전혀 모르고 있다.12)

위와 같이 예부 자문은 국왕이 어둡고 나약하며 신하가 자사하다고 질책하였을 뿐만 아니라, 국왕이 교영의 예에 대한 태도가 태만하여 하늘의 위엄을 가까이하는 도리에 어긋난다고 질책하였다. 즉 교영의 예를 제대로 행하지 않은 것은 상국 천자에 대한 불경임을 지적하였다.

삼도구사건은 조선에 큰 충격을 주었으며, 이를 계기로 조선에서는 변민들의 월경 행위를 엄히 다스렸을 뿐만 아니라, 영칙례에 대해서도 각별히 신경을 썼다. 그 이후 날씨가 아무리 나쁘고 여염의 전염병이 아무리 심해도 국왕은 교영·교송의 예를 몸소 행하였다. 다만 그가 세상을 뜨기 3년 전에 세자로 하여금 대행하게 하였다. 이때에도 국왕은 편전에서 청사를 만났고 수칙례를 행하는 것을 몸소 진행하였다. 『조선왕조실록』에 근거하여 삼도구사건 이후 국왕이 교영·교송의 예를 행한 사례를 열거하면 다음 표와 같다.

---

12) 『동문휘고』一, 원편 권51, 범월, 977쪽. "朝鮮奉大國之聲靈 安居暘谷之域 當念累朝興復之殊恩 撫循之至德 恪守藩翰 夙夜虔共 庶無隕越 以滋咎戾 顧乃其君昏儒 其臣恣肆 玩愒驕惰 習以成風 棄禮忘恩 非惟一事 臣等每聞使臣至彼 不遵先年所定儀注 其國王或迎而不見 或偃蹇不迎 天威咫尺之義 謂之何哉 往者陪臣來京 違禁私購野史 以有癸亥年伊國廢立始末 妄請刪改……而又妄稱日本來伐伊國 乞師救援 徐而察之 略無聲息……乃邇年以來 邊界奸民屢干法禁 一國之長若罔聞之."

삼도구사건 이후 국왕의 교영·교송 상황표

시 간	국왕의 교영·교송 사례
1687년 7월 (숙종 13, 강희 26)	상이 모화관에서 칙사를 영접하였다. 상이 모화관에서 청사를 바랬다.
1688년 1월	상이 서교 모화관에 나가 노사(虜使)를 마중하였다.
1688년 12월	호사(胡使)가 태후의 부묘(祔廟)의 일로 사면을 반포하러 왔다. 상이 서교에서 마중하였다.
1689년 2월	상이 서교에서 청사를 마중하였다. 인정전에 돌아와 접견하였다.
1689년 8월	호사가 황후의 상을 알리러 왔다. 상이 서교에서 마중하고 인정전에 돌아와 애례(哀禮)를 행하였으며, 그들 사신을 만났다.
1690년 1월	청사가 입경하니 상이 서교에 나가 마중하고 인정전에서 접견하였다. 청사가 돌아가려 할 때 상더러 교영을 멈추도록 하여 상이 서교로 나가지 않고 근시를 파견하여 감사의 뜻을 전하였다.
1691년 4월	호사가 입경하자 상이 모화관에 가서 칙서를 영접하였다. 노사가 돌아갔다.
1695년 1월	상이 서교에 나가 노사를 마중하고 인정전에서 칙서와 중전 고명을 받았다. 노사가 돌아가려 하자 상이 서교에 나가 바랬다.
1697년 9월	상이 서교에 나가 마중하고 인정전에서 칙서를 받았다. 상이 교외에 나가 상마연을 베풀고 바래주었다.
1697년 10월	청사 액진와각라화(額眞瓦覺羅華)가 왕세자의 봉전(封典)을 거행하러 왔다. 상이 교외에 나가 마중하고 인정전에서 칙서를 받았다. 왕세자가 친히 고명과 사물(賜物)을 받았다. 북사가 돌아가려 하자 상이 교외에 나가 친히 바래주었다.
1702년 2월	호사 각라 만보(滿保) 등이 조제(弔祭)의 일로 나왔다. 상이 서교에 나가 마중하였다. 숭정전에 돌아와 접견하고 다례를 행하였다. 청사가 돌아가려 하자 상이 서교에 나가 연회를 베풀었다.
1703년 5월	호사가 입경하였는데 천하가 태평하여 사면을 반포하기 위해서였다. 상이 모화관에 나가 마중하고 궁에 돌아와 접대하기를 전례와 같이 하였다. 상이 관소에 거둥하여 북사를 초대하였다. 북사가 돌아가려 하자 상이 모화관에 거둥하여 전별하였다.
1703년 6월	책봉 칙사 명규서(明揆敍) 등이 왔다. 이 날은 비가 많이 왔으며 저녁때에야 날이 좀 개었다. 상이 모화관에 거둥하여 칙사를 맞이하였고 인정전에 돌아와 고명을 받고 또 "번봉세수(藩封世守) 유원각공(柔遠恪恭)"이라는 여덟 글자를 받았다. 상이 교외로 나가 북사를 전별하였다.
1709년 4월	청에서 다시 태자를 세웠으며 천하에 사면을 반포하였다. 상이 서교에 나가 노사를 영접하였다. 상이 서교에 나가 노사를 바랬다.

1713년 윤5월	상이 비를 맞으면서 모화관에 거둥하여 칙사를 맞이하였다. 노사가 돌아갔다.
1717년 10월	청사가 입경하자 왕세자가 서교에 나가 맞이하였다. 청사가 돌아가려 하자 세자가 서교에 나가 전송하였다.
1717년 12월	청사가 입경하자 왕세자가 서교에 나가 맞이하였다. 상이 희정당에서 청사를 접견하였다. 청사가 돌아가려 하자 세자가 서교에 나가 전송하였다.
1719년 1월 (숙종 45, 강희 58)	청사가 입성하자 세자가 서교에 나가 맞이하였으며, 상이 희정당에서 청사를 만났다.

위 표를 통하여 1685년 삼도구사건 이후 조선의 영칙례가 제대로 행해졌음을 알 수 있다. 이와 동시에 양국 관계도 점차 정상적인 궤도에 들어갔다. 이는 청조의 징치와도 무관하지 않겠지만 이보다 더 중요한 것은 '삼번의 난' 이후 청의 조선에 대한 정책이 유화정책으로 변하면서 조선의 반청 감정이 점차 누그러진 것과도 관련이 있다고 생각된다.

3) 조선의 성실한 태도와 예의지방의 구현

숙종이 세상을 뜬 후 경종이 왕위를 이었으나 재위 4년 만에 세상을 떴다. 경종은 어릴 때부터 병이 많고 후사가 없었으므로 그의 동생을 왕세제(王世弟, 훗날의 영조)로 세워 청조로부터 책봉을 받았다. 왕세제는 국왕과 함께 영칙례에 참석하였을 뿐만 아니라 국왕을 대신하여 교영·교송의 예를 행하였다. 『조선왕조실록』에 근거하여 경종대 왕세제가 교영·교송의 예를 행한 상황을 열거하면 다음 표와 같다.

이와 같이 왕세자가 없는 상황에서 왕세제(王世弟)의 지위와 역할은 왕세자와 같았다. 왕세제가 영칙활동에 참여하는 것은 왕위 계승자로서의 합법적인 지위를 지키는데 유리하였다. 그러나 일부 신하들의 시기를 자아내어 왕세제로 하여금 역모 사건에 말려들게 하였고 그의 안전을 위태롭게 만들었다. 1724년 경종이 병으로 돌아가자 왕세제가 왕위에 올랐다. 그가 바로 영조이다.

경종대 왕세제의 영칙활동 상황표

시간	영칙활동
1722년(경종 2, 건륭 61) 5월	청인이 사신을 파견하여 왕세제를 책봉하였다. 상과 세제가 모화관에 나가 청사를 맞이하였다. 왕세제가 관소에 가서 청사를 바랬다.
1722년 12월	칙사가 부음을 전하러 서울에 왔다. 상과 왕세제가 백포·익선관·오서대를 갖추고 모화관에 나가 칙사를 맞이하였다.
1723년 7월	왕세제가 칙사를 모화관에 인도하였다. 상의 몸이 편치 않아 대신 행하였다. 왕세제가 관소에 나가 칙사를 만났으며 다례를 마친 후 환궁하였다. 청사가 성을 나가려 하자 왕세제가 모화관에 가서 교송(郊送)하였다.
1723년 11월	청사가 입성하자 상이 모화관에 나가 교영하였다. 환궁하여 청사를 접견하였는데 왕세제가 행차에 따라갔다. 청사가 도성을 나가려 하자 왕세제가 교외에 가서 바랬다.
1724년(경종 4, 옹정 2) 2월	상과 세제가 서교에서 칙사를 마중하였다. 먼저 돈의문을 거쳐 환궁하였으며, 칙사가 인정전에 오자 상이 수칙하기를 의례와 같이 하였다. 상이 태평관에 거둥하여 청사에게 연회를 베풀었다. 청사가 돌아갔다.

영조가 즉위한 후 청조와의 사대외교를 중시하였으며, 영칙례를 행함에 있어서도 성실함을 보여주었다. 1725년(영조 1, 옹정 3) 3월 청사가 국왕을 책봉하러 조선에 왔을 때 상칙(上勅)이 길에서 병이 났다. 영조가 소식을 전해들은 후 의관을 보내 치료해주도록 하고 또 상칙이 머문 관소에 나가 문안하려 하였지만 상칙이 사양하자 멈췄다. 청사가 떠나려 할 때 연접도감에서 국왕에게 구례대로 병을 칭하고 교송하지 말 것을 건의했으나 국왕은 "선조(先朝, 경종을 일컬음)때 병을 칭하고 몸소 바래지 않은 것은 성실함이 부족한 것이니 허락할 수 없다"고 하면서 들어주지 않았다.[13]

또한 일부 청사의 태도가 패만하더라도 국왕은 접대의 예를 다 했으며, 이로서 청사의 태도가 변하고 탄복해마지 않았다. 1750년(영조 26, 건륭 15) 6월 청에서 황태후의 존호를 올리고 후궁을 귀비로 올리며, 묘인(苗人)의 반란을 평정했다는 소식을 알리고자 사신을 파견하였다. 이때 나온 청사의 태도가 극히 오만했음을『조선왕조실록』은 다음과 같이 기록하였다.

처음에 여러 호(胡, 청사)들이 모두 제멋대로하고 오만하였으며, 칙서를 따라 궁궐에 들어와 다니는 것이 마음대로였다. 부사(副使) 숭수(嵩壽)가 더욱 패만하여 상의 위용을 자주 훔쳐보았다. 그러나 얼마 후 부끄러워하며 풀이 꺾이더니 오만함을 거두었다. 상의 자태가 영특하고 행동하는 것이 신중하였으니 오랑캐로 하여금 탄복하게 하여 그렇게 된 것이다.14)

즉 영조의 영특한 기질과 경근(敬謹)한 태도가 청사로 하여금 오만함을 거두게 하였다는 것이다. 며칠 후 영조는 또 친히 관소에 나가 연회를 베풀어 청사를 문안하였다. 청사가 기뻐하면서 처음으로 예악 문물을 보게 되었다고 칭찬하였다. 영조가 이처럼 성실한 예로써 대한 것이 마음에서 우러러 나왔다고 생각하면 착각이다. 영조는 영칙례에 대한 자신의 생각을 다음과 같이 토로하였다.

내가 어찌 그들과 함께 연회를 마주할 생각이 있겠는가? 다만 허위로 하지 않을 뿐이다. 옛날에 숙묘(숙종)께서 바람과 비를 무릅쓰고 청사를

---

13)『영조실록』권4, 영조 1년 3월 을묘 · 정사 · 무오 · 기미.

14)『영조실록』권69, 영조 25년 6월 무자. "初 諸胡皆頑傲 從勅書躡殿陛 視若無人焉 副使嵩壽尤悖慢 常注目竊視上威儀 旣而赧然沮喪 稍自斂戢 上之天姿英特 動止嚴重 自然爲夷虜之所折服 有如此."

320

교외에 나가 영접한 것은 그들의 환심을 사기 위해서였다. 내가 해야
할 일을 할 뿐이다.15)

즉 영조는 사대외교의 현실적인 이익에서 출발하여 성실함을 보여줬
을 뿐이다. 그러나 조선 군신들의 반청존명 사상은 뿌리 깊은 것이었다.
숙종대 창덕궁 후원에 '대보단'을 쌓아 명조의 만력 황제와 숭정 황제를
기념한데 이어, 영조대에 이르러 명태조에 대한 제사를 증가하였다.
매년 정월과 3월이 되면 국왕이 친히 제사를 행하거나 대신을 파견하여
치제하도록 하였다. 만약 이때 청사가 들어오게 되면 국왕은 먼저 대보단
제례를 올린 후 청사를 마중하였다. 1760년(영조 36, 건륭 25) 1월
청사가 서울에 들어온다는 소식이 전해오자 영조는 "이 무릎을 어찌
먼저 칙사를 영접하는 데 굽히겠는가?"고 하면서 먼저 대보단 제례를
행한 후 청사를 영접하였다.16)
한편 조선은 영칙례를 통하여 예의지방임을 구현하고자 하였다. 1725
년(영조 1, 옹정 3) 11월 청에서 조선 왕세자를 책봉하기 위해 사신을
파견하였다. 이때 세자의 나이가 어렸기에 청사는 교영례를 면하도록
하고 또 궁전 뜰에서 칙서를 받을 때도 후 사배(四拜)를 면하도록 하였다.
이에 대해 영조는 "조선은 예의지방으로 중국에 알려져 있는데, 내가
절하고 세자가 절하지 않는 것은 타당하지 못하다"고 하면서 세자로
하여금 전후 사배(四拜)를 행하도록 하였다.17)
조선에서 이처럼 경근한 태도를 보이자 청사의 태도도 변하기 시작하
였다. 간혹 나쁜 날씨를 만나거나 국왕의 연로함을 고려하여 청사측에서

15) 『영조실록』권69, 영조 25년 6월 기축. "吾於彼 寧有對宴之意 但待之不可以虛僞
昔肅廟常不辭風雨 必郊迎淸使 能得其歡 吾之所當爲者 則吾但爲之而已."
16) 『영조실록』권95, 영조 36년 정월 임술.
17) 『영조실록』권8, 영조 1년 11월 기유.

일부 예절을 면하도록 하였다. 1738년(영조 14, 건륭 3) 2월 청에서 황태후의 존호를 올리고 또 황후를 책봉하는 소식을 알리고자 사신을 파견하였다. 청사가 서울에 도착했을 때 갑자기 폭우가 쏟아져 영조에게 하마연을 멈추도록 요구하였지만 영조는 비를 무릅쓰고 다례를 행하였다. 이에 대해 청사가 감사의 뜻을 표하였다.[18] 이밖에 1757년(영조 33, 건륭 22) 3월 조선의 대왕대비가 세상을 뜨자 청에서 사신을 파견하여 조문하였다. 청사가 떠날 때 영조가 재배(再拜)례를 행하려 하자 청사는 왕의 춘추가 높으므로 예를 받을 수 없다고 사양하였다. 이에 영조는 읍례(揖禮)로서 대행하였다.[19]

건륭 중후기에 이르러 조선의 부담을 덜어주기 위하여 청에서는 조선에 사신을 파견하는 횟수를 줄였다. 그리하여 청조의 조칙·자문 등을 조선 사신에게 순부(順付)하였다. 통계에 따르면, 1736년에서 1765년까지 청조에서 사신을 14회 파견하였다. 또 1766년에서 1795년까지 근 30년간 사신을 4회 파견하였다.[20] 이 중에서 1776년 9월 조선국왕(정조)을 책봉하기 위해 사신이 나왔고 그 이듬해 황태후의 부음과 유고(遺誥)를 전하기 위해 사신이 나왔다. 그 이후 7년간 비록 청사가 나오지 않았지만 조선의 재자 역관과 사신이 갖고 온 청측 자문이 58부 되었다. 1784년 12월 조선 왕세자를 책봉하기 위하여 청에서 사신을 파견하였으며,[21] 1786년 조선의 왕세자가 세상을 뜨자 청에서 재차 사신을 파견하여 조제하였다. 이로부터 13년 후 1799년 건륭제가 홍거하자 청에서 사신을 파견하였다. 이 13년 간 조선의 재자 역관과

---

18) 『영조실록』 권47, 영조 14년 2월 신축.
19) 『영조실록』 권90, 영조 33년 9월 기미.
20) 전해종, 『한중관계사연구』, 일조각, 1970년, 75쪽.
21) 『통문관지』 권10, 기년속편, 영조 52년부터 정조 8년까지 참조하여 통계함.

사신이 갖고 온 청측 자문이 65부 되었다.[22] 이 중에는 가경제의 즉위
조서, 건륭제의 8순 경축 조서, 시호를 올리는 조서 및 태묘에 신위를
모시는 조서 등이 포함되었다.[23]

영조를 이어 즉위한 정조도 사대예의에 경근한 태도를 보였다. 그
역시 사대외교의 중요성을 알고 있었으며, 특히 왕실에 대한 중요성을
알고 있었다. 왕세자·왕후의 책봉으로부터 국왕의 책봉에 이르기까지
비록 형식에 불과하지만 빼놓을 수 없는 외교절차였고 왕실의 위상을
높여주고 왕권을 강화하는데 유리하였다. 정조는 청사가 올 때마다
몸소 교영·교송의 예를 행하였으며, 그가 세상을 뜨게 되는 마지막
해에도 병을 무릅쓰고 교영·교송의 예를 행하였다. 이로써 영칙례에
대한 그의 성의와 경근한 태도를 엿볼 수 있다.[24] 한편 정조는 사대외교
를 행함에 있어서도 영활한 태도를 보였다. 예를 들어 1783년(정조
7, 건륭 48)에 건륭제가 조선에 시와 붓을 하사하였다. 조선 사신이
이를 정조에게 전하자 그는 시를 모각하여 표구하도록 하고 이듬해
청사가 나오자 증여하였다. 청사가 이를 보고 기뻐하면서 황제에게
올릴 것이라고 하였다.[25]

이밖에 정조대에 조선의 왕세자를 책봉하는 일을 놓고 두 나라 사이에
는 아름다운 이야기가 전해졌다. 1784년(정조 8, 건륭 49) 7월 조선의
요구대로 청에서 사신을 파견하여 왕세자를 책봉하였다. 그러나 2년
뒤 왕세자가 세상을 떴다. 조선에서 재자관을 파견하여 소식을 알리자
건륭제가 "조선국왕은 번봉을 공손히 지키며 해마다 공물을 바치는

---

22) 『통문관지』 권10, 기년속편, 정조 10년에서 23년까지 참조하여 통계함.
23) 『통문관지』 권10, 기년속편, 정조 20년. 『동문휘고』四, 목차·견폐(蠲弊).
24) 『정조실록』 권53, 정조 24년 정월 신사·임오.
25) 『정조실록』 권18, 정조 8년 12월 을유.

것이 속국 중에서 가장 공순하다. 오늘 세자가 병으로 세상을 떴다고
하니 짐은 심히 애석하게 생각한다. 전의 예대로 제물을 보내는 것
외에 한 배 더 주어 우휼(優恤)함을 보여 주라. 국왕이 장년에 있으므로
너무 슬퍼하지 말고 후에 자사가 있어 즉시 주문할 경우 세자로 책봉하고
종묘를 잇도록 하며 국가의 경사가 이어지도록 할 것이다"라고 하면서
조선을 위로하였다.26) 4년 후 1790년(정조 14, 건륭 55)에 조선에서
원자를 얻었다. 조선은 이를 청에 알림과 동시에 원자가 너무 어려
그가 장성한 후 왕세자로 책봉할 것을 요구하였다. 이에 대해 건륭제가
흔쾌히 동의하였다.27) 1800년(정조 24, 가경 5) 1월 조선에서는 원자를
왕세자로 정하고, 같은 해 윤4월 청에 사신을 보내 왕세자를 책봉할
것을 요구하였다. 그러나 청사가 도착하기 전에 같은 해 6월 정조가
세상을 떴다. 왕세자가 왕위를 이었으며, 청에서 사신을 파견하여 새
국왕을 책봉하였다. 그가 바로 순조이다.28)

4) 청사와 조선 군신 간의 예의 논쟁

청에서 조선에 사신을 파견하는 목적은 황제의 조칙을 전달하기
위해서이다. 그 중에는 황실의 경사와 관계되는 것이 많았으며 예컨대
황태후의 존호를 올린다든가 황태자를 책봉한다든가 등이다. 이때 만약
조선 왕실의 상사(喪事)와 겹칠 경우, 쌍방 간의 논쟁이 불가피하였다.
현존하는 사료를 통해 볼 때, 청초 강희연간에 논쟁이 가장 많이 발생했

---

26) 『정조실록』 권18, 정조 8년 7월 을묘 ; 권21, 정조 10년 5월 계축 ; 권22,
    정조 10년 윤7월 기축.
27) 『통문관지』 권10, 기년속편, 정조 14년.
28) 『동문휘고』 三, 원편속, 封典, 2506~2512쪽. 『정조실록』 권53, 정조 24년
    정월 갑인 ; 권54, 정조 24년 6월 기묘.

음이 확인된다. 이때 조선에 나온 청사의 태도가 조폭하고 오만하여 복상기에 있던 조선 군신들을 난감하게 만들곤 하였다. 특히 각종 영칙례를 강행하여 조선의 불만과 반감을 샀다. 1651년(효종 2, 순치 8) 효종이 부왕의 상중에 있을 때 청사가 예부의 '왕공면복의주(王公冕服儀注)'를 가지고 와서 황제의 명이라고 하면서 화복(華服)을 입을 것을 강요하였다. 효종이 이를 따르지 않자 청사는 면복을 버리고 갈 것이라고 위협하였다. 효종이 여러 차례 근신을 파견하여 따를 수 없다는 뜻을 전하였으나 청사가 들어주지 않았다. 이에 효종은 "교외로 나갈 때 부득이 길복(吉服)으로 바꿔 입고 갔는데 좌우가 오열하지 않은 이가 없었다"고 한다.29) 이밖에 1674년(숙종 1, 강희 13) 9월 조선에서 국휼(현종이 세상을 뜸)의 초상을 당했을 때 청사가 왔다. 조선은 연도에서 악을 멈출 것을 요구했으나 청사가 들어주지 않았다. 이어 서울에 들어올 때와 궁궐 안에서 수칙할 때 악을 멈출 것을 요구했으나 청사가 여전히 들어주지 않았다. 이에 국왕은 부득이 다른 곳으로 옮겨갔다.30) 또한 1676년(숙종 3, 강희 15) 2월 청에서 황태자를 책봉하는 조서를 반포하기 위해 사신을 파견하였다. 조선은 공제(公除)가 지나지 않았다는 이유로 교영을 멈추고 나례와 음악을 멈출 것을 요구하였다. 그러나 청사는 교영을 멈추는 것만 동의하고 악을 멈추는 것은 동의하지 않았다.31)

영칙 절차에 있어서도 쌍방 간의 마찰이 끊이지 않았다. 청사는 본국의 예의 기준으로서 조선에 요구하였지만, 조선은 국초부터 명나라와의 일련의 사대예의가 존재하였기에 이를 쉽게 바꾸려하지 않았다.

---

29) 『효종실록』 권6, 효종 2년 3월 신사.
30) 『칙사등록』 제2, 갑인 8월 13일 · 21일 · 22일, 『칙사등록』 90, 국사편찬위원회, 1997년, 134 · 135쪽. 『숙종실록』 권1, 숙종 즉위년 9월 기사.
31) 『숙종실록』 권5, 숙종 2년 2월 을축 · 병인 · 정묘.

1639년(인조 17, 숭덕 4) 6월 청사가 조선 왕비를 책봉하러 왔을 때 고명·인보(印寶)를 왕비가 친히 받을 것을 요구하였다. 조선은 이를 부당하다고 여겨 영의정을 홍제원에 파견하여 다음과 같은 뜻을 전하였다. "우리나라의 예는 국왕이 영접하고 받은 후 내전에 전송할 경우 중전이 안으로부터 맞아들여 예를 행하며, (중전께서) 친히 받지는 않습니다."라고 쟁집하였다. 이에 청사가 부득이 동의하였다.32)

그 이후 1682년(숙종 8, 강희 21) 7월에 이르러 청사가 또 왕비로 하여금 친히 고명을 받을 것을 요구하고 몽골 왕비를 책봉하는 의주를 내보였다. 이에 대해 조선 신하들은 부당하다고 여겼으며, 영접도감은 다음과 같이 건의하였다. "그들 나라가 몽골을 대하는 것은 우리나라와 다르며, 풍속도 다르므로 동일하게 할 수 없습니다. 우리나라에서 근거로 하는 것은 숭덕 기묘(1639년) 등록(謄錄)이 있고 또 『대명회전』·『집례(集禮)』 등이 있습니다"라는 것이다. 이에 영의정이 청사가 머문 홍제원에 가 자면서 '기묘의주'에 따를 것을 거듭 요구하여 끝내 타협을 보았다. 그리하여 국왕이 고명을 받지 않고 청사가 내전 중문 밖에 가서 내시에게 고명을 줄 경우 내시가 상궁에게 전하고 상궁이 왕비에게 전한 후 왕비가 전후 사배(四拜)를 행하였다.33)

한편 청사가 관소에서 국왕을 맞이하는 예의도 쌍방 간의 논쟁거리가 되었다. 청사가 서울에 들어올 경우 국왕은 태평관에 나가 하마연을 베풀었다. 이때 청사가 머문 관소는 오늘날 외국 대사관과 같아 청사가 주인이고 국왕이 손님이었다. 이때 청사가 행해야 할 예의를 놓고 쌍방 간에 논쟁이 벌어진 것이다. 1703년(숙종 29, 강희 42) 5월 청사가 관소에서 국왕을 맞이할 때 계단을 내려오려 하지 않았다. 이에 대해

32) 『칙사등록』 제1, 기묘(1639년) 6월 25일, 19·20쪽.
33) 『칙사등록』 제6, 임술(1682년) 7월 4일·6일, 347~349쪽.

조선의 도승지가 "주와 객은 옛날부터 균등한 예를 행하며, 그들이 계단을 내려오지 않을 경우 훗날에 연회를 베풀 때도 전하께서 계단을 내려와서는 안 됩니다. 그들이 만약 알아서 내려올 경우 우리도 내려올 것이며, 오늘 내려오지 않으면 훗날에도 내려오지 않을 것입니다"라고 하였다. 청사는 부득이 조선의 요구대로 계단을 내려와 국왕을 마중하였다.[34]

왕세자와 국왕이 황제에게 문안하는 예에 대해서도 청사측에서 못 마땅해 하였다. 1719년(숙종 45, 강희 58) 1월 청사가 황태후의 부묘(祔廟)의 일로 조선에 사면을 반포하러 왔다. 국왕의 몸이 편치 않아 세자로 하여금 영칙례를 대행하게 하였다. 세자가 자리에 서서 두 손을 마주하고 청사를 향해 황제에게 문안하자 청사가 부당하다고 하면서 세자로 하여금 꿇어앉아 문안할 것을 요구하였다. 세자가 전례에 없는 것이라고 하면서 꿇어앉으려 하지 않자 청사가 화를 내면서 국왕에게 결정할 것을 요구하였다. 이에 국왕은 세자더러 꿇어앉아 황제에게 문안하도록 하였다. 이어 청사는 북쪽으로 향하며 욕석(褥席)을 치우고 문안할 것을 요구했으나 궁료들이 치우려 하지 않았다. 재차 국왕에게 문의하자 국왕은 욕석을 그대로 두고 북쪽으로 향하여 꿇어앉아 황제의 기거를 문안하도록 하였다.[35] 한편 국왕의 문안 형식에 대해서도 청사측은 만족하지 않았다. 1723년(경종 3, 옹정 1) 4월 국왕이 정전에서 청사를 만날 때 서서 황제의 안부를 묻자 청사가 부당하다고 하였다. 이에 조선 신하들이 "나라를 세운 때로부터 규례가 그러합니다"라고 쟁집하자 청사가 부득이 따랐다.[36]

---

34) 『숙종실록』 권38, 숙종 29년 6월 정해.
35) 『숙종실록』 권63, 숙종 45년 2월 임신.
36) 『경종실록』 권12, 경종 3년 4월 병자.

　황제가 훙거할 때 조선의 성복 날짜에 대해서도 의견이 달랐다. 1799년(정조 23, 가경 4) 1월 건륭제가 훙거하자 청사가 조선에서 며칠 간 성복하느냐고 물었다. 역관이 3일 후 제복(除服)한다고 답하였다. 이에 청사는 중국에서는 27일 후에 제복하는데 어찌 3일 후에 제복할 수 있냐고 되물었다. 역관이 답하기를 날로서 년을 계산하는 것이 전례라고 하였다. 이에 청사는 건륭제의 조선에 대한 은혜가 각별한데 어찌 3일로서 제복할 수 있냐고 물었다. 역관이 답하기를 순치 때로부터 그러하며 조선의 예제가 처음부터 그러하다고 하였다. 청사는 부득이 각자 전례가 있으니 어찌 하겠냐고 물러섰다. 정조는 사대예의를 중시할뿐더러 일대 군사(君師)로서 예제를 잘 알고 있었기에 역관더러 "숭덕 이후의 전례가 그러하며, 한제(漢制)를 놓고 보더라도 복속한 제후는 3일을 넘기지 않는다. 예제가 그러하니 감히 변할 수 없다"라는 말을 전하도록 하였다.[37]

　이와 같이 청사와 조선 군신 간의 예의 논쟁은 어느 나라의 예의 기준으로서 상대방에 요구하는가라는 문제이다. 순치 · 강희연간의 경우 조선에 들어온 청사의 태도가 오만하여, 각종 영칙 예의를 조선에 강행함으로써 상중에 있는 조선 군신들을 난감하게 하였다. 그러나 뒤시기로 갈수록 조선의 견지로 인하여 청사가 부득이 양보하였다. 이로써 예의지방으로 자처하는 조선의 자신감과 자존의식을 엿볼 수 있다. 특히 조선은 청을 오랑캐로 간주하고 스스로 중화문화의 유일한 계승자로 여기고 있었으므로 문화적인 우월감과 자존의식이 더욱 강하게 나타났다.

---

37)『정조실록』권51, 정조 23년 3월 경신.

5) 맺는말

조선국왕이 교영·교송의 예를 행하는 데는 일정한 과정이 따랐다. 입관 전 인조는 근 10년 간 병을 핑계로 교영·교송의 예를 행하지 않았는데 이는 국왕입조설을 우려하였기 때문이다. 청조가 중원에 입관한 후 효종대에 이르러 교영·교송의 예가 제대로 행해지기 시작하였다. 그러나 숙종 초기에는 여러 가지 이유를 들어 교영·교송의 예를 피하고자 하였는데, 이는 이 시기 서울에 전염병이 도는 등 객관적인 여건과 무관하지 않겠지만 반청의식의 대두와 밀접한 관련이 있다고 생각된다.

'삼번의 난' 이후 청에서 '삼도구사건'(1685, 숙종 11, 강희 24)을 빌어 조선을 징치함으로써 조선의 반청 감정이 어느 정도 억제되었다. 그 이후 교영·교송의 예를 포함한 영칙례가 정상적으로 운영되었다. 영조대에 이르러서는 영칙례를 행함에 있어서 성실함을 보여주었을 뿐만 아니라 예의지방임을 구현하고자 하였다. 정조 역시 영칙례에 대해 경근한 태도를 보였으며 양국 관계가 우호적인 분위기속에서 전개되었다.

청사와 조선 간의 영칙례를 둘러싼 논쟁은 예의지방으로 자부하는 조선의 저지로 인하여 청사로 하여금 자국의 예의기준을 조선에 강요하는데 실패하였다. 결국 쌍방은 각각 한발씩 물러나 타협을 보았다. 조선의 이 같은 문화적인 자신감과 자존의식이 국가 명맥을 이어가는 내재적 동력이라고 생각된다.

참고문헌

1. 기본사료

1) 중국사료

『金史』(中華書局, 1975년).

金毓黻·安文博 편, 『大元大一統志輯本』(『叢書集成續編』, 上海書店, 1994년
　　　영인본).

『明史』(中華書局, 1974년).

『明實錄』(中央研究院歷史語言研究所, 1962년 영인본).

『明一統志』(『景印文淵閣四庫全書』, 1986년 영인본).

『滿洲實錄』(文殿閣書庄, 1934년 인쇄).

『淸實錄』(中華書局, 1986년 영인본).

『淸史稿』(中華書局, 1998년).

『淸一統志』(건륭 8년, 356권본 ; 건륭 49년, 424권본, 『景印文淵閣四庫全書』,
　　　臺灣商務印書館, 1986년 영인본).

『嘉慶重修一統志』(『四部叢刊續編』 史部, 中華書局, 1986년 영인본).

『盛京通志』(董秉忠 편, 강희 23년 32권본 ; 王河·呂耀曾 등 편, 옹정 12년,
　　　33권本 ; 王河·呂耀曾 등 편, 건륭 1년 48권본, 文海出版社, 1965년
　　　영인본 ; 阿桂 등 편, 건륭 49년 139권본, 遼海出版社, 1997년 영인본).

『欽定大淸會典圖(嘉慶朝)』(文海出版社, 1992년 영인본).

『古今圖書集成』(中華書局·巴蜀書社, 1985년 영인본).

『八旗通志』(『景印文淵閣四庫全書』, 臺灣商務印書館, 1986년 영인본).

康熙 『皇輿全覽圖』(1943년, 福克斯 영인본)

『大淸一統輿圖』(건륭 25년 동판 인쇄, 全國圖書館文獻縮微複製中心, 2003년
　　　영인본).

六承如 등 편, 『皇朝興地略』(1863년 廣州 寶華坊 간본).

董祐誠 편, 『皇淸地理圖』(서울대학교 규장각 소장, 규중2957).

胡林翼・嚴樹森 편, 『皇朝中外一統興圖』(서울대학교 규장각 소장, 규중2853).

胡林翼・嚴樹森 편, 『大淸壹統興圖』(서울대학교 규장각 소장 규중2855).

李兆洛 편, 『李氏五種合刊』(1871년 인쇄).

齊召南, 『水道提綱』(『景印文淵閣四庫全書』, 臺灣商務印書館, 1986년 영인본).

朱壽朋 편, 『光緖朝東華錄』(學苑出版社, 2000년).

曹廷杰 편, 『東三省興地圖說』(『續修四庫全書』, 上海古籍出版社, 2002년 영인
　　본).

王圻・王恩義 편, 『三才圖會』(上海古籍出版社, 1988년 영인본).

李輔 등 편, 『全遼志』(『叢書集成續編』, 上海書店出版社, 1994년 영인본).

畢恭 등 편・任洛 등 重修, 『(嘉靖)遼東志』(『續修四庫全書』, 上海古籍出版社,
　　2002 영인본).

中央硏究院 近代史硏究所 편, 『淸季中日韓關係史料』, 1972년.

『吉朝分界案』(全國圖書館文獻縮微複製中心 편, 『國家圖書館藏淸代孤本外交
　　檔案續編』, 제5책, 2005년).

王彦威・王亮 편, 『淸季外交史料』(文海出版社, 1985년 영인본).

吳祿貞, 『延吉邊務報告』(李澍田 주편, 『長白叢書』初集, 吉林文史出版社, 1986
　　년).

劉建封, 『長白山江崗志略』(李澍田 주편, 『長白叢書』初集, 吉林文史出版社,
　　1987년 ; 중국국가도서관 소장, 1909년).

王瑞祥・劉建封 등, 『長白山靈蹟全影』(1909년, 북경대학교 도서관 소장본).

張鳳臺, 『長白彙征錄』(李澍田 주편, 『長白叢書』初集, 吉林文史出版社, 1987년).

李廷玉, 『長白設治兼勘分奉吉界線書』(李澍田 주편, 『長白叢書』初集, 吉林文史
　　出版社, 1987년).

王士禎, 『池北偶談』(中華書局, 2006년).

徐世昌 등 편, 『東三省政略』(李澍田 주편, 『長白叢書』三集, 吉林文史出版社,
　　1986년)

吉林省檔案館・中國邊疆史地硏究中心 편, 『淸代中朝關係史料選輯』, 吉林人民
　　出版社, 2000년.

楊昭全・孫玉梅 편, 『中朝邊界沿革及界務交涉史料匯編』, 吉林文史出版社,
　　1994년.

『咸豊同治兩朝上諭檔』, 廣西師範大學出版社, 1996년 영인본.

『琿春副都統衙門檔案選編』(李澍田 주편, 『長白叢書』五集, 吉林文史出版社,
　　1991년)

宋敎仁, 『間島問題』(李澍田 주편, 『長白叢書』初集, 吉林文史出版社, 1986년)

王芸生, 『六十年來中國與日本』제5권, 生活·讀書·新知三聯書店, 2005년.

高永一 편, 『中國朝鮮族歷史硏究參考資料匯編』제1집, 延邊大學出版社, 1989
　　년.

2) 한국사료

『高麗史』.

『高麗史節要』.

『朝鮮王朝實錄』.

『備邊司謄錄』.

『承政院日記』.

『國朝五禮儀』(민창문화사 영인본, 1994년).

『同文彙考』(국사편찬위원회 영인본, 1978년).

『通文館志』(세종대왕기념사업회 1998년 영인).

『增補文獻備考』(동국문화사 1959년 영인본).

『新增東國輿地勝覽』.

『勘界使交涉報告書』(1887년, 규장각 소장 11514의 2).

『勘界使問答』(1885년, 규장각 소장, 규 21038).

『關北誌』(이태진·이상태 편, 『조선시대 사찬 읍지』41, 한국인문과학원 영인
　　본, 1989·1990년).

『關北邑誌』(『조선시대 사찬 읍지』42·43·44.

『奎章閣所藏朝鮮全圖』(서울대학교 규장각 영인본, 2004년).

『圖們界卡晰考證八條』(『土門勘界』, 21036).

『東國輿地志(咸鏡道)』(한국문헌연구소 편, 『전국지리지』3, 아세아문화사 영인
　　본, 1983년).

『東輿』(국립중앙박물관 영인본, 2006년).

『問答記』(1885년, 규장각 소장, 규 21041).

『白頭山定界碑關係書類』(2통, 규장각 소장, 26302).

『白山圖』(서울대학교 규장각 소장, 『輿地圖』, 고4709-1 수록).

『覆勘圖們談錄』(1887년, 규장각 소장, 규21035).

332

『北界地圖』(19세기 후기, 이찬 편, 『한국의 고지도』, 범우사, 1991년).

『西北彼我兩界萬里之圖』(18세기 중기, 이찬 편, 『한국의 고지도』, 범우사, 1991년).

『瀋陽日記』(『淸史資料』 제2집, '開國史料 7', 台聯國風出版社, 1970년).

『瀋陽狀啓』(『淸史資料』 제2집, '開國史料 7', 台聯國風出版社, 1970년).

『輿圖備志』(한국인문과학원 1991년 영인본).

『輿地圖書』(국사편찬위원회 1973년 영인본).

『輿地圖』'함경도'(18세기말, 이찬 편, 『한국의 고지도』 수록).

『邑誌(평안도편)』(한국학문헌연구소 편, 『한국지리지총서』, 아세아문화사 1986년 영인본).

『邑誌(함경도편)』(『한국지리지총서』에 수록됨).

『鄭尙驥의 東國地圖-原本系統의 筆寫本-』(서울대학교 규장각 2006년 영인본).

『丁亥勘界圖』(규장각 소장, 규축26675 ; 『中韓勘界地圖』, 1887년, 中國國家圖書館 소장).

『朝鮮後期地方地圖』(강원도・함경도 편, 서울대학교 규장각 2002년 영인본).

『總理各國衙門奏議謄本』(『土門勘界』, 21036).

『勅使謄錄』(『각사등록』 90, 국사편찬위원회 1997년).

『土門地界審勘謄報書』(이중하가 총리아문에 보낸 牒呈, 1885년, 규장각 소장, 규26677).

『海東地圖』(서울대학교 규장각 1995년 영인본).

金魯奎, 『北輿要選』(양태진, 『한국국경사연구』, 법경출판사, 1992년 부록).

金允植・魚允中, 『從政年表・陰晴史』(국사편찬위원회 편, 『한국사료총서』 6, 1955년).

金正浩, 『大東輿地全圖』(도서출판 지우사)

金正浩, 『大東地志』(충남대학교 백제연구소 1982년 활자본)

金正浩, 『東輿圖』(서울대학교 규장각 2003년 영인본)

金指南, 『北征錄』(조선총독부 '조선사편수회' 1945년 抄本).

朴 權, 『北征日記』(동북아역사재단 편, 『백두산정계비자료집』, 2006년).

朴 琮, 『白頭山遊錄』(이상태 등 역, 『조선시대 선비들의 백두산답사기』, 혜안, 1998년).

徐命膺, 『保晩齋文集』(경인문화사 1999년 영인, 『한국역대문집총서』 2738).

徐命膺, 『遊白頭山記』(『백산학보』 제19호, 1975년).

申景濬 편, 『朝鮮地圖』(서울대학교 규장각 2005년 영인본).

申景濬, 『旅庵遺稿』(민족문화추진위원회 편, 『한국문집총간』 v.231, 2000년).

申景濬, 『旅庵全書』(경인문화사, 1976년 영인본).

아세아문화연구소 · 구한국외교문서편찬위원회 편, 『구한국외교문서』 8 · 9
　　　권, 고려대학교출판부, 1970년.

安鼎福, 『東史綱目』(경인문화사, 1970년).

魚叔權 편, 『考事撮要』(민족문화, 1995년 영인본).

李　瀷, 『星湖僿說』(민족문화추진회, 1982년 영인본).

李肯翊 편, 『燃藜室記述』(민족문화추진회, 1977년).

李端夏 편, 『北關誌』(1693년, 『조선시대 사찬 읍지』 45에 수록됨)

李睟光, 『芝峰類說』(을유문화사, 1994년).

李源兢, 『大韓地志』, 滙東書館, 1907년.

李宜哲, 『白頭山記』(이상태 등 역, 『조선시대 선비들의 백두산답사기』, 혜안,
　　　1998년).

李重夏, 『乙酉別單』(『土門勘界』, 21036).

李重夏, 『乙酉狀啓』(서울대학교 규장각 소장, 『土門勘界』, 21036).

李重夏, 『二雅堂集』(1975년).

李重夏, 『丁亥別單草』(『土門勘界』, 21036).

李重夏, 『丁亥狀啓』(『土門勘界』, 21036).

李重夏, 『追後別單』(乙酉)(『土門勘界』, 21036).

張志淵, 『大韓疆域考』, 조선연구회, 1915년.

張志淵, 『大韓新地誌』, 漢陽書館, 1907년.

鄭尙驥, 『東國地圖』(1740년대, 이찬 편, 『한국의 고지도』에 수록)

丁若鏞, 『大東水經』(『與猶堂全書』, 경인문화사 1970년 영인본에 수록됨).

丁若鏞, 『我邦疆域考』(張志淵 편, 『大韓疆域考』, 조선연구회 1915년에 수록됨).

鄭元容, 『北略擬議』(『백산학보』 제19호, 1975년).

조선외부 편, 『韓淸議約公牘』(서울대학교 규장각 소장, 규15302).

玄采 편, 『大韓地誌』, 1899년.

洪大容, 『湛軒書』(민족문화추진회, 1974년 영인본).

洪世泰, 『白頭山記』(동북아역사재단 편, 『백두산정계비자료집』, 2006년).

洪良浩, 『耳溪外集』(경인문화사, 1999년 영인본).

黃胤錫, 『八道地圖』(이찬 편, 『한국의 고지도』 수록).

2. 논문과 저서

1) 중국논문과 저서

朱士嘉 편, 『中國地方志綜錄』, 商務印書館, 1958년.

張存武, 「淸代中韓邊務問題探源」, 『近代史硏究所集刊』 제2기, 1971년.

張存武, 「淸韓關係 : 1636~1644」, 『淸代中韓關係論文集』, 臺灣商務印書館, 1987년.

張博泉 등, 『東北歷代疆域史』, 吉林人民出版社, 1981년.

劉家駒, 「淸初徵兵朝鮮始末」, 『食貨月刊』 제12권 제10책, 1983년.

康學耕, 「甑峰山苔蘚植物的地理分布」, 『吉林農業大學學報』, 1986년 제3기.

董萬崙, 『東北史綱要』, 黑龍江人民出版社, 1987년.

高永一, 『朝鮮族歷史硏究』, 遼寧人民出版社, 1982년.

楊昭全·孫玉梅, 『中朝邊界史』, 吉林文史出版社, 1993년.

秦國經, 「18世紀西洋人在測繪淸朝輿圖中的活動與貢獻」, 『淸史硏究』 제3기, 1995년.

譚其驤 주편, 『中國歷史地圖集』(8책), 中國地圖出版社, 1996년.

譚其驤 주편, 『中國歷史地圖集』, 中國地圖出版社, 1996년.

徐德源, 「長白山東南地區石堆土堆築設的眞相」, 『中國邊疆史地硏究』 1996년 2기.

徐德源, 「穆克登碑的性質及其鑿立地點與位移述考-近世中朝邊界爭議的焦點」, 『中國邊疆史地硏究』 1997년 1기.

姜龍範·劉子敏, 『明代中朝關係史』, 黑龍江朝鮮民族出版社, 1999년.

姜龍範, 『近代中朝日三國對間島朝鮮人的政策硏究』, 黑龍江朝鮮民族出版社, 2000년.

朱炳貴, 「淸代學者李兆洛對地圖學的貢獻」, 『地圖』 2000년 제2기, 中國地圖出版社.

刁書仁, 『元末明初朝鮮半島的女眞族與明·朝鮮關係』, 『史學集刊』, 2001년 7월 3기.

刁書仁, 「康熙年間穆克登查邊定界考辨」, 『中國邊疆史地硏究』 2003년 3기.

宮健澤·聶翔雁, 「劉建封與長白山」, 『北華大學學報(社會科學版)』 제3권 2기, 2002년.

白新良 주편, 『中朝關係史-明淸時期』, 世界知識出版社, 2002년.

李治亭, 『東北通史』, 中州古籍出版社, 2003년.

王頲, 「鮮祖效變-威化島回軍事件新考」, 『駕澤搏雲-中外關係史地研究』, 南方
　　出版社, 2003년.

張杰, 「朱元璋設置鐵嶺衛於鴨綠江東始末」, 『遼寧大學學報(哲學社會科學版)』,
　　2004년 1기.

孫文良 · 李治亭, 『明淸戰爭史略』, 江蘇敎育出版社, 2005년.

『黑龍江地圖冊』, 中國地圖出版社, 2006년.

『吉林省地圖冊』, 中國地圖出版社, 2007년.

『遼寧省地圖冊』, 中國地圖出版社, 2008년.

李花子, 「17 · 18世紀中朝圍繞朝鮮人越境問題的交涉」, 北京大學韓國學硏究中
　　心 편, 『韓國學論文集』 제13집, 遼寧民族出版社, 2004년.

李花子, 「淸代中朝圍繞關內流民在鴨綠江地區活動的交涉」, 『登州港與中韓交
　　流國際學術討論會論文集』, 山東大學出版社, 2005년.

李花子, 「康熙年間中朝査界交涉與長白山定界」, 『歐亞學刊』 제5집, 中華書局,
　　2005년.

李花子, 『淸朝與朝鮮關係史硏究-以越境交涉爲中心』, 延邊大學出版社, 2006
　　년.

李花子, 「17 · 18世紀朝鮮對淸的危机意識及其克服」, 『歐亞學刊』 제6집, 中華書
　　局, 2007년.

李花子, 「穆克登錯定圖們江源及朝鮮移柵位置考」, 復旦大學韓國硏究中心 편,
　　『韓國硏究論叢』 제18집, 2008년.

李花子, 「명청시기 중한 지리지에 기술된 백두산과 수계」, 『문화역사지리』
　　제20권 제3호, 2008년.

李花子, 『조청국경문제연구』, 집문당, 2008년.

趙　欣, 「1886年英國探險家對長白山主峰的考察」, 『社會科學戰線』 2008년 제5
　　기.

張福有, 「劉建封踏査長白山的行徑路線主要成果及歷史意義」, 『社會科學戰線』
　　2008년 제11기.

孫春日, 『中國朝鮮族移民史』, 中華書局, 2009년.

陳慧, 「後世所見穆克登碑」, 中國朝鮮史硏究會 · 延邊大學朝鮮韓國歷史硏究所
　　편, 『朝鮮韓國歷史硏究』 제10집, 2009년.

2) 한일 및 기타국 논문과 저서

강석화, 『조선후기 함경도와 북방영토의식』, 경세원, 2000년.

고승희, 「1880년대 조·청 감계 협상과 국경 문제 인식」, 『근대 변경의 형성과 변경민의 삶』, 2009년.

구범진, 「19세기 성경 동변외 산장의 관리와 조·청 공동회초」, 『근대 변경의 형성과 변경민의 삶』, 2009년.

김상기, 『한국전사 2 : 고려시대사』, 동국문화사 1961년 ; 서울대학교출판부, 1991년.

김용덕, 「철령위고」, 『중앙대논문집』 6, 1961년.

김춘선, 「조선후기 한인의 만주로의 '범월'과 정착과정」, 『백산학보』 제51호, 1987년.

김춘선, 「1880~1890년대 청조의 '移民實邊' 정책과 한인 이주민 실태 연구 — 북간도 지역을 중심으로」, 『한국근현대사연구』 제8집, 1998년.

김춘선, 「조선인의 동북이주와 중·조(한) 국경문제 연구동향 — 중국학계의 연구성과를 중심으로」, 『한중관계사 연구의 성과와 과제』, 국사편찬위원회·한국사학회, 2003년.

김한규, 『한중관계사』, 도서출판 아르케, 1999년.

류병호, 『재만한인의 국적문제 연구(1881~1911)』, 중앙대학교박사학위논문, 2001년.

박용옥, 「백두산정계비 건립의 재검토와 간도영유권」, 『백산학보』 제30·31합집, 1998년.

박원호, 「조선 초기의 대외관계 — 명과의 관계」, 국사편찬위원회 편, 『한국사』 22, 1995년.

박원호, 「철령위의 위치에 관한 재고」, 『동북아역사논총』 13호, 2006년.

박원호, 「철령위 설치에 대한 새로운 관점」, 『한국사연구』 136, 2007년.

방동인, 「4군 6진의 개척」, 국사편찬위원회 편, 『한국사』 22, 1995년.

방동인, 『한국의 국경획정연구』, 일조각, 1997년.

배우성, 『조선후기 국토관과 천하관의 변화』, 일지사, 1998년.

배우성, 「18세기 청의 지리지·지도와 백두산 수계」, 『역사와 경계』 65, 2007년 12월.

서길수, 『백두산국경연구』, 여유당 출판사, 2009년.

송용덕, 「고려-조선 전기의 백두산 인식」, 『역사와 현실』 64호, 한국역사연구회,

2007년.

안주섭 등, 『영토한국사』, 소나무, 2006년.

양보경, 「18세기 비변사지도의 고찰-규장각 소장 도변 군현지도집을 중심으로
　　-」, 『규장각』 15, 1992년.

양보경, 「신경준의 산수고와 산경표-국토의 산천에 대한 체계적 이해」, 『토지연
　　구』 3권3호, 1992년.

양보경, 「18세기 지리서·지도의 제작과 국가의 지방지배」, 『성신여자대학
　　응용지리』 제20집, 1997년.

양보경, 「조선시대 '백두대간' 개념의 형성」, 『진단학보』 83호, 1997년.

양보경, 「여암신경준의 지리사상」, 『월간국토』, 1999년 5월호.

양보경, 「전통시대의 지리학」, 제29차 세계지리학대회 조직위원회 편, 『한국의
　　지리학과 지리학자』, 한울아카데미, 2002년.

양보경, 「조선후기의 지도」, 국토지리정보원 편, 『한국지도학 발달사』, 국립지리
　　원, 2009년.

양태진, 『한국국경사연구』, 법경출판사, 1992년.

오상학, 「정상기의 '동국지도'에 관한 연구-제작과정과 사본들의 계보를 중심
　　으로」, 서울대학교 석사논문, 1994년.

오상학, 「농포자 정상기와 〈동국지도〉」, 『월간국토』, 1999년 4월호.

우경섭, 「송시열의 화이론과 조선중화주의의 성립」, 『진단학보』 제101호, 2006
　　년.

원경열, 『대동여지도연구』, 성지문화사, 1991년.

은정태, 「대한제국기 '간도문제'의 추이와 '식민화'」, 『역사문제연구』 17호, 2007
　　년.

은정태, 「대한제국기 간도 정책 추진의 조건과 내·외부의 갈등」, 동북아역사재
　　단 편, 『근대 변경의 형성과 변경민의 삶』, 2009년.

이기백, 『한국사신론』, 일조각, 1967년·1998년.

이기봉, 「정상기의 동국지도 해설」, 서울대학교 규장각 한국학연구원 편, 『정상
　　기의 '동국지도'-원본계통의 필사본』, 2006년.

이상태, 「조선후기의 지도」, 국토지리정보원 편, 『한국지도학 발달사』, 국립지리
　　원, 2009년.

이상태, 「조선후기의 지도」, 국토지리정보원 편, 『한국지도학발달사』, 국립지리
　　원, 2009년.

이종석, 『북한-중국관계 1945~2000』, 도서출판 중심, 2004년.

338

전해종, 『한중관계사연구』, 일조각, 1970년.

정옥자, 『조선후기 역사의 이해』, 일지사, 1998년.

정옥자, 『조선후기 조선중화사상연구』, 일지사, 1998년.

최선웅, 「백두산 천지와 주변 봉우리들」(인터넷 블로그의 글).

최소자, 『명청시대 중한관계사 연구』, 이화여자대학교출판부, 1997년.

평양 '조선중앙통신'(2004년 8월 21일)의 인터넷 뉴스, 「30m 병풍화 '백두산
천지와 216봉'」.

하원호, 「개화기 조선의 간도인식과 정책의 변화」, 『동북아역사논총』 14호,
2006년.

한규철 등, 『한중관계사 연구의 성과와 과제』, 국사편찬위원회 · 한국사학회,
2003년.

守田利遠, 『滿洲地志』, 丸善株式會社, 1906년.

津田左右吉, 「尹瓘征略地域考」, 『朝鮮歷史地理』 제2권, 1913년.

松井等, 「滿洲における金の疆域」, 『滿洲歷史地理』 2권, 1913년.

池內宏, 「高麗辛祐朝における鐵嶺問題」, 『東洋學報』 8, 1918년.

稻葉岩吉, 「鐵嶺衛の位置を疑ら」, 『靑丘學叢』 18, 1934년.

田川孝三, 「藩獄問題について」(上), 『靑丘學叢』 17, 1934년.

和田淸, 「三萬鐵嶺衛の建設」, 『明初の滿洲經略』(上), 東京帝國大學文學部편, 『滿
鮮地理歷史硏究報告』 14 · 15, 1937년.

篠田治策, 『白頭山定界碑』, 樂浪書院, 1938년.

末松保和, 「麗末鮮初における對明關係」, 『史學論叢』 2, 1941년.

秋月望, 「화이질서에서의 경계지대와 국제법적 '국경'」, 동북아역사재단 편,
『근대 변경의 형성과 변경민의 삶』, 2009년.

뒤알드, 『The general history of China』, 런던, 1741년

뒤알드 저 · 葛劍雄 역, 「測繪中國地圖紀事」, 『歷史地理』 제2집, 上海人民出版
社, 1982년.

찾아보기

344

민족문화 학술총서를 내면서

21세기의 새로운 미래를 향해 나아가는 현 시점에서 한국학 연구는 새로운 전기를 맞이하고 있다. 한국은 물론이고, 아시아·구미 지역에서도 한국학에 대한 관심은 고조되고 있으며 여러 분야에서 다각도로 심층적인 분석이 이루어지고 있다. 이러한 추세에 발맞추어 우리나라의 한국학 연구자들도 지금까지의 연구를 기반으로 하여 방법론뿐 아니라, 연구 영역에서도 보다 심도 있는 연구가 요청되고 있는 형편이다. 따라서 우리는 동아시아 속의 한국, 더 나아가 세계 속의 한국이라는 관점에서 민족문화의 주체적 발전과 세계 문화와의 상호 관련성을 중시하는 방향에서 연구를 진행해야 할 것이다.

본 한국민족문화연구소는 한국문화연구소와 민족문화연구소를 하나로 합치면서 새롭게 도약의 발판을 마련한 이래 지금까지 민족문화의 산실로서 중요한 역할을 수행해 왔다. 그런 중에 기초 자료의 보존과 보급을 위한 자료총서, 기층 문화에 대한 보고서, 민족문화총서 및 정기학술지 등을 간행함으로써 연구소의 본래 기능을 확충시켜 왔다. 이제 이러한 성과를 바탕으로 한국학 연구자의 연구 성과를 보다 집약적으로 발전시켜 나아가기 위해서 민족문화 학술총서를 간행하고자 한다.

민족문화 학술총서는 한국 민족문화 전반에 관한 각각의 연구를 체계적으로 정리함으로써 본 연구소의 연구 기능을 극대화하는 역할을 할 것으로 기대한다. 또한 본 학술총서의 간행을 계기로 부산대학교 한국학 연구자들의 연구 분위기를 활성화하고 학술 활동의 새로운 장이 되기를 바란다.

아울러 본 학술총서는 한국학 연구의 외연적 범위를 확대하는 의미에서 한국학 관련 학문과의 상호 교류의 장이자, 학제간 연구의 중심 기능을 수행함으로써 명실상부한 한국학 학술총서로서 자리잡을 수 있도록 해야 할 것이다.

1997년 11월 20일

부산대학교 한국민족문화연구소